江西财经大学信毅学术文库

土地革命时期中央苏区推行股份制的史料整理与经验研究

熊凌云 著

中国财经出版传媒集团
中国财政经济出版社

图书在版编目（CIP）数据

土地革命时期中央苏区推行股份制的史料整理与经验研究／熊凌云著．--北京：中国财政经济出版社，2023.5
（江西财经大学信毅学术文库）
ISBN 978-7-5223-2115-8

Ⅰ.①土… Ⅱ.①熊… Ⅲ.①中央苏区－股份制经济－经济史－史料－研究－1927－1937 Ⅳ.①F129.6

中国国家版本馆CIP数据核字（2023）第067965号

责任编辑：孙 琛　　　　责任印制：党 辉
封面设计：王 颖　　　　责任校对：张 凡

土地革命时期中央苏区推行股份制的史料整理与经验研究
TUDI GEMING SHIQI ZHONGYANG SUQU TUIXING GUFENZHI DE
SHILIAO ZHENGLI YU JINGYAN YANJIU

中国财政经济出版社 出版
URL：http：//www.cfeph.cn
E-mail：cfeph@cfeph.cn

社址：北京市海淀区阜成路甲28号　邮政编码：100142
营销中心电话：010-88191522
天猫网店：中国财政经济出版社旗舰店
网址：https：//zgczjjcbs.tmall.com
北京财经印刷厂印刷　各地新华书店经销
成品尺寸：170mm×230mm　16开　24印张　372 000字
2023年8月第1版　2023年8月北京第1次印刷
定价：96.00元
ISBN 978-7-5223-2115-8
（图书出现印装问题，本社负责调换，电话：010-88190548）
本社质量投诉电话：010-88190744
打击盗版举报热线：010-88191661　QQ：2242791300

总　序

书籍是人类进步的阶梯。通过书籍出版，由语言文字所承载的人类智慧得到较为完好的保存，作者思想得到快速传播，这大大地方便了知识传承与人类学习交流活动。当前，国家和社会对知识创新的高度重视和巨大需求促成了中国学术出版事业的新一轮繁荣。学术能力已成为高校综合服务水平的重要体现，是高校价值追求和价值创造的关键衡量指标。

科学合理的学科专业、引领学术前沿的师资队伍、作为知识载体和传播媒介的优秀作品，是高校作为学术创新主体必备的三大要素。江西财经大学较为合理的学科结构和相对优秀的师资队伍，为学校学术发展与繁荣奠定了坚实的基础。近年来，学校教师教材、学术专著编撰和出版活动相当活跃。

为加强我校学术专著出版管理，锤炼教师学术科研能力，提高学术科研质量和教师整体科研水平，将师资、学科、学术等优势转化为人才培养优势，我校决定分批次出版高质量专著系列；并选取学校“信敏廉毅”校训精神的前尾两字，将该专著系列命名为“信毅学术文库”。在此之前，我校已分批出版“江西财经大学学术文库”和“江西财经大学博士论文文库”。为打造学术品牌，突出江财特色，学校在上述两个文库出版经验的基础上，推出“信毅学术文库”。在复旦大学出版社的大力支持下，“信毅学术文库”已成功出版两期，获得了业界的广泛好评。

“信毅学术文库”每年选取 10 部学术专著予以资助出版。这些学术专著囊括经济、管理、法律、社会等方面内容，均为关注社会热点论题或有重要研究参考价值的选题。这些专著不仅对专业研究人员开展研究工作具有参考价值，也贴近人们的实际生活，有一定的学术价值和现实指导意义。专著的作者既有学术领域的资深学者，也有初出茅庐的优秀博士。资深学者因其学术涵养深厚，他们的学术观点代表着专业研究领域的理论前沿，对他们专著的出版能够带来较好的学术影响和社会效益。优秀博士作为青年学者，他们学术思维活跃，容易提出新的甚至是有突破性的学术观点，从而成为学术研究或学术争论的焦点，出版他们学术成果的社会效益也不言自明。一般而言，国家级科研基金资助项目具有较强的创新性，该类研究成果常常在国内甚至国际专业研究领域处于领先水平，基于以上考虑，我们在本次出版的专著中也吸纳了国家级科研课题项目研究成果。

“信毅学术文库”将分期分批出版问世，我们将严格质量管理，努力提升学术专著水平，力争将“信毅学术文库”打造成为业内有影响力的高端品牌。

王　乔

2016 年 11 月

前　言

土地革命时期是中国共产党领导新民主主义革命的重要阶段。在大革命失败以后，中国共产党人在以毛泽东同志为主要代表的领导人带领下，将党的工作重心由城市转向农村，并在农村建立革命根据地，开创了一条农村包围城市、武装夺取政权的中国革命新道路。在这特殊时期，为抵制敌人的经济封锁、支援革命工作，中央苏区根据地政府创造性地探索股份制，发展根据地经济。股份制在调剂金融、缩小“剪刀差”、稳定苏区经济等方面发挥了重要作用，并为后来的包括延安在内的其他根据地建设、解放战争时期的金融建设，乃至新中国金融体系的建立，提供了宝贵的金融理论和实践经验。据《江西红色金融》记载，“从1927年到1934年，中央苏区已有各种类型的合作社1.2万余个，股金62万余元，发行了多种类型的股票，主要分为生产、粮食、消费、信用合作社股票和银行股票5大类”。尽管苏区股票发行总量较小，但是这种股份集资的方式，有力推动了合作社经济的发展，促进了银行机构的创办和运转，展示了中国共产党早期的金融创新，在党的百年历史中谱写了光辉的一页。时至今日，挖掘苏区股票特征所体现的中国共产党早期金融思想仍具有重要的现实意义。

梳理已有文献发现，关于中央革命根据地建设的历史资料和文献较为丰富，与本项目相关的研究主要体现在两个方面：一是中央苏区革命根据地建设的历史资料整理，研究范围限定在中央苏区，且研究内容涵盖政治、经济、文化等各方面；二是中央革命根据地经济史料整理，研究范围包括中央苏区在内的其他根据地，且主要研究财政、金融和货币发展等。尽管这些研究或多或少地涉及股份制推行，但都散落在各个角落，并未成体系。基于此，本书以股份制这一中国共产党早期金融创新为视角，系统整理、研究土地革命时期中央苏区股份制推行的相关史料，可以作为“一部丰富生动的教科书”中的重要篇章，让广大干部和党员“从中得到教益，受到启迪，获得力量”。

本书综合运用调查研究法、文献研究法、描述性研究法和史料研究法等科学方法，通过多种渠道归纳、整理土地革命时期中央苏区推行股份制的相关史料，以史料为依据，原原本本展现土地革命时期中央苏区推行股份制的指导思想、相关背景、股票要素、股份制推行、股票所见类别等内容，并据此总结中央苏区股票发行、股票流通、股票管理等经验，不仅拓展了苏区文化和根据地经济研究的深度，还为中国共产党执政带来了许多历史经验和启示。具体来说，本书的研究结论主要包括以下几个方面。

第一，马克思关于股份制的思想，以及早期共产党人的经济思想是中央苏区推行股份制的理论基础。整理已有史料发现，马克思主义经典理论认为股份制是对资本主义的一种扬弃，是资本主义向社会主义的一个过渡，股份制本身并不是资本主义性质的，即股份制可以为资本主义所利用，亦可为社会主义所利用。马克思认为股份制是深化社会主义经济改革的必然要求，股份制对社会经济的发展有着巨大的推动作用。在马克思股份制思想的指导下，土地革命时期中国共产党人如毛泽东、朱德、周恩来、陈云、刘少奇、张闻天、邓子恢和林伯渠等也形成了发展股份制的经济思想。通过对这些思想的整理和归纳，既可以全面了解土地革命时期中央苏区为什么推行股份制、如何推行股份制，又可以充分认识到中国共产党人运用历史唯物主义和辩证法，将马克思主义创造性地结合中国革命实践指导中国革命的历史意义。

第二，土地革命时期中央苏区推行股份制是历史的必然选择。土地革命前，中央苏区人民处在水深火热之中：政治上血腥的反动驻军统治、凶横的地主豪绅割据，经济上土地分配不均、农资农具匮乏，现代工业缺失、生产技术落后，商业贸易受阻、基础设施空白，文化上教育水平落后、资源分布不均，帝国主义文化侵略、封建思想根深蒂固。推行股份制后，中国共产党在苏区领导武装暴动，建立工农革命政权，完善机构设置，初步形成了苏维埃政权系统。根据地财政金融、农业、工业、商业贸易、林业、水利、交通和邮政电信等逐步恢复发展，为根据地革命胜利奠定了坚实的经济基础。

第三，土地革命时期中央苏区股票充分体现了革命特色和时代特色。从股票版式术语来看，制票有多种技艺，股票就地取材多样化，股票形状颜色等各有特色，股票图案复杂多样。从股票特征来看，股票元素反映了中国革命的主题，股票维护的是中央苏区工农群众利益；股票信息简单、发行量和面额较小；股票具有多种用途，股票由中央苏区各级合作社发行。从发行股票的机构类别来看，主要有生产合作社股票、消费合作社股票、粮食合作社股票、信用合作社股票、股份制银行股票和苏维埃政府股票。从股票标语和口号来看，苏区股票是中国共产党文化宣传的一个重要方式。

第四，土地革命时期中央苏区股票推行集中体现了以人民为中心的特点。从股票宣传来看，苏区股票强调群众利益，提出以谷换股，群众充当股员和招股员，宣传对象以贫农为主。从股票发行来看，发行要素“因地制宜”，最大程度扩大群众基础，发行特点体现为高水平红利分配、薄利经营、低息借款、特别优待红军及其家属。从股票流通看，股票流通严格按照合作社管理条例开展，但剥削者不能成为股东，股金以小面额为主、不局限于现金，个人持股数量受限。从股票管理来看，苏区股票管理初具公司治理结构雏形，合作社由“社员大会—管理委员会—审查委员会”构成，治理结构“五脏俱全”；且股票不同股但同权，是双重股权结构的最初尝试。

第五，土地革命时期中央苏区股票取得了明显效果。当时苏区根据地建立了许多包括粮食、消费、生产、信用等多种类型在内的合作社并取得了显著的成果，同时大力发展银行业，并在当时的历史条件下，依据自身的情况鼓励引导公营和民营企业。为求更好的效果，还鼓励不同的经济组织形式相互配合。这些苏区经济组织都是在我国革命战争时期建立起来的，为巩固红色政权、发展金融和经济作出了突出贡献。

总体来看，推行股份制对土地革命时期中央苏区经济建设起到了重大的推动作用，为革命战争的胜利打下了坚实的经济基础，不仅有助于苏维埃政权打破敌人的经济封锁，还改善了群众贫苦的生活，意义极为重大。同时，中央苏区推行股份制也带来许多经验与启示：第一，稳定政权的建立与发展是股份制推行的首要前提；第二，团结群众力量是中央苏区股份制建设成功的宝贵经验；第三，鼓励和保护民营企业的创办和发展是中国共产党一贯的传统；第四，健全的财政金融体制是股份制推行的重要保障；第五，与人民利益紧密结合是股份制推行最主要的特点。

本书尽可能地搜集和整理了土地革命时期中央苏区推行股份制的相关史料，并对中央苏区推行股份制的经验进行了总结和研究，但研究能力有限，尚有许多不足之处，以待后续研究进一步补充和完善。

作者

2023 年 2 月

目　　录

第一章　引　　言

第一节　选题的价值和意义

经济是维系民生的基础，也是决定政权得失或存亡的重要命脉。毛泽东在《我们的经济政策》中提出："我们的经济建设的中心是发展农业生产，发展工业生产，发展对外贸易和发展合作社。"[①] 中华苏维埃共和国成立后，中央政府为了中央苏区的经济建设，结合苏区实际情况制定了一系列有效的经济政策。在当时战争形势下，苏维埃的经济建设，担负着保障战争供给、打破敌人经济封锁和改善军民生活的任务。之前苏区的经济建设由不同部门分别管理，缺乏统一的领导和管理，这样大大降低了各部门之间的联系，容易造成各自为政的局面。因此，中央人民委员会于1933年2月26日召开第三十六次会议，讨论如何改变当前的局面，并最终决定设立中央和地方各级国民经济部，来领导加强苏区的经济建设。于是，中央国民经济部正式成立，邓子恢、林伯渠、吴亮平等先后担任过中央国民经济部部长。中央国民经济部下设有调查统计局、粮食调剂局、合作社指导委员会、对外贸易局、国有企业局、运输管理局等工作机构。随后，省、县、区各级苏维埃政府也相继成立国民经济部。

土地革命时期是中国共产党领导新民主主义革命的重要阶段。在大革命失败以后，中国共产党人在以毛泽东同志为主要代表的领导人带领下，

---

① 中央苏区革命传统主题展览组委会编：《中央苏区红色印记（上）重要文献》（内部刊物），2011年版，第154页。

将党的工作重心逐步由城市转为农村，在农村这片广袤的土地上，建立起自己的根据地，进一步开展土地革命，建立革命武装和工农政权，开创了一条农村包围城市、武装夺取政权的中国革命新道路。在这一时期，在中国共产党领导下的根据地政府普遍性地探索采用了股份制来发展经济。研究此命题，正是为了探索土地革命时期中央苏区推行股份制是如何打破国民党反动派的经济封锁，并在调剂金融、缩小“剪刀差”、稳定苏区经济等方面发挥了重要作用，以及其历史价值所在。同时，此行径还为后来中央苏区、延安根据地、解放战争时期的金融建设，乃至新中国金融体系的建立，提供了宝贵的金融理论和实践经验。发展苏区经济，不仅为支援革命战争、建设闽西苏区乃至中央苏区的经济发挥了重大作用，也为中央苏区金融事业的发展奠定了坚实的基础。在血与火的时代，谱写了动人的华美乐章，绘就了波澜壮阔的历史画卷，在世界金融史上留下了一道道清晰而深刻的精彩印记。

据《江西红色金融》记载，“从 1927 年到 1934 年，中央苏区已有各种类型的合作社 1.2 万余个，股金 62 万余元，发行了多种类型的股票，主要分为生产、粮食、消费、信用合作社股票和银行股票 5 大类。”尽管苏区股票发行总量较小，但这种集资方式有力推动了合作社经济的发展，促进了银行机构的创办和运转，展示了中国共产党早期的金融创新，在党的百年历史中谱写了光辉的一页。时至今日，挖掘苏区股票特征所体现的中国共产党早期金融思想仍具有重要的现实意义。

第二节　研究综述

国内对中央苏区土地革命时期股份制推行的研究整理成果较为丰富，从 20 世纪 30 年代的文字，到近几年的研究书籍都为本书提供了不少帮助。例如，《中国工农兵苏维埃第一次全国代表大会日刊》（第 15 期，1931 年 11 月 21 日出版）、“习近平在纪念中央革命根据地创建暨中华苏维埃共和国成立 80 周年座谈会上的讲话”（《人民日报》2011 年 11 月 5 日第 3 版）、《中央革命根据地史料选编》（江西省档案馆编上、中册，江西人民出版社 1982 年版）、《中央苏维埃代表大会给中共中央电》（《红旗》周报第 25

期，1931 年 12 月 1 日）、《中央革命根据地财政经济史长编》（人民出版社 1982 年 10 第 1 版）、《红色中华》、《中央革命根据地货币史》（罗华素、廖平之主编，中国金融出版社 1998 年版）、《革命根据地经济史料选编（上册）》（中国社会科学院、经济研究所中国现代经济史组编，江西人民出版社 1986 年版）、《中央革命根据地史料选编（下）》（江西档案馆、中共江西省委党校党史教研室选编，江西人民出版社 1982 年版）、中央苏区苏维埃政府研究（2014 年 1 月第一版）、井冈山斗争与中央苏区时期党的经济工作研究（2018 年 2 月第 1 版）、中国共产党（2011 年 9 月第 1 版）、中央苏区法制建设（2009 年 11 月第 1 版）、中央苏区经济建设（2009 年 11 月第 1 版）等。

就中央苏区方向的研究分布而言，主要集中在中央苏区金融、合作社、经济、财政、股票五个方面。

一、关于中央苏区金融方面的研究

土地革命战争时期，中国共产党在赣南等原中央苏区（以下简称“中央苏区”）创建了以国家银行为主体、具有战时金融特征的苏区红色金融体系，即以国家银行为主体、区域性银行和信用合作组织为两翼的金融格局[①]，为支援革命战争、发展苏区经济、改善民众生活等作出了巨大的贡献，创造积累了宝贵的精神财富及历史经验[②]。苏维埃中央政府成立后，就宣布了银行、货币、信贷和金融管理方面的政策。1933 年 3 月创办了中华苏维埃国家银行，建立和巩固了独立、统一的苏区金融体系[③]，促进了苏区金融创新水平的上升，但整体滞后的状态仍无很大改变，即金融创新的发展是不平衡的。从经济金融的角度看，中央苏区红色的金融不算成功，但是从战时金融背景出发，其成就及作用却是非凡、巨大的，主要体

① 中国人民银行南昌中心支行金融研究处、中国人民银行赣州市中心支行联合课题组：《红色金融事业的历程、使命与启示——苏区时期赣南等原中央苏区金融发展概述》，《金融与经济》2012 年第 9 期。

② 中国人民银行南昌中心支行金融研究处、中国人民银行赣州市中心支行联合课题组、杨晖：《中央苏区时期货币供需初探》，《金融与经济》2014 年第 10 期。

③ 余伯流：《中央苏区经济建设的历史经验及其启示》，《江西财经大学学报》2008 年第 3 期。

现在以下几个方面：充实国家财政收入，保障战争给养；支持苏区经济发展，突破经济封锁；统一币制，厘清金融市场；为后人创造积累了宝贵的精神财富及历史经验①。

二、关于中央苏区经济建设的研究

中央革命根据地斗争时期，毛泽东主要精力用在抓军事斗争的同时，也十分重视根据地的经济建设。具体表现在：重视农业经济的基础地位，把发展农业生产放在经济建设的第一位；多种经济“同时并进”，“奖励私人经济发展”；组织对外贸易，促进商品流通；厉行节省，反对贪污浪费。他不仅阐明了经济建设在革命战争中的重要地位，而且还提出了要有计划地发展根据地的商品经济、扩大根据地的对外贸易以及允许多种经济成分共同发展等重要思想②。为了动员组织苏区广大群众参加经济建设运动，毛泽东和苏维埃中央政府在1933年8月先后召开两次经济建设大会，郑重提出：“立即开展经济战线的运动，进行各项必要和可能的经济建设事业。”并规定了经济建设大会的主要任务是：迅速推销经济建设公债，广泛发展合作社运动，努力进行粮食调剂与收集工作，扩大对内对外贸易，加紧筹款等③。毛泽东以马克思主义基本原理为指导，结合中国革命根据地的现有情况，创立了较系统、科学的根据地经济建设思想。这一思想奠定了毛泽东新民主主义经济理论的发展基础，同时对当下坚持和贯彻改革开放新形势下的基本经济制度，落实科学发展观，建设和谐社会有着重要的借鉴和指导意义④。

三、关于中央苏区合作制经济方面的研究

中央苏区的合作制经济，包括农业合作社、商业合作社和金融合作社，是伴随着革命根据地的创立，以及“围剿”与反“围剿”、封锁与反

① 中国人民银行南昌中心支行金融研究处、中国人民银行赣州市中心支行联合课题组、杨晖：《中央苏区时期货币供需初探》，《金融与经济》2014年第10期。

②④ 林志友：《论中央革命根据地斗争时期毛泽东的经济建设思想》，《中州学刊》2008年第6期。

③ 余伯流：《中央苏区经济建设的历史经验及其启示》，《江西财经大学学报》2008年第3期。

封锁的斗争而产生发展起来的。毛泽东在中华苏维埃共和国第二次全国代表大会的报告中曾经指出："我们经济建设的中心是发展农业生产、发展工业生产、发展对外贸易和发展合作社。"也就是说，组织和发展合作社，乃是中央苏区经济建设的中心任务之一①。中央苏区的合作社是一种以群众自愿集股合作经营为主要特征的股份制集体经济组织。中央苏区合作社经济具有股份经济的明显特征，是中国共产党领导的创办合作社股份制集体经济的最早尝试②。主要有生产合作社、粮食合作社、消费合作社、信用合作社、银行等类型。这几类都是在群众自愿的原则下，由工农大众合股集资、实行"股份制"创办和发展起来的。合作社的股金（资本的主要来源）一般规定为一人一股。这种遍布苏区的合作社经济和国营经济配合起来，在打破敌人的经济封锁、抵制不法商人的盘剥、调剂工农业产品价格"剪刀差"、发展根据地经济和改善人民生活方面，发挥了巨大作用，成为当时根据地经济的巨大主导力量③。

中央苏区合作社经济的绩效明显而卓越，促进了根据地农业和手工业生产的发展，解决了人民群众生产生活的需要；调节市场，打击投机商人盘剥，保障人民群众日用品的供应；是组织群众、动员群众、教育群众的有效形式，是"党和人民群众的连锁"④。中央苏区合作社经济具有股份经济的明显特征，是中国共产党领导的创办合作社股份制集体经济的最早尝试。中央苏区合作社经济不是以单纯追求经济利润为目标，而是利益分配兼顾集体利益与个人利益，因而是"具有某种社会主义成分的集体经济组织"（梅黎明等，2014）。中国共产党在中央苏区掀起的合作社运动，为打破敌人的经济封锁、恢复和发展苏区的工农业生产、改善群众生活和支援革命战争作出了重要贡献⑤。同时也为中国共产党军需供给、优抚资金筹集、组织各种优抚活动及提供红军家属劳动力、消费品优待等方面作出了难以取代的杰出贡献⑥。

① 刘维菱：《中央苏区合作制经济研究》，《江西社会科学》2001 年第 6 期。

②④ 肖文燕：《中央苏区合作社经济的策略、绩效与启示》，《江西财经大学学报》2018 年第 6 期。

③ 余伯流：《中央苏区经济建设的历史经验及其启示》，《江西财经大学学报》2008 年第 3 期。

⑤ 熊吉陵，黄诚：《论中央苏区时期的农村合作制经济建设》，《江西社会科学》2006 年第 10 期。

⑥ 吴红英，朱红英：《论中央苏区农村合作社运动对红军优抚的历史贡献》，《农业考古》2009 年第 3 期。

四、关于中央苏区财政方面的研究

苏区的财政管理政策是统一财政、加强管理，主要是指统一财政制度、统一税收、统一会计制度及监理审计制度①。主要包括中央预决算制度、税收制度、会计制度、国库和国家银行制度、关税制度以及审计制度，其形成经历了闽西苏区的初期探索、中央财政体系的初建和中央财政体系逐步完善三个阶段②。根据地初创时期，财政收入是取之于敌，靠打土豪筹款和战争缴获。形成和巩固时期，苏维埃中央政府迅速建立了人民税收，在取之于敌的同时，亦取之于民。中央苏区的税收实行合理负担的原则，以统一累进税为经常性财政收入③，使“民有所负而民不伤”，既适应战争需要，又顾及人民的负担能力④。临时中央政府主席毛泽东在全国苏维埃第二次代表大会上高度肯定了中央苏区财政工作的伟大成就。他指出，中央苏区财政成功的根本原因在于“苏维埃的财政政策建筑于阶级的与革命的原则之上”。与国民党相比，“苏维埃把主要财政负担放在剥削者身上，国民党则把主要财政负担放在工农劳苦群众的身上”。阶级性的不同使中央苏区的税收采取对广大工农群众有利的累进税制⑤。通过财政体制建设及财政收支制度的实行，以及通过改革加强对财政、会计、审计工作的管理，使中央苏区的财政经济得到发展，从而既保证了苏区经济建设的需要，又保证了革命战争的需要⑥。

五、关于中央苏区股票方面的研究

中央苏区合作社股票是中央苏区合作社发给本社社员的一种有价证券。土地革命时期，尤其是中华苏维埃共和国成立后，为发展经济，中国

---

①⑥ 邹永红：《中央苏区的财政体制及方针政策》，《财会通讯》1995 年第 4 期。

② 王明前：《中央革命根据地财政体系演变新探》，《中国经济史研究》2011 年第 2 期。

③ 王建华：《中央革命根据地的财政动员》，《东南学术》2017 年第 5 期。

④ 俞兆鹏，张美琴：《中央苏区货币流通的经验与教训》，《南昌大学学报（人文社会科学版）》2003 年第 2 期。

⑤ 王明前：《中央革命根据地财政体系演变新探》，《中国经济史研究》2011 年第 2 期。

共产党领导下的根据地政府较为普遍性地探索采用股份制，制定相应的股票发行政策，发行了一定数量的银行、各类合作社和商业性企业股票，主要包括消费、粮食、生产、信用合作社股票四种类型。这些股票由中央苏区银行、各级合作社（生产合作社、粮食合作社、消费合作社和信用合作社）和股份企业等机构发行①。根据地在股票管理上进行了多样探索：实施分期发行或进行扩股，并采用竞赛等办法积极动员群众入股；对持股数有严格限制，股票不能当作现金在市面流通，对买卖、转让也有相应规定；股金也可以分期缴纳，且不限于现金，可以退股，还有专门的红利发放办法②。从目前发现的中央苏区消费合作社股票来看，各级都发行过股票。联合消费合作总社股票是目前发现的中央苏区合作社股票中级别最高的股票，该股票共发行了两期，目前只发现该社第二期股票不多的几枚存世，非常珍贵③。为了更好地支援革命工作，苏区股票在设计上还巧妙地融入了革命性元素，成为旗帜宣传的重要载体。经考证，许多股票的图案是马克思、列宁头像或者中国共产党党徽。如永定县第一区信用合作社股票，在股票的最上方有一个鲜红的大五角星，正中上方位置有两面交叉的红旗，红旗中间各有一个镰刀和铁锤交叉的中国共产党党徽图案，党徽下有个地球仪，地球仪中间标有“世界大同”四个字（熊凌云，2021）。尽管根据地股票发行总量较小，但是这种集资方式，对于合作社经济的发展、银行机构的创办和运转等都发挥了至关重要的作用，成为中国共产党领导金融建设方面的一次创新，对当时根据地的政权巩固和经济建设给予了有力支持，有力地推动了中央苏区合作社的发展，从而对打破国民党经济封锁、保障军需民用供应、活跃苏区物资交流、促进生产、支援革命斗争等都发挥了重大作用，在中国共产党的历史上写下了光辉的一页。

综上所述，前人关于中央苏区的研究多基于财政、金融等视角，而对于股份制的相关研究相对较少。比较接近的是对合作社的研究，因为中央苏区合作社经济具有股份经济的明显特征，是中国共产党领导的创办合作社股份制集体经济的最早尝试，在这一时期，在中国共产党领导下的根据地政府普遍性地探索采用了股份制来发展经济。为了探索土地革命时期中

①③ 尹静：《中央苏区合作社股票考述》，《福建党史月刊》2012 年第 16 期。

② 万立明：《土地革命时期中国共产党对股票发行的探索》，《苏区研究》2018 年第 2 期。

央苏区推行股份制是如何打破国民党反动派的经济封锁，如何在调剂金融、稳定苏区经济等方面发挥作用，本书对中央苏区股份制经济建设相关史料进行了更为深入的整理、总结与研究。

第三节　研究思路与方法

一、研究思路

为了全面地掌握土地革命时期中央苏区股份制推行的基本情况，分析股份制推行所体现的中国共产党早期金融思想，以及股份制推行的经验与启示，本书的研究思路大致分为三步：背景研究—内容研究—经验启示。

首先，梳理土地革命时期中央苏区推行股份制的背景，主要包括提炼中央苏区推行股份制的思想背景和社会背景。其中思想背景包括两方面：一是搜集整理马克思主义的股份制思想，通过摘录马克思的原话、重要思想等，归纳整理马克思主义股份制思想，为本书的研究奠定思想基础。二是整理和摘录重要领导人的经济思想，包括毛泽东、朱德、周恩来、陈云、刘少奇、张闻天、邓子恢、林伯渠等多位领导人，这些领导人是中央苏区股份制推行的重要指导者和实践者，梳理他们的思想有助于更好地理解中央苏区股份制推行的指导思想。社会背景方面，包括土地革命前中央苏区的基本现状，以及土地革命时期中央苏区的组织背景、经济背景和文化背景。

其次，整理、研究土地革命时期中央苏区推行股份制的相关史料。这是本书的核心内容，主要包括三个方面：一是中央苏区股票要素研究，涉及股票版式术语、股票特征、股票分类、股票标语和口号等；二是中央苏区股份制推行研究，涉及股票宣传、发行、流通和管理等方面；三是中央苏区股票所见类别研究，重点整理、研究了合作社股票类别和银行类股票，以及部分企业股票。该部分的史料依据主要为股票实物及图样遗存、股票契约文书、股票民间资料，遗存的中央苏区经济金融训令、决议、指示、办法等，以及土地革命时期中央苏区推行股份制有关的新闻报道、文化史料、方针政策的图片资料等。由于正文篇幅有限，本书把部分历史资料放在了“附录”部分。

最后，总结土地革命时期中央苏区股份制推行的主要特点和经验启示。通过前文的背景研究和内容研究，本书发现，股份制推行在思想上受到众多经济思想的影响，在要素上有鲜明的土地革命历史背景，宣传上具有因“票”施策的典型特征，发行上体现了公有制的惠民政策，管理上股份制已初具公司治理雏形。通过对股份制推行的相关史料的整理和归纳，为我们推行经济制度和制度创新提供了许多宝贵的历史经验。

二、研究方法

常用的研究方法主要有调查研究法、文献研究法、定量分析法、定性分析法、个案研究法、描述性研究法等。本书主要采用以下三种方法。

（一）调查研究法

调查研究法是在做科学研究时最常用的基本研究方法之一。使用调查研究法的前提是必须明确调查的目的，基于一定的目的，制订好相应的计划，较为系统地收集研究对象的材料。材料的收集不仅包括其现实的状况，对于对象的历史状况也需要进行收集，具体的手段包括个案研究法、问卷访谈法、历史观察法等。在大量收集研究对象相关材料的基础上，对材料进行综合，具体归纳、比较、分析，得出一般规律性的知识。本书为获取第一手资料开展了大量的调查，例如为了解土地革命时期中央苏区发行的股票样式、股票宣传工作、股票发行和股票流通工作、股票管理工作、股份制口号标语等内容，通过走访博物馆、档案馆、图书馆、史料馆等查阅原始资料和图片信息，并对有关专家和馆长进行访谈。此外，为了弥补资料的缺失，还在中央苏区多个地区开展问卷调查，考察各类钱币市场等。

（二）文献研究法

文献研究法同调查法一样，都是基于一定的研究日的所展开的，从日的出发，通过调查研究前人所撰写的相关文献材料来全面、系统地了解研究对象。具体来看，通过文献研究法的使用，可以了解有关问题的历史和现状，帮助确定研究课题；可以对研究对象形成一般的印象，帮助更好地观察和访问；可以得到与现实资料对比的历史资料，更好地做到对不同时间前后研究对象的比较；可以更为系统地了解研究事物的全貌，以较为全面的眼光看待研究对象。本书搜索了大量的相关文献和书籍，经过仔细阅读及分析，获得了诸如土地革命时期中央苏区股份制推行涉及的指示、训令、布告，股份制相关制度，土地革命时期中国共产党人的经济思想，土地革命时期中央苏区推行股份制的相关背景等内容，并对其进行进一步的研究与整合。

（三）描述性研究法

对比上述两种方法描述研究法显得较为简易，但在现有科学研究中仍是必不可少的研究方法之一。描述研究法是指通过自己的理解和验证，对现有的相关现象、已有理论和规律进行阐述，是对现有事务的解释。通过这一方式，可以描述现象、介绍经验、针对性地提出问题，揭示相关弊端，极大地提高对相关研究工作的认识。诸如带揭示性的多种情况的调查、对实际问题的说明和对某现状的看法等，使用的都是描述研究法。本书是对前人所描述的有关中央苏区股份制推行的文字进行解释、归纳和论证，搜集并整理有关中央苏区股份制推行的史料，归纳总结土地革命时期中央苏区推行股份制的基本经验与启示，这些都有助于后续关于中国共产党党史、根据地建设、红色金融等主题研究工作的深入开展。

第四节　研究框架

本书一共分为七章，各章的主要内容如下。

第一章，引言。作为研究的开篇，本章旨在展示全书的概貌。首先阐述选题的价值和意义，然后对现有相关研究进行梳理，包括土地革命时期中央苏区的金融、经济建设、合作制经济、财政等方面，接着对研究思路和研究方法进行说明，最后系统阐述全书的章节安排和研究框架。

第二章，土地革命时期中央苏区推行股份制的思想研究。本章分为两个部分：第一部分介绍了马克思主义的股份制思想概述，以马克思主义的股份制思想为理论基础，围绕马克思对股份制产生的过程进行探讨，并对马克思主义的股份制的基本特征和马克思主义下的股份制的重要性展开说明。第二部分是土地革命时期中国共产党人的经济思想，分别介绍了毛泽东、朱德、周恩来、陈云、刘少奇、张闻天、邓子恢和林伯渠在中央苏区的经济思想。

第三章，土地革命时期中央苏区推行股份制的相关背景研究。本章分为四个部分：第一部分介绍了土地革命前中央苏区的社会背景，分别从政治面貌、经济状况、文化氛围论述土地革命前中央苏区的社会背景。第二部分为土地革命时期中央苏区推行股份制后根据地的组织背景，分别从各地区特委成立、革命根据地开辟、初步形成苏维埃政权系统和各地省委的成立。第三部分为土地革命时期中央苏区推行股份制后根据地的经济背景，分别从中央苏区根据地财政金融、农业、工业、商业贸易、林业水利交通和邮政电信方面进行论述。第四部分为土地革命时期中央苏区推行股份制后根据地的文化背景，分别论述了中央苏区根据地教育事业、新闻出版事业和文化艺术事业。

第四章，土地革命时期中央苏区股票要素研究。本章分为四个部分：第一部分主要介绍了苏区的股票版式及术语，包括其制票技艺、就地取材多样化、颜色形状、股票图案等。第二部分主要介绍了苏区股票的特征，包括其设计元素、形式材料、发行量、面额、用途、发行机构等。第三部分主要介绍了苏区股票的分类，包括生产合作社股票、消费合作社股票、粮食合作社股票、信用合作社股票、股份制银行股票、苏维埃政府股票等。第四部分主要介绍了苏区股票的标语和口号，并论述了其发行的意义。

第五章，土地革命时期中央苏区股份制推行研究。本章同样分为四个部分：第一部分主要介绍了苏区的股票宣传概况，包括银行类股票和合作社类股票的宣传特点。第二部分主要介绍了苏区股票的发行概况，包括其组织原则、发行系统、发行要素、发行特点等。第三部分主要介绍了苏区股票的流通概况，包括股员资格、股票购买形式、股票流转的章程制度、股份流通数量等。第四部分主要介绍了苏区股票的管理概况，包括其管理组织结构、遗失管理程序等。

第六章，土地革命时期中央苏区股票所见类别研究。本章分为三个部分：第一部分主要介绍了合作社类股票类别，包括消费合作社、生产合作社、信用合作社、粮食合作社和其他合作社。第二部分主要介绍了银行类股票类别，包括闽浙赣省苏维埃银行、闽西工农银行、江西工农银行、湘赣省苏维埃银行等。第三部分主要介绍了其他类股票类别，包括公营企业、民营企业、民营企业与合作社联合等。

第七章，结语。本章归纳了土地革命时期中央苏区推行股份制的主要特点、基本经验和启示。

最后为附录。在附录部分，本书搜集与整理了与土地革命时期中央苏区推行股份制有关的新闻报告、文化史料、股份制方针政策的图片资料等。

本章小结

本章是本书的开篇，旨在展示全书的概貌，让读者对全书有一个基本印象。土地革命时期是中国共产党领导新民主主义革命的重要阶段。在大革命失败以后，以毛泽东同志为代表的党中央开辟出一条农村包围城市的革命道路，并在江西瑞金建立中华苏维埃共和国。为了打破敌人的经济封锁，支援根据地革命建设，中央苏区领导人深受马克思股份制思想的影响，在中央苏区创新推行股份制。可以说，股份制的推行在振兴中央苏区经济方面发挥了重要作用，不仅支援了革命战争，还为新中国金融体系的建立，提供了宝贵的金融理论和实践经验。然而，梳理现有文献发现，前人关于中央苏区的研究多基于财政、金融等视角，而对于股份制的相关研究相对较少。因此，针对土地革命时期中央苏区的股份制推行进行史料整理，并总结中国共产党早期的金融思想非常迫切且具有重要意义。本节不仅论述了选题的研究价值和意义、梳理了现有文献，还对本书的研究思路、研究方法和研究框架进行了介绍，为下文的研究做了铺垫。

第二章　土地革命时期中央苏区推行股份制的思想研究

第一节　马克思主义的股份制思想概述

一、马克思主义的股份制思想的理论基础

在马克思对资本主义的股份制进行分析和研究时，股份制才刚刚出现，马克思对股份制分析研究得出的结论并未经过实践检验，所以马克思主义的股份制思想必须依靠一些前提条件，即马克思主义的股份制思想的理论基础。

首先是人力资本零成长。马克思认为，股份制企业中主要有两类人，一类是拥有企业所有权的股东，另一类是出售劳动力的劳动者，二者之间存在剥削与被剥削的关系。股东不用付出劳动便可以获取企业的收益，而且他们对于剩余价值没有任何贡献，马克思认为他们是“多余的人”。事实上，股东的决策对于企业的经营成果有显著影响，股东的劳动付出主要体现在对企业作出经营决策的时刻。如果把劳动力看作人力资本，那么工作越复杂，对劳动力也就是对人力资本的要求就越高。同时，随着市场不断的发展与完善，企业股东对人力资本的需求也会随着员工分工协作程度的提高而不断增强。所以股东需要提供部分股权和企业利润给劳动者，才能换来他们的合作。从劳动者的角度看，他们在企业的经营过程中付出了大量的精力与脑力，这些都是人力资本的累积，他们也通过这种方式换取

自己的收益。马克思的研究没有具体分析股东和劳动者的人力资本，马克思认为劳动者的劳动力是保持不变的，而且也没有考虑人力资本是可以通过学习等方式不断累积的这种情况。

然后是完全信息假设。马克思假设劳动者提供劳动力，劳动者将自己的劳动力视作一种资产，以此换取收益，但是对于劳动力的定价属于个人的秘密，企业所有者无法判断该劳动力的价值。现实中，劳动者可以控制自己提供的劳动力水平，例如即便在工作过程中股东要求增加劳动者的工作时长，却不能同时随便要求劳动者提高劳动力水平。马克思的股份制思想，假设市场上劳动力相关信息是公开的，同时对劳动力相关信息进行监督的成本为零，那么企业所有者可以轻易获取劳动者的人力成本的质量与大小，以此判断劳动力水平的高低。在完全信息假设前提条件下，股东拿走了几乎所有的剩余价值。如果该假设条件不存在，劳动者便可以获取更多的利益。

二、马克思对股份制产生的过程的探讨

早在古希腊、古罗马时期，股份制就初具雏形。然后伴随着资本主义市场经济的产生与发展，股份制才逐渐成形和发展起来。马克思对股份制的产生有着非常丰富的研究。

马克思认为股份制是由有限的资本数量与日益提高的有效生产所需的最低资本额之间的矛盾产生的。在资本主义初期，部分企业因无法满足所需最低资本限额，国家不得不对其进行补助，而这些由私人企业转化为国家与私人资本合股经营的企业，也就是现代股份企业的前身。马克思曾写道："单个的货币所有者或商品所有者要蛹化为资本家而必须握有的最低限度价值额，在资本主义生产的不同发展阶段上是不同的，而在一定的发展阶段上，在不同的生产部门内，也由于它们的特殊的技术条件而各不相同。还在资本主义生产初期，某些生产部门所需要的最低限额的资本就不是在单个人手中所能找到的。这种情况一方面引起国家对私人的补助……另一方面，促使对某些工商业部门的经营享有合法垄断权的公司的形成，这种公司就是现代股份公司的前驱。"① 在资本主义生产的初期阶段，股份

① 马克思：《资本论》第一卷，人民出版社 1975 年版，第 343 页。

制企业的数量和规模有限，组织结构较为简易，其设立的主要目的就是创造出将货币转化为资本过程所必需的价值额。18世纪后产业革命的兴起与发展推动了生产社会化程度的发展，随着企业生产规模的日益壮大，创办企业所需的最低投资额也在逐渐增加。如果仅依靠资本家的资本积累，远远无法实现企业的进一步扩大，于是企业采取发行股票的方式向外部筹集资本。

股份制产生的根本条件是市场经济的发展。马克思认为："股份公司是随着海外贸易和手工工场的出现而产生的，并席卷了它力所能及的一切工商业部门。"① 海外贸易和手工工场的出现标志着社会分工和市场经济的发展已经较为成熟，尤其是工场手工业的出现在当时进一步扩大了社会劳动分工，推动了市场经济的发展；而海外贸易加强了世界市场的联系，进一步推动国内市场经济的完善与成熟。总而言之，市场经济的繁荣发展，为股份制的产生提供了必要的条件，因为只有通过市场机制的优化配置所提供的生产要素才能满足股份制的要求。

经济主体的独立所有权和利益是股份制产生的特殊条件。在股份制下，每个股东都是企业财产的所有者，在享有一定权益的同时承担着相应的风险和责任。正如马克思所说："当资产者的利益要他们这样做时……，他们随时随地都可以在竞争和私有财产所容许的范围内'协议'的，股份公司就证明了这一点。"②

信用制度的发展是股份制产生的主要基础。马克思指出："信用制度是资本主义的私人企业逐渐转化为资本主义的股份公司的主要基础，同时，它又是按或大或小的国家规模逐渐扩大合作企业的手段。"③ 信用制度的出现与成熟，推动了股份制的发展，也加速了其发展进程。一方面，银行通过信用制度吸收了社会闲散资金，以巨额贷款的形式对资本家进行放贷，资本家便可以利用这笔资金扩大企业规模、进行技术改造、兼并中小企业，实现资本的加速积聚，这都为创办股份企业提供了一定的必要条

① 中共中央马克思恩格斯列宁斯大林著作编译局译：《马克思恩格斯全集》第3卷，人民出版社1965年版，第431页。

② 中共中央马克思恩格斯列宁斯大林著作编译局译：《马克思恩格斯全集》第3卷，人民出版社1965年版，第430—431页。

③ 马克思：《资本论》第三卷，人民出版社1975年版，第498页。

件。另一方面，股份企业的资本聚集是通过发行股票来实现的。股票作为一种特殊的信用凭证，只有在信用制度发展较为成熟时才能产生，而它的发行和购买，很大程度上也是通过银行资本家来实现的。因此，股份企业的建立和发展与信用制度有着直接的联系。总之，股份企业通过在资本市场上进行股票买卖来募集资金，为企业提供了单个资本家无法提供的大额货币资本，从而实现规模化生产等目的。可以说如果没有高度发达的信用制度，股份企业就不可能得到进一步的发展。

三、马克思主义的股份制的基本特征

马克思认为股份制企业具有以下一些基本特征。

股份制企业采取的集资方式可以是发行股票。对比非股份制企业，股份制企业多了一项集资的方式，那就是通过发行股票来筹集社会上的闲散资金，股票也相应地成为入股股东的有效凭证。马克思指出："股票，如果没有欺诈，它们就是对一个股份公司拥有的实际资本的所有权证书和索取每年由此生出的剩余价值的凭证。"[①] 股票的种类有很多，其中，普通股和优先股是最为常见的两种股票形式。马克思从股票的发行行业角度对其进行分类，"首先是货币机构本身的股票；银行股票；股份银行的股票；交通工具的股票（铁路股票最重要；运河股票；轮船公司股票；电报局股票，公共马车公司股票）；一般工业企业的股票（矿业股票最重要）。其次是公用事业企业股票（煤气公司股票，自来水公司股票）……保管商品的企业股票……最后，作为全体的保证，有各种保险公司的股票"。[②] 将股票的特点归纳起来，便发现其具有以下三个特性。

第一，股票资本的虚拟性。在马克思看来，股票与一般的债权（汇票）、国家证券一样，其所代表的资本实际上是虚拟资本。

第二，股票本身的流通性。虽然股份制企业的股东在购买相关企业的股票后，不能将其退还给企业，但是其可以通过转让股票的方式进行股票的买卖，实现收回投入资本的目的。股票的买家，则可以相应地在支出一

① 马克思：《资本论》第二卷，人民出版社1975年版，第387页。

② 中共中央马克思恩格斯列宁斯大林著作编译局译：《马克思恩格斯全集》第46卷，人民出版社1979年版，第238页。

定资金的前提下，持有股份制企业的股票，综合实现股票在资本市场上的有效流通。

第三，股票价格的特殊性。股票价格主要取决于预期股息收入的多少和当时银行存款利率的高低。马克思认为在货币市场紧迫的时候，这种有价证券的价格下跌；在经济繁荣时，又会由于市场对股票需求的增加而上涨。

股份制企业采取社会资本的资本形式。股份制之前，企业所有者用个人资本购买生产资料和劳动力。股份制之后，“使那种本身建立在社会生产方式的基础上并以生产资料和劳动力的社会集中为前提的条件，在这里直接取得了社会资本（即那些直接联合起来的个人的资本）的形式，而与私人资本相对立”[①]。股份制企业的资本在形式上归全体股东所有，与私人企业相对立。对于股东而言，如果他要收回资本，可以通过转让股票的形式，表面看来是股票的普通买卖，实则是资本在企业和产业之间的重新配置。因此，股份企业的资本经营更加社会化、商品化和市场化。

股份制企业具有特定的产权结构。在股份制企业中，企业资本的所有权和经营管理权一般是分离的，企业股东虽然拥有企业的所有权，但是企业的经营权往往掌握在职业的经理人手中。对此，马克思写道：“实际执行职能的资本家转化为单纯的经理，即别人的资本的管理人；而资本所有者则转化为单纯的所有者，即单纯的货币资本家。”[②] 在股份企业中，股东对投入财产的所有权是明确的，但大多数股东只关心自己能获取多少数额的股利分红，对于企业的具体经营参与度不高。

股份制企业不一定追求利润最大化。股份资本对股东而言，主要是作为生息资本来为股东分配一定的经营收益，他们对股份企业的成长和经营绩效的关心与企业经营者相比是处于较低程度的。但是，一般企业经理人的收入为单纯的管理所得工资，“这种监督工资像所有其他工资一样，会随着一个人数众多的产业经理和商业经理阶级的形成，越来越具有确定的水平和确定的市场价格”[③]。经理人的产生可以算作股份制企业的特定产物，鉴于经理人的实际收入与企业本身的利润水平高低弱相关，所以其在经营企业的过程中，并不热衷于企业高利润的实现。因此，股份制企业不

①② 马克思：《资本论》第三卷，人民出版社1975年版，第493页。

③ 马克思：《资本论》第三卷，人民出版社1975年版，第437页。

一定追求利润最大化。

四、马克思主义下的股份制的重要性

马克思主义经典理论认为股份制是对资本主义的一种扬弃，是资本主义向社会主义的一个过渡，股份制本身并不归资本主义所独有，其既可以为资本主义所用，亦可以为社会主义所用。马克思认为股份制是深化社会主义经济改革的必然要求，股份制对社会经济的发展有着巨大的推动作用。

股份制筹集大量经济发展所需资金。股份制尚未出现时，一般企业的资本积累主要通过转化企业的剩余价值来追加资本，由于要利用企业的剩余价值，而企业的剩余价值增长有限，所以通过这样的方式企业发展比较缓慢。股份制出现后，通过资本集中的方式，实现在短时间内把社会上的闲置资金迅速聚集起来形成巨额资本量的目的。马克思说过："通过集中而在一夜之间集合起来的资本量，同其他资本量一样，不断再生产和增大，只是速度更快，从而成为社会积累的新的强有力的杠杆。"[①] 而且，对比市场上其他聚集资本的方式，股份制通过发行股票的方式来集资显得更为稳妥，也具有其他方式所不具备的优势。如通过并购的方式来集中资本，整个过程风险较大，若并购失败，对企业原有经营会带来较为强烈的负面影响。

股份制大力促进社会生产力的发展。随着社会发展的不断前进，资本主义持续积累，而资本的积累使得可集中的个体资本增加，资本主义生产的扩大又为建立更大企业打下基础，这样既满足了社会的需求，又创造了技术和价值。正是由于股份制的出现，促进了生产力的发展，股份制作为发展社会生产力的巨大杠杆，对经济发展有着极大的推动作用。

股份制有效提高劳动生产率。股份制可以有效地优化企业的资本结构，股份制的出现既推动了企业规模的扩大，但也使得市场竞争逐渐加剧。企业利用通过股份制获取的资本进一步提高自身的竞争力，比如采用先进的技术或使用先进的设备，这样一来，股份制推动企业的发展，提高了企业的劳动生产率。

股份制有效保证平均的利润率水平。企业的本质是追求最大利润率，

---

① 马克思：《资本论》第一卷，人民出版社 1975 年版，第 689 页。

而股份制资本的增加在马克思看来，可以有效阻止平均利润率的下降。在股份制下，资本利润采取了纯粹利息的形式，“那些仅仅提供利息的企业仍然可以存在；这是阻止一般利润率下降的原因之一，因为那些不变资本比可变资本庞大得多的企业，不一定参加一般利润率的平均化”①。所以股份制可以有效地保障平均利润率水平。

股份制分散风险，同时控制社会资本。马克思认为，商业银行通过吸纳存款和发行银行债券使得到的资本暂时为自己所用，股份制则是将社会闲置资金集中起来。毋庸置疑的是，在工业上运用股份制的形式，标志着现代经济生活新的开始。一方面，股份制可以显著提高企业的生产水平，达到仅靠企业单个资本家所达不到的生产规模；另一方面，股份制企业联合起来的不再是单个的资本家个人，而是社会上的资本集群，这意味着企业的发展突破了原来的限制。这样一来，企业资本的社会提供者成为企业股东，企业资本积累速度加快，大型工业巨头由此出现。这类工业巨头对其所发行的股票负责的同时，却可以支配企业的全部资本，而企业投资的风险也由单个的资本家独立承担转变成多个出资的资本家共同分担。与此同时，企业的资本家利用其拥有的少数资本就可以控制着大量的社会资本。

总而言之，马克思通过对生产力和生产关系、经济基础和上层建筑之间相互作用的关系进行研究，尤其是从市场经济发展和社会化生产程度日趋提高的层面对股份制的产生、特征、作用等做了十分细致的介绍和深入的分析，提出了许多深刻见解，并得出了一系列重要结论，这些对于深化我国企业改革、完善股份企业制度，具有非常重要的理论意义和现实意义。

第二节　土地革命时期中国共产党人的经济思想

一、毛泽东在中央苏区的经济思想

毛泽东作为中央苏区的重要创始人之一，在土地革命时期，将党的工

① 马克思：《资本论》第三卷，人民出版社1975年版，第494页。

作重心从城市转移到农村，开辟了以土地革命为基础的工农武装革命道路。当时中央苏区以井冈山革命根据地为起点，一路从赣南扩展到闽西，不断发展壮大。毛泽东在逐渐激烈的革命态势中认识到群众力量在革命经济战线上的重要性：只有将群众的力量运用到经济战线上去开展运动，完善必要的经济基础的建设，才能保障革命战争的胜利。具体来看，进行经济方面的建设工作的原因主要是，为了改善人民群众的生活，激发人民参与革命的积极性，通过组织并教育广大人民群众的方式，使战争获得新的群众力量；为了保障红军的供给，避免因供给不足影响红军战士的战斗能力；为了从经济建设上巩固工人和农民的联盟、工农民主专政和无产阶级的领导。这所有一切都是为了最终取得革命战争的胜利，每个革命工作者必须认识清楚到这一点①。

中央苏区当时处于白色恐怖的包围之中，阶级斗争异常复杂，革命战争又相当频繁，毛泽东同志领导共产党人，不仅在军事上取得了一系列胜利，在政治上建立了红色政权，还在经济上战胜了各方面的困难，不仅促进了苏维埃政权的扩大与发展，还提高了人民群众的生活水准。在中央苏区经济建设的过程中，毛泽东同志指出："没有正确的领导方式和工作方法，要迅速地开展经济战线上的运动，是不可能的。"② 毛泽东同志还总结出了一整套的经济建设思想。经过时间的检验，这些正确的工作方法逐渐转变为宝贵的历史经验，也为中国特色社会主义经济建设提供借鉴。

毛泽东经济思想最根本的方法是历史唯物主义和辩证法，即通过实践认识真理，在实践中认识经济活动的本质，发现经济建设的规律③。毛泽东在对中央苏区的经济活动的考察过程中，十分注重考察和调查的方法，他认为要认识社会经济活动，必须要对其进行观察、考察和调查研究，他认为观察既是认识的开始，又是发展、检验认识的基础。如果没有经过任何调查的话就没有发言权。在调查的基础上，还需要在对所有资料进行分析的基础上，深入考察事物的各个方面，这样还可以帮助认清事物之间的内在联系与本质，进而揭示中央苏区经济活动的规律。毛泽东在对中央苏区经济活动的调查过程中身体力行，全心全意地投入调查，如实地掌握基

① 毛泽东：《毛泽东选集》第一卷，人民出版社 1991 年版，第 119 页。

② 毛泽东：《毛泽东选集》第一卷，人民出版社 1991 年版，第 123 页。

③ 张侃，徐长春：《中央苏区财政经济史》，厦门大学出版社 1999 年版，第 309 页。

层的基本情况，并且还在各基层开展有效的经济工作，如平分土地、工农业合作互助等，并在这些基层的经济工作经验的基础上总结出自己的经济思想。

毛泽东说过："一切过去的经验都证明：只有土地问题的正确解决，只有在坚决的阶级的口号之下把农村中阶级斗争的火焰掀起到最高的程度，才能发动广大的农民群众起来，在无产阶级领导之下，参加革命战争，参加苏维埃各方面的建设，建立巩固的革命根据地，使苏维埃运动得着更大的力量，争取更大的发展与胜利。"[①] 于是毛泽东在中央苏区的许多县、区、乡都做过深入的调查和分析，在此期间一共撰写了二十多万字的调查报告，这些调查既涉及半殖民地半封建社会的各项经济问题，又涉及新民主主义革命的各项经济问题。这些调查报告包括《永新调查》《宁冈调查》《寻乌调查》《兴国调查》《长冈乡调查》《才溪乡调查》等。通过实地调查，毛泽东对中央苏区的农村社会经济状况、阶级关系、文化教育、宗族关系、风土民情、山水地貌等都有一定的了解，从而根据农村社会经济实际发展状况，并且综合考虑了各地的实际情况与区别，制定出符合中国革命实践的经济斗争策略。

1928 年 12 月颁布的《井冈山土地法》，是毛泽东以他在井冈山斗争时期所作的永新、宁冈两县的调查报告为基础制定出来的。后来毛泽东离开井冈山，这两个调查报告也丢失了，毛泽东曾回忆失掉这些调查报告，让他时常念及，永远都不会忘记。从中可以看出毛泽东对这些调查报告的重视程度非同一般。

毛泽东提到了经济发展政策的基本指导原则，就是要求各地区必须进行所有一切可能的和必要的经济各个方面的建设，聚焦经济的生产力为战争供给，同时也提出要极力地改善劳苦民众的生活水平，巩固工农在经济各个方面的协调与联合，保证了中国无产阶级对于农民的领导，争取国营经济对于其他私人民营经济的领导，造就将来发展到社会主义的前提。经济建设的三个中心是发展农业和工业生产、支持开展对外贸易和支持开办合作社[②]。

---

① 中国井冈山干部学院，中央档案馆编：《红色中华》第三册，江西人民出版社 2016 年版，第 1594 页。

② 毛泽东：《毛泽东选集》第一卷，人民出版社 1991 年版，第 130 页。

毛泽东认为，如果没有一种正确的领导思维方式和工作行为方法，要迅速开展在经济战线上的一场运动，是不可能发生的。因为同志们不但自己要立即动手去做许多工作，并且还要指导许多工作人员一道去做。如果他们的领导思维方式弄错，不能够及时地采取各种正确的、有效的工作思维方式，那么将会立即影响他们所做工作的实施成效，使得各种工作都无法获得广大人民群众的支持与拥护，无法及时地完成中央政府关于经济建设的整个计划。为此，毛泽东向同志们提出以下几点指导意见。

第一，从组织上动员群众。首先是各级政府必须抓住目前经济建设上几个中心工作，如农业与工业生产的发展粮食的调剂，合作社的扩大，对外贸易处的建立，国有企业的发展等，实际地进行起来[①]。其次，以村子、屋子为单位的群众大会去做经济建设的宣传，号召这些群众购买公债、发展合作社、调剂当地粮食、巩固金融，发展贸易，号召他们为着这些宣传口号而努力不懈奋斗，把当地全体人民群众的奋斗激情提升起来。

第二，动员人民和群众的手段和方式，不应该完全属于官僚主义。这种官僚主义的政治领导模式，是任何人民革命工作中都不应该有的，经济和建设的工作同样也来不得官僚。命令主义者从本质上并没有加以怠工，好似他们就是在努力去工作。实际上，命令主义地建立和发展合作社，是不可能成功的；其只是暂时的，在形态上有所发展，实际上是不能进行巩固的。我们一定不能要这种命令主义，我们需要的就是努力进行宣传，说服人民群众，按照具体的环境、具体地呈现和反映出来的人民群众心理情绪，去大力开办合作社，去大力推销企业和公债，去大力做一切政治和经济动员的工作。

第三，经济社会建设的顺利开展，需要同时具备一定能力，且相当数量规模的领导干部。一定要把群众领导干部团结起来，进行培养和选拔训练，送到经济建设的阵地上。他们是经济战线上的主要指挥员，而广大群众便是战斗员。有时人们会唉声叹气地说现在没有优秀领导干部。同志们，真的没有吗？从土地改革斗争、经济建设斗争、革命战争中不断磨砺和艰苦锻炼培养出来的广大人民群众，涌现出了无数名的干部，怎么会有

① 中国井冈山干部学院，中央档案馆编：《红色中华》第三册，江西人民出版社 2016 年版，第 1408 页。

人说我们没有干部呢？丢掉原先错误的想法和观点，干部其实就站在我们面前。

第四，经济建设在今天不但与战争的总任务不能分离，与其他任务也是不可能分离的。以文化教育事业来提升人民群众的思想政治素质和文化程度，这对于我们发展国民经济同样具有极大的意义。至于我们一天也不可以忽略扩充红军的事业，那更不用说了。大家都知道，如果没有红军的胜利，经济上的封锁就要变得更加严峻。另一方面，发展了国民经济，改良了群众的生活，无疑就一定会极大地促进和帮助我们扩大红军工作，使得广大人员群众踊跃到革命的最前线。

二、朱德在中央苏区的经济思想

朱德作为根据地和红军部队主要领导人之一，不仅在军事方面的建树让人们肃然起敬，在经济建设方面也有自己的一套思想，其中有许多值得学习和借鉴的观点和实践。

废除薪饷制、实现供给制是朱德重要的经济思想之一。因为在那个时候红军的大部分军官和士兵来自旧军队，废除薪饷制后红军感觉不再是为他人打仗，而是为人民、为自己打仗。按照新实行的经济民主和供给制，发给红军战士们的除了粮食、部分金钱外，红军战士们还都分得了土地，而且这些都是靠打土豪获得的。

随着中央苏区的逐渐发展，红军内部无产阶级思想严重凸显，影响到党和军队的建设。因此在古田会议上提倡发扬井冈山革命根据地经济民主、官兵待遇平等优良作风，加强红军内部团结，而且还将朱德的思想建设放在了首要位置。

朱德经济民主思想还表现为官兵平等待遇政策，朱德以身作则，与官兵同甘共苦。毛泽东对此就十分赞赏，他写道："红军的物质社会如此菲薄，战斗如此频繁，仍能维持不敝，除党的作用外，就是靠实行军队内的民主主义。官长不打士兵，官兵待遇平等，士兵有开会说话的自由，废除繁琐的礼节，经济公开。"[①] "同样一个兵，昨天在敌军不勇敢，今天在红

① 毛泽东：《毛泽东选集》第一卷，人民出版社1991年版，第65页。

军很勇敢，就是民主主义的影响。”

朱德一直倡导勤俭节约，反对浪费。1931年，朱德与项英、毛泽东发布了《为节省经费持久斗争的训令》，训令中提出：“各师的士兵委员会领导节约粮食运动，每一指战员都主动把自己的口粮减少，每天只吃两顿，吃的很差，只有伤病员才能吃饱。没有菜吃，就上山找没有长成竹笋的野竹尖，下田摸螺蛳。”①

对于经费的节约主要表现在朱德提出经费的使用要有计划，不得随意开支，在使用前要有预算，“不能不事先有个使用经费表”。朱德还强调“要坚持不滥用和少用的原则，极力反对过去‘有钱不妨多用几个’的思想”②。1932年，中央革命军事委员会主席朱德与副主席王稼祥、彭德怀发布了有关节省经费的训令，要求广大士兵按照训令中的要求，开展节省运动。之后在1934年，朱德还以中央革命军事委员会主席的名义发布有关各种费用领取与报销手续的规定和关于经费开支的规定，对于违反规定的人员予以处分，从制度上严格把控部队的经费开支。

中央苏区时期，经常可以缴获敌人物资，但是总伴随着大量的浪费，朱德注意到这个情况，感觉非常痛心，时常也会对这种浪费的现象提出批评和指正。朱德曾经还下令要求红军胜利后须注意收缴敌之军旗及无线电机，且无线电机不准破坏，并须收集整部机器及无线电机专员、服务员。朱德为节省材料，还曾致电林彪、聂荣臻等前线军队领导人按照指示想尽一切办法收集子弹壳，以备兵工厂之需。朱德还特别爱护公物，曾规定各部队主官务须督责全体官兵注意爱惜公物，不得任意毁坏抛弃，而且副官特务长要按照指令随时调查，按月登记。

朱德的经济思想结合了军事战争的思想，他认为经济建设要充分发挥军事战争的物质基础作用。朱德非常重视中央苏区的农业发展，对于军事战争所需的粮食、药品也非常关注。

朱德虽然忙于军事建设，但从未忘记过农业生产。早在南昌起义后，朱德就认识到起义失败的一个重要原因是没有开展农民运动，没有解决农民的土地问题。所以在转战湘南领导湘南起义的过程中，朱德就关注要满

① 中央文献研究室编：《朱德年谱》（新编本）上册，中央文献出版社2006年版，第220页。

② 中央文献研究室编：《朱德年谱》（新编本）上册，中央文献出版社2006年版，第269页。

足农民的土地需求，充分调动农民的积极性。在朱德领导下，工农革命军每到一个地方就动员农民打土豪，分田地。朱德也非常重视生产问题，1931 年朱德在军民庆祝反“围剿”胜利大会上讲话提到要扩大革命根据地，加大生产，发展经济，为下一次反“围剿”的胜利提前做好准备。

朱德提出要保障红军粮食、药品的供给。在训令中朱德提出对于粮食的采买要有详细的计划，而且要积极发动群众与合作社储备充足的柴米油盐等，等到红军路过时，以比较低的价格卖给红军，为日后的战争需求做好万全的准备。

朱德在中央苏区的经济建设过程中，根据实际情况，结合自身经验，总结出一套特色的经济思想。他胸怀民众，体贴人民，他的经济思想与他的军事思想一样，都是留给后人的伟大财富，指引着军队、经济现代化建设与发展。

三、周恩来在中央苏区的经济思想

周恩来曾在中央苏区担任中共苏区中央局书记、红军总政委，积极参与和领导苏区经济建设与发展。周恩来在苏区的经济思想不仅反映了当时的经济状况，也为苏区部分经济问题提出了十分有建设性的意见和对策。这些经济思想，对中央苏区的革命战争的胜利以及经济建设都有非常重要的作用。

1928 年中共六大在俄罗斯召开，在会议上，周恩来对当时中国经济状况进行非常深入的分析，对经济建设背景也有非常正确的认识。他发现中国的资本主义发展是异常艰难的：“中国资本主义的发展，是艰难畸形的半途而废的，尤其是农业。自然，在如此情形之下，中国境内的资本主义的发展尤其是农村资本主义的发展是非常之困难的，非常之畸形的……”①周恩来指出，当时主要是由于帝国主义对中国侵略的速度进一步加快，才导致了资本主义的这种发展状态。帝国主义的力量在当时看来要比中国革命的力量大得多，帝国主义想要使用非经济的强暴力手段实行殖民地的经济剥削，帝国主义首先是要消灭中国的革命力量，然后便是加快争夺中国

① 中央档案馆编：《中共中央文件选集》第 4 册，中共中央党校出版社 1990 年版，第 343 页。

市场。帝国主义的手段严重阻碍了中国经济的发展，让中国逐渐陷入半殖民地半封建状态。

周恩来认为，中国有推翻这种半殖民地半封建制度的条件："最近几年的经验之中，可以看见：中国农民的斗争，是反对一切封建的束缚，反对农业中一切'中世纪式'的剥削，而斗争的主要目标，是要推翻地主的封建式的剥削和统治，力争乡村社会制度的完全民权主义化。"① 因此，周恩来提出，只有消灭封建剥削，才能够从根本上为资本主义的发展道路奠定基础。周恩来也指出："中国是小农式的农业经济，几乎没有欧洲封建地主式的农业经济，中国所有可以耕种的地亩，极大部分（至少在二分之一以上）尤其是肥沃的田，是集中在地主阶级的手里，其余的土地属于农民……中国差不多没有欧洲式的地主经济，而小农经济占着优势。中国所有可以耕种的地亩，都分割成极小极小的经济单位，由几百万户的农民生产者的群众，用中国式的农具耕种。"② 这样的方式非常不利于中国经济的建设与发展。

周恩来认为，中国农村土地分配不均，而且农民深受剥削，这严重阻碍了农业的发展。周恩来提到，要从根本上解决农民土地问题，实行土地革命。在八一南昌起义前，周恩来就发现土地革命应作为中国资产阶级民主革命的中心任务。在起义过程中，周恩来提出了要以土地革命为主的口号。土地革命初期，党内就如何进行土地革命便众说纷纭。其中周恩来强调指出："没收一切土地的口号是有碍的。没收自耕农土地重新分配，至少要在夺取一省政权后才能提出并实行。现在有许多地方不可能做到。"③ 可以看出，周恩来是反对没收一切土地的，他强调要从实际情况出发，考虑并维护广大人民群众的利益，并充分调动人民群众的积极性。而且周恩来还曾赴实地进行调查，完善自己的思想。他的思想对建设中央苏区经济和开展革命斗争都起到了非常重要的指导作用。在周恩来的思想指导下，中共六大通过了《土地决议案》，为中共中央在革命根据地进行土地革命指引了方向。

红军作为中央苏区革命战争的主要战力，是巩固苏区稳定与发展的支

① 中央档案馆编：《中共中央文件选集》第4册，中共中央党校出版社1989年版，第312页。

② 中央档案馆编：《中共中央文件选集》第4册，中共中央党校出版社1989年版，第330页。

③ 中央文献研究室编：《周恩来年谱》（修订本），中央文献出版社1998年版，第141页。

撑，红军的经济问题也是周恩来一直思考的重要方面。军费是维持军队给养的重要保障，如何筹集便成为红军领导人关注的重心。1929 年，周恩来在《中共中央给红军第四军前委的指示信》中提出："没收地主豪绅财产是红军给养的主要来源"，"募捐亦是红军筹款的一个办法，四军要应用这个办法，可以在群众中组织募捐委员会，特别是要向富农及中小商人募捐。"① 1932 年，周恩来、朱德和王稼祥还曾联名发布紧急训令，要求所属各单位、各级指挥员指导部队充分认识、了解征集资金的重要性。周恩来等人认为，不要放过任何可以征集资财的机会，尤其是筹款与节省费用，多筹得一分经费、多节省一分支出，对于争取革命战争的胜利就会多一分保障。

周恩来还提倡要适度保障中小商人和富农的利益，中小商人与富农是当时中央苏区的富有阶级，但是不等同于地主，不能将他们与地主混在一起盲目打倒。所以在筹集军费的筹款标准上，周恩来就主张不得侵犯工农及小商小贩等人的一般利益，否则将会失去以其为代表的人民群众的拥护。他也在《中共中央给红军第四军前委的指示信》中提出："我们为实现党的政纲所规定及为工农经济流通与贫民利益，在城市不举行经济没收，这是对的。城市的政治没收应该执行。对富农及中小商人要向其募捐，并防止其反动。"② 这样的方式，一方面，能为红军募集到资金，保障经济来源；另一方面，又能防止中小商人及富农反动，得到了人民群众的拥护。

群众作为根据地及苏区革命的基础，维系军民关系，可以保障红军的给养问题。"群众路线"一词最早由周恩来在《中共中央给红军第四军前委的指示信》中提出。周恩来要求我们不仅要和群众搞好关系，更要深入群众中，要求党支部干部要到群众中去，以便更好地开展支部生活，指导工业生产。革命战争的胜利离不开群众的支持，在战争之余也要积极发动群众做好各项工作。

在交通方面，周恩来也倡议加强中央苏区与外部的往来，沟通对外贸易的开展，打破国民党的经济封锁。在这里，周恩来的统一战线经济思想

① 中共中央文献编辑委员会编：《周恩来选集》上卷，人民出版社 1980 年版，第 39 页。
② 中共中央文献编辑委员会编：《周恩来选集》上卷，人民出版社 1980 年版，第 40 页。

再次得到实践并且成功，为中央苏区突破国民党军三道封锁建立了卓越的功绩。

周恩来在中央苏区的经济建设思想与实践，为我们留下了很多启示，比如需要不断改善民生问题，还有就是要与群众密切联系，不能脱离群众。

四、陈云在中央苏区的经济思想

1933 年，陈云从上海来到中央苏区。陈云当时在中央苏区担任全国总工会副委员长。陈云在任职期间，发现工人经济斗争中“左”倾错误严重，这样下去对中央苏区工业的恢复与发展造成极大的隐患，因此，他在撰写《关于苏区工人的经济斗争》和《怎样订立劳动合同》两篇文章中都提到了“左”倾错误，希望通过这两篇文章让人们认识“左”的错误，以此纠正经济斗争中的不良思想。

陈云曾在《关于苏区工人的经济斗争》一文中提到，中央苏区党和工会有时会忽视工人经济斗争、工人在经济上的合理要求，除此之外还有其他问题。比如部分工会一方面不去领导工人改善生活，另一方面凶骂工人不革命，或者说工人落后于农民甚至要工人在战争时期忍受资本家的任何压迫，不要反抗（湘赣）①。陈云在文章中批判了忽视工人经济斗争以及经济斗争中存在极端危险的工团主义。他认为只有“正确地领导工人的经济斗争，在每个斗争中去教育工人”，才能“提高工人的阶级觉悟，发动工人参加苏维埃建设和革命战争，以巩固工农联盟和无产阶级在这一联合中的领导权力”。陈云认为，在工人经济斗争中，要防止工团主义这些“左”倾错误的发生。例如，“在许多城市的商店、作坊中提出了过高的要求，机械地执行只适用于大城市的劳动法，使很多企业不能负担而迅速倒闭；不经过调查企业的实际工作状况，机械地实行八小时和青工三小时工作制；不顾企业的经济能力，强迫企业接受失业工人进入”。这些“左”的错误，不但会降低工人阶级的觉悟和工作积极性，还可能会造就一部分工人不正当的优越生活水平。如果任由“左”的错误继续蔓延，很大程度上

① 中国井冈山干部学院编：《斗争》第一辑，中国发展出版社 2017 年版，第 168 页。

将会破坏苏区经济发展、工农联盟和苏维埃政权，进而影响工人阶级的彻底解放。

陈云认为在经济斗争中，需要“最审慎的去考察资本家怠工与否，分别各种情形去执行不同的策略，领导工人坚决的反对在经济上故意停止营业破坏苏维埃经济的资本家，监督这个店铺作坊的生产”。如果都采取总同盟罢工，“不但妨碍商品流通，妨碍红军作战行动，而且会被资本家利用来反对工人的斗争，对苏维埃实行经济怠工”。

订立经济合同也要视实际情况而定，“党与工会在经济斗争的领导上必须纠正官僚主义的一般的领导，必须重新审查各业集体合同的具体条文，审慎的了解各业的每个商店作坊的经济能力，依照企业的实际情形，规定适当于这个企业的经济要求”。职工国际决议告诉我们：“必须进行普遍的有充分准备的运动，同各种雇主谈判并订立劳动契约……”中央苏区的职工会过去虽然其领导工人与其雇主之间已经订立了许多的劳动合同，但是很多的劳动合同条文，都完全不过是参照劳动法中的规定与中国江西、福建两个省份的企业工会所发的斗争纲领，所以各地的职工合同大多是千篇一律，不具备地方性的差异，没有企业的具体性和特殊性，没有时间性。签订集体合同，也不能只是由工会机关自上而下地提出，而是要自下而上地提出。陈云通过以上调查的基础，再结合实际情况，于1933年7月订立了汀州市京果业经济合同。陈云到汀州去订立合同时，用了以下的办法：首先去了解企业的实际情形，考察已订合同实行与否；了解工人的要求；以党的支部为中心去动员群众，加强党的支部对于工人签订合同运动的领导，从群众工作中去巩固党的支部；订立实际的适合于汀州京果业目前情形的有弹性的合同的条文①，使得合同“并不重复劳动法上已定各种保护工人的条例，而是把汀州市京果业工人所需要的条文与老板签订合同”。

五、刘少奇在中央苏区的经济思想

刘少奇的经济思想主要体现在《论国家工厂的管理》《在两条战线斗争中来改订合同》《给湘赣鄂省总工会的信》《停止“强迫介绍”与救济

① 中国井冈山干部学院编：《斗争》第一辑，中国发展出版社2017年版，第357页。

失业工人》《与忽视工人日常经济利益的倾向作斗争》。刘少奇认为："因为现在我们是处在国内战争的环境中，所以我们苏维埃工业的建设，首先是军事工业。"①

刘少奇发现在苏维埃区域这些经济比较落后的地方，虽然曾经长期存在着日本帝国主义者和国民党不断"围剿"与对中国苏维埃的各种经济封锁，但是属于苏维埃这种经济形式的新型工业，已经从此时开始迅速蓬勃地发展起来。中央苏区的32个苏维埃工厂，包括两千多工人、几千钨矿的生产，还包括几十几（千）以至更多工人的许多生活合作社的工厂（如铸铁、刨烟、造船、农具等合作社）。这些工厂由于缺乏管理，存在着一系列的问题：许多工厂尤其是军事工厂每月的生产计划不能完成；被服厂做好的军衣不合尺寸，不仅不好穿，扣子一穿就掉，还有的针线大约半寸，颜色杂乱配置；纺织厂的纱布稀密不匀不好用，纱与布时常失窃；没有一个工厂不在叫喊着"材料缺乏"，且时常因此停工；工厂材料器具失窃的事件也很多。刘少奇通过调查研究后发现，这一切的现象都说明当时大多数的国家工厂是处在非常严重的状态中，没有一家工厂是可以较好地管理这些问题的。对于工厂中发生的这类问题，国家经济机关并没有严格地追究，关键应该找到这些现象背后的真实原因和负责者，并给予其必要的打击和纠正。

在对国家工厂的管理中，刘少奇提出自己的管理思想。"国家工厂中我们需要建立真正的工厂制度，要科学的去组织生产"，在国家工厂中要有劳动纪律，以及完备的厂规。工厂中所属各科的科长与各个生产单位主管（即工头），也必须明确规定他们的职责责任与权利。在一些国家的工厂里，应该将努力组织与培养、提高工人对于劳动和生产的热情，作为最重要的事情和任务。运用精密科学的原理来制订一个生产计划，可以说是每一家工厂所必需的，要求它能够准确地估计一台机器的性能、每个工厂工人最多的生产数、材料和工具耗费等，这样才能制订可实现的生产计划。

刘少奇还提出，在国家工厂中的工会组织，应极大地注意协助工厂管理与组织改善，发展与巩固国家工厂。同时要改善工人的生活，解决一切

① 中国井冈山干部学院编：《斗争》第三辑，中国发展出版社2017年版，第386页。

令工人不安的问题，发动其的劳动热情。还可以通过组织生产竞赛和突击队，一切为提高生产而斗争。工会组织应该鼓励和教育广大工人为自己的事业努力，为工农群众的企业和工厂而努力地去工作，吸引广大工人积极地参加对于企业生产规划的讨论和编排，参加相应的经济核算，研究对于技术的更新和改良，学习生产的管理。国家工厂各方面情况的改善，必须得到工会与大多数工人自愿的、乐意的、热情的参加与合作，才能够顺利地完成①。

六、张闻天在中央苏区的经济思想

1933 年 1 月中旬，张闻天随同中共临时中央到达瑞金。张闻天在中央苏区担任中共中央局常委兼宣传部长职务，分管政府工作，而且深入参与了苏区的政权和经济建设。经过在中央苏区两年的斗争生涯，以及在当地的实地考察经验，他通过理论和实践相互印证认识“左”倾错误的危害，并从中不断吸取教训和加强学习，不仅让自己逐渐从“左”的思想中解放出来，还对“左”倾的政策提出反对以及加以纠正。在中央苏区的政治、经济、文化等方面的建设过程中，张闻天都提出一些比较实用的理论方法和切合实际的方针、政策。张闻天在中央苏区的经济思想主要体现在他的文章中，比如《五一节与劳动法执行的检阅》《论苏维埃经济发展的前途》《苏维埃政权下的阶级斗争》《反对小资产阶级的极左主义》等文章。张闻天通过对苏区经济的成分、劳资斗争、利用资本主义以及发展生产进行经济建设等问题进行分析，以此为基础撰写完成以上文章，为中央苏区的经济建设作出了巨大的贡献。

张闻天通过在中央苏区的实践经历，对当地的经济状况有了比较深刻的认识。他发现中国苏维埃政权所统治的区域在经济上属于比较落后的区域，土地革命使得地主经济消亡以及大部分中农、贫农分得了土地，所以苏区经济主要是农民的小生产的商品经济占据了绝大的比例。在中央苏区的工业方面，小手工业占着主导地位，私人的资本主义的经济则不受推崇，所以只占据极小一部分。小生产者私人的集体合作经济，正在向前发

① 中国井冈山干部学院编：《斗争》第三辑，中国发展出版社 2017 年版，第 386 页。

展中获得更为重要的意义[①]。在对中央苏区的经济结构有了全面的认识后，张闻天对“左”倾的劳动法提出了尖锐的批评，他认为“左”倾主义者脱离实际，没有认识到“在目前苏维埃区域内，我们还没有大的资本主义的企业，我们所有的大多数是小的，至多是中等的企业”。如果一味机械地照搬大工业城市的一整套理论，其结果一定是走向衰退，不仅会使得企业倒闭，还会导致工人失业，以至于工人基本生活无法得到保障。“过去党和工会的领导者都同样的把《劳动法》完全搬到这里（劳动合作社）来，结果合作社同样因为赚不到钱而倒闭了”，因此，张闻天提出，《劳动法》应该根据企业的规模、行业特点等实际情形，有弹性地实施，这样可以让劳动法在不同的情形之下都得到很好的执行，更加能够适合于企业和个人的经济情形。

张闻天在私人资本主义经济这方面也有比较清晰的认识。他认为“资本主义在苏维埃政权下的部分发展，并不是可怕的。当苏维埃政权没有力量经营国有的大企业，那么利用私人资本来发展苏维埃经济，不能不是目前主要出路之一。这种资本主义的发展，目前不但对于苏维埃政权不是可怕的，而且对于苏维埃政权是有利的。私人资本主义的经济，将随着苏区内工商业的发展，而增加它的作用与地位，但是苏维埃政权不是资本主义的崇拜者。领导苏维埃政权的中国无产阶级与它的政党，争取中国苏维埃革命的胜利，不是为了中国资本主义的发展，而是为了社会主义的前途”。苏维埃政府在没有足够资金进行大规模生产的情况下，“应该采取种种办法，去鼓励私人资本家的投资”，“奖励小手工业者生产的扩大，并允许私人资本主义在这方面的发展”。一是让私人资本家发现其中的价值并且投资，来带动经济的发展。如果工人和资本家发生争执，“在调解和仲裁时，苏维埃政权决不是简单的用武力强迫资本家执行工人的要求，用武力与行政的手段，进行经济斗争，像我们现在常常所使用的，并不能达到上述的目的。这种斗争的方法，不能提高工人阶级的积极性，团结力与觉悟程度，相反的，这种方法会造成工人群众对于苏维埃政权消极的依赖，不能使他们清楚了解资产阶级的本质与劳资间的分明的敌对地位，使他们从他

① 中国井冈山干部学院编：《斗争》第一辑，中国发展出版社2017年版，第206页。

们切身的经验中感觉到推翻资产阶级为社会主义革命而斗争的必要"①。二是利用资本家的社会关系、人脉、经济实力与从商经验，来推动中央苏区经济的发展。"苏维埃政权同某些资本家可以订立协定，甚至给他们以特别的权利，使他们发展他们的企业，扩大他们的生产，这对于苏维埃政权的巩固是有利的。""比如为了对外贸易的发展，我们给某些商人以特别权利与利益，使他们大批输出苏区的生产品，输入白区的日用品。否则，会完全把"自己封锁起来。"三是苏维埃政权通过《劳动法》来对抗资本主义的剥削，以此改善工人生活，提高其工作积极性。针对资本家企业，为防止其利用企业资金进行反革命活动，最好实行工人监督生产制度。苏维埃政权对企业最好采取征收累进的工业税与商业税，抽取他们的利润的部分来巩固苏维埃政权②。四是善于利用最重要的经济组织——国家银行，尽可能帮助国家企业与合作社的发展，以此提高竞争力，与私人资本家的企业进行竞争。五是对于资本家的投机、故意高抬物价等行为，积极利用武力等一切强制手段对付一切进行反革命活动的资本家。

张闻天还强调要发展生产、鼓励出口。他指出党的当前任务是利用一切经济力量，以争取革命战争的胜利。要达到这一目标，首先必须扩大中央苏区的生产力；其次，要大力发展手工业；再是，苏维埃要极力增强中央苏区与外界贸易自由并且鼓励商品的流通；最后是组织工人、农民成立消费合作社以及粮食合作社，以保证苏区经济建设的稳定与发展。

七、邓子恢在中央苏区的经济思想

邓子恢是闽西苏维埃政权的主要创始人之一。1928年，他领导福建龙岩后田农民暴动，后来又在永定开展土地革命，总结出了农村分田的经验。邓子恢曾担任过闽西苏维埃政府主席、中央财政人民委员部委员、中央土地人民委员部委员以及中央国民经济人民委员部委员等职，而且邓子恢极其熟悉农村的实际情况，所以邓子恢对于中央苏区的各项情况都有很深的了解，由此，邓子恢总结出了一系列适合于中央苏区农村实际的经济

① 中国井冈山干部学院编：《斗争》第一辑，中国发展出版社2017年版，第272页。
② 中国井冈山干部学院编：《斗争》第一辑，中国发展出版社2017年版，第206页。

思想，为苏区的经济建设作出了极大的贡献。

邓子恢在中央苏区一直提倡互助合作运动。邓子恢早在闽西苏区经济建设过程中就结合农民的实际情况，积极组织各种合作社组织。一种是劳动合作社。由于当时正值土地革命时期，土地分配之后，农村劳动力紧缺。为了解决这个问题，邓子恢就当地农民之间的情况与农民进行协商，最后研究提出可以通过组织劳动合作社的方式，来实现社员与社员、合作社与合作社之间的换工合作。如果有一方多出工的情况，那么则由另一方补付多出工的工资。劳动合作社当时在龙岩一带取得了相当不错的效果。另一种是粮食调剂局。邓子恢为了缓解闽西苏区在1929年出现的“剪刀差”“谷贱伤农”等严重问题，其通过实际的调查研究发现，可以通过组建粮食调剂局，利用粮食调剂局的职权控制粮价，以此来调动农民的生产积极性。于是当时中央苏区在各区、乡分别设立粮食调剂局，以此来提高农民的经济利益，促进苏区经济的发展。具体措施是先由各区的调剂局向当地富农借款，按照限定的价格从贫农手中收购粮食，同时又设立闽西工农银行，发行纸币，并且用一部分来贷给粮食调剂局购买粮食。当时这个政策受到农民的热烈欢迎，粮价也一直趋于稳定，后来这个政策也被逐渐推广到闽西各县。除以上合作社组织之外，邓子恢还在几个区乡也组织了消费合作社。

创办粮食合作社的想法还是在1932年时，邓子恢作为财政委员，为《红色中华》撰写了《发展粮食合作社运动来巩固苏区经济发展》一文时产生的。这篇文章是他通过总结以前经验和教训，然后根据自己实际工作经验写出来的解决部分中央苏区存在的经济问题的方法和措施。文章提出：“我们现在想出一个办法，便是粮食合作社的办法。这个合作社是群众的经济组织，由中农、贫农、雇农群众自动入股，集中股本向社员收买谷子，谷价要比市价高一些，收来的谷子，存储到明年，又比市价便宜一点卖给社员，多余的则运往米价高的地方去卖，结算后赚得的钱，除留公积金外，其余按社员所卖谷多少为比例进行分红。”[①] 邓子恢认为粮食合作社的成立，可以把部分独立的贫民组织、动员起来，农民群众可以通过团

① 中国井冈山干部学院，中央档案馆编：《红色中华》第一册，江西人民出版社2016年版，第561页。

结互助从劳动中获取更大的收益。具体举措是粮食合作社的设立可以使得社员的谷子不必运到市场上去出售，这样不仅减少了交易成本，还可以减少粮价的降低；而且农民们把谷子存储起来，不拿到市场上去卖，这样还可保证中央苏区的粮食供应，以备不时之需。当粮食产量不足时，合作社便可以将储备粮低价出售，在保障粮食供应充足的基础上，还可以限制粮食的价格。合作社成员以较低的价格出售粮食给合作社，被合作社获取的收益其实又回到了社员手中，而不是让市场上的商家剥削了去。在各区、乡都设立粮食合作社，可以随时将当地的粮食储藏起来，如果有战争的需要，可以立马提供给红军，以支持战争对粮食的需求。

邓子恢还以中央财政部的名义颁发了《合作社工作纲要》，其中对各类合作社的性质、组织模式做了详细规定，使这些合作社同苏维埃政府的对外贸易局、粮食调剂局、国家银行以及苏维埃商店之间的联系密切，推动了中央苏区手工业、农业、商业以及金融的共同发展。

邓子恢对财政的管理也有自己的想法。在邓子恢担任中央财政委员时，由于“左”倾错误路线的影响，中央苏区财政支出急剧增加，而财政收入急剧下降，中央苏区的财政情况非常糟糕，外加当时的财务制度不健全，税收管理杂乱，各级苏维埃政府都各自征收，收到的税款也是供地方开销。中央苏区财政所有的单位也把收钱、管钱、用钱一起管理，根本没有分明细科目，以致收支混乱。商业税作为国家财政主要收入之一，当此革命战争向前开展，战费日益浩大的时候，整顿商业税收，向商人收足税款，供给红军作战，是当前的紧急任务①。关税是调节进出口货物、保护经济发展的重要武器，又是国家财政的主要收入之一②。而当时中央苏区还没有建立完善的关税制度。面对这些困难，邓子恢首先想到的是要建立起统一的财政管理体系，也就是建立中央一级的统一财政。邓子恢签发了《中央财政人民委员部训令第十二号》和《中央人民委员部训令第十五号》，对统一税制和统一会计制度做了明确规定；然后又制订《关于商业税与店税之征收事宜》《国库暂行条例》《建立关税制度》、会计规则、预

① 中国井冈山干部学院，中央档案馆编：《红色中华》第三册，江西人民出版社 2016 年版，第 1428 页。

② 中国井冈山干部学院，中央档案馆编：《红色中华》第三册，江西人民出版社 2016 年版，第 1365 页。

决算规则等规章条令；再然后就是组织人员设计工业、商业、店房出租等财税收入的登记表、登记册，印发到各级财政部门，定期进行填报，制订会计科目表、各种簿记账册发到省、县苏维政府和红军部队使用；最后邓子恢还组织了财会、国库和银行三个训练班，对他们进行培训教育，然后分派到地方，补充到地方各级的财政岗位。总而言之，邓子恢在担任财政部长期间，对整个中央苏区的财政，以及财政的管理体系，从原则到具体实施过程，从理论到方法，都有十分严谨的思考，从而为中央苏区建立起中央一级财政来统一管理奠定了强有力的基础。

邓子恢认为，要发展苏区经济就必须组织好商人、合作社以及边区的群众，利用他们的能力、关系，互相进行贸易往来。其实在闽西苏区建设的初期，他就鼓励赤区商人与白区商人互相来往，鼓励他们进行商品交易；苏维埃政府还给提供免税优待政策给商人们，在边关的检查上也给予一定的方便，这样不仅沟通了两边的贸易往来，打破了敌人对苏区的经济封锁，还在一定程度上增加了苏区农产品的出口和工业品的进口，进一步促进了苏区经济的发展。

邓子恢在金融方面也有比较深刻的思想。邓子恢曾倡议，要建立工农银行，而闽西工农银行的设立便是闽西苏维埃政府付诸行动的一项重要经济措施。当时，邓子恢在龙岩看到有大量劣币在市场上流通，这种现象给中央苏区的经济造成重大的影响，给苏区的商品交易也造成非常恶劣的影响，于是邓子恢提出要成立工农银行来自行发行货币，防止市场上的劣币流通导致苏区经济流失，也阻断了白银、黄金等有价值的物品的外流，使苏区的金融得以稳定发展。邓子恢后来又进一步发布命令统一货币发行，鼓励群众摒弃外来货币，更多去选择使用国家银行发行的货币进行交易，并规定所有政府机关和部队都必须使用国家银行发行的货币。慢慢地，国币逐渐取代旧币，进而发挥中央对金融的调控流通功能，对市场的物价、自主交易和稳定发展都提供了有力的保障。

八、林伯渠在中央苏区的经济思想

林伯渠早年留学过日本，其间攻读过经济学、统计学和工业政策。第一次国共合作时期，曾担任国民党中央执行委员会财务委员。南昌起义时，任过革命委员会财政委员会主席，对于财政有一定的工作经验。1933年，林伯渠从苏联回国到达中央苏区，当时苏区财政经济面临巨大的困难，为苏区经济稳定地发展，中华苏维埃共和国临时政府人民委员会决定设立国民经济人民委员部，由林伯渠担任部长。

林伯渠担任部长后，颁布了多条相关训令。他十分关注农民的粮食问题，在颁布的训令和通告中多次倡议农民群众将谷子卖给粮食调剂局；还积极兴办粮食合作社和建造谷仓，用来储藏大量谷物以便改善民生和充裕红军的给养。林伯渠十分赞同毛泽东在经济建设与革命战争方面的许多观点，他认为，经济建设的胜利成果，要用在改善工农群众生活水平和保障红军需求上，以此来激发农民群众的革命热情，积极响应战争的动员。

在进行经济建设的工作上，林伯渠的经济思想具体有：一是要对全局进行把握，全面开展各项经济活动，"必须尽量提高我们的土地生产，工业生产，发展对外贸易，繁荣苏区，开展合作运动，集中资本（金），巩固苏维埃金融"。二是要抓住重点方向，在多个经济工作中发现亟待解决的问题。如当时粮食缺乏，谷价飞涨，中央苏区有些地方已经发生夏荒，他认为应该"调济［剂］苏区粮食，保证红军以及战时粮食的充分供给"，"粮食一项，尤为重要，不独关系红军的给养，且直接影响工农劳苦群众的日常生活"①。林伯渠提出，当务之急是要提高农民参与生产的积极性，以及粮食的实际产量，与此同时，还要杜绝地主奸商对广大劳苦农民的剥削，保障红军及政府机关的粮食补给，提高工农群众的日常生活水平，务必在每一乡成立一个粮食合作社②。此外，号召群众积极响应节约运动，将节约的粮食卖给粮食调剂局，供苏维埃政府调配以支援革命战争。

1933年，林伯渠兼任财政人民委员部部长（次年专任）。林伯渠在接手财政部工作后，成立了没收征发委员会，并在部队设立下属机构。为应对当时的财政困难，林伯渠还向白区筹款六百万元。林伯渠认为，纸币的发行应该根据国民经济发展的需要，而不是财政上的需要。为了维系中央苏区的金融稳定，他要求国家银行实行独立，在财政部的监督之下，积极

① 中国井冈山干部学院，中央档案馆编：《红色中华》第三册，江西人民出版社2016年版，第1493页。

② 中国井冈山干部学院，中央档案馆编：《红色中华》第三册，江西人民出版社2016年版，第1535页。

发挥银行本身的职能和执行力，以便利用政策和手段掌握、控制中央苏区的货币发行。

本章小结

本章主要介绍土地革命时期中央苏区推行股份制的相关思想，是本书研究的理论基础。股份制的推行依靠的是主要领导人，而主要领导人的经济思想基本决定了股份制推行的总体方向。本章首先对马克思主要的股份制思想进行了概述。由于马克思对资本主义股份制进行研究时，股份制作为一种新事物才刚刚出现，所以马克思主义的股份制思想是基于人力资本零成长理论和完全信息假设理论提出的。马克思认为，股份制是由有限的资本数量与日益提高的有效生产所需的最低资本额之间的矛盾产生的。“股份公司是随着海外贸易和手工工场的出现而产生的，并席卷了它力所能及的一切工商业部门。”（马克思，1975）。即股份制产生的根本条件是市场经济的发展，而经济主体的独立所有权和利益是股份制产生的特殊条件，信用制度的发展是股份制产生的主要基础。在马克思看来，股份制企业具有三大特征：一是股份制企业采取的集资方式可以是发行股票；二是股份制企业采取社会资本的资本形式；三是股份制企业具有特定的产权结构；四是股份制企业不一定追求利润最大化。尤其是最后一条，股份制企业不一定追求利益最大化，为社会主义推行股份制提供了理论支撑。马克思主义经典理论认为，股份制是对资本主义的一种扬弃，是资本主义向社会主义的一个过渡，股份制本身并不归资本主义所独有，其既可以为资本主义所用，亦可为社会主义所用。梳理相关历史资料发现，毛泽东、朱德、周恩来、陈云、刘少奇、张闻天、邓子恢、林伯渠等中央苏区领导人也在其经济思想中体现了马克思主义股份制思想，这些思想和经济主张成为中央苏区创新推行股份制的主要指导。

第三章　土地革命时期中央苏区推行股份制的相关背景研究

第一节　土地革命前中央苏区的社会背景

从地理位置来看，中央苏区（又称中央革命根据地）是以赣南、闽西两块根据地为基础创建的。中央苏区的历史主要指中央革命根据地的历史。从1927年到1937年，大革命失败后，赣南、闽西农民武装暴动开始，到抗日战争爆发后，赣粤边、闽西等地红军三年游击战争结束，前后经历了10年之久。

一、政治面貌

（一）血腥的反动驻军统治

封建地主、豪绅和官僚军阀在经济上进行残酷的剥削压榨，在政治上则把持一切，实行血腥的反动统治。大革命失败时，驻防赣闽两省的反动军队力量较弱。福建为五部小军阀割据。这五部小军阀因其经济、政治背景的不同形成三派：驻在福州、泉州、厦门沿海一带的海军杨树庄部为一派，有陆战队三四千人。盘踞在漳州的张贞和盘踞在龙岩的陈国辉为一派。张贞部有四个团、三个工程队，七八千人，枪弹充足，在福建的反动军队中是较能战斗的一部。盘踞在闽北的卢兴邦和盘踞在闽西的郭凤鸣为一派。卢部有七八千人。两部均为土匪军，战斗力很弱。各部军阀在剥削工农群众、镇压革命的共同利益上，取得暂时的联合。但是，他们争夺激烈，勾心斗角，互相伺机吞并，处于混战状态。

江西的反动驻军为滇系朱培德部，共两个师：第七师王钧部，驻在省会南昌和赣北、赣中一带；第十二师金汉鼎部，驻赣西南和赣东一带。两师共有步枪约两万支，马枪约四百支，机枪六十挺，山炮、野炮四十门。1929 年王钧师被调驻皖北，驻地由湘军鲁涤平部接防。金汉鼎师则由赣西南调到闽西。滇军因非蒋介石嫡系，待遇菲薄，常年奔波卖命，得不到休整，而且薪饷被长期拖欠、克扣。官长对待士兵极其残忍，拳打脚踢、打军棍是惯常的事，士兵因小事而遭枪毙的事也经常发生。士兵一旦伤病，除每天两顿饭之外，一文钱也没有，重伤病兵，只有坐以待毙。缩编时，被遣散的老弱下级军官和士兵，只得流离失所。反动军队中这种悲惨的景况，加之受革命的影响，使士兵情绪动摇，不断有集部起义的事情发生。帝国主义、封建主义、军阀、官僚、资产阶级的剥削压迫，加之连年军阀混战、灾荒，赣西南、闽西人民的生活悲惨到了极点。

（二）凶横的地主豪绅割据

在赣西南和闽西农村中，有一个十分普遍的现象是聚族而居。家族组织较为常见，一姓一个村子或几个村子。各地都建有规模宏大的氏族祠堂，订立了各种封建族规。在这种社会组织中，族长多为当地的地主豪绅，利用家族组织势力，控制公堂会所，对农民实行封建统治。如瑞金县的“廉义社”，集结了瑞金县势力最大、最凶狠的地主豪绅“三虎”“六豹”“十二狼”。这些地主豪绅把持了瑞金县三个最大的公堂：宾兴会、桥局会、考和会。盘踞商旅要道上的观音峙风金卡，包揽全县的税收、诉讼等，敲诈勒索，贪污受贿，无恶不作。地主豪绅拥有自己的武装，在农村中形成一个个的“土围子”。他们还组织“民团”“团防”“靖卫团”等，每县有人枪上百，多至二三百，盘踞一隅，扩充势力，争权夺利。当地势力最大的武装成为军阀，如赣西南的赖世琮、赖世璜、肖家壁，闽西的郭凤鸣、钟绍葵等。民间有洪帮三点会等帮会组织。

破产农民和失业工人因生活无着，不少沦落为土匪。各地都有啸聚山林的绿林武装，活动频繁且势力比较大，例如井冈山一带活动的袁文才、王佐部，在吉安东固一带活动的段月泉部。他们与地主豪绅对抗，容易接受革命的影响。但是，受封建意识的影响比较严重，斗争目标和政策观念模糊。人民饱受封建地主、豪绅阶级和国民党反动派的残酷剥削、压迫，生活在水深火热之中。“种田之人空米仓，泥匠师傅住烂房，做衫工人破衣裳，木匠师傅篾缚床。”这首当时流行于闽西的山歌，是闽西广大贫苦农民和工人们悲惨生活的真实写照。

二、经济状况

土地革命前，中央苏区经济发展较为落后。首先，农业经济不发达，农民生活疾苦。一方面，农民们自己拥有的土地很少，大部分都在地主和富农手中，并被他们压榨。另一方面，普通农民们缺少耕牛、农具等耕作需要用到的工具，农产品产量低且大多被地主垄断，百姓生活质量差。其次，革命前工业体制不健全，没有现代工业，以小作坊为主，产量较小，不能满足自身的用量需求。最后，苏区大多处于山区，交通不便利，信息传递速度慢，导致外地商人的货物卖出价格昂贵，商业贸易也不发达。本章整理了土地革命之前中央苏区的农业、工业、商业贸易及交通等基础建设方面的基本状况。

（一）土地分配不均，农资农具匮乏

在赣南、闽西的人口结构中，大多数是耕作的农民，其次是一些手工业从业者，地主和富农的数量相对而言较少。但是，受到封建社会的影响，数量较少的地主和富农却拥有超三分之二以上的土地，而广大农民群众拥有的土地较少，导致受到土地和富农剥削，即使劳动也收获较少，土地资源的分配极其不均衡。

在日常农作中，耕牛的作用仅次于人工，没有耕牛的效率会大大降低。然而当时农民们缺乏耕牛，有些村子农民们甚至一头耕牛都没有，又受制于经济的发展，大多数农民没有足够的钱去买耕牛。大多数耕牛都在豪绅手中，更有些富农、奸商，将耕牛宰杀或者拿到白区去贩卖，导致耕牛流失。除此之外，农具、肥料、种子、水利都是农业生产中所必需的条件，以应对干旱、虫灾等问题，这在当时也是缺乏的，再加上还有私人对这些器具、物料的垄断，耕作效果十分不理想，终年劳动，却不得温饱。

（二）现代工业缺失，生产技术落后

土地革命前，苏区的工业化进程推行得较慢，生产力十分低下，农村和大多数县城、乡镇几乎没有工业，更缺乏专门从事工业生产的工厂。仅存在的一些富人开办的小规模工业、作坊，几乎也还是以手工业为主，缺乏自动化设备和先进的技术。传统的手工业是以瓷业、造纸业、夏布、樟油为首。与此同时，受到部分外商的对内倾销，传统手工业的发展也逐渐没落①。

当时比较典型的有于都的烟业、赣州的窑业、会昌安远的锡矿等，它们均以手工业为主；除此之外，还有一些矿场开采类的工业。景德镇的陶瓷在当时国内外已经颇有名气，是被重点关注的产业。当时由于没有劳动制度规范，许多工业资本家对工人剥削、压榨，使工人超负荷地工作，导致许多工人离职，最终使工业的发展十分缓慢。

（三）商业贸易受阻，基础设施空白

许多生活必需品只能通过商品贸易取得。土地革命前，大量的外商运输货物进行倾销，在圩场或者县城、乡镇的店铺交易。当时大多数人都居住在农村，圩场是最关键的交易场所，但由于很多地方的圩场受到当地地主、恶霸或其他势力的控制，导致圩场交易存在许多强买强卖的行为。供货方也要定时交“保护费”，进而使商品利润降低，圩场交易也是一片惨状。虽说早期“洋货”泛滥，但是像食盐、布匹之类的必需品还得从外面取得。由于交通不便、经济发展落后等原因，贸易发展也停滞不前，物价昂贵，这加重了人们的经济负担。

土地革命前，苏区还未兴修水渠、陂坝等水利工程，直接影响了农田灌溉，造成了早期收获较少的局面。陆路和水路交通方面更是任由其自然发展，无人问津，使得人口交流较少，影响先进技术的引进和先进思想文化的输入。至于邮政通信，由于当时没有统一各区县的邮政机构，都是国民党建立的邮政局，各地邮政政策也不一致。直到1927年秋收起义部队到达宁冈后，苏区才成立第一个邮局——宁冈红色邮局。

---

① 《江西省苏区志》编纂组编：《江西省苏区志》，方志出版社2004年版，第243—251页。

三、文化氛围

经济是支撑文化教育发展的关键。在战争不断、社会动荡、经济衰败的赣西南和闽西地区，中央苏区文化教育的发展颇为坎坷。教育方面，教育资源严重不足且多掌握在地主阶级手中，导致广大工农群众多半不识字。尽管新文化运动掀起的革命浪潮催生了一大批着重揭露社会黑暗、激起民众革命思想的革命刊物，但由于中央苏区自鸦片战争以来一直遭受帝国主义文化侵略，且封建思想在乡村地区早已根深蒂固，新文化运动掀起的反帝反封建思潮只在青年知识分子内小范围传播，且传播效果极为有限。

（一）教育水平落后，资源分布不均

中央苏区群众文化水平低，赣南地区以寻乌县为例，不识字的达60%，女子可以说全部不识字①。闽西地区过去受反动统治阶级的压迫和剥削，文化程度非常落后，不识字的工农群众约占80%以上②。笔、墨等文具也只在杂货店出售，并无专卖店，也说明群众大多不识字、用的人少。

一是中央苏区教育资源严重不足。战乱导致许多学校停课甚至关闭，迫使中央苏区教育停滞不前。赣州作为赣南地区的政治、经济、文化中心，在土地革命前也仅办有两所中学、两所师范学堂，在校学生不足千人。以寻乌县为例，全县初小共150个，学生共计5000人上下；高小13—18个；中学却只有4个③。但大多数县城一所中学都没有，仅有几所小学校，如瑞金全县至1920年只办有10余所小学校，学生不足千人。形势同样严峻的闽西地区，250万人口也只有几十所中学，几所农校和乡村简易师范学校，几百所公私立小学或学堂④。

二是中央苏区教育资源分布不均。毛泽东在第二次全苏大会的报告中

① 毛泽东：《毛泽东选集第1卷》，人民出版社2007年版，第118页。

② 江西省文化厅革命文化史料征集工作委员会，福建省文化厅革命文化史料征集工作委员会编：《中央苏区革命文化史料汇编》，江西省人民出版社1994年版，第133页。

③ 中央文献研究室，中国井冈山干部学院编：《毛泽东在中央革命根据地斗争时期的调查文集》，中央文献出版社2010年版，第113页。

④ 汤家庆；龙岩地区老区建设委员会，闽西革命历史博物馆组织编写：《中央苏区文化建设史》，鹭江出版社1996年版，第3页。

说："国民党统治下一切文化教育机关，是操在地主资产阶级手里的。他们的教育政策，是一方面实行反动的武断宣传，以消灭被压迫阶级的革命思想，一方面施行愚民政策、将工农群众排除于教育之外。"[①] 以寻乌县为例，高小学生以地主子弟为主，还有部分大地主与富农子弟；中学生全部都是地主子弟，其中小地主占大多数；大学生中基本都是大中地主阶级，小地主只占着5个[②]。地主阶级享有良好的教育资源，而工农群众却被剥夺了教育权利，处在"斗字不识苦连天，世世代代受欺凌"的境地。

（二）帝国主义文化侵略，封建思想根深蒂固

土地革命前，中央苏区的文化艺术事业一直深受两座"大山"的压迫而无法发展。

一座"大山"是帝国主义严重的文化侵略。1840年鸦片战争后，赣西南和闽西地区陆续出现各帝国主义国家传教士创办的教堂、学校、医院等各种机构，仅上杭县，就有教堂30多个，教会学校8所；即使是在闽西最边远的武平县城，也有2所教堂、1所医院和1个"圣家学校"。帝国主义分子凭借这些文化机构和"慈善"事业，掠夺和侵吞中国人民的财产、土地，实施文化侵略，毒害、麻醉中国人民的精神思想。

另一座"大山"是根深蒂固的封建思想。多数学校由守旧的学究们把持。他们鼓吹尊孔读经，有的竟把《仪礼》当作一门课程来教学，不惜烦琐地大讲其封建的礼教；有的为了装点门面，也教点英文，但只不过是新瓶装旧酒摆摆样子罢了。大部分乡村地区表演的依旧是封建式的旧戏，封建思想的影响依旧严重。正如《中央苏区文艺史料集》第490页中所记录的：

"10月上旬红军攻克吉安。为了庆祝胜利，举行了军民娱乐晚会。由于晚会前没有准备好富于革命思想内容的文艺节目，谁会什么就演什么，结果演出了一些内容平庸的旧民歌和旧花鼓戏。罗荣桓同志看后指出：'我们红军是执行政治任务的武装集团。我们的文化娱乐工作也要围绕红军的政治任务来开展，怎么能老演那些充摘封建糟粕的旧戏呢？要演反映

① 江西省教育学会编：《苏区教育资料选编1929—1934》，江西人民出版社1981年版，第43页。

② 中央文献研究室，中国井冈山干部学院编：《毛泽东在中央革命根据地斗争时期的调查文集》，中央文献出版社2010年版，第113页。

苏区斗争生活，宣传革命道理的文明戏’。”[①]

（三）新文化启蒙，革命刊物涌现

“五四”运动后，新文化运动使得赣西南和闽西一大批青年知识分子以笔代枪，发表新文学作品，与封建文化作斗争。主要有两个特点。

一是作品体裁丰富。白话新诗是新文学创作的主体，易读易记，内容上多以社会生活为题材，反映劳动人民的疾苦，唤醒民众觉悟。散文较多的是适应当时急遽的战斗要求而产生的杂感，作品多是利用这种短小、辛辣、锋利的笔触，评论现实斗争中的问题，鞭挞腐朽的旧社会。小说的创作比较少，题材多是揭露兵灾带来的悲哀惨淡的景象，诉说婚姻的苦痛与失学的悲哀，大声疾呼混浊世界之下，哪里来的平等和自由呢？这些作品在刻画人物、情节构思上十分薄弱，思想性、艺术性都不高。戏剧创作也处于幼稚时期，作品较少，都是揭露军阀淫威之下民不聊生的人生惨剧。

二是革命刊物萌芽。赣西南、闽西的文学社团和革命刊物如雨后春笋般纷纷涌现。据不完全统计，在1921年至1926年五年间，许多思想先进的知识分子在本地或外地创办了革命刊物20多种，组织了文学社团20多个。其中影响较大、比较有代表性的是龙岩奇山书社创办的《岩声》、永定晨钟社创办的《钟声》、汀属青年在广州的汀雷社创办的《汀雷》，以及吉安青年联合会创办的《吉安青年》。

三是进步书刊涌现。一些社团纷纷出版各种进步书刊，如龙岩适中改进社刊行了《改进》，上杭青年读书会出版了《幻灯》《虹痕》和《上杭评论》，北京汀属文化促进会出版了《汀钟》。一些个人也相继出书或是办刊，如谢景德、李联星等创办《新龙岩季刊》，曾天宇、张世熙创办《万安青年》，王仰颜等在北京创办《卧龙山》。

众多的社团组织和革命刊物，在宣传新文化、新思想，传播马克思列宁主义，揭露旧社会的黑暗腐败，启发民智，唤醒民众方面，起到了春雷般的作用[②]。但由于新文化、新思想仅在知识分子中传播，力量仍不足以推翻帝国主义的文化侵略和封建思想，传播效果也比较有限。

---

① 《中央苏区文艺丛书》编委会编：《中央苏区文艺史料集》，长江文艺出版社2017年版。

② 汤家庆；龙岩地区老区建设委员会，闽西革命历史博物馆组织编写：《中央苏区文化建设史》，鹭江出版社1996年版，第7页。

第二节　土地革命时期中央苏区推行股份制后根据地组织背景

一、领导武装暴动，各地区特委相继成立

中共中央在1927年8月7日八七会议中确定土地革命和武装反抗国民党反动统治的总方针。会议指出：要在暴动中没收大地主、土豪劣绅、贪官污吏和一切反革命派的土地，实行土地革命，肃清土豪劣绅和一切反动势力，推翻国民党的反动统治，建立农民的乡村政权。根据八七会议精神，各地区先后成立特委，指派重要领导干部前往动员，并配备枪支，对农民进行军事和政治训练，领导广大农村地区发动一系列农民武装暴动。暴动地点皆为政治、经济地位较重要而农运较有基础或已有农军势力的地方，同时也对农运基础和农军实力不同的地区分别提出了不同的要求。

为便于加强对各地暴动的组织领导，各暴动地区分别建立特委。1928年2月9日，江西省委制订《江西全省总暴动工作计划》，将全省划为西南、西北、东北、赣东、南浔路五个暴动区。确定暴动的爆发程序是：以西南区为全省总暴动的爆发点，西北、东北为次要响应区域，再次为赣东。各区的暴动局面开始后，联合向南昌、九江及南浔路一带发展，同时发动南浔路区暴动，以完成全省总暴动，推翻江西反动统治，取得全省政权。要求各地健全与扩大党的组织，普遍发展城市工人运动，加紧士兵运动，规定各县均须成立工农革命委员会以指挥暴动。

（一）中共闽西特委

中共闽西临时特委建立和暴动总指挥部于1928年7月正式建立，闽西党组织有了自己的核心领导，这使得闽西各暴动区域的联系更加紧密，对于革命运动的深入发展而言是一个有利条件。当时在平和、龙岩、上杭、永定等县相继开展武装暴动的形势下，闽西一带已经到了革命工农与豪绅资产阶级势如水火的时期，于是上杭、永定、平和、龙岩四县委即刻各派

出代表二人在永定成立闽西特委。闽西特委由郭慕亮（郭柏屏）任书记，邓子恢任宣传部长，张鼎丞任组织部长。届时，闽西暴动总指挥部成立，王海屏任总指挥，邓子恢、张鼎丞、傅柏翠任副总指挥。1928年，在党的带领下，龙岩后田、平和、上杭蛟洋、永定四大暴动相继爆发。3月4日，后田暴动，打响了福建农民暴动的第一枪，揭开了闽西土地革命斗争的序幕。溪南区苏维埃政权和“红军营”在永定暴动后建立，其开创了党在闽西建政、建军的历史。

（二）中共赣西特委

1927年9月，中共江西省委为贯彻中共中央八七会议精神，领导江西的赣西地区的武装暴动，发动秋收暴动，计划将全省划为6个暴动区，成立6个中共特别委员会（简称“特委”），同年10月，考虑到集中领导干部等问题，将计划改为划4个暴动区域，分别成立赣东、赣西、赣南、赣北4个中共特委。但因干部缺乏，实际上只成立赣西、赣南、赣北3个特委，由于赣北地区不属于中央苏区，在此不对其展开陈述。

中共赣西特委机关驻万安县罗塘圩，隶属于中共江西省委。赣西特委成立时下辖万安、吉安2个县委，永新泰和、宁冈3个区委和永丰、吉水、安福等县的中共组织。11月，袁孟冰任中共赣西特委书记，随后领导各地农民在12月前后进行了武装暴动，其中著名的有万安暴动、永丰暴动、东固延福暴动和泰和暴动。在暴动中，特委都曾组织大批农军数度攻打县城、释放监狱中被捕同志、烧毁豪绅地主和反动政府的债据粮册、捕捉靖卫团头目和土豪劣绅。这些暴动虽然都先后失败了，但广大农民积极参与斗争，激发了人民迫切要求打倒豪绅地主、求得翻身解放的强烈愿望。

（三）中共赣南特委

赣南特委经历了一次撤销、两次破坏、三次恢复，最终，1930年2月，根据二七会议决定，中共赣南特委与赣西、湘赣边特委合并为中共赣西南特委。1927年10月，中共赣南特委在兴国县成立，党组织委派省委候补委员汪群赴赣州组建中共赣南特委，下辖中共赣州县委，南康临时县委、信丰区委、于都中心支部和兴国崇义等特支。汪群任特委书记。特委成立后，即着手恢复各地党的组织和工会、农会等革命群众团体。到1927年底，全区已有兴国、南康、赣州、信丰、于都、寻乌、安远、上犹、崇义、大余、宁都、瑞金等12县恢复了党的组织。1928年春天，赣南地区组织了赣县大埠暴动、信丰暴动、南康潭口暴动、埠前和桥头暴动，于都里仁、寻邻暴动，兴国崇贤暴动等。随后，1929年2月上旬，经赣西、赣南两特委商定，以赣南工农革命军和游击队为基础，由红二团抽出百余人为骨干，组成江西工农红军第四团，以段起凤为团长，金万邦为政委，邵日新为政治部主任。此后红二、四团互相配合，一块由桥头到东固大约200里的红色区域形成。

在1928年春赣南各地的暴动高潮中，还有南康党组织负责人蓝广孚、罗贵波领导的潭口暴动。暴动武装重创潭口靖卫团，占领潭口圩，成立了潭口革命委员会。兴国崇贤的农民暴动武装，在暴动中攻下崇贤地主土围，消灭了靖卫团，缴枪30多支。这些暴动，都曾造成很大的声势。

（四）中共赣西南特委

1928年1月，赣西特委与赣南特委合并，成立赣西南特委，吴德峰调任中共赣北特委书记。2月，中共江西省委决定由中共吉安县委代赣西特委职能。7月，吉安县委遭破坏，赣西、赣南之间的通道被切断，赣西南特委难以指挥赣西各县的中共组织，中共江西省委重新成立赣西特委，贺俊任特委书记。12月，贺俊调任省委秘书长，唐在刚代理赣西特委书记。1929年4月，中共江西省委派省委候补常委冯任来赣西任特委书记，并召开中共赣西第一次代表大会，选举产生赣西特委新的领导成员。10月，冯任调任省委巡视员，王百元（王伯年）继任赣西特委书记。11月，赣西特委机关在吉安遭破坏，特委书记王百元转入吉安农村苏区工作，由特委常委、组织部长刘士奇代理特委书记，赣西特委亦由吉安县城迁驻吉安县的陂头村。1930年1月18日，中共中央巡视员潘心源（彭清泉）在遂川县召开中共赣西特委、湘赣边特委和红五军军委联席会议，决定赣西特委与湘赣边特委合并，仍称赣西特委。但因中共江西省委巡视员张怀万（江汉波）的反对，两特委未能合并。1930年2月上旬，中共红四军前敌委员会（红四军前委）在吉安陂头主持召开中共赣西特委和红五军、红六军军委联席会议（即二七会议），决定将赣西、赣南、湘赣边3个特委合并，成立中共赣西南特委。至此，赣西特委和赣南特委宣告结束。

赣西、赣南、闽西各地的武装暴动，是在江西、福建党组织的领导下，根据八七会议精神，在南昌起义、湘赣边秋收起义、广州起义的鼓舞下，首先在一些大革命时期工农群众运动基础较好的地区发动的。虽然在暴动的组织领导上受到“左”倾盲动主义的干扰，暴动的目标偏重攻打反动势力盘踞的城市，由于敌我力量悬殊，各地暴动往往时而失败、时而兴起。但是，所有这些暴动，都沉重地打击了反动统治势力，提高了革命群众的阶级觉悟，鼓舞了斗争的勇气。经过努力，到1927年上半年，江西已有一半以上的县市建立了党团组织，具体如图3－1所示。并且各地党的组织从革命斗争的挫折中总结了经验教训，对革命的发展道路做了各种方式的探索。在暴动的基础上产生的游击队和正规红军，由梅花形的游击区逐步发展为相互联结的大片割据区域，建立红色政权，开展土地革命，各地区特委组织情况如表3－1所示，为根据地的开创奠定了基础。

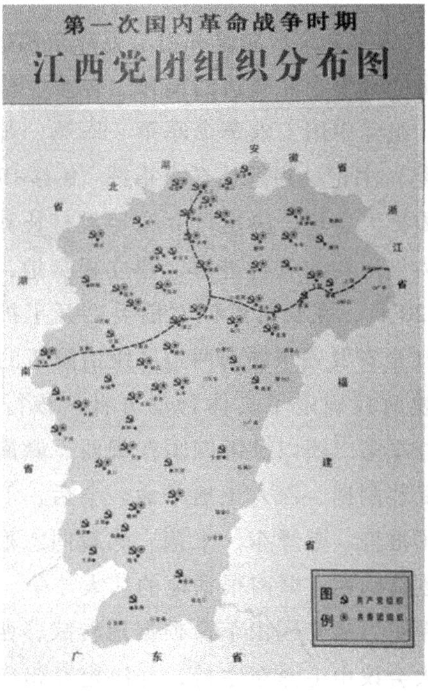

图3－1　江西党团组织分布图

资料来源：上饶市博物馆拍摄实物图。

表3-1　　各地区特委组织情况表

地区	成立特委时间	成立地点	著名暴动次数	领导组织	主要领导人
赣西地区	1927.10	万安	3	中共赣西特委机关	赖经邦、李文林
赣南地区	1927.10	兴国	8	中共赣南特委机关	汪群
闽西地区	1927.12	永定	5	中共闽西特委机关	郭慕亮、邓子恢

资料来源：自行总结绘制，数据来源于各地地方志。

二、建立工农革命政权，先后开辟革命根据地

在武装暴动的基础上，中国共产党先后开辟了井冈山、赣西南、湘赣、湘鄂赣、闽浙皖赣和闽西6块革命根据地，并在赣西南地区成立以瑞金为中心的中央革命根据地，其中，赣西南、闽西被划为中央苏区。

（一）苏区开辟

1927年9月，中共中央政治局候补委员毛泽东根据中共中央八七会议决定，以中央特派员的身份在湘赣边的浏阳、萍乡、修水、铜鼓地区，领导湘赣边秋收起义，组建中国工农革命军第一军第一师，毛泽东任中共前敌委员会（简称前委）书记，卢德铭任总指挥。9月19日，毛泽东在浏阳文家市主持召开前委扩大会议，决定放弃原定攻打长沙的计划，率领秋收起义部队转向敌人力量薄弱的农村进军，建立根据地，以保存、积蓄革命力量。1928年3月20日，在长汀红四军前委召开了扩大会议。会议分析了“福建全省、浙江全省及赣东赣南两边区统治阶级的军力非常薄弱”的形势，为建立苏维埃政权确定了具体行动方针。该行动方针的核心指示为：红四军、江西红军第二团以及第四团在闽西、赣南二十余县范围内开展游击战争、实行武装割据、深入土地革命。会后，前委将具体方针向党中央和福建省委做了报告。毛泽东、朱德、陈毅同志根据该行动方针，共同率领红军开展了创造闽西、赣南根据地的伟大斗争。1929年1月，毛泽东、朱德率领红四军主力从井冈山革命根据地转战赣西南、闽西。3月20日，红四军前委扩大会议由毛泽东主持，并决定在赣南、闽西二十余县的范围内，创建大块革命根据地。4月5日，“争取江西，同时兼及闽西、浙西”的战略方针由红四军前委在瑞金制定，其把创建苏区的重点放在江

西，为赣西南、闽西大块革命根据地的开辟提出明确的指导思想。

（二）井冈山革命根据地

井冈山革命根据地位于江西西部、湖南东南部的罗霄山脉的中段。1927—1930年，井冈山革命根据地经历了初创期、全盛期和曲折发展期。1927年10月，党组织到达湘赣边界的井冈山地区，开始创建农村革命根据地。1927年11月到1928年2月，先后建立茶陵、遂川、宁冈3县工农兵政府，创建中国首个农村革命根据地——井冈山革命根据地。1928年6月，红四军在永新、宁冈交界的七溪岭和龙源口地区击败国民党杨如轩、杨池生部，取得龙源口大捷。此后，宁冈、永新、莲花、遂川、酃县、茶陵6县和吉安、安福一部分，面积约7000平方公里，人口65万，均隶属井冈山革命根据地，进入全盛时期。同年12月，3支胜利的革命军队也在此处集结。但随着1929年1月红四、五军主力相继离开井冈山进军赣西南以来，井冈山的斗争进入曲折发展的时期。1929年1月，第三次“会剿”爆发，湘赣两省国民党军队共18个团向井冈山革命根据地进军。1月中旬，为打破国民党军队的进攻，并解决红四、红五军会合后部队给养的困难，毛泽东、朱德率领红四军主力向赣南游击，彭德怀率领红五军和红四军一部共1000余人留守井冈山。1月底，在双方兵力过于悬殊的情况下，井冈山革命根据地被国民党军队占领，彭德怀率领红五军突围转移到赣南地区。3—4月，在中共湘赣边临时特委领导下，恢复宁冈、莲花等县红色区域。5月初和6月底，彭德怀率领红五军两次回师井冈山，恢复井冈山革命根据地。1930年2月6—9日，毛泽东在吉安陂头主持召开红四军前委、赣西特委和红五、红六军军委联席会议，决定将中共湘赣边特委、赣西特委和赣南特委合并为中共赣西南特委，湘赣边特委领导的井冈山革命根据地从此成为赣西南革命根据地的重要组成部分。1931年8月，原井冈山革命根据地划属新成立的湘赣省管辖，纳入湘赣苏区版图。

井冈山的斗争代表了中国革命的新方向，在实践上开辟了农村包围城市、武装夺取政权的中国特色的正确革命道路，也在党政建设、军队建设上为中央革命根据地的建立奠定了深厚基础。在党政建设上，1928年5月中共湘赣边界第一次代表大会在宁冈茅坪召开，成立了井冈山革命根据地党的统一领导机关——中共湘赣边界特委，毛泽东任书记（陈毅继任红四军军委书记）。5月底，井冈山革命根据地的革命政权组织湘赣边界工农兵苏维埃政府在宁冈茅坪成立，袁文才任主席，下辖宁冈、永新、遂川、莲花、茶陵、酃县等工农兵苏维埃政府。

在军队建设方面，1928年4月，朱德与陈毅率领湘南暴动农军和南昌起义保存下来的部分革命武装共同转移到井冈山革命根据地，与毛泽东领导的工农革命军会师，组成中国工农革命军第四军（6月改称红军第四军），朱德任军长，毛泽东任军委书记和党代表。12月，彭德怀率领平江起义时组建的红军第五军一部由湘鄂赣边转战到井冈山，与红四军会合。因此，南昌起义、秋收起义和平江起义的3支革命军队在井冈山革命根据地聚集，壮大了革命武装力量。

（三）赣西南革命根据地

在井冈山革命根据地开辟经验的基础上，赣西南革命根据地发展也十分迅速，不到半年时间就已初具规模，苏维埃政权体系已经初步建成。1929年1月，毛泽东、朱德率领红四军主力从井冈山进军赣西南，开创赣西南武装割据的新局面。经过一年的艰苦转战，在东固等小块红色区域的基础上，建立赣西南革命根据地。井冈山革命根据地创建之后，赣西南中央革命根据地也随之创建。赣西南地区在中共赣西特委和赣南特委的领导下，发动兴国、于都、万安等赣西南地区的农民武装暴动，红四军在四月消灭了重回宁都盘踞的军阀赖世琮团，活捉团长赖世琮，并先后攻占了兴国、宁都、于都、广昌等县城。4月间，兴国县革命委员会成立，这是赣南第一个红色政权。另外，建立了于都、宁都、永丰等县革命委员会和地方武装赤卫队，和吉安、东固、延福和于都桥头等小块革命根据地，组建江西红军独立第二团和第四团。

5月，赣南特委召开第二次党代表大会，确定了建立赣南革命根据地的任务，提出这一过程中要充分发动群众，壮大党的力量，扩大地方武装，实行土地革命。至此，赣南革命根据地即已初具规模。1930年10月，红军攻占了吉安，清除了赣南与赣西之间的白色梗阻，赣西重镇吉安形成了稳固的赣西南赤色区域，为中央革命根据地的建立奠定了基业。

（四）闽西革命根据地

闽西，是土地革命战争时期毛泽东同志亲手开辟的农村革命根据地，也是后来成立的中央革命根据地的重要组成部分。它北部与赣南毗连，西部与粤东接壤，包括长汀、龙岩、明溪、上杭、永定、连城、宁化、武平、清流、平和、漳平、南靖诸县。1929 年，1 月 4 日，毛泽东同志和朱德同志率领中国工农红军第四军主力，离开井冈山，转战赣南。3 月 11 日，毛泽东同志率领红四军主力，进入长汀县境内。3 月 14 日，击溃闽西土著军阀福建省防军第二混成旅郭凤鸣部，击毙敌旅长郭凤鸣，解放长汀城，成立了闽西第一个红色政权——长汀县临时革命委员会，组织了长汀地方工农武装赤卫队，长岭寨战斗取得伟大胜利。4 月，蒋桂军阀混战爆发，毛泽东同志率领红四军返回赣南，离开长汀，连续攻克了于都、兴国、宁都等县，开辟了一大片赣南红色区域。5 月，蒋桂军阀战争结束后，粤桂军阀又发动战争，闽西另一土著军阀福建省防军第一混成旅陈国辉部开到广东参加军阀战争。此时，趁闽西敌人一时空虚，毛泽东同志率领红四军二次入闽。从 5 月下旬至 6 月中旬，在闽西地方党组织和革命群众的配合下，一克永定，三克龙岩，盘踞在龙岩、永定一带的敌第一混成旅陈国辉部全部被歼；并于 5 月底至 6 月初先后成立了永定、龙岩两县革命委员会。至此，闽西革命根据地初步形成，其以上杭、永定、龙岩、连城、长汀五县为中心。在之后的半年多时间里，毛泽东同志在闽西亲自开展了闽西革命根据地的指导工作。

继井冈山革命根据地之后，这是毛泽东等同志领导的又一次伟大的创造，为中央革命根据地的建立奠定了坚实的基础。在党政建设上，闽西红色区域纵横数百里，建立 4 个县苏、50 多个区苏、400 多个乡苏；在土地革命方面，在龙岩、上杭、永定、连城、长汀、武平纵横 300 多里的地区里，约有 80 万贫苦农民分得了土地，土地革命蓬勃发展；在党的建设方面，1929 年 7 月，毛泽东在中国共产党闽西第一次代表大会上做了重要指示，会后，又来到上杭苏家坡亲自指导中共闽西特委开展工作。闽西革命根据地党的组织迅速发展起来，党员人数实现了从 700 余人到近 10000 人的转变。随着党组织的发展，红色政权如同雨后春笋般地涌现。毛泽东同志于 1929 年 12 月底在上杭古田召开了具有伟大历史意义的古田会议，通过了由毛泽东同志起草的古田会议决议，即《中国共产党红军第四军第九次代表大会决议案》。这个纲领性文献，为我党我军的思想建设、组织建设和作风建设，制定了一条马克思列宁主义的正确路线。1929 年 8 月，在武装斗争方面，从永定、上杭和龙岩等县赤卫团、赤卫队抽调人员，组成了红四军第四纵队。1930 年春，长汀、连城、龙岩、上杭、武平等县的赤卫团又组编成中国工农红军第十二军。1930 年 6 月，闽西又组建了新的主力红军十二军，这些由闽西优秀儿女组成的主力红军，动摇了闽西的反动统治，扭转了闽西的革命形势，成为中国共产党的攻坚力量。

闽西是中央苏区的经济中心、红军的故乡、治国理政的实践基地、二十年红旗不倒的坚强堡垒、共和国将帅成长的摇篮。2.36 万人的在册烈士为革命战斗而牺牲，牺牲人数大约占全省总牺牲烈士的一半。在1955—1965 年，约占福建省籍将军总数 82% 的闽西人被授予少将以上军衔。中华人民共和国成立之后，“九军十八师”的光荣称号被授予给才溪乡。

（五）中央革命根据地

中央革命根据地主要以赣南、闽西地区为主，是以其为中心建立起来的，两地皆在武装斗争中取得了深厚的革命基础。毛泽东、朱德等直接领导的以瑞金为中心的中央革命根据地，是中华苏维埃共和国临时中央政府、中共苏区中央局和中央革命军事委员会所在地，是全国苏维埃的中心区域，在土地革命战争中起了最重要的作用。各个革命根据地，自下而上地建立由工农群众选举产生的各级苏维埃政府。

《关于苏维埃区域目前工作计划》于 1930 年 11 月在中央政治局被通过，其中明确指出：“我们现在确定湘鄂赣联接到赣西南为一大区域，要巩固和发展它成为苏区的中央根据地，在中央苏区立即设立中央局，目的在指导整个苏维埃区域之党的组织。同时，并在苏区成立中央军事委员会，以统一各苏区的军事指挥。”于是，“中央根据地”和“中央苏区”的名称就这样正式被确定了，并计划实施。但由于受到“城市中心论”的影响，使将政权设在乡村的中央局急于向城市扩张，以夺取全国的胜利，使得这个大范围的中央革命根据地在实际上并没有建立起来，在没有稳定的情况下，很快就被敌人的进攻所分割了。直至 1931 年 1 月 15 日，中共苏区中央局和中央革命军事委员会在宁都的小布地区正式宣告成立。中央局以项英为代书记（中央指定周恩来为中央局书记，周恩来未到，由项英暂代）兼军委主席，毛泽东任军委副主席兼总政治部主任，朱德为红军总司令。至此，中央革命根据地已正式形成，不但有中央的正式指令，而且有了相应的组织形式。中央政治局在1931年3月作出的《关于富田事变的决议》中曾将中央苏区称为“江西中央苏区”，是因为当时的中央区只有赣南一块根据地。红军在1931年9月取得第三次反“围剿”的胜利的同时，在闽赣边的广大地区，乘胜发动了战略进攻。主力红军在石城、长汀、于都、会昌四县消灭了地主武装，进而开展群众工作，尔后又转向武平、寻邬等县开展工作，这使得红军和根据地都取得了飞速的发展，赣南、闽西区连成一片。至此，中央革命根据地在以赣南、闽西为中心的范围内就被正式确定下来了。1933年1月，以博古为首的中共临时中央政治局由上海迁入中央革命根据地。

同年2月和3月间，中央革命根据地取得第四次反“围剿”的胜利。此次胜利的意义在于不仅巩固了中央革命根据地，而且打通了闽浙赣苏区和中央苏区之间的联系。至1933年秋，中央苏区辖有江西、福建、闽赣、粤赣4个省级苏维埃政权，辖66个行政县，中央革命根据地有党员13万人以上，红军和根据地发展到了鼎盛时期。

三、健全组织领导，初步形成苏维埃政权系统

各个革命根据地，完善基层行政组织，坚持办事机构设置精简原则；发展基层民主政治，苏维埃代表实行直接选举制度；加强与群众的直接联系，实行代表联系制度；健全民主监督机制，建设清正廉明的基层政府。最终，形成了流芳青史的“苏区干部好作风”。全国第一次工农兵苏维埃代表大会于1931年11月在瑞金召开，苏区的最高政权机关是此次大会选举产生的中华苏维埃共和国临时中央政府。毛泽东当选为中央政府主席，项英、张国焘为副主席。以瑞金为中心的中央苏区，成为中国苏维埃运动的中心区域。为加强对各县苏区的领导，设立了若干地区办事处、分区苏维埃政府、特区苏维埃政府或中心县苏维埃政府。中央苏区各县普遍建立了县、区、乡三级苏维埃政权。乡和市的苏维埃政府由选民直

接选举产生，是苏维埃政权的基层组织。中央苏区和湘赣、湘鄂赣、闽浙赣苏区在江西境内的各县，先后建立125个县苏维埃政府、2个县革命委员会和1个市（景德镇市）苏维埃政府，其中瑞金、长胜、洛口、太雷4县为中央直属县，直属中央苏维埃政府领导，中央苏区在福建省建立4个县苏、50多个区苏、400多个乡苏。苏维埃政府动员和组织群众参加革命战争；发展农业生产，开展经济建设；全面加强社会建设，切实保障和改善民生；开展妇女解放运动，移风易俗。在土地革命时期，随着诸多措施的实行，乡村苏维埃政权同人民之间的紧密联系被建立，最大限度地动员和组织起广大群众，顺利推进苏区各项工作，有力地促进了苏区的巩固和扩大。苏区乡村苏维埃政权建设给我们留下了一笔宝贵的精神财富。

（一）中央苏维埃政府

1931年9月，中华苏维埃共和国临时中央政府在瑞金成立；同时，成立中华苏维埃共和国中央革命军事委员会。至此，在赣西南、闽西苏区的基础上，形成了以瑞金为中心的中央苏区。1930年年底至1931年9月，红军连续粉碎了国民党军队的3次“围剿”。其间的1931年1月，根据中共中央决定，中共苏区中央局成立，周恩来任书记。9月，中央苏区军民粉碎了国民党军第三次“围剿”后，在24个县建立了县苏维埃政府，使赣南、闽西连成一片，在30多个县境都建立了根据地。苏区覆盖的范围包括江西的瑞金、寻邬、广昌、安远、信丰、雩都、兴国、宁都、石城、黎川、会昌和福建的建宁、泰宁、归化、宁化、上杭、清流、龙岩、长汀、连城、永定等21个县城。11月，在江西瑞金召开中华苏维埃第一次全国代表大会，届时中华苏维埃共和国临时中央政府成立了，由毛泽东任主席，项英、张国焘任副主席；与此同时，朱德任主席，王稼祥、彭德怀任副主席，组成了中华苏维埃共和国中央革命军事委员会，瑞金被设为中华苏维埃共和国临时中央政府根据地。中央革命根据地至此正式形成，负责领导和统辖全国苏维埃区域的斗争。

中华苏维埃共和国的最高权力机关是全国苏维埃代表大会，中央执行委员会是全苏大会闭幕后的最高权力机关，人民委员会是最高行政机关。图3-2为中华苏维埃共和国中央政府组织系统示意图。

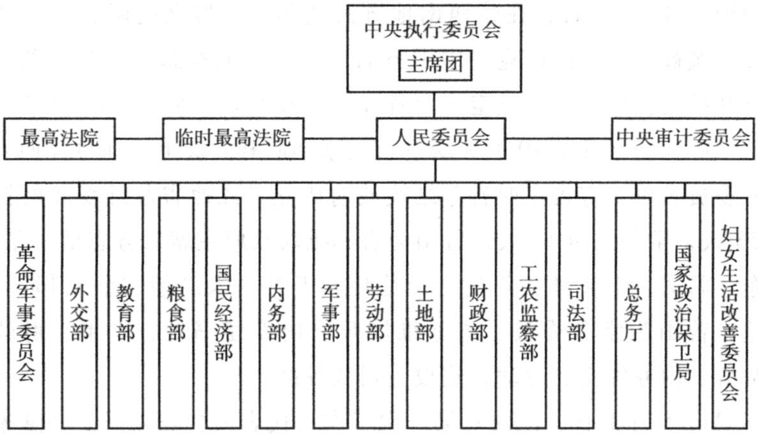

图 3－2　中华苏维埃共和国中央政府组织系统示意图

资料来源：根据《江西省苏区志》记载总结绘制。

人民委员会下设 11 个人民委员部、2 个委员会、1 个局和 1 个厅。各人民委员部设人民委员 1 人、副人民委员 1 人至 2 人；机构人员十分精干，部领导才 2 人至 3 人。在现存中央政府旧址内有各部的牌子，一个小房间为一个人民委员部，而工作量是繁重的。人民委员们总是亲自动手进行各项工作，如教育人民委员瞿秋白同志就亲自动手给苏区学校编写教材。也正是出于这种精神，各根据地坚持把党的建设、政权建设、军队建设、经济建设、文化教育事业作为推行土地革命、发展壮大革命力量、实现新民主主义革命的奠基工程，进行了积极的探索实践，为以后领导的革命和建设事业积累了宝贵的经验。

（二）江西省苏维埃政府

1930 年 2 月，红四军前委、赣西特委和红四、红五、红六军军委在吉安陂头召开联席会议（二七会议），决定红四军配合赣西南地方武装攻占吉安县城。3 月 20 日，在吉安召开江西全省代表大会，成立江西省苏维埃政府。后因吉安城暂时未能攻克，3 月间在吉安建立江西省苏维埃政府的计划未能如期实现。同年 3 月 22—29 日，在吉安富田召开中共赣西南第一次代表大会，决定将赣西苏维埃政府扩大为赣西南苏维埃政府，并成立江西省苏维埃政府筹备处，负责筹备建立江西省苏维埃政府的工作。

1930年10月4日，在赣西南地方武装和革命群众的配合下，赣西重镇吉安县城被红一军团攻克。10月6日，红一方面军总前委与中共赣西南特委召开扩大会议，研究决定江西省苏维埃政府委员名单。10月7日，在吉安城中山广场召开的10万人庆祝吉安暴动胜利大会上，通过江西省苏维埃政府委员名单，宣告江西省苏维埃政府成立。江西省苏维埃政府执行委员共53人，常务委员13人，曾山为省苏维埃政府主席，方志敏、张国焘、毛泽东、郭贞、李文林、刘仁、彭德怀、王怀、朱昌偕、金万邦、朱德、王申选、曾山为常务委员。省苏维埃政府内设秘书处、军事、财政、土地、教育、内务外交、劳动、建设、司法等部。

1932年5月1日，江西省第一次工农兵代表大会在兴国县城陈家祠召开。出席大会的正式代表240余人，候补代表20余人。大会选举产生新的江西省苏维埃政府执行委员会，曾山当选为省苏政府主席，胡海、陈正人为副主席。

（三）闽赣省苏维埃政府

1933年4月，中央决定设置闽赣省后，5月上旬，在黎川湖坊圩召开闽赣省第一次临时工农兵代表会议，成立闽赣省革命委员会。1933年12月12—15日，在建宁县城召开闽赣省第一次工农兵代表大会，正式成立闽赣省苏维埃政府，邵式平任主席。内设土地、劳动、财政、国民经济、军事、工农检察、裁判、保卫、内务、教育、文化等部门。政府机关先后驻建宁县城、都上村、彭湃县、里坑村、宁化县城、泉上县等地。下辖闽北分区苏维埃政府和黎川黎南、资溪、贵南、建东、铅山、广丰、上铅、广浦、东方、金南、建宁、泰宁、崇安、建阳、光泽、邵武、沙县、宁化、清流、归化、彭湃、泉上、建（瓯）松（溪）政（和）24个县苏维埃政府，以及将乐县革命委员会、金资、浦西特区苏维埃政府。

（四）粤赣省苏维埃政府

1933年8月，中华苏维埃共和国中央人民委员会决定，划出江西省苏维埃政府所辖的于都、会昌、西江、门岭、寻乌、安远、信康等7县，建立粤赣省。9月6日，在会昌彭迳召开上述7县临时代表会议，成立粤赣省临时苏维埃政府，钟世斌任主席。1933年12月23日，粤赣省第一次工农兵代表大会在会昌林岗坝召开，到会代表150人，选举产生粤赣省苏维埃政府，钟世斌任主席。政府机关先后驻会昌县彭迳村和文武坝，内设军事、劳动、土地、财政、国民经济、粮食、裁判、工农检察、内务、教育等10个部和政治保卫局、邮政总局、外贸局、消费合作社等部门。省政府下辖会昌、于都、西江、门岭、寻乌、安远、信康等县苏维埃政府。

（五）赣南省苏维埃政府

1934年7月，中共中央局和苏维埃中央政府决定划粤赣省辖的于都等6个县和江西省辖的杨殷赣县设立赣南省。8月，赣南省苏维埃政府成立，钟世斌（原粤赣省苏主席）任主席。内设内务、工农检察、教育、财政、国民经济、土地、粮食、裁判等部和政治保卫局、总务处等工作部门。政府机关先后驻于都县城北门、南部山区黎村、小溪、禾丰等地。下辖于都登贤、赣县杨殷、寻安会、安南、于西7个县苏维埃政府和兴龙寻安县革命委员会。

（六）福建省苏维埃政府

1929年7月闽西党的“一大”提出了自下而上建立苏维埃政权，并在适当时机建立闽西最高苏维埃政权的战斗任务。在闽西特委领导和红四军党委帮助下，闽西党的组织迅速地发展起来。1930年春，在古田会议精神鼓舞下，在粉碎敌人“围剿”的斗争中，各县、区、乡纷纷召开第一次或第二次代表大会，建立了69个区苏维埃政府，597个乡苏维埃政府。从1929年春至1930年春，共建立了8个县委、53个区委、19个特支、546个支部。党员从700多人发展到近万人，使苏维埃政府的建立有了组织基础和核心力量。

饱受军阀欺凌压迫的闽西人民，现成了各县、区、乡政权的主人，人民无不感叹共产党为人民服务的宗旨。此时，闽西最高政权机关——闽西苏维埃政府建立的条件已经成熟。为了统一闽西各县苏维埃政府的领导，更有效地发动与组织群众进行巩固与扩大根据地的斗争，1930年1月，成立了闽西苏维埃政府筹备处，主要用于解决人民纠纷问题。各项准备工作后，于巴黎公社纪念日，即3月18日，在龙岩城召开了闽西第一次工农兵代表大会，到会代表180余人。会议共开了7天，25日发布了闽西第一次工农兵代表大会宣言及一系列决议案、法案和条例，从而解决了革命向前发展要求解决的几个重要问题。同时选举产生了闽西最高领导机关——闽西苏维埃政府；选举邓子恢、卢肇西、陈正、张鼎丞、郭滴人等35人为闽西第一届苏维埃政府执行委员会委员，邓子恢为主席。

四、完善机构设置，各地省委纷纷成立

1931—1936年6年间，中央苏区先后建立了中共苏区江西省委、福建省委、闽赣省委、粤赣省委、赣南省委，且均建立地区性的党组织——中共特委和中心县委。在中央苏区省委未建立以前，特委是省委的前身，中央苏区省委是在一个或数个特委的基础上发展起来的。

党的六届三中全会进一步强调，要在苏维埃根据地里建立红军和苏维埃运动的、坚固的阵地，即“苏维埃临时中央政府”。第三次反“围剿”胜利后，正式形成了苏维埃中央区，赣西南与闽西两块苏区连成一片。中华苏维埃共和国临时中央政府于1931年11月7日在赣南瑞金正式成立。但此时，各级苏维埃所辖区域“在县区二级多依旧未变”，其管辖范围也大多“照以前政治区范围划分”，面积过于广大，不利于管理；许多地方还有村的组织，级数太多是这种以传统区域为基础的行政区划存在的主要问题。此外，由于斗争的不平衡，苏区的发展在许多地方只取得全省、全县或全区的部分地区，实际控制面积大小不一，有的则是介于数省、数县或数区之间。这些情况的存在不利于苏区的革命斗争的开展。因此，对原有行政区划进行合理调整、使之适应革命形势发展的需要就越来越成为建设与巩固各级苏维埃的必要措施，而成立临时中央政府又为各苏区，特别是中央苏区的行政区调整提供了必要的前提条件。

中央苏区行政区的合理调整有效地克服了行政区域面积过大、级数过多和部分红色区域互不统属的弊端，这对于红色区域的巩固、发展及中央苏区民主制度的建设等产生了积极影响，同时对苏维埃政权体系做了进一步的完善。

（一）中共苏区江西省委

1931年1月，解散江西行动委员会，成立中共赣西南特区委。1931年

6月，中共苏区中央局决定撤销中共赣西南特区委，在赣江西岸的苏区设立湘赣省；赣江东岸苏区撤销东路分委和南路分委，分别成立中共赣东、赣南和永吉泰3个特委，待条件成熟时设立苏区江西省委。

1931年6月，中共赣南特委在兴国县城寿庭公祠成立，陈毅任书记，隶属中共苏区中央局，下辖中共兴国、于都、万安、赣县等县委和于北区委。1931年6月中旬，中共赣东特委在宁都黄陂成立，谢唯俊任书记，隶属中共苏区中央局，下辖中共宁都、广昌、乐安、南丰、瑞金县委和石城临时县委。9月，增辖彭湃县委和宜黄县委。1931年6月中旬，中共永吉泰特委在吉安东固圩成立，毛泽覃任书记，毛泽覃、萧克、陈正人、余泽鸿、贺怡为委员，隶属中共苏区中央局，下辖中共永丰县委、泰和县委万泰河东工委，吉安县儒林、纯化、富田、东固、水东区委，吉水县水南、白沙、中鹄区委。

1931年11月，撤销赣南、赣东、永吉泰特委，成立中共苏区江西省委。1931—1934年，江西省在所辖的23个县内（不含1931年8月划属湘赣省的苏区）共设置40个县，并建立县苏维埃政府。这40个县是：万安、泰和、万泰、吉安、公略、清江、永丰、龙冈、永龙、新干、乐安、崇仁、宜黄、宜乐崇、南丰、广昌、南广、赤水、广赤、黎川、宁都、博生、彭湃、洛口、长胜、石城、太雷、瑞金、会昌、寻乌、安远、于都、胜利、兴胜、兴国、杨殷赣县、信丰、南康和信康县。其中有些县后来分别划属新设立的闽赣省、粤赣省和赣南省，中共苏区江西省委成立过程如图3-3所示。

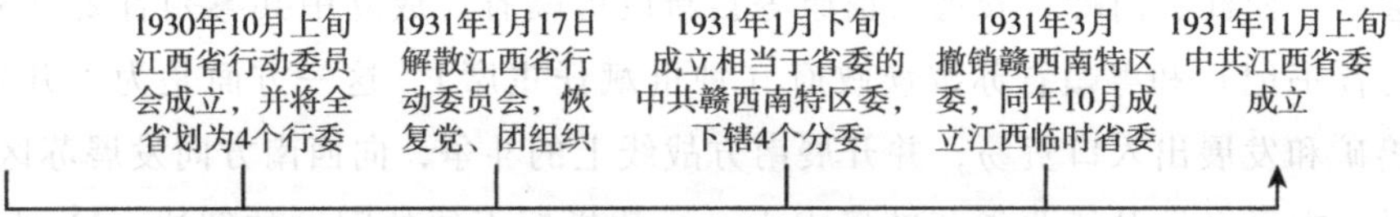

图3-3　中共苏区江西省委成立过程

资料来源：根据《江西省苏区志》记载总结绘制。

（二）中共苏区闽赣省委

中共闽赣省委是中央苏区的赣西南地区（已发展到赣东南）继中共苏区江西省委之后建立的第二省委。1932年10月，红一方面军进军闽赣地区，恢复建（宁）黎（川）泰（宁）苏区和信（河）抚（河）苏区，打通中央苏区同闽北苏区的联系。1933 年 2 月，中共苏区中央局决定，中共苏区中央局鉴于闽赣边苏区的重要战略地位，划江西省苏维埃政府所属的建黎泰苏区和闽浙赣省苏维埃政府所属的闽北苏区与信抚苏区为中央苏区闽赣省。4 月 26 日，中华苏维埃共和国中央人民委员会召开第 40 次常委会，中华苏维埃中央人民委员会决定，将建宁、黎川、泰宁、金溪、光泽、邵武、闽北苏区至信抚两河间一带地区划为闽赣省辖地，成立中共闽赣省委（顾作霖任书记）和闽赣省苏维埃政府（邵式平任主席）。

闽赣省位于赣东南和闽北，面积约 2 万平方公里，人口 100 余万人。辖区包括江西的黎川、资溪、南丰、南城、金溪、贵溪、铅山、上饶、广丰 9 县和福建的建宁、泰宁、崇安（今武夷山市）、宁化、清流、归化（今明溪县）、光泽、邵武、建阳、浦城、将乐、沙县、建瓯、政和、松溪 15 县，共 24 个县的全部或部分。闽赣省在这 24 个县范围内，建立了 24 个县的苏维埃政府、1 个县革命委员会和 2 个特区苏维埃政府，即黎川、黎南、资溪、上铅、贵南、建阳、铅山、广丰、光泽、广浦、东方、金南、建宁、泰宁、崇安、邵武、沙县、建东、宁化、清流、归化、彭湃、泉上、建（瓯）松（溪）政（和）24 个县苏维埃政府，将乐县革命委员会，金资、浦西 2 个特区苏维埃政府。党员共 4000 余人。

（三）中共苏区粤赣省委

1933 年 8 月，中央人民委员会决定，江西省苏维埃政府所属的于都、会昌、西江、门岭、安远、信康等县新设粤赣省，成立中共粤领省委（刘晓任书记）和粤赣省苏维埃政府（钟世斌任主席）。这一方面是为了开发钨矿和发展出入口贸易，并开展南方战线上的斗争，向西南方向发展苏区；另一方面也是对江西省苏辖境太大、行政指挥不便的问题的解决。11 月 4 日，中共粤赣省第一次党代会在会昌县林岗坝召开，成立中共粤赣省委。12 月 23 日，粤赣省第一次工农兵代表大会开，正式成立省苏维埃政府。

在增设闽赣、粤赣两省的同时，县一级行政区划的调整速度十分迅速。1933 年 7 月，关于《重新划分行政区域的决议》在人民委员会召开的第 46 次会议上通过。会议决定增设杨殷、洛口、龙岗、长胜、西江、澎湃、赤水、门岭（也称筠岭）8 县。8 月，人民委员会又批准中央内务部关于增设泉上、兆征、太雷、代英、康都 5 个县的建议。此间，闽赣省苏设立了东方县、金南县和建东县（黎川、南城间）。

粤赣省粤赣省位于赣南、粤北，面积20万平方公里，人口55万人。所辖区域包括江西南部的于都会昌寻乌、安远、信丰、南康、赣县、大余、全南、龙南、定南和广东北部的平远、兴宁、龙川、五华、南雄及福建武平17个县的全部或一部分。

（四）中共苏区福建省委

福建省党组织根据中共中央指示精神，于1927年11月1日召集会议，在闽南特委与闽北特委合并的基础上，组成中共福建临时省委。12月4日，福建临时省委在漳州召开了全省各县党组织负责人联席会议。这次会议根据八七会议的精神，讨论了政治任务、组织、宣传、工运、农运、暴动等12个问题，决定党的任务是要在乡村中积极领导农民暴动。《目前政治任务决议案》被讨论，其指出，乡村的农民运动应该“由抗租抗捐，一直到实行土地革命工农武装夺取政权”。全省各级党组织，应勇敢地担负起这个责任，完成“领导工人农民武装暴动，夺取政权，建设苏维埃（工农兵代表会）政权”的历史使命。

（五）中共苏区赣南省委

1934年8月，中共中央局和中央人民委员会决定，划粤赣省苏维埃政府所属的于都、寻安、门岭、登贤、信康、兴（宁）龙（川）和江西省苏维埃政府所属的杨殷、赣县等县，设立中央苏区赣南省，成立中共赣南省委（钟循仁任书记）和赣南省苏维埃政府（钟世斌任主席）。

赣南省位于中央苏区南端，面积约5000平方公里，人口40万人。所辖苏区主要为于都，赣县、信丰、南康、安远、寻乌等6个县，兴国、会昌、万安3县各部及广东兴宁、龙川等县部分地区。

据1933年底的统计，仅苏区江西、福建、粤赣三个省，共分设乡苏①政权（不含市苏②）2913个。这使区、乡行政区划基本符合山地：乡苏纵横不超过15里，人口不超过3000人，区苏③纵横不超过45里，乡数不超过9

① 乡苏是指乡苏维埃政府。

② 市苏是指市苏维埃政府。

③ 区苏是指区苏维埃政府。

乡；平地：乡苏纵横以5里为主，不超过10里，人口不超过5000人，区苏纵横不超过30里，乡数不超过12个乡这一《暂行条例》的标准。

第三节　土地革命时期中央苏区推行股份制后根据地经济背景

一、中央苏区根据地财政金融

财政及金融体系是政府为人民提供公共品的必要保障，是一个国家的命脉，可以促进发展，提高资源利用效率，是经济发展中至关重要的一环。1931年之后，股份制已经在中央苏区兴起，在此推力下，中央苏区政府也开始着手建立健全财政金融体系，并结合财政经济方面的立法和各类政策，从不同的方面开展工作，不断地取得显著的效果。中央苏区财政人民委员部在1932年也对随着股份制发展，开展经济建设以来中央苏区根据地取得的成果以及存在的不足加以总结，具体内容如下。

财政人民委员部一年来工作报告①

第一是财政路线的转变，以前一般同志承袭游击时代的观念，都以为苏区无财政可言，一切开支只有靠红军打土豪，因此红军一面打仗一面还要担负军款责任，因而延缓作战时间，妨碍苏区发展很大，自东路军自漳州回师以来得着共产党中央之指示，中央政府坚决执行进攻政策，要红军专负作战任务，迅速进攻敌人，为要实现这个任务，我们的财政工作就必须转变过去依靠红军筹款的路线，而做到政府负责供给红军战费，这是苏区向外发展的必须的前提，也就是整个苏区财政工作路线大转变的开始，自七月以后前后方红军给养已经是中央财政部负责支付了。

第二就是统一财政，建立财政系统，要为实现政府供给红军战费的任务，统一财政开支，是当头的重要工作，只有把一切财政开支统一起来，

① 中国井冈山干部学院，中央档案馆编：《红色中华》第二册，江西人民出版社2016年版，第736—737页。

肃清过去贪污浪费的现象，由中央作有计划的支配，才能把不必要的用款通通节省下来，拿去供给红军，这一工作自中央政府成立以来即已开始，颁布了统一财政条例与训令，印发了统的簿记表册与单据，但因为各级政府历来忽视财政工作，承袭过去自由开支的习惯，另一方面，也因国库制度没有建立，所以一直到现在，只做到上级提款的工作，各级政府还不能实行预决算制度，因此苏区财政至今还未曾完全统一起来，现正在与这些破坏统一的分子作斗争，并制定国库条例，拟在十一二月建立国库制度，从科学的组织上来帮助财政统一之实现。

第三是税收工作，这是政府财政的经常收入，要供给红军战费，就必须加紧各种租税收入，但是过去都被各级政府忘记了，自中央政府成立以来，才颁布了统一的土地税商业税山林税，店租矿产租等条例和细则，近来各地土地税已逐渐征收，商业税在比较大的城市也已开征，店租各地已普遍收取，但山林税、矿产租尚未开征，一般说来，各级政府还是忽视税收工作，需要以后极大的纠正。

第四是节省运动，这与苏区财政有极大帮助，自中央政府发起这个运动以来，各处节省伙食费办公费，每天节省一个铜板等，虽不无成绩，但还不够得很，关于日常用品的节省，还没有很好进行，特别每天节省一个铜板的运动没有扩大到群众中去，因只限于政府一部分工作人员，这就为数有限了。

第五是执行经济政策，这是安定和发展社会经济，开辟财政来源的主要关键。自中央政府成立以来各地乱打土豪，规定市价，拦截商货，随便干涉出口等现象已少了好多，但由左的现象，却反面走到右的现象，就是对商人让步，甚至连商业税都还帮助商家要求减少，至于店租、矿租等藉口贫苦工农任意减轻者，更所在皆是，对现金出口登记，则一般尚未执行。

第六是建立银行基础，这是苏维埃支配社会经济的总枢纽，自中央政府成立以来，即着手建立，现在已建立了一个分行，几个兑换所，纸币正在发行，银币也已开铸，纸币在群众中已有相当信用，一般说来，银行已具相当规模，但与社会关系，尚不密切，纸币的使用还不能深入到广大农村中去，这是要各级政府与群众团体，以后有极大宣传工作来帮助。

第七是合作社运动，在敌人经济封锁与苏区内商业资本极利害剥削的当儿，合作社是工农阶级经济斗争的重要武器，是苏区社会经济发展的基础，这一工作以前未引起一般人注意，政府也未有具体办法指示，所以各地虽有些消费合作社，但都是商业性质，自九月后才颁布了粮食合作社训令及合作社工作纲要，在群众基础更好县分如兴国胜利瑞金等已开始发展，先从事粮食与消费两种合作社的组织，但动员工作做得极差，各处尚只当为财政部自己的工作，没有引起全般的注意，所以合作社发展，至今还很缓慢。

第八是建立各级财政部组织与工作，过去各级财政部长，不知自己做的什么事，只做些管账管钱的会计工作，因此于九月间发下了一个训令指出目前财政部的中心工作，又确定了财政部的组织纲要，现在各县政府已建立了会计出纳税务等科，多找了一些人，财政部长比较进步了一些，但还是薄弱的很。

第九是创造财政人才，这是目前最紧要工作之一，因为一班工农同志很多不懂写算，特别没有经济常识，因此创造财政人才，是比其他部门要困难的，自八月以来，中财部开办了商业税土地税合作社及会计工作人员训练班各一期，在各处实际工作中也创造了一些人，并多方面调集店员出身的工人同志，现在中央财部银行两省苏及几个中心县苏已比较找了一些人，但一般说来，人才尚万分缺乏，需要以后在工作中继续创造与提拔。

第十要说到公债票问题，这是国家财政紧急时候一种借债办法，当七八月间红军正在向粤敌进攻，需要给养，而土地税尚未征收，因此发了六十万公债，结果尚好，除河西未送去外其余都销完了，有些地方且超过了，但有些地方，因为宣传工作不好，则发生强迫摊派及当作纸票买货等情形现在第一期公债，已在土地税商业税店租收入中大部收回了因为战争的需要，又要再发第二期共一百二十万元，更需要全体群众动员与帮助，使第二期公债能比第一期更快的销售出去。

财部一年来的工作，大概如此其他细目不详，希望全体工农群众，积极帮助政府实现财政上一切工作，增加财政收入，来充裕红军战费，以争取江西革命的首先胜利。

由此看出，中央苏维埃政府财经金融体系的建立意识有所加强，对中央苏区财政金融领域中的财政收入、财政支出、公债、金融机构、财政组织管理这些方面都有重点关注。1932 年末，财政金融体系建设仍处于建设初期，在许多方面依然有所不足，但在此之后它们经历了飞速的发展，它们在中央苏区推行股份制之后，具体发展进程如下。

（一）财政收入

打土豪筹款、向商人募捐和税收收入是中央苏区财政收入的主要来源。土地革命早期，打土豪筹款一直以来都在财政收入中占较大比重。在苏区内的各县乡赤卫队、红军等是筹款主力，主要筹款对象是地主豪绅。过去各地政府一般只征收土地税，税种比较单一，税收制度不完善。有些地区甚至连土地税都没有征收。到了1932年下半年，由于革命的急速发展，为了进一步组织力量来粉碎敌人的第四次“围剿”，使得红军的主要精力用于前线斗争，取消了红军为财政筹款，只由地方武装筹款，但在1933年又予以恢复。在1932年7月13日，中央执行委员会新颁布了中央苏区《暂行税则》，这也是自中央苏区建立以来税收制度根据苏区发展、股份制建立等实际情况的需要不断完善。与此同时，税则的完善也增加了苏区的财政收入，具体税则如下。

暂行税则①

第一章　总则

第一条　确定统一的累进税，废除国民党军阀政府的一切田赋、丁粮厘金苛捐杂税等。

第二条　税的种类：分为商业税、农业税、工业税三种。

第二章　商业税

第三条　税率：暂将商业资本税从一百零一元至五十万元分为十四个等第，按照等第规定税率，征其资本营利的所得税（即全部营利收入非征收资本），资本在五十万元以上税率另定。兹列表如下：

表3-2　　商业资本税税率表

等第	资本	税率%	等第	资本	税率%
第一等	101—200元	6	第八等	5001—10000元	13
第二等	201—400元	7	第九等	10001—20000元	15
第三等	401—700元	8	第十等	20001—30000元	17

① 江西省税务局、福建省税务局、江西省档案馆、福建省档案馆编：《中央革命根据地工商税收史料选编》（1929.1—1934.2），福建人民出版社1985年版。

续表

等第	资本	税率%	等第	资本	税率%
第四等	701—1000 元	9	第十一等	30001—50000 元	19
第五等	1001—1500 元	10	第十二等	50001—80000 元	21
第六等	1501—3000 元	11	第十三等	80001—100000 元	23
第七等	3001—5000 元	12	第十四等	100001—500000 元	25

第四条　征收方法：依据商店向政府财政机关所领取的营业证，按其资本多少来规定税率，然后按税率征收所得营业税。

第五条　征收时期：每月征收一次，季节生意也须按次征收之。

第六条　免税办法

（甲）凡遵照政府所颁布之合作社的条例组织之消费合作社，复经县政府批准登记的，得由县政府报告各该省政府，许可免税。

（乙）肩挑小贩资本在一百元以下及农民直接出卖其剩余生产品者一律免收商业税。

（丙）商人资本壹百元以下的一律免税。

（丁）商人遭意外损害，报告政府经查验证实者，得许免税。

（戊）对于某种必须品的日用商品和军用品，得随时由政府命令公布免税。

第三章　农业税

（注）现时农村生产与物品价值，极为复杂，不能规定一个统一的税收办法，只能规定农业税征收的原则，各省可依据此原则，按照当地情况，定出适当的农业税，报告中央政府批准施行。

第七条　农民分得土地后，按照全家每年主要生产的收获，以全家人口平均规定出每人每年的收获数与生活必需的支出，根据此标准，再定出向每人开始征收的最低数额及累进税，但富农则按劳动力来平均（而不以人口平均），计算收获与纳税标准。

第八条　只征收主要生产（谷、麦）的税，副产暂不征税，但每年收获谷、麦二次者，应征税两次。

第九条　茶山、棉、麻、果园，当作稻田、麦地分配，成为主要生产的，亦应征税。

第十条　红军家属（限本身父母、妻子及无劳动力的弟妹）按照红军优待条例免税。

第十一条　雇农及分得田地的雇佣工人、苦力本身和妻子一律免税。

第十二条　贫农收入已达开始征收的税额，但仍不能维持其一家生活的，得由乡苏维埃决定个别减税，或免税。

第十三条　对于过去富农的征税，要特别加重些。

第十四条　遇有水、旱等灾，或遭受白匪摧残的区域，按照灾情轻重免税或减缴。

第十五条　因改良种子、改良耕种，所增加的农业收入免税。

第十六条　开垦荒地，所收获之农产品，免税三年，富农则依照收获情形，减税或免税一年。

第十七条　农业税征收的办法和时期，由中央财政部公布，但其他阻隔之各苏区可依据当地情形由当地最高政府决定公布。收税时依照税率规定向各家征收每人应纳之税额。

第十八条　农业税征收现款，以中华苏维埃共和国的国币为限，其余杂洋币不收。

第四章　工业税

第十九条　生产合作社，经县政府批准备案的，得由县政府报告省政府许可免税。

第二十条　在目前为促进苏区的工业发展，暂时免收工业品的出厂税。

第二十一条　工业所得税，按资本大小，规定税率，征收其利润，其税率另行规定，但须较商业税为轻。

第五章　附则

第二十二条　本税则自公布之日起发生效力。

由此看出，当时的产业结构主要以农业以及工商业为主，并在积极鼓励工业的发展。另一方面，商业税在当时即采用超额累进税率，对农业给予农业生产必需品等以税收优惠，工业税则对合作社免税，各类税收的税负安排较为合理，也体现了股份制推行过程中税收政策的倾向性。

1933 年 3 月，中华苏维埃共和国临时中央政府财政人民委员部训令建立了关税制度，在各地设立了关税处，从而调节进出口货物，保护经济发展，增加国家财政的收入。训令也对当时存在的商业税漏征、未按规定征收等问题进行整治，同时还建立现金出口登记制度。由此可见，随着时间的推进和为了适应当时的发展需要，不断完善的税收制度，正在调节中央苏区苏维埃政府的财政收入结构，使其更加合理。

（二）财政支出

首先，红军和革命战争军费的供给是苏区财政最大的支出项目，其余的支出还有政府日常管理费用、帮助革命运动经费，以及各项支持苏区建设的费用等。本来红军的军费靠筹款来筹集，而军费作为财政支出的大项目，一直以来红军都实行供给制。军费的具体项目包括伙食费、津贴费、零用费、擦枪费等①，并且根据不同的耗用有不同的军费比例。其次，对于苏区各级苏维埃政府的行政办公费用也实行供给制，发放伙食费，其他的办公经费也有限额标准。最后，苏区为发展经济，在开展合作社运动的过程中，财政对于教育文化、卫生组织方面的经费投入有所增加，全都由军费负担，闽浙赣苏区用于这两方面的经费均在一万元以上。由此也看出，苏维埃政府把教育以及公共卫生放在了重要的地位，以提升合作社等人员的整体素质，进而达到高效经济建设的效果。

另外，为降低财政支出，1932 年 9 月 13 日，财政人民委员部训令（财字第 6 号）指出："当前一项重要的工作是要领导群众进行节省运动，这在财政上有很大意义。"同时，苏区内的各级政府都开始实行预算决算制度，带头做好计划，并设财政监督，严厉打击铺张浪费，从而做到每一笔开销尽可能合理，真正把不必要的花费节省起来。随着红军队伍不断扩大，为避免收支不平衡，省苏也极力节省土地税的开支，抵制浪费，对于贪污浪费分子，省苏给以处分。同时，中央苏区政府以"每人每天节约一个铜板"的口号来鼓励群众在生产生活中开展节省运动，对群众加以思想意识上的引导，最终实现对当时财政支出的一个减项②。到 1934 年召开的

① 《江西省苏区志》编纂组编：《江西省苏区志》，方志出版社 2004 年版，第 260 页。

② 中国社会科学院经济研究所，中国现代经济史组编著：《革命根据地经济史料选编　上》，江西人民出版社 1986 年版，第 105—109 页。

第二次苏维埃全国代表大会通过的《关于苏维埃经济建设的决议》中，毛泽东实事求是、高瞻远瞩，确定“财政的支出，应该根据节省的方针”，此后，在苏区掀起了一场“节省运动”。

（三）公债

公债是政府筹集应急资金的主要来源。1932 年，红军正在与广东军阀作战，急需军费，但是由于当期土地税还未征收，因此发行了60 万元的政府公债券。首次发行公债以自愿的方式购买，由于前期对公债做了积极的宣传和动员，苏维埃政府的公信力和公债可以作为现金抵用，有一定流动性等原因，首次发行的认购情况较好，除一小部分外，其余在短时间内就被认购。随后征收的土地税弥补第一次公债的发行。第二次由于战争的需要又发行了 120 万元的公债，认购热情依旧很火热，近半个月就完成超额认购。

1933 年，临时中央政府发行了 300 万元经济建设公债，以支持国营经济和帮助合作社经济的发展，并准备将 100 万元供给红军作为作战费，100 万元发展国家企业并调剂商品流通，100 万元分配给粮食、消费合作社各 30 万元，分配给信用、生产合作社各 20 万元，以帮助各种合作事业的发展。此项公债每年按周年五厘付息，从 1936 年 10 月起分五年还本①。其中大部分资金用于发展出入口贸易，小部分用去发展生产。最终争取做到在每一个乡都建立粮食合作社和消费合作社各一个。粮食合作社要在江西要发展 50 万社员，股金 50 万元（每股一元），福建 10 万社员，股金 10 万元。消费合作社，在江西和福建的发展数目也是如此②。购买债券者可以粮食或现款交付，这充分结合当时根据地群众的具体情况，最终由国家银行总行、支行及时做好债款的收缴工作。此次发行 300 万元的经济建设公债，一方面，解决了军费问题，补充了财政资金；另一方面是由于股份制的优势，苏维埃政府要积极推动它的建设，建立粮食、消费等各类合作社，推动苏区经济的发展，使群众对经济建设更有信心。当然，在此次经济建设公债的推售中，推行股份制来促进经济

① 赵松如：《江西金融志资料》，1990—1993 年（合订本），第 47 页。

② 毛泽东：《毛泽东选集第 1 卷》，人民出版社 2007 年版，第 119 页。

建设的思想已被大多数人所接受，但也仍然有部分地区，对于公债发行的意义没有完全理解。

除了上述两次主要的公债推行外，在中央苏区范围内各地区也有发行过地方性公债。总而言之，发行公债对于苏维埃经济建设的推动力是巨大的。

（四）金融机构

自土地革命以来，中央苏区内的金融体系在不断完善，中央苏区金融建设主要以银行和信用合作社的建立为主。

如表 3 - 3 所示，最早在 1929 年为打破敌人的经济封锁，中共东固区委和东固区革命委员会作出一项决议，即成立东固平民银行，这是江西第一家苏区银行，并发行了江西苏区最早的货币①。到了 1930 年初，东固平民银行改名为东固银行，赣西南苏维埃政府后将东固银行扩为赣西南政府的银行，并建立各级分行。金融机构体系由此开始不断发展，为中央苏区经济建设提供支持。在 1929 年，闽西根据地为补救“剪刀差”问题，农民银行、借贷所被开办设立，以向农民提供低利借款。银行、借贷所的资金，由打土豪款拨出一部分，并召集私人股金或向私人贷款组成。1930 年 9 月，闽西苏维埃政府发布第七号布告——《关于设立闽西工农银行》，公布了银行资本的筹集办法，以实现调剂金融、保存现金、发展社会经济、实行低利借贷的目的。随后 11 月，中央苏区成立了江西工农银行。1930 年 10 月，赣东北苏区建立赣东北贫民银行，之后改名为赣东北省苏维埃银行。1932 年 3 月，中华苏维埃共和国国家银行建立（见图 3 - 4），之后在福建、江西等各地纷纷设立许多分行，最终使苏区货币统一，促进各产业的发展，也使得群众的货币兑换更为方便。其中，国家银行湘鄂赣省分行采取由苏维埃政和工农群众共同筹集基金的办法募集股份，鼓励群众购买新银行的股票，截至 1932 年底，省区发给各县的银行股票 10 万份，计划集股 5 万—10 万元。

① 刘小兰：《钱币研究》，第 35 期。

表 3－3　　中央苏区银行和信用合作社建立及借贷政策情况

成立时间	银行或合作社名称[①]	颁布时间	中央苏区借贷政策或法令名称[②③]
1929 年 8 月	东固平民银行	1930 年 9 月	关于设立闽西工农银行
1930 年 11 月	闽西工农银行	1931 年 4 月	闽西苏维埃政府经济委员会扩大会议决议案
1930 年 11 月	江西工农银行	1931 年 11 月	关于经济政策的决议案
1932 年 3 月	中华苏维埃共和国国家银行	1932 年 1 月	中华苏维埃共和国临时中央政府关于借贷暂行条例的决议
1933 年 3 月	国家银行江西分行	1932 年	中华苏维埃共和国国家银行暂行章程
1934 年 2 月	国家银行瑞金支行	1932 年 4 月	中华苏维埃共和国临时中央政府关于借贷暂行条例的决议
	国家银行福建分行	1932 年 8 月	粮食合作社简章
	国家银行兴国支行		中央财政人民委员部关于店房没收和租借条例
1930 年春	永定县第一区信用合作社	1933 年 6 月	发展合作社大纲
	永定县太平区信用合作社	1933 年 6 月	合作社工作纲要
1934 年	瑞金县信用合作社	1933 年 9 月	生产合作社标准章程
1934 年	兴国县信用合作社	1933 年 9 月	信用合作社标准章程

除此之外，苏区各地也慢慢集资成立信用合作社等一些地方性金融机构，使得金融机构的种类更加多元化，不仅能有效解决经济建设过程中资金缺乏的问题，还可以帮助农民解决农业生产方面的资金问题。1932 年，临时中央政府颁布的《合作社暂行组织条例》（见图 3－5）中指出：“各地消费合作社和粮食合作社都在飞速发展，生产合作社和信用合作社也要

① 许毅主编：《中央革命根据地财政经济史长编》，人民出版社 1982 年版，第 237、300、303、308、268—269、263、246、275 页。

② 中国社会科学院经济研究所，中国现代经济史组编著：《革命根据地经济史料选编　上》，江西人民出版社 1986 年版，第 359—360，68—74，82—84，367，369—372，381—384，437—439 页。

③ 厦门大学法律系，福建省档案馆选编：《中华苏维埃共和国法律文件选编》，江西人民出版社 1984 年版，第 266—267，273—276，279—282，285—288 页。

开始计划筹办。”在国家银行的支持与帮助下，1934 年 7—9 月，中央苏区的兴国、瑞金、于都、寻乌、石城、会昌、长汀、兆征等地都组建了信用合作社。

图 3－4　中华苏维埃共和国国家银行旧址

资料来源：拍摄于瑞金中央革命根据地历史博物馆。

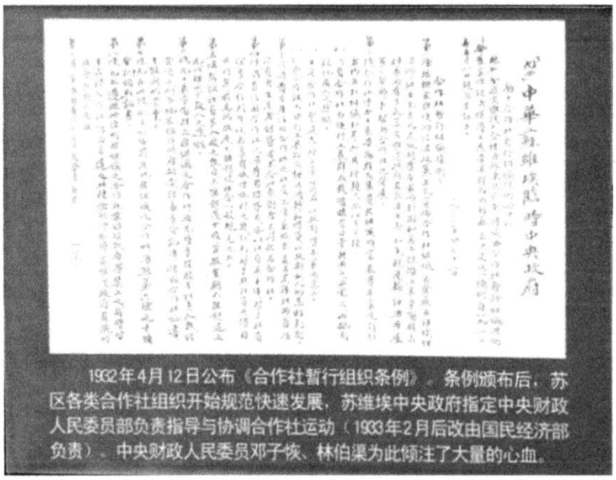

图 3－5　合作社暂行组织条例

资料来源：拍摄于瑞金中央革命根据地历史博物馆。

土地革命期间，在根据地建立起的各类银行、兑换所等金融机构，中央苏维埃政府鼓励群众增资入股，并积极动员和宣传有关政策和优势，扩大政府信用，将股份制进一步在民间推广的同时，还有效地行使了苏区内的货币流通功能。一方面，可以支持经济发展，给各种中小工商业、农业发展等提供资金来源，将资源予以合理配置，使得资金运作更为高效；另一方面，也可以使苏区货币有所归集，通过各类优惠政策鼓励群众存钱，减少资金不当流失。

（五）财政组织管理

在根据地成立早期，苏区财政的组织结构不完善，各级财政部只做了日常管钱、管账的最基本会计任务，没有具体的预算和收支计划。筹集的资金更是存在随意浪费、乱收乱用现象，在财政的管理和效率上都存在一定问题。中央苏维埃政府为了统一财政、发展经济，成立了中央财政人民委员部，明确了各级财政部门的职责，建立健全了中央财政组织结构。

由图3－6可知，以临时中央政府人民委员会为核心，下设革命中央军事委员会和财政部。各省、县、区各级财政部门垂直管辖，市财政部与省、县、区财政部平行管理。在此基础上，单独将军区财政分离，由总经理部直接领导下属各军、师。在统一财政的过程中，还建立了预决算制度，采用了新式簿记，会计制度不断完善①。该类组织结构在一定程度上克服了没有统一财政之前的一些问题。统一财政的工作一直都在根据地内

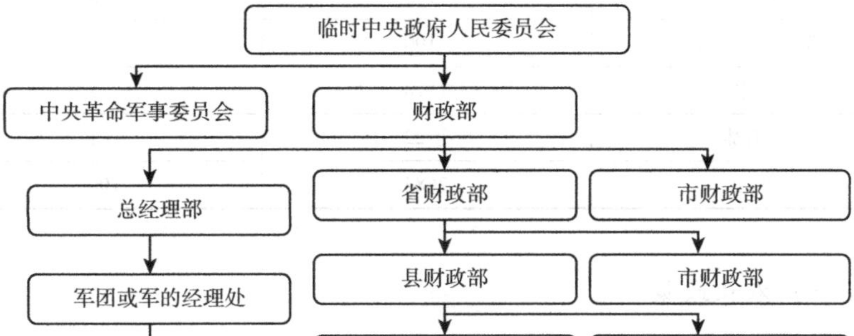

图3－6　苏区财政机构与系统示意

资料来源：中央苏区革命历史博物馆档案资料整理。

① 赣州市财政局；瑞金市财政局编：《中华苏维埃共和国财政史料选编》（内部刊物），2001年版，第270—276页。

不断进行着，各级财政部门也在不断强调财政统一的重要性，并且注重财政专门人才的培养。这是也是发展苏区经济、增强财政部门的职能性、增加财政收入重要的一环。

二、中央苏区根据地农业

农业作为中央苏区内各大县区中最主要的产业，农业生产是苏维埃经济建设的第一位，也是苏区建设过程中最基础的产业，它的发展可以推动其他产业的发展。如表3－4所示，以寻乌县为例，根据毛泽东在寻乌调查的结果可知，从事农业生产的农民占总人口比例最高，接近六成，其次是手工业者和游民。

表3－4　　　　寻乌县各职业人口比例①

职业	人口数	百分比（%）
农民	1620	60
手工业者	297	11
游民	270	10
娼妓	162	6
商人	135	5
政府机关人员	100	4
地主	78	3
宗教徒	22	1
共计	2684	100

（一）农业政策

中央苏区为助力农业发展，相继颁布了许多训令和法规，诸如《闽西合作社条例》《犁牛合作社组织大纲》《开荒规则和动员办法》等②。其中，《闽西合作社条例》提出了合作社具有向政府廉价承办没收来的工商业和农业的优先权。1932年，中华苏维埃临时中央政府第七号文《合作社

① 毛泽东：《毛泽东选集第1卷》，人民出版社2007年版，第118页。

② 杨木生，宁群：《中央苏区法制建设》，中央文献出版社2009年版，第69页。

暂行组织条例》第一条指出："根据苏维埃的经济政策，正式宣布合作社组织为发展苏维埃的一个主要方式，是抵制资本家的剥削和怠工，保障工农业劳动群众利益的有力武器，苏维埃政府并在各方面（如免税、运输、经济、房屋等）来帮助合作社之发展。"① 它们都显示出在推行股份制进程中，创办合作社等一系列政策对工农业的发展有推动作用。1933 年 1 月的中央政府国民经济人民委员部、土地人民委员部布告肯定了过去一年推动农业建设的成就，并对米谷、杂粮、蔬菜、棉花等作物的产量在未来有更好的提升有信心，同时组织劳动合作社帮助解决农业生产中存在的问题（见图 3－7）。1934 年 1 月，毛泽东依然强调："我们的经济建设的中心是发展农业生产，发展工业生产，发展对外贸易和发展合作社。"

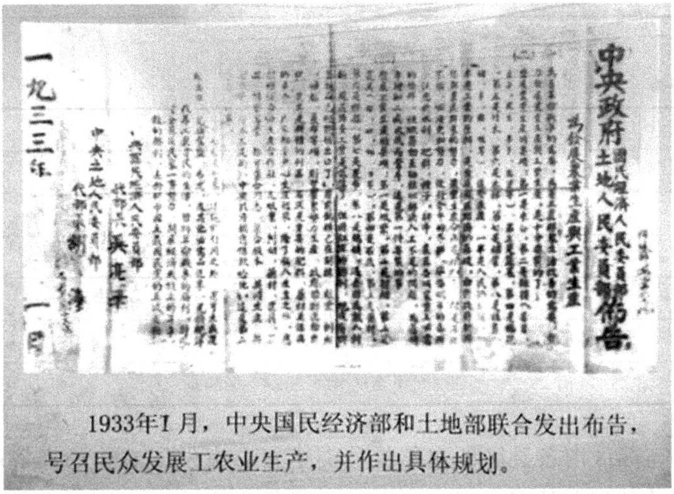

图 3－7　中央政府中央国民经济人民委员部和土地人民委员部联合发出布告

资料来源：中央革命根据地历史博物馆档案资料整理。

（二）农作物

根据地进行土地革命的过程中，农业较之前已经有所发展，以赣西南苏区为例，早期的粮食价格都十分高，但是由于大多数都掌握在地主和富

① 王金山等：《中华苏维埃共和国消费合作社史料选编》，江西省供销合作社 2001 年版，第 4 页。

农手中，贫民群众的生活依旧拮据。但1930年后，随着苏区土地革命的推行，经济的不断发展，谷、米、茶油等农业产量的提高，农作物的价格回归了正常水平，具体如表3－5、表3－6所示。

表3－5　　未革命前的商品价格表①

货名	数目	价钱	备考
海带	每斤	铜元一千以下	
谷	每担	银元二元半	
茶油	每斤	铜元八百至一千	
木	一两码	十四五贯	
竹	每斤	每码五钱	
米	每担	银洋五元多	

表3－6　　革命后的商品价格表②

货名	数目	价钱	备考
海带	每斤	一串六百文	
谷	每担	一串八百文	
茶油	每斤	五百文	
木	一两码	十贯以下	甚至六十元
竹	每斤	与以前相当	
米	每担	一元半至两元	

此外，苏区内各县区的农作物种类丰富，在发展农业的经济政策以及各类合作社的创办的背景下，苏区的农民们生产热情高涨，产量较以前有很大的提高。

1933年，苏区大部分地区在农业生产方面都取得了不错的成绩，中央苏区全区的农产比1932年增加了15%。闽浙赣地区收成更是比1932年增加了近两成。各区县由各县区政府直接领导，组织各种生产模范队、生产突击队来帮助群众进行生产，谷子平均每亩收四担，增加了三成；油菜的收成比革命前增加一倍，木子油比以前也多收一担；每家每户种棉一二

①② 中国社会科学院经济研究所，中国现代经济史组编著：《革命根据地经济史料选编　上》，江西人民出版社1986年版，第52页。

亩，收成大增，每元可买二斤至三斤，全省不需要白区来供给[①]。在福建秦宁，由于先前打土豪，农民们都分到了自己的土地，人们在劳动生产上积极性高，全年粮食产量比 1932 年增加了 20%，获得了大丰收，不仅保证了军民自用，还储备了许多战备粮。在上杭才溪乡，贫农、雇农在 1928 年暴动后的生产产量降低了 20%，1932 年恢复了 10%，1933 年比 1932 年增加二成。其中，杂粮例如番薯、豆子、芋子、大薯等则比 1932 年增加了 50%。

苏区农业各类农作物产量的提升，首先，由于农民们都分得了自己的土地，以及各地一系列关于扩大农产的经济政策推行。其次，苏维埃政府创办粮食合作社，调节了苏区内粮食的价格，使得一些在粮食供给不平衡时，趁机提高粮食价格的商人和富农不再有机会操纵。最后，在股份制推行过程中，成立消费合作社、犁牛合作社、国家银行等机构，对农民们在农业生产上提供支持。这三点使得农民们都有了生产的必需条件，具备了生产基础。苏维埃政府有方向地引导群众，帮助群众解决一些困难，也增加了人们的生产热情，使得农民们可以真正通过农业生产来获得其他经济资源，从而提高生活水平，也间接促进了对外贸易。

（三）农田基础建设

早期的苏区，由于存在“剪刀差”现象，农民受到剥削，生产效率降低，农民在生产上没有计划，再加上苏区经常面临着战争，最终导致了苏区内荒田荒地较多，农业凋零，生产低落。之后，为了改变这一现状，1933 年苏区土地部推出《开垦荒地荒田的办法》和中国农业工人第一次代表大会均对开荒工作予以指导，并开展犁牛合作社、开荒合作社，争取实现“增加两成秋收”“开垦三十万担荒田”的目标。各级苏维埃政府也积极领导群众进行春耕、夏耕、秋耕和冬耕运动。与此同时，对开垦荒地、荒田在税收上给予优惠，1932 年颁布的《暂行税则》第十六条规定，对于开垦荒地获得的农产品，可以免税三年，富农也可根据具体情况减税或者免税一年。

随着开荒进程的推行，开荒效果还是立竿见影的，有些地方不但消灭

① 中国井冈山干部学院，中央档案馆编：《红色中华》第五册，江西人民出版社 2016 年版，第 2680—2681 页。

了荒废了的土地，还开发了新的土地。1933 年当年，在江西一省，1932 年开垦的荒田达 20 万担以上，福建省在 3 万担左右。闽浙赣省在 1933 年开垦了 3 万多亩，增加几十万担谷子的收获，在有些县荒地已经完全被消灭。1934 年，在上杭才溪乡，由于开荒，其种的粮食也比往年增加了 1300 多担。开山比开田更多，其中山占四分之三，田占四分之一[①]。同年，在汀州城内也开辟了七八成的荒地，南教场已开辟了 45 亩的荒地。

农田基础建设是农业发展的基础。到了 1933 年左右，得益于苏区政府的动员、各类合作社的开展，苏区内各地已经逐渐将荒地重新开垦、加以利用，一些地区甚至已经消灭了荒田，从而间接刺激了粮食产量的提升，推动农业发展。

（四）组织管理

苏区农业的发展与该时期苏维埃政府对于农业的组织管理密切相关，从对农业方面的教育、制订生产计划、组织妇女生产等多方面协调促进。

对于农业教育。一方面，苏区早期对于农业方面的生产主要依靠自身的经验来进行，在经济建设的任务规划中，苏区将聘请农业以及矿业的专门人才，研究地质和肥料、种子、农具等的改良方法，以及一切农业的常识[②]，最终将相关知识传授给农民群众，以最优，最科学的方法进行生产。不仅可以提高农民的生产技能，也与当时根据地推行的教育理念相吻合。另一方面，为了弥补劳动力的缺乏，苏区对一些重要的农产做出了生产计划，并且动员农民为实现计划而努力[③]。计划的制订对于农业生产具有引导作用，通过制定具体合理的指标，尤其是对于苏区重点关注的必需农产品，使得生产更加有条理地进行。

随着战争频发，各区县的青年男子许多前往参加红军，苏区劳动力不足的问题尤为凸显。以 1933 年的长冈乡为例，16 岁至 45 岁的全部青年壮年共有 733 人，其中 320 人参加了红军，乡里剩余 413 人，其中男子有 87 人，女子有 326 人。因此，长冈乡提出了“妇女学习犁耙”的口号，鼓励

---

① 中国井冈山干部学院编：《斗争》第三辑，中国发展出版社 2017 年版，第 241—246 页。

② 中国井冈山干部学院，中央档案馆编：《红色中华》第四册，江西人民出版社 2016 年版，第 1909—1911 页。

③ 毛泽东：《毛泽东选集第 1 卷》，人民出版社 2007 年版，第 130 页。

妇女参加生产。其他各区县也在调动妇女的积极性，使得妇女积极投入生产，这也正是1933年的农业生产能够实现增长的原因之一。

三、中央苏区根据地工业

根据地的工业是仅次于农业的第二大产业。由于根据地通常处于农村和一些村镇，它们的共同特点就是生产力较低，以手工业为主。苏区早期由于帝国主义、反动派的封锁限制，还存在“剪刀差”现象，导致手工业者工资较高，与生产不匹配，再加之商品不流通，集市冷落，工人面临着失业，包括工业在内的各类经济发展迟缓。为了减少人民群众被剥削，并发展苏区工业，苏区成立了工业部，制定了一系列针对工业发展的政策，加强商品贸易等措施，最终使得苏区内的纸、棉花、药材、农具等主要工业产品产量增加、销量增加。

（一）工业政策

1931年，中华工农兵第一次全国代表大会首次将工业发展的要求以正式条例的形式呈现。大会形成的决议《中华苏维埃共和国经济政策》的节选内容如下（见图3-8）。

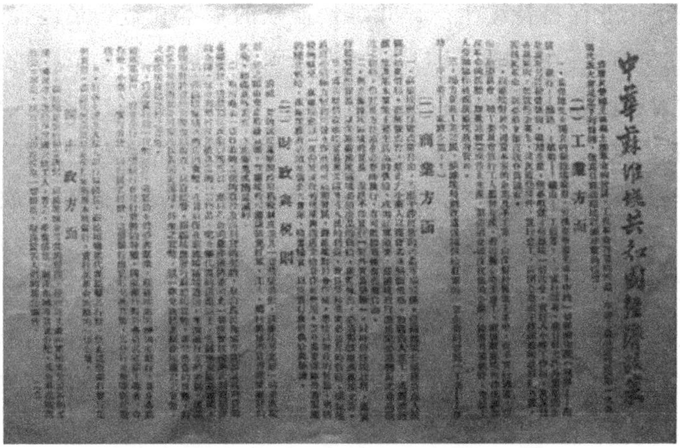
中華蘇維埃共和國經濟政策

(一)工業方面

(二)商業方面

(三)財政與稅則

图3-8 中华苏维埃共和国经济政策（部分）

资料来源：中央苏区革命历史博物馆档案资料整理。

中华苏维埃共和国经济政策（节选）[①]

为着反对帝国主义的革命与土地革命的发展，工农革命联盟的巩固，中华工农苏维埃第一次全国代表大会特规定下列基本条例，作为目前苏维埃经济政策的根据。

（1）为保障国家完全独立和民族解放起见，苏维埃政府将操在帝国主义手中的一切经济命脉，实行国有（租界、银行、海关、铁路、航业、矿山、工厂等）。在目前允许外国某些企业重新另定租借条约，继续生产，但必须遵守苏维埃一切法令，实行八小时工作制及其他各种条例。如这些企业主违反这些条例，实行怠工和关厂，或干涉苏维埃政府的行政及维护反革命，则必须立即没收其企业作为国有。

（2）苏维埃政府对于中国资本家的企业及手工业，现尚保留在旧业主手中而并不实行国有，但由工人监督生产委员会及工厂委员会实行监督生产。若这些企业主怠工破坏苏维埃法律或参加反革命的活动，故意破坏或停止生产，则必须立即没收他的企业，按照具体条件，交给工人劳动合作社或苏维埃政管理。

（3）竭力促进工业的发展，苏维埃特别注意保障供给红军的一切企业的发展（工厂、作坊、手工业、家庭企业等）。

由此可以看出，对于过去由帝国主义操控的重点工业企业实行国有化，传统手工业保持持续生产，并维护群众的根本利益，最终促进苏区的工业发展。此后，在1931年11月，为巩固和发展苏维埃境内的经济，临时中央政府在此基础上，颁布了工商业投资条例，从而鼓励私人资本的投资（见图3-9）。1933年，土地人民委员部布告、中央政府国民经济人民委员部，提出了苏区重点发展的工业品类依次为纸业，刨烟，农具（犁、耙、锄、刀等），石灰，药材，樟脑，夏布，钨矿。这一系列发展工业的经济政策，规范并保障了苏区工业的稳步发展。

中央苏区也开展了一系列的立法活动，其中最重要的一部国营企业法《苏维埃国有工厂管理条例》[②]，规范了国营企业的组织架构、奖惩制度、

① 王金山等：《中华苏维埃共和国消费合作社史料选编》，江西省供销合作社2001年版，第2—4页。

② 杨木生，宁群：《中央苏区法制建设》，中央文献出版社2009年版，第73页。

劳务保障及经济核算制度等方面，使得国有企业的管理更有秩序，做到有规可循。

图 3－9　工商业投资暂行条例

资料来源：中央革命根据地历史博物馆档案资料整理。

（二）国营工业

早期的苏区，苏维埃政府主要建立了一些兵工厂等军需企业以供红军战争的需要，之后苏区股份制盛行后，工业体制逐渐完善，逐渐形成国营、民营以及合作的苏区工业体系。

国营工业发展迅速，一方面体现在种类以及具体数量上。兵工厂、被服厂、印刷厂、造币厂、工矿企业等是苏维埃最主要的国营工业。此外，还有部分纺织、棉花等传统小手工业。截至 1934 年初，除有 30 多个国家药店外，还有织袜厂 1 个，出产可供全省所需，织布厂 1 个，能制造各类武器的兵工厂 1 个，以及各类大型国营工厂共 32 个，其他的小工厂还有很多①。其中中华钨矿公司是苏区内规模较大的工业企业，有 5000 多名员工，年产量 1800 吨，年产值约 200 万银元。另一方面体现在它的管理水平上。国有工业企业在发展过程中不断扩大规模，有很多都在苏区各地建立了分厂，管理制度不断完善，一系列例如生产农具、造纸、纺织的与民生相关的国有工业企业，在调节社会资源与数量上作出了很大的贡献。

① 中国井冈山干部学院，中央档案馆编：《红色中华》第五册，江西人民出版社 2016 年版，第 2680—2681 页。

从国有工业企业产业的构成来看，战争所需的各类物资，重要的资源企业、货币制造等工业都归属于国有。国营工业是当时苏区经济建设过程中工业体制的重要一环，最终有利于具体行业的发展。例如，苏区内国有的煤、铁、硫磺等生产的发展与初步化学工业的建立，可以集中力量不断完善加工工艺，这比私人经济的效率更高。

（三）民营工业

私人经济在早期苏区的工业版图中，占据重要的地位，并且苏维埃政府对其不越过法律范围之外的经营有所鼓励。苏区也鼓励私人投资苏区的工商业，对于许多特产（如纸木料、夏布等）也要尽可能地鼓动私人投资。私人资本企业的雇工也是遵从苏维埃劳动政策的，这些也为苏区经济建设作出了贡献。但随着国民党军阀的“围剿”，战争频发，国营和合作工业在苏区迅速发展，以及对于人们来说，国营工业企业和合作工业组织更具有公信力，自身具有小规模特点的民营工业的占比逐渐下降。到了1933年，湘赣鄂已经没有私人工厂雇佣工人①。

（四）合作工业

苏区从发展合作运动以来，各类合作社的规模和数量不断上升，其中生产合作社也发展迅速，从而促进了苏区的工业发展。据1933年9月福建、江西两省共17个县的统计，区划内共有各类合作社1423个，股金30余万元。发展得最好的是消费合作社和粮食合作社，其次是生产合作社②。具体情况如表3－7所示。

表3－7　　中央苏区合作社发展情况（节选）③

	1933年8月以前		1934年2月	
生产合作社	社数	76个	社数	176个
	社员	9276人	社员	32761人
	股金	29351元	股金	58552元

① 《江西省苏区志》编纂组编：《江西省苏区志》，方志出版社2004年版，第243—244页。

② 毛泽东：《毛泽东选集第1卷》，人民出版社2007年版，第130页。

③ 中国社会科学院经济研究所，中国现代经济史组编著：《革命根据地经济史料选编　上》，江西人民出版社1986年版，第172页。

可以看出，苏区生产合作社的社员人数扩大了近四倍，股金和生产合作社的数量也增加了两倍左右，在短短的半年中发展十分迅速。生产合作以及消费合作社的发展共同促进了苏区的工业。例如，在1934年6月，瑞金合龙区田背乡消费合作社开办了一个熬盐厂，每天能够产出盐18斤，不仅可以供给全乡群众的需要，而且熬出的盐的质量也很好。因此，合作工业的发展与其他许多方面都是相辅相成的，它们最终使得工业产品的品类更加丰富，产量也有所提升，特别是手工业，例如截至1934年，手工业包括熬盐、做纸、织布、农具、烧石灰、熬樟脑、造农具等共有30多种。与此同时，在1933年发行的300万元经济建设公债，可以促进合作工业与国营工业的发展，也可以有效结合起来。共同协同发展建设苏区经济，成为发展的重要经济网络，以达到抵制工业垄断的目的。

（五）手工业

由于苏区的手工业所占整体工业的比重较大，因而不区分工业体制的角度对其在土地革命时期的发展进行阐述。

在1930年，毛泽东同志在《寻乌调查》中的有关记载如下。

寻乌调查①

第三章寻乌的商业（节选）

城里手工缝衣店至今还剩三家。

手工与车子的比较是：手工做一件的时间，车子差不多可以做三件。工价的比较：每套短衣裤手工做七毛，机器做六毛。货色的比较：车子做的好于手工做的。机器哪得不驱逐手工？

全县重要圩场吉潭、澄江、石排下、车头、牛斗光、留车、篁乡（采用机器比任何一处早）、公平、荒塘肚、岑峰等十处，都有缝纫机，因此全县人口中已有百分之三十废除手工、采用机器做衣了，特别寻乌的南半县机器化的速度更发快。

可以看出，在土地革命期间，根据地最原始的手工业正在向效率更高的制造业转型。但是苏区受制于当时科技的发展水平，大部分的区县的制

① 毛泽东：《毛泽东选集第1卷》，人民出版社2007年版，第118页。

造业并未普及，手工业依然占据生产商品的主要产量。手工业的发展与农业发展的重要性一样，可以通过提高手工产品的产量，在满足自用的同时，将部分运输到白区去销售，不仅可以获得贸易收入，还可以换得一些所需要的商品，并抵制白区商品的入侵。例如，闽浙赣苏区出产棉花很多，1933 年苏区各地的棉花可达 10 万斤，纺织事业相当发达，虽然多半是旧式手工业，但产量可以自给，还可以抵制白区布匹的侵入。以前因为忽视了苏区的纺织业，导致每年买进白区的布匹有四五十万元，这是一个很大的损失①。

苏维埃政府发展手工业的同时，也对失业工人、独立劳动者、小手工业者与农民加以帮助，并相应组织了生产合作社。1933 年，手工业慢慢恢复。到了 1934 年，伴随着各类生产合作社（熬盐、熬樟脑、铁业、刨烟、锅炉、纺织、石灰、造纸等）的发展，在经济发展得如火如荼的时候，手工业的发展也是井井有条，像制炼铁、织布、烧石灰、制盐、制药、造纸、开煤矿与钨矿、制油等不但开始恢复，而且有了新的发展。

四、中央苏区根据地商业贸易

苏区内许多日常必需商品的获得，直接受商业贸易的影响。加之当时国民党对苏区的军事围剿，对于缺乏工业品的苏区而言，商业贸易的发展至关重要。早期的中央苏区也因敌人的经济封锁，商业贸易衰落，导致了严重的“剪刀差”现象。但之后随着苏区经济政策的发展，这一现象有所改观，苏区的商业贸易也开始恢复，从商业渠道以及对外贸易等开始有所反映。

（一）商业贸易政策

《关于苏维埃经济政策的决议案》是推动苏维埃的商业发展最重要的政策之一。该决议案的推行，最重要的是保证了苏维埃的商业自由，使得强买强卖的现象越来越少。其次，对贸易实行监督，禁止贸易垄断，根据

① 中国井冈山干部学院，中央档案馆编：《红色中华》第五册，江西人民出版社 2016 年版，第 2378—2379 页。

苏区内的商品需要，合理对外贸易，也规范了与进出口相关的行为。最后，针对苏区内各类消费、生产合作社，颁布了《生产合作社标准章程》《合作社暂行组织条例》等规章条例，明确了各类合作社的作用与运行规范，从而使合作事业推动经济发展这一重要的经济思想在人们心中更加牢固。

（二）商店

由于各类经济体系的不完善，早期苏区刚成立时，存在着随便没收商店、随意没收商店货物的现象，导致民营商业受损，许多商人逃离。之后，一方面，为纠正经济的“左”倾，各区县根据苏维埃的经济政策，开始保护商店的发展，维持自有买卖，积极吸引商人来苏区开展商业活动，鼓励商店从白区采购食盐等必需品来售卖，从而以帮助苏区恢复和发展商业，打破经济封锁。另一方面，苏维埃政府也要加强监督指导，抵制私人商店的剥削①。

1933 年召开的经济工作总结大会指出：“商店资金三万四千元，营业四十一万余元，红利四万一千余元，开支二万一千余元，损失七百余元，纯利一万四千五百余元；工农药店资金九千五百余元，营业十一万五千余元，红利三万一千余元，开支一万一千余元，损失八百余元，纯利一万九千余元。”可以看出商店和药店的资金规模、营业收入等发展迅速，推动了苏区的经济发展。

苏区内除了保护私人商店之外，也积极创办国营商店。1928 年，宁冈县创立了第一个公营药店。截至 1934 年 1 月，国家药店就已有 30 多个，还有其他各类国家商店。

在税收管理方面，国家对于规模较小的商店或者没有账簿的商店不查账征收，可由征收员粗略估计；对于其他的商店则采用交易额计算商业税，从而在不断完善的税收体系下，逐渐做到避免“以多报少”的现象，并对不按规定纳税的商店进行罚款。

（三）圩场

圩场是江西、福建等省农村中定期进行交易的市场，又因为苏区主要

① 江西省税务局等编：《中央革命根据地工商税收史料选编 1929.1—1934.2》，福建人民出版社 1985 年版，第 197—230 页。

分布在农村，因此圩场则成为苏区内有重要作用、不可或缺的市场。根据地成立后，苏维埃政府对苏区境内的圩场进行改造，禁止过去哄抬物价、强卖强买的不良现象，严禁地主豪绅剥削农民，取消了各类苛捐杂税，以保障苏区群众正常的货物交换和生活。

合作运动开展后，苏区合作社的组织逐渐扩展到圩场，计划在每个区的主要圩场都要建立一个粮食调剂支局，来调节市价，供给红军与苏维埃政府本身的需要，从而来保障群众的粮食供给与调剂。因此，随着苏区经济政策的推行、苏区经济的不断发展，圩场成为苏区商品交换的重要场所，各类商品交易数量也不断提升。与此同时，苏维埃政府对于圩场的营业税征收的推行，也增加了苏维埃政府的财政收入。

（四）消费合作社

消费合作社的成立与发展，为苏区的商品交换与商品贸易都提供了高效率的途径。它的资本实力雄厚，可以先收购商品或者生产必需的设备，再以低价卖给社员及苏区群众，起到了很好的交换枢纽的作用。消费合作社也可以将苏区农民生产的农副产品拿到白区去，与白区的商人交换苏区数量缺乏的日常生活必需品，不仅使农民们的农产品可以卖出更好的价格，拓宽了销售渠道，不再受苏区内的地主和富农剥削，也促进了苏维埃的对外贸易（见图 3－10）。

图 3－10　加入消费合作社的宣传漫画

资料来源：中央革命根据地历史博物馆档案资料整理。

消费合作社在根据地成立后，为了消除“剪刀差”现象，消费合作社普遍推广，并且可以免除消费合作社的商业税。1931 年 4 月，永定县消费合作社共有 57 个，共有基金 5445.51 元，都处于营业状态。1933 年 3 月，消费合作社在苏区内已经普遍建立，受到了群众的好评。到 1933 年 9 月，全苏区消费合作社只有 406 个，社员 83000 人，股金 9 万元。截至 1933 年 12 月末，苏区的消费合作社社员更是增加到 15 万人，胜利、瑞金、兴国、万泰、赣县、博生、雩都、扬殷、洛口、长汀、上杭、兆征各县总社及江西、福建二省总社相继建立。同月召开的中央苏区消费合作社第一次代表大会上，评选出了瑞金壬田区消费合作分社、上杭才溪区消费合作分社等 5 个模范消费合作社。其中，上杭才溪乡区合作社创立于 1929 年，主要销售食盐和布匹，两者共占了销售额的 90%，十分受当地群众的欢迎。

由表 3－8 也可以看出，消费合作社的发展速度是相当快的，这是因为苏区人民意识到了建立消费合作社对于生活需要及劳务运作的优势。从参加消费合作社的人数来看，以才溪乡为例。上才溪有六成的人口加入了消费合作社，下才溪更是有九成人口加入消费合作社。人们的生活质量也随着消费合作社的发展而改善，从而积极参与。

表 3－8　　中央苏区合作社发展情况（节选）①

	1933 年 8 月以前		1934 年 2 月	
消费合作社	社数	417 个	社数	1140 个
	社员	82940 人	社员	295993 人
	股金	91670 元	股金	322525 元

（五）出口

根据地成立后，苏区的出口以富余的粮食、竹木、夏布、钨砂等产品为主，有计划地向外界出口这些货物，其中第一个大宗出口是粮食。每年大约有 300 万担谷子出口，每人平均输出一担谷。积极出口一方面可以增加苏区的收入，另一方面可以换回盐、布匹、西药等苏区缺乏的物品，打

① 中国社会科学院经济研究所，中国现代经济史组编著：《革命根据地经济史料选编 上》，江西人民出版社 1986 年版，第 172 页。

破敌人对苏区的经济封锁。《民营企业法》也鼓励苏区商人积极去白区贸易。

苏区对外贸易主要以货物交换为主，对于现金的出口有一定的限制。1933 年，中华苏维埃共和国临时中央政府财政人民委员部发布训令，要求苏区建立健全现金出口登记制度。随身携带毫子或者大洋前往白区置办货物，且金额在 20 元以上的人须向市区政府登记，1000 元以上的，向县政府登记取得现金出口证才准出口，无出口证且不是为办货用的，一律不准出口。向银行或兑换所兑换现大洋的，也要有现金出口证为凭证，无出口证的，不能在苏区内使用，则一律兑换国币及毫子①。由此可以看出，现金不能随意进出苏区，从而保障了现金不被地主、富商转运到苏区外而导致流失。训令的第十五号文件指出要建立健全关税制度，使得在当时敌人经济封锁的情况下，保护苏区经济发展，调节对外贸易的同时，也可以增加一定的财政收入。

（六）进口

与苏区出口相对应的则是苏区的进口。食盐和棉布占据了苏区进口货物的大部分，过去苏区由于进口没有做好管理，主要靠商人将货物进口到苏区销售，使得许多不法商人对于货物实行低买高卖，形成垄断，对苏区群众造成了很大的剥削。因此，苏区的对外贸易局的建立，对此类现象有了很大的缓解。省苏共成立了 18 个贸易处，它们可以帮助合作社办货，还可以通过帮助农民高价售卖农产品，并以低价买入苏区所需的各类商品，促进苏区经济发展。同时，与出口关税对应的是进口关税的征收，进口苏区的货物要足额缴纳税款后才可以进入苏区销售，保障了苏区人民的自身利益。

据统计，自开展对外贸易后，解决了许多问题。1933 年，进口货物总价值为 124266 元，出口为 198755 元，贸易顺差 74489 元②。由此可以看出，苏区已经逐渐打破了敌人的经济封锁，苏区的贸易发展取得了一定的

① 中国井冈山干部学院，中央档案馆编：《红色中华》第四册，江西人民出版社 2016 年版，第 1427—1429 页。

② 中国井冈山干部学院，中央档案馆编：《红色中华》第五册，江西人民出版社 2016 年版，第 2680—2681 页。

成效。苏区在发展贸易的同时，也注重苏区内工业、商业等各类产业的发展以及加强股份制的推行，从而可以不再依靠进口所需的货物，做到自给自足。

五、中央苏区根据地林业、水利、交通

林业、水利以及交通与苏区人民生活密切相关，减少乱砍滥伐保护植被和树木可以有效改善土壤，净化环境；修建堤坝、水渠等水利工程，加强水利建设不仅有助于提升苏区的抗灾能力，还可以提高对农作物的灌溉效率，促进农业建设；对于苏区多处于山区的固有特点而言，修路架桥使苏区的群众在交通上更加便利，进而可以间接促进商业贸易、邮政电信等产业的影响。自土地革命以来，苏维埃政府对于此类民生工程十分关注，得益于苏区经济建设上的成效，与苏区经济建设一起共同发展。

（一）林业

1927 年末，也正处于中央苏区土地革命的初期，《中国共产党土地问题党纲草案》指出："一切森林、矿产完全归苏维埃国家所有，苏维埃国家之中央及地方政府应当设法保护森林，种植森林，并开采矿产。"到了 1928 年，遂川县工农兵苏维埃政府训令，要求各乡农友禁止烧山，不能运木做柴，不能损坏木皮和禁止砍伐茶树。同年，井冈山也颁布了保护树木的公告。苏区在早期就将林业发展加以重视，针对林业颁布各类政策，做到保护树木和其他的林木，为苏区林业建设奠定了一个好的基调。

到了 1933 年，苏区在对过去经济建设的总结中提出："在今年冬季，还应该培植树苗，以便在后年春季我们可以很好的进行植树运动。"① 1933 年 5 月 25 日中央土地人民委员部第八号发布《开荒规则和动员办法》，鼓励群众开荒。同年年底，闽浙赣苏区开展了大规模的铲山运动，来引导群众开垦荒地，将国民党破坏的林木、经济作物予以恢复，同时推动经济建设，促进苏区社会协调发展。

---

① 中国社会科学院经济研究所，中国现代经济史组编著：《革命根据地经济史料选编　上》，江西人民出版社 1986 年版，第 119 页。

在土地革命时期，土地部下设三个局，每个局的负责范围不同，分别是没收分配局、土地建设局和山林水利局。山林水利局专门管辖苏区内与山林建设与水利工程建设，具有指导统领的作用。与此同时，在1933年秋，临时中央政府颁布了《山林税暂行细则》，细化了山林税的具体实施细则，对于新开垦的荒山可以免征山林税。又考虑到根据地经济落后，山民生活困难，实际征税中一般也从轻从宽掌握①。苏区的林业也因此发展得十分迅速。

（二）水利

水利与农业发展密切相关，是农业的命脉②，农业又在苏区产业中占据很大一部分，因此，水利的发展在根据地也是受重点关注的方面之一。最早在1927年颁布的《中国共产党土地问题党纲草案》中就提出了苏区要努力建设防水旱的水利工程，具体内容如下。

中国共产党土地问题党纲草案（节录）

十、整顿水利改良灌溉方法之工程，由农民代表会议执行，井泉溪沼等完全归农民使用，农民经过农民代表会议而行使这种权利。

共产党并认为改良水利，扩大灌溉源流，采用新式技术、机器、电力等，为自己的重要职任之一。共产党组织并帮助农民之改良灌溉的合作社运动。

十一、共产党要努力设法实行防止水旱的工程，建堤、导河、填筑淤地、筑造牧场等，并实行预防饥荒的设备。

由此可以看出，在推动水利建设的同时，进而推动农业发展和股份合作事业的发展。寻乌由于县内的堤坝较多，因此很少遇到田地干旱，保证了粮食的产出。瑞金、会昌、兴国等县也很少经历干旱，水稻等作物长势都很好，促进了产量的增加③。这都充分说明了苏区水利建设的效果很好。1934年，闽浙赣省修复水利工程832座，新建水利工程达750项，疏通水道602条。粤赣省也取得了不错的成绩，治理好405座堤坝的同时又新建

① 王美涵：《税收大辞典》，人民出版社1991年版。

② 毛泽东：《毛泽东选集第1卷》，人民出版社2007年版，第130页。

③ 方志敏：《方志敏文集》，江西人民出版社1999版，第185页。

了20座。除此之外，其他各区县也有不同的成绩。

（三）交通

在过去，大小商贩来苏区售卖包括必需品在内的各类东西由于交通不便利，价格较高，并随着深入苏区内部，价格上涨的速度很快，加剧了苏区百姓的贫困。除此之外，交通还会影响苏区群众生活等其他许多方面，不利于苏区的经济发展。

首先，在陆路交通方面，为应对交通问题，1931年11月，中华苏维埃政府在中央内务人民委员会部设立了交通管理局，来支持发展交通，对苏区内的交通建设有了全面的统筹规划，新建修复了许多道路。1932年5月，江西省第一次工农兵代表大会根据中央内务人民委员部的规划，提出建立以于都为中心的交通干线。与此同时，闽西苏区建立了以长汀为中心的交通运输干线，具体路线如下：

长汀—古城—瑞金；

长汀—南阳—永定；

长汀—河田—新泉—古田—大池—龙岩；

长汀—童场—连城；

长汀—馆前—宁化；

长汀—新桥—清流；

长汀—宁化—安远—建宁—泰宁；

长汀—水口—回龙—千家村—武平；

长汀—石城；

武平—筠门；

清流—石城；

龙岩—漳州。

到1932年11月，兴国修复桥梁98座，修好道路520里，宁都修好80余座，万泰修好97座。在1933年10月，中央国民经济人民委员部又新设立运输管理局来接替交通管理局。1933年11月，临时中央政府发布的第十八号训令，规划要修筑22条以瑞金为主的交通干线。可以看出，在苏区内的主要地区县市都建立了连接周边地区的交通枢纽网。虽然在建设过程中遇到种种困难和国民党军阀的“围剿”，但最终的实施进度达到了预期，改善了苏区的交通状况（见图3－11）。

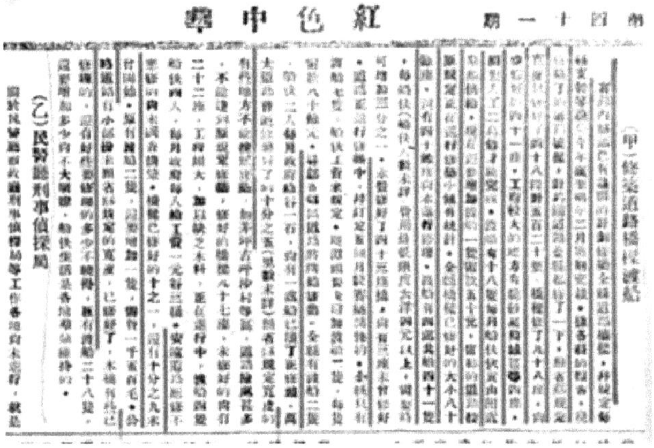
紅色中華　第四十一期

图3－11　兴国、宁都等县修路计划执行情况

资料来源：中央革命根据地历史博物馆档案资料整理。

其次，在水路交通建设方面，中央苏区的主要航道有三条，分别是“宁都—于都—赣县江口”“瑞金—会昌—于都—赣县江口”以及“兴国—赣县江口”。苏区许多货物需要从水路运输进来，水路交通的发展不仅促进了贸易的发展，使得商人们将货物从水路运进苏区更加便利，还可以有效避免进出苏区关税的偷税、漏税，加强了关税的征收。苏区各地借助经济的发展和合作社的力量相应集中地也设置渡船，修复渡口，据统计，1933年，中央苏区新建了1300余艘船，修复了670余艘，与船业相关的工人增加到4300余人。

最后，有效的交通运输基建的完善，使得苏区的贸易发展越来越好、效率越来越高，打破了敌人的封锁，盘活了苏区的经济。

六、中央苏区根据地邮政、电讯

（一）邮政机构

革命初期，为了革命的需要，在根据地内设立了“传山哨”等各类通信组织来传递军事情报。随着赣西南苏区的建立，在与国民党军阀的斗争过程中，形成了赤色邮政，并在东固率先建立了赤色邮局。1930 年，在江西吉安设立了赣西南邮政总局，并在次年迁往兴国。在苏区内的其他各省也相继建立了邮政机构。苏区的邮政在此阶段飞速发展。

1932 年 4 月，新颁布的《中华苏维埃临时中央政府内务部布告第一号》文件指出，要建立健全苏区的邮政，并在 1932 年 5 月 1 日建立中华苏维埃共和国邮政局，在湘赣、闽赣等各省要设立邮政管理局，各省以下设立县局。各县及各交通要道分设甲、乙两种邮局，在非交通要道之地，设邮政分局及邮政代办所[①]。中央邮政总局开辟了 6 条邮路干线：

瑞金—宁都、广昌；

瑞金—胜利、兴国、万泰；

瑞金—会昌、寻乌、安远；

瑞金—长汀；

长汀—上杭、永定；

长汀—新泉、龙岩。

可以看出，这些邮政线路大多以瑞金为中心，建立中央邮政总局有利于统一苏维埃的邮政，使苏区内消息传递更为畅通，便于中央苏区政府政策的传达、各级组织之间的沟通及军事通信，进而与其他产业的发展共同推动经济建设。与此同时，该文件还推出了新式邮票与新的邮费管理办法，苏区邮政进入了一个新的历史阶段。

（二）电讯

电讯在苏区主要是红军内用于军事信息传递和监听敌人情报等方面，在各区县人们的日常生活中几乎没有涉及。随着苏区根据地的壮大与发展，以及对通信技术的需求，1931 年 1 月，第一支无线电队在宁都成立，并举办了第一期无线电培训班，培养了一批电讯骨干。之后从上海派来一批无线电技术人员来到中央苏区，为中央苏区提供相关培训，建立无线通信和有线电话。到了 1933 年年初，以瑞金为中心架设起了电话网，中央至部分省以及县与县之间都可以互相通话。

① 中国井冈山干部学院，中央档案馆编：《红色中华》第一册，江西人民出版社 2016 年版，第 303—304 页。

电讯在苏区根据地的发展，一方面是由于在一些革命战斗中缴获的敌人电话机和电台，使各军队的电讯联络之间有了物质基础；另一方面是由于无线电专家的技术指导，开展技术培训班，培养了许多电讯方面的人才。电讯与农业、工商业等传统的行业不同，并不能为苏区的经济建设带来直接利益，但是加强电讯建设，有利于提高经济发展效率，辅助经济发展。由于电讯在当时并不普及，只用于军事方面，但苏区已经完成了“由无到有”的转变，是此后通信广泛发展的一个起点。

第四节　土地革命时期中央苏区推行股份制后根据地文化背景

一、中央苏区根据地教育事业

（一）明确教育总方针和中心任务

苏维埃政府明确提出了苏维埃教育总方针和中心任务，以促进中央苏区的教育发展。

苏维埃文化教育的总方针在什么地方呢？在于以共产主义的精神来教育广大的劳苦民众，在于使文化教育为革命战争与阶级斗争服务，在于使教育与劳动联系起来，在于使广大中国民众都成为享受文明幸福的人。[①]

它明确规定苏维埃的文化教育必须以“共产主义的精神”即无产阶级的思想作指导，以确保苏区教育的无产阶级性质；它明确提出了一个中心任务，即苏区文化教育必须服从和服务于革命战争和阶级斗争，指明了苏区教育的前进方向；为有助于培养苏区新一代的革命生产力，它还明确规定苏区教育必须与劳动相结合。

---

① 中国井冈山干部学院，中央档案馆编：《红色中华》第八册，江西人民出版社2016年版，第4564页。

“苏维埃文化建设的中心任务是什么？是厉行全部的义务教育，是发展广泛的社会教育，是努力扫除文盲，是创造大批领导斗争的高级干部。”①

“义务教育”的对象是适龄儿童；“社会教育”的对象是中央苏区的全体公民；“创造大批领导斗争的高级干部”是指苏维埃的干部教育。毫无疑问，要“厉行全部的义务教育”，要使中央苏区所有的适龄儿童都可以进入学校读书；“发展广泛的社会教育”，就是要加强对中央苏区全体公民的文化教育；“努力扫除文盲”，就是要使中央苏区大批青壮年都能摘除文盲帽子；“创造大批领导斗争的高级干部”，就是要大力发展苏区干部教育事业。

上述苏维埃文化教育的总方针和中心任务，全面而深刻地概括了苏区教育的性质与对象、方向与原则、目标与途径等，是苏区教育实践经验的科学总结。

（二）建立教育管理机构和教育立法

中央政府建立了各级教育行政管理机构和教育立法等措施，从而以实现苏维埃对教育的领导和管理。

从中央到各级地方政府都设有领导和管理文化教育的行政职能机构：中央政府设有教育人民委员，下设中央教育部，省、县、区政府都设有教育部，乡政府设教育委员会，主要负责组织领导工作。苏维埃教育系统在各级党和苏维埃政府领导之下，为较好地发挥行政管理的职能，既有一定数量的专职行政管理干部的参与，又有广大群众的参加，从中央到地方层层落实。同时，中央政府颁发了《中华苏维埃共和国地方苏维埃暂行组织法（草案）》和《省、县、区、市教育部及各级教育委员会的暂行组织纲要》，对省、县、区、市教育部（科）及各级教育委员会的工作任务、机构设置、干部编制、干部职责、干部任免等，都做了明确具体的规定：

（一）省、县、区、市教育部及乡教育委员会的任务是在正确执行中

① 中国井冈山干部学院，中央档案馆编：《红色中华》第八册，江西人民出版社 2016 年版，第 4564 页。

央政府及中央教育人民委员部关于文化教育的政策、计划、命令、训令，领导广大的工农群众，用教育与学习的方法，提高群众的阶级觉悟、文化水平与政治水平，打破旧社会习惯的传统，使能有力的动员起来加入战争，深入阶级斗争，参加苏维埃各方面的建设，以争取苏维埃运动在全中国的胜利。

（二）省、县、区教育部，在行政系统上，直接隶属于上级教育部及中央教育人民委员部，绝对执行上级的命令。同时受同级执行委员会及主席团的指导与监督。城市则受市苏维埃的领导，称教育科。乡在乡苏维埃领导之下设教育委员会。

（三）各级教育部部长、市教育科科长，经各级执行委员会或主席团选任之后，必须开具履历，送上级教育部批准。非经上级许可，不能撤换或调动，或兼任其他职务。

（四）省、县、区教育部长，市教育科长及乡苏维埃之下均须设立教育委员会。其职务为讨论计划，建议并检查关于发展该管区范围内文化教育运动的一切问题。但市乡教育委员会，兼有帮助市教育科、乡苏维埃直接动员群众进行教育工作的职能。部长或科长为委员会的当然主席。其组织内容如下：

（1）各级委员会的人数，省九人至十五人，县七人至十三人，区或市七人至十三人，乡九人至十五人。

（2）各级教育委员会的产生，是从群众团体（青年团、少队部、儿童团等），政府机关报主笔，政府所在地及其附近的下级教育部长，各种文化团体及各该级教育部内职员之中有经验者，由各该级教育部长提出名单，经各该级主席团委任之。

（3）省、县、区、市教育委员会每月至少开会两次，有特别事件由教育部长或教育科长召集临时会议。乡教育委员会每月至少开会三次。

（五）省、县、区、市教育部之职员及分工：

（1）省教育部设部长一人，副部长一人。其下分为普通教育科，科长一人，科员二人至六人。社会教育科，科长一人，科员二人至六人。编审出版委员会，主任一人，委员三人至七人。总务科，秘书、文书、会计、统计等四人至八人。另设指导员五人至十人。

（2）县教育部设部长一人，副部长一人。其下分为普通教育科，科长一人，科员一人至二人。社会教育科，科长一人，科员一人至三人。指导员一人至三人。文书一人。统计由两科兼。

（3）区教育部，市教育科，设部长或科长一人，普通教育兼文书一人，社会教育兼统计一人。

（4）上列各级教育部职员，除部长副部长及市教育科长之外，均由各该级教育部长（市教育科长）委任或罢免，但须报告上级教育部备案。①

苏区文化行政系统完全置于各级党和苏维埃政府领导之下，既有一定数量的专职行政管理干部，又有广大群众的参加，从中央到地方层层落实，较好地发挥了行政管理的职能。

从1931年11月到1934年10月，中央政府就教育建设发布了一系列的“指示”“布告”“命令”等。1932年9月，中央人民委员会决定起草教育部组织纲要。1933年4月，人民委员部批准颁布了《省、县、区、市教育部及各级教育委员会的暂行组织纲要》。1934年2月，瞿秋白担任教育部长职务，修改制定了一系列的文化教育规章制度。同年4月，教育部出版了第一部文化教育法规《苏维埃教育法规》，共计25项法规。其主要内容有以下几类：

（1）文化教育行政

《教育行政纲要》（原名《教育工作纲要》），1934年4月教育部修定。

《省、县、区、市教育部及各级教育委员会的暂行组织纲要》，1933年四五月教育部制定。

（2）小学义务教育

《小学校制度暂行条例》，1934年2月中央教育人民委员会公布。

《小学管理法大纲》，1934年4月教育部颁布。

《小学课程教则大纲》，1934年4月教育部颁布。《小学生组织大纲》，1934年4月教育部批准。

《红色教员联合会章程》，1934年2月教育部批准。

《小学教员优待条例》，1934年教育部公布。

① 《中央苏区文艺丛书》编委会编：《中央苏区文艺史料集》，长江文艺出版社2017年版，第60—62页。

（3）干部教育

《小学教员训练班简章》、《短期师范学校简章》、《初级师范学校简章》、《高级师范学校简章》，均于1934年4月由教育部制定。

《短期职业中学试办章程》，1934年3－4月教育部制定。

《中央农业学校简章》，1934年3－4月教育部制定。

《高尔基戏剧学校简章》，1934年3－4月教育部制定。

《苏维埃大学简章》，教育部制定。

（4）扫盲教育

《消灭文盲协会章程》，1934年3月消灭文盲协会临时中央干事总会制定，教育部批准。

《识字班办法》、《夜学校及半日学校办法》、《业余补习学校的办法》，1934年4月教育部重新审定。

（5）社会文化

《俱乐部纲要》，1934年4月教育部制定。

《工农剧社简章》，1934年4月教育部批准。

《苏维埃剧团组织法》，1934年4月教育部制定。

《红军中俱乐部列宁室的组织与工作》，1934年4月教育部批准。

《儿童俱乐部的组织和工作》，1934年9月中央教育部公布。①

自此，大到各级教育部的组织机构和工作法则，小到各学校的日常管理，都有章可循，有法可依。中央苏区文化建设逐步朝着正规化、法制化发展。

（三）实行儿童义务教育

在中央苏区的革命斗争中，由于战事动乱大部分学校停课、学生失学。苏维埃政权建立，工农群众掌握政权后，获得了受教育的权利。政府还大力创办小学，推广儿童义务教育。

小学教育的目的，要对一切儿童不分性别与成份差别施以免费的义务教育。但目前国内战争环境中，首先应该保证劳动工农的子弟得受免费的

① 汤家庆；龙岩地区老区建设委员会，闽西革命历史博物馆组织编写：《中央苏区文化建设史》，鹭江出版社1996年版，第47—48页。

义务教育。①

苏区小学教育，是五年制义务教育，8 到 12 岁的工农子弟均免费入学，对红军家属、烈士子弟或家庭经济特别困难者，学校还给予伙食津贴，对地主、富农子弟则酌情收取一定学费。②

苏区小学在闽西地区称为劳动小学，其他地方也有称列宁小学，1931 年中华苏维埃共和国成立后，统称为列宁小学。儿歌《上学校》就描述了苏区儿童上列宁小学的情景。

小弟弟，不要吵，不要闹，同上列宁小学校。
读新书，趣味好，增我政治知识不少！
大家学习，大家欢喜，大家哈哈笑！③

列宁小学遍布中央苏区所有乡村，大村单独设校，小村联合小学；有的区还设有列宁模范小学，作为教学示范、教员实习场所。列宁小学学制 5 年，分两期，前 3 年为初级列宁小学，后 2 年为高级列宁小学。初小、高小一般是单独设置，但也有完全小学，将两者合并设置。每班学生 20 人到 40 人不等，人口分散、学生不满一班的乡村则采用复式编。此外，还设立半日制小学，专门照顾年龄较大、需要帮助家庭生产劳动的儿童。

《中华苏维埃小学校制度暂行条例》提出：

小学教育的政治水平要达到能了解阶级斗争一般的理论和策略，就是要有马克思列宁主义的基础；知识技能、身体要达到能满足目前斗争和一般生活的最低限度的需要，同时要准备将来学习专门知识和技能的最低限度的基础。为实现上述培养目标的要求，强调列宁小学的教学活动必须与阶级斗争联系起来，与劳动统一起来，发展学生的创造性和自治能力。④

中央苏区义务教育将小学课程分为初级列宁小学与高级列宁小学两

① 章咸，张援编：《中国近现代艺术教育法规汇编 1840—1949》，教育科学出版社 1997 年版，第 465 页。

② 九江市教育志编纂委员会编：《九江市教育志》，中华书局 1996 年版，第 207 页。

③ 谢济堂编：《中央苏区革命歌谣选集》，鹭江出版社 1990 年版，第 403—404 页。

④ 中央教育科学研究所，陈元晖，邹光威等编：《老解放区教育资料 1　土地革命战争时期》，教育科学出版社 1981 年版，第 6 页。

种。初级列宁小学学习“国语”“算术”“游艺”“劳作实习”和“社会工作”5门课程，每周上课18小时。高级列宁小学增加“社会常识”“自然常识”2门课程，每周上课24小时至26小时。苏区小学的教材由苏维埃文化委员会编写，供各地小学使用，并且“废止国民党党化课本”及一切旧教材。教学采取理论联系实际和启发式方法，学生成绩的考查与评定强调“以儿童自动能力和创造性的发展做标准”。考察形式多种多样，包括学期考试和学年考试，有笔试，也有口试，并根据社会工作、劳作实习，各科平时成绩和考试结果，制定每个学生的“鉴定书”。同时征求儿童本人意见，经全班学生讨论最后确定。各县、区教育部和少共委员会经常举行小学生成绩大检阅，对先进学校和优秀学生给予表扬和奖励。

中央教育部颁布的《小学课程教则大纲》对苏区小学教学实践进行了总结，提出了小学教授方法的主要原则：

(1) 强调教材教法要理论联系实际。教材的编写是联系实际的，各校在教科书外，还要采取当地的材料，诸如乡土地理、当地革命历史，以及当时当地学生会或儿童团生活之中的活生生的材料。

(2) 根据儿童的年龄特点，参加社会活动和进行教学。“在适合儿童能力的条件之下，参加一切群众革命斗争、课外的社会工作以及学生会、儿童团的组织和工作”；“必须用种种游艺，适合着儿童智力体力的发展，去引导他们来观察和了解新的问题，新的事物，新的现象和运动”。

(3) 教学要有直观性和启发式。要充分发展儿童自动的能力和创造性，用实物显示，参观各种机关团体，观察自然界的物产和现象，儿童自己练习选举、办事等等，用具体的问题，去引起儿童对于课目的兴趣，自动的思索、解答。

(4) 遵循从具体到抽象的原则。“不应先叙述某种科学公律，极端抽象的概念和术语，然后呆板的去讲解、证明。应当从叙述和描写客观的现象，逐渐归纳，逐渐引导到科学公律的概念，从具体的某种生产劳动的动作和技术，引导到对于整个生产过程的了解。”

(5) 揭露事物的相互联系，学会用辩证的观点看问题。“必须采用混合和统一教授的方法，拿实际生活里的整个现象做对象，显示他的各个方面之间的联系（例如加法与乘法的密切关系等等），显示一切现象的不断变更和突然的变动（例如风、雷现象，例如植物的生长和果实的降落等）。”

（6）从已知到未知。“必须领导儿童知识和能力的发展，使他们不但能够在行动中逐渐了解或发现许多新的问题，并且从新的知识进到自动的创造的行动，因此，必须运用‘联想’，的公律，先了解儿童的已有的旧观念，逐渐的引导他们进到新的观念。”①

苏区义务教育蓬勃发展，基本上实现了区区有高级小学、乡乡有初级小学，这都得益于党和苏维埃政府的正确领导。

南半县土地斗争胜利，每个乡苏维埃至少办了一个列宁小学校，普通是每乡两个，特别地方（龙图、牛斗光）办了四个，每校学生四五十人。学校及学生数比旧时国民学校增多一倍。②

据1934年1月召开的中华苏维埃第二次全国代表大会统计，闽浙赣苏区有列宁小学280多所，学生9000多人。江西、福建、粤赣三省的列宁小学总共3050所，学生89710人。学校数量、学生数量大幅增加，适龄儿童入学率也随之提高。如兴国入学率达到60%，其中学龄儿童总数20969人，进入列宁小学的12806人，该县长冈乡适龄儿童入学率达到65%。而在国民党统治时期，儿童入学率不到10%。这些数字与国民党统治时期的小学教育形成了鲜明的对比，说明中央苏区儿童义务教育的蓬勃发展。

在各级苏维埃政府的重视下，苏区的儿童教育非常发展。据一九三二年八、九月对胜利、会昌、寻乌、万泰、兴国、永丰、宁都、公略、赣县、安远、于都、乐安、南广、宜黄等十四县统计，共有列宁小学二千二百七十七所，学生八万二千三百四十二人，其中男生六万二千六百六十一人，女生一万九千六百八十一人。兴国县入学儿童占儿童总数的百分之六十，该县长冈乡入学儿童占儿童总数的百分之六十五。而在国民党的统治下，一九三二年，江西全省只有小学五千四百四十九所，学生二十二万三千六百七十五人。号称教育发达的江苏省，一九三〇年入学儿童也只有五

① 中央教育科学研究所，陈元晖，邹光威等编：《老解放区教育资料1　土地革命战争时期》，教育科学出版社1981年版，第311页。

② 中央文献研究室，中国井冈山干部学院编：《毛泽东在中央革命根据地斗争时期的调查文集》，中央文献出版社2010年版，第116页。

十八万零八百二十五人，占学龄儿童的百分之一十三。这和根据地相比，儿童入学人数和比例相差很远①。

（四）开展广泛的扫盲教育

中央苏区在实行儿童义务教育的同时，为满足群众教育的愿望、提高群众的文化水平，开展广泛的扫盲教育。为了将农民们组织起来学文化，苏区创办了各种扫盲教育组织，如夜校、半日学校、业余补习学校、识字班等。

根据江西福建粤赣三省的统计在二千九百三十二个乡中，有补习夜校六千四百六十二所，学生九万四千五百十七人，有识字组（此项只算到江西粤赣两省，福建未计）三万二千三百八十八组，组员十五万五千三百七十一人，有俱乐部一千六百五十六个，工作员四万九千六百六十八人。②

为了发动广大工农群众同文盲作斗争，1933 年 11 月，苏区文化教育大会通过了《消灭文盲决议案》，设立了“消灭文盲协会”这一成为独立系统的广泛性群众组织。1934 年 3 月，中央教育人民委员部颁布重新修订的《消灭文盲协会章程》，规定协会“以组织广大群众实行消灭文盲为任务”。“消灭文盲协会”的设立有力地推动了中央苏区扫盲教育工作。

每个会员的任务是负责教育或学习文字和常识。非文盲的会员，应当帮助识字班、夜校等工作，如有不能担任教员者，则至少也要负责宣传消灭文盲运动，或按照他的生活工作情形，由他自己在入会时正式认定消灭文盲协会的某种工作。文盲的会员，则在加入协会后，必须加入某种补习学校或识字班学习。③

中央苏区开展扫盲识字的方法多种多样，主要办法是办夜校、半日学校、业余补习班和识字班，在街头巷尾设立识字牌。

夜校利用晚间上课，由小学教员兼任夜校教员。学校教学因时因人制

---

① 中国井冈山干部学院，中央档案馆编：《红色中华》第七册，江西人民出版社 2016 年版，第 4029—4030 页。

② 中国井冈山干部学院，中央档案馆编：《红色中华》第八册，江西人民出版社 2016 年版，第 4564 页。

③ 福建省教育科学研究所，中共龙岩地委党史资料征集研究委员会编：《闽西苏区教育资料选编》，1986 年版，第 272 页。

宜，忙时少学，闲时多学，按学员原有文化基础分班教学。夜校的课程有国语、自然、算术、美术、音乐、劳动作业等8门。教材内容丰富，都密切结合时事政治、生产生活实际，文字多为口语化、大众化以便于记忆，具有成人教育特点。教学方法注重讨论和问答，教材除由中央教育部和省、县部门编写之外，还根据当时当地的中心任务，编写辅助教材。如《消费合作社识字课本》《看护识字课本》《医药识字课本》等。学员除上课之外，还进行编墙报、作记录、写信、写报告等练习。在中央苏区各级政府、机关、团体的帮助下，中央苏区夜校迅速发展。

凡是政府机关、群众团体、俱乐部、工厂等皆得出资创办夜学校或半日学校。

（一）校址

必须设在人口比较集中的地方，以便学生来校。

（二）组织

每个夜校至少须有校长一人负专责，请定二三人任课。同时教员和学生应该组织一消灭文盲小组，须选举一人为组长，帮助校长教员进行工作。

（三）功课

除采用本部编印的各种读本外，还必须采取地方性，时间性做辅助教材。尤其要注意写墙报，写记录，写信，做报告决议等的练习。

（四）夜校教员的培养

由区教育部开办短期训练班。夜校学生成绩较好的，应兼任识字小组的教员。

（五）经费

由主办团体或机关负责津贴，再由当地合作社职工会的文化基金经常供给一部分，贫农团供给一部分，发动群众募捐一部分。但各人私用的文具书籍以自备为原则，贫苦不能自备者，方由夜校募集津贴。

（六）毕业标准

以能写信、作报告、看《红色中华》为准。半日学校的办法与夜校相同①。

① 福建省教育科学研究所，中共龙岩地委党史资料征集研究委员会编：《闽西苏区教育资料选编》，1986年版，第316—317页。

参加识字班学习的以妇女和中老年人居多。以村为单位，3—10人成立个识字班。每班选较识字者为班长，负责教群众识字，不认识的字问夜校教师。由乡文化委员每天按程度高低写出生字和绘出图画，领导班长督促组员学习。列宁室或消灭文盲协会会识字的人可担任教员，半日学校或夜校中程度比较高的学生也可担任。教学方法灵活，没有固定的教室、上课时间，乘凉时、田塍旁、灶头边，划地写字、边教边学。识字牌为辅助识字形式更为普遍，每天写一个字，画一种图，挂在路旁、屋壁等引人注目的地方，两三天一换，月终复习。广泛的识字运动，在扫除文盲中发挥了主要作用。

凡是政府机关、群众团体的基本单位，均得在自己的列宁室创办识字班。

（一）一切无法加入夜校或半日学校的完全文盲，都得编入识字班识字。

（二）依生活接近，少的三人，多的十人为一班。每班由列宁室或消灭文盲协会安排能识字的人当教员。

（三）随时随地随人数都可以教，起初划地为字，随后各立一簿，或用识字片。字应以适合环境，适合实用为第一要紧，各人自立簿子记录，每日所识的字，规定几天或一星期由消灭文盲小组组长收齐，送交教员看改。

（四）识字班工作及成绩的检查，归消灭文盲协会负责。例如村协会干事会负责检查该村各识字班，乡协会干事会负责检查各村识字运动的成绩。各级消灭文盲协会负责综合各地经验及成绩，定期公布，以推进识字运动的发展①。

苏区的扫盲识字运动取得了辉煌成绩。据1934年1月，江西、福建、赣粤3省的统计，在2932个乡中，有补习夜校6462所，学生94517人，有识字组（此项只包括江西、粤赣两省，福建未计）32388组，组员155371人。以兴国县为例，到1933年12月底，全县已建立乡识字运动总会130个，村识字运动分会561个，识字小组3387个，参加识字小

① 福建省教育科学研究所，中共龙岩地委党史资料征集研究委员会编：《闽西苏区教育资料选编》，1986年版，第320页。

组的组员22519人。平均每乡有夜校15所，全县共有1900多所。全县35岁以下不识字的男女青年，差不多都上了夜校，其中大多数人都摘除了文盲帽子。妇女群众参加扫盲识字，进夜校学文化的热情尤为高涨，成效更为显著。兴国县夜校学员中，妇女占69%；识字组组员中，妇女也占60%。“妇女不但自己受教育，而且在（且）已在主持教育，许多妇女是在作小学与夜学的校长，作教育委员会与识字委员会的委员了。”毛泽东见此情况说道，“妇女群众要求教育的热烈，实为从来所未见。”①

大规模的扫盲运动，成效十分显著。据1934年1月对上杭县才溪区统计，在6400余名文盲中，经过扫盲，能看中央理论刊物《斗争》的人大约占8%；能看《红色中华》报与写浅白信的大约占6%；能看路条与打条子的约有8%；能识50字至100字的约有30%；能识普通路条的妇女约占30%；不识字的仅有10%。

苏区群众文化运动的迅速发展，我们看报纸的发行也可以知道。中央苏区现有大小报纸三十四种，其中如《红色中华》，从三千份增至四万份，《青年实话》发行二万八千份，《斗争》二万七千一百份，《红星》一万七千三百份，证明群众文化水平是迅速的提高了②。

（五）形成干部教育体系

干部教育是苏区教育的重要方面。革命根据地初期，干部人才奇缺，而革命战争的伟大任务需要一大批干部人才。所以，加紧培养干部就成为苏区教育的重要任务了。培养和教育干部是中央苏区党和苏维埃政府的重要任务，为此开展了多种形式的干部教育。

短期干部训练班，为适应残酷战争环境的一种干部培训方式。时间虽短，但教学内容精练，这种灵活的训练办法，为快速培训大批干部发挥了积极的作用。短期干部训练班按层次划分有省、县、区级举办的短训班，

① 中国井冈山干部学院，中央档案馆编：《红色中华》第八册，江西人民出版社2016年版，第4564页。

② 江西省档案馆，中共江西省委党校党史教研室编：《中央革命根据地史料选编下》，江西人民出版社1982年版，第330页。

按系统划分有政治工作人员、宣传工作人员、苏维埃工作人员、少先队工作人员、妇女干部、党委巡视员、教育巡视员、教员、工人政治、赤卫队员、游击队干部、卫生行政人员等训练班。每期训练班一般为3周到4周，上课24小时，自修120小时，共144小时。其中，政治常识（主要为共产国际纲领）40小时，党的建设40小时，苏维埃建设40小时，实习24小时。入学前的训练班对学员有一定要求，即要求是有一定工作实践、有一定文化、身体健康的中青年，教学内容切合革命斗争的实际需要。

干部学校是对苏维埃干部进行培训的专门学校，造就了领导斗争的各级干部人才。这些学校都是中央各个部门直属的学校，其中规模较大的中央干部学校有苏维埃大学、中央红色医务学校、马克思共产主义大学、高尔基戏剧学校、中央农业学校、商业学校、银行专修学校、中央列宁团校、地方苏区干部学校等。

马克思共产主义大学创办于1933年3月13日（马克思逝世50周年纪念日），是中共苏区中央局与全总执行局联合创办的苏维埃党校。学校的任务是培养政治工作领导干部，具有党校性质。学校设有高级班、新苏区工作人员训练班和党团干部训练班。高级班训练各省省委委员、省苏和省工会选送的高级干部，学制半年。新苏区工作人员训练班学制2个月，党团干部训练班学制4个月。学校采取理论与实际相结合、自修为主与重点讲解相结合的方式开展中国革命基本问题、马列主义基本理论、党的建设、工人运动、世界革命史、游击战争等内容的教学，还有历史、地理、自然常识等课程。学员毕业后，分配到红军和地方，成为党的工作的骨干。

苏维埃大学创办于1933年9月，前身是各人民委员会开办的干部培训班。学员不分民族、性别，凡年满16岁以上，在县、区苏维埃政府或党、团、工会机关工作半年以上，经地方苏维埃政府推荐均可入学。学校分普通班（预科），招收文化程度较低的学员进行文化补习，学习期限不定；特别工作班（本科），共10个专业班，包含土地、国民经济、财政、工农检察、教育、内务、劳动、司法、外交、粮食这10个专业，学制半年。整个教学过程密切结合实际，落实贯彻教育为革命战争和阶级斗争服务、与劳动联系的原则。共设置苏维埃工作的理论、实际问题和实习三项课程。

在校长和学校管理委员会监督下，苏维埃大学设立了“学生公社”，管理学生的日常生活。

由此可见，苏区的干部培训还是比较正规、严格的。由于苏区干部教育事业的迅速发展，一大批党政干部迅速成长、脱颖而出，成为苏维埃运动的骨干力量。

二、中央苏区根据地新闻出版事业

（一）创办大量报刊，宣传党和苏维埃政策、法令

随着中央苏区人民文化水平的提高，红色报刊纷纷创办。这些报刊围绕党和苏维埃政府的方针、政策、法令，配合扩红、查田、选举以及其他活动开展宣传工作，指导红军和中央苏区开展武装斗争和根据地建设等。

中央苏区出版的《红色中华》《红星报》《斗争》与《青年实话》被称为“四大红色刊物”。

中华苏维埃政府唯一的中央机关报《红色中华》经常刊登中央政府的文告、命令、决议、宣言，以及中央政府给苏区各地的指示。该报的政策指导性很强，社论稿多由党政领导人撰写，其中有毛泽东、周恩来、任弼时、陈潭秋、张闻天、秦邦宪、项英、瞿秋白、朱德等。该报刊登的中央苏区的新闻，多由苏维埃临时中央政府各部和中央革命军事委员会供稿；国际新闻和国统区新闻，则多由军委的军事通讯电台抄收国民党中央社播发的新闻，经改编后刊用。

它的任务是要发挥中央政府对于中国苏维埃运动的积极领导作用，达到建立巩固而广大的苏维埃根据地，创造大规模的红军，组织大规模的革命战争，以推翻帝国主义国民党的统治，使革命在一省或几省首先胜利，以达到全国的胜利①。

1931 年 12 月 11 日在瑞金叶坪创刊，至 1934 年 10 月红军主力开始长征，该报共出版了 240 期。红军长征北上后，由陈毅负责的苏维埃中央政

① 洪荣华主编；《红色号角》编委会编：《红色号角中央苏区新闻出版印刷发行工作》，福建人民出版社 1993 年版，第 129 页。

府办事处在赣南继续出版《红色中华》（瞿秋白负责编辑），续出了 20 多期，终因游击斗争环境日趋恶劣而被迫于 1935 年 2 月底停刊。

《斗争》是中共苏区中央局机关报，主要刊登中共中央的决议、指示和中央领导同志的文章。曾刊登毛泽东的《长冈乡调查》《才溪乡调查》《兴国长冈乡苏维埃工作》等。此外，《斗争》还先后发表了张闻天写的《论苏维埃经济发展前途》《论苏维埃政权下的教育政策》《反对小资产阶级的极左主义》，刘少奇写的《论国家工厂的管理》，陈云写的《关于苏区工人的经济斗争》，刘伯承写的《关于加强游击战争的领导问题》等。该报在指导革命根据地的建设和宣传反“围剿”战争等方面起过一定的作用。《斗争》前后共出刊 73 期，办刊时间为 1933 年 2 月至 1934 年 9 月 30 日。

《青年实话》在宣传报道方面很注意青年读者的特点，为少共苏区中央局机关报，形式活泼多样，内容通俗易懂。每期都有形势讲话，向青年说明当前的国内外形势和任务；还辟有“前方通讯”“在前线的青年团员”“战地趣闻”等专栏，着重向青年们讲述红军的战斗故事。该报还配合党的中心工作，做了大量的宣传鼓动工作，如动员青年积极参加红军，动员少年加入少先队，配合红军作战；对于在乡的青年，则要求他们积极学习科学文化知识，参加军事训练，参加政权建设、购买公债、慰劳红军等。《青年实话》创刊于 1931 年 7 月 1 日，出版两期后一度停刊，中华苏维埃共和国成立后复刊。初为半月刊，后改为旬刊，第二卷后又改为周刊，出版第三卷时，发行量达 3 万份。

除以上四大报刊外，中央机关还创办有《苏区工人》（中华全国总工会苏区执行局主办）、《少年先锋》（中央苏区少先队中央总部主办）、《时刻准备着》（苏区中央儿童局主办）、《反帝战线》（中央苏区反帝拥苏总盟主办）、《赤邮通讯》（中华苏维埃共和国邮政总局主办）、《教育通讯》（中央教育人民委员部主办）、《革命与战争》（中国工农红军总政治部主办）等各种报刊，有力促进了苏区各项事业的发展。

中央苏区的重要报刊有很强的影响力和相当大的发行量。1934 年 1 月，毛泽东在《中华苏维埃共和国中央执行委员会与人民委员会对第二次全国苏维埃代表大会的报告》中指出：

中央苏区已有大小报纸 34 种，其中如《红色中华》发行量从 3000 份猛增到4、5万份以上，《青年实话》发行28000份，《斗争》仅仅在江西苏区每期就要销售27100多份，《红星》17300份①。

（二）出版各类书籍，满足群众文化水平和喜好

选译、选编和出版红色书籍及大众读物来提高思想觉悟和普及民众知识，同时在出版和译著各类书籍过程中充分考虑苏区军民的文化水平和民众喜好，在考虑民众需求和接受水平的同时，出版和译著带有普及知识、传播文化特性的文学艺术、文化教育、法律法规、医药卫生类的书籍。

政治理论书籍有马克思的《共产党宣言》，列宁的《三个国际》《国家与革命》等，斯大林的《列宁主义问题》《论列宁》等，毛泽东的《乡苏维埃怎样工作》《马克思传略》《列宁主义概论》等30多种，这类政治理论书籍主要由中央苏区中央局、中央出版局、马克思主义研究会等机构出版。法规文献类书籍有《中国苏维埃政纲》《苏维埃宪法浅说》《中华苏维埃共和国法令辑要》等数10种，多数由中华苏维埃共和国中央执行委员会和中央出版局出版印行。文化教育课本和教授大纲，更是内容丰富，品种繁多，有成人读本、平民课本、儿童读本，不下100余种，这类课本大多由中央教育部编纂出版。此外，各类技术书籍和专门教育涉及各学科，品种也很广泛，如军事方面有《红军教育与管理》《红军中的政治工作》《军事问答》等，这类书籍多数由中央军委出版局、工农红军学校出版；医药卫生方面的有《卫生运动纲要》《卫生常识》《解剖生理卫生学》等，这类书籍大多由红军卫生学校编纂出版；农业方面的有《农业常识》《植棉指南》《防治虫害病害》等，多由中央农业学校出版。文化艺术书籍种类更多，有《无产阶级文学论》《历史哲学教程》《教育学》《革命诗集》，还有《革命歌集》《革命歌曲选集》《苏区新歌集》等10余种歌集。这些书籍的出版，不仅可以推动中央苏区文化和经济建设，也可以加强广大党团员和红军部队的思想建设。

中央苏区出版的书籍中，现有实物的马列主义著作、党政军建设、法律、教育、文艺、医药、卫生等仍有350种之多。其中，译著类有14种，党政群团建设类有84种，法律类有32种，军事建设类有46种，教育类有

① 江西省教育学会编：《苏区教育资料选编1929—1934》，江西人民出版社1981年版，第45页。

45种，文艺类有36种，医药卫生类有41种[①]。

总而言之，为适应苏区军民的愿望、爱好和文化水平，中央苏区的报刊和图书出版都立足于苏区实际，使之尽量能为广大群众喜闻乐见。

三、中央苏区根据地文化艺术事业

（一）丰富群众的文娱活动

在中央苏区常用娱乐的方式进行深入政治教育，培养革命战斗精神，每逢纪念日和节日都要举行纪念会或文艺晚会，这既可以丰富群众文化生活，又可以让群众进行革命教育。

俱乐部是文化娱乐教育机构。主任由政治机关委派，并成立管理委员会，下设晚会、艺术、墙报体育、文化委员会。配合部队政治教育与宣传，开展文化娱乐活动，指导和帮助各列宁室及地方俱乐部开展工作，是俱乐部的主要任务。

俱乐部应该是广大工农群众的“自我教育”的组织，集体的娱乐、学习、交换经验和学识，以发扬革命情绪，赞助苏维埃革命战争，从事于文化革命为目的，所以俱乐部是苏维埃社会教育的重要组织之一。俱乐部的一切工作都应当是为着动员群众来响应共产党和苏维埃政府每一号召的。都应当是为着革命战争，为着反对封建及资产阶级意识的战争的[②]。

俱乐部内通常设讲演、文化、游艺3股，其中游艺股下设歌谣、戏剧、图画和音乐等小组；有条件、能力演戏的可另成立剧团。俱乐部作为工农群众自我教育的组织，配合支前、生产、扩大红军等运动，开展各种各样的宣传活动。据1932年8、9月江西胜利、会昌等14个县统计，共有俱乐部712个，平均每县50个。兴国县长冈乡有4个俱乐部，每村1个[③]。到1934年1月“二苏大会”时，中央苏区江西、粤赣两省共有1656个俱乐

① 诸山：《土地革命时期中央苏区的新闻出版事业》，《兰台世界》2009年6月上半月。

② 《中央苏区文艺丛书》编委会编：《中央苏区文艺史料集》，长江文艺出版社2017年版，第104页。

③ 赣南师范学院，江西省教育科学研究所编：《江西苏区教育资料汇编1927—1937五、共产青年团、少年先锋队、儿童团六、教育成就和经验》，1985年版，第110—112页。

部，49668 名工作人员[①]。1934 年 4 月，中央教育人民委员会颁发《俱乐部纲要》，遍布苏区的俱乐部得到进一步巩固和发展。

列宁室是俱乐部下属机构，红军各连队和地方上各基层单位普遍建立的进行政治、文化教育和开展文娱、体育活动的群众性组织。其性质与任务和俱乐部相同，但规模比俱乐部小。中央苏区的各级政府机关、人民团体、企事业单位，人员较多者建立俱乐部，人员较少者建立列宁室。中央教育人民委员部 1934 年 4 月颁布的《红军中俱乐部、列宁室的组织与工作》中指出，红军中建立列宁室的目的是：

为了培养红色战斗员活泼的生活兴趣，消灭不良习惯，提高文化水平，以补助政治教育所不及，所以要组织俱乐部、列宁室，有计划的切实的进行娱乐、体育、文化教育，用娱乐的方式深入政治教育，发扬红军战士们生活求进步的精神，以适应创造铁的红军，争取中央革命的全部胜利[②]。

列宁室设有讲演组、墙委会、体育组、识字组、青年组、游艺组各组。其中游艺组下有音乐、化妆两个股，音乐股主要负责歌咏活动；化妆股负责举行化装宣传表演、讲故事、说笑话等活动。地方上则在每一俱乐部下，按照伙食单位（或村庄）成立列宁室，室内设有识字班、图书室及墙报，还有运动场或游艺室。列宁室主任负责领导一般的政治动员及社会工作。列宁室在动员群众、组织群众进行政治、文化教育和开展文娱、体育活动方面，也起了重要作用。

（二）兴起各类文艺创作发展

中央苏区的文艺在战争的硝烟中，在物质条件十分困难、专门人才缺乏的情况下，初期以红色歌谣为主。后来，创作的内容与形式发生了很大的变化，不但诗歌（歌谣、歌曲、新诗）大量涌现，而且戏剧（话剧、小歌舞剧、活报剧）以及双簧、快板等也被大量创作出来，还出现了一些报

① 中国井冈山干部学院，中央档案馆编：《红色中华》第八册，江西人民出版社 2016 年版，第 4564 页。

② 《中央苏区文艺丛书》编委会编：《中央苏区文艺史料集》，长江文艺出版社 2017 年版，第 120 页。

告文学和小说。

红色歌谣在各革命根据地非常盛行。这是根据地的群众最喜爱的一种文艺形式，也是最普及的一种文艺活动。革命前，江西及其周围邻省的劳动人民，都有用山歌倾诉心中的苦水、表达高尚爱情的传统。革命后，开始涌现出大量歌颂中国共产党和红军、欢庆红军胜利的作品。如歌颂龙源口大捷的《打败江西两只羊》，歌颂红军艰苦生活的《白米饭，南瓜汤》：

朱毛会师在井冈，红军力量坚又强，不费红军三分力，打败江西两只羊（杨）。真好，真好！畅快，畅快[①]！

歌颂毛泽东的《三湾降了北斗星》，歌颂翻身生活的《过新年》，以及利用京剧空城计曲调编新词歌颂黄洋界保卫战的《空山计》：

我站在黄洋界上观山景，忽听得山下人马乱纷纷。举目抬头来观看，原来是湘赣发来的兵。一来是农民斗争少经验，二来是二十八团离开了永新。你既得宁冈茅坪多侥幸，为何又来侵占我的五井？你既来就把山来进，为何山下扎大营？你莫左思右想心腹不定，我这里内无埋伏，外无救兵。你来，来，来！我准备着南瓜红米，红米南瓜，犒赏你的三军；你来，来，来！请你到井冈山上谈谈革命。[②]

以上都是脍炙人口流传很广的歌谣。后来，在赣西南、湘赣、湘鄂赣、闽浙赣和中央革命根据地，更是涌现了大量的民歌，形成了“苏区遍地刮春风，红色歌谣满山垄”的现象。为数众多的歌谣，是反映苏区人民火热的斗争生活各个侧面的生动纪录，是动员人民参加革命斗争的战斗号角，起了鼓舞士气、打击敌人的重要作用。

中央苏区的戏剧运动比民歌要晚。革命前，以封建思想的乡村戏剧为主。革命后，中央苏区人民创作了大量以新式戏剧为主要形式，宣传革命战争，展示工农人民的日常生活，揭破宗教迷信，反映妇女解放，提倡卫生及一切科学思想，发扬革命集体主义精神的戏剧作品。如话剧《我——红军》《女英雄》《李宝莲》《不要脸》《非人生活》《堡垒中的士兵》《追击》《我们的队伍来了》《埋伏》《菜刀下的营长》《牺牲者》：

① 熊彤主编：《井冈山的红色标语》，江西人民出版社2016年版，第172页。
② 胡龙生：《光辉的井冈山》，二十一世纪出版社1997年版，第161页。

女友：你还有什么未了的事没有，你有遗嘱没有？

政治犯：不，我所未了的，我的同志都会继续着，我的死只是鼓励他们的勇气，使他们更加努力着。我没有遗嘱，无产阶级的利益，便是我的遗嘱。①

舞剧有《搜山》《突火阵》《缴枪》《冲锋》，台湾土风舞《台湾人民反抗殖民主义者》等，大鼓词《王大嫂》等，还出版了戏剧专集《号炮集》。苏维埃剧团带着这些剧目经常深入农村演出，受到群众的热烈欢迎。

本章小结

本章通过阅览并收集大量中央苏区史料进行分析研究，探讨土地革命时期中央苏区推行股份制的相关背景研究。以时间为序，首先探讨分析土地革命前中央苏区的社会背景，包括土地革命前的政治面貌、经济状况、文化氛围等。然后，深入分析土地革命时期中央苏区推行股份制后根据地在组织结构、经济结构和文化结构方面所发生的变化。本章是全书的社会背景介绍，中央苏区股份制的推行一定是基于特定的社会背景，通过史料挖掘对土地革命时期中央苏区股份制产生的背景展开深入分析，可以深入了解中央苏区推行股份制的原因，有助于更好地了解中央苏区股份制推行过程中的必备条件以及中国共产党作出的贡献。

① 《中央苏区文艺丛书》编委会编：《中央苏区戏剧集》，长江文艺出版社2017年版，第252页。

第四章　土地革命时期中央苏区股票要素研究

第一节　土地革命时期中央苏区股票版式术语研究

一、制票有多种技艺

苏区股票发行的时间不长，但股票的版式结构却不算少。在苏区发展早期，一些地方由于发展较慢、技术条件较差等，股票和股金收据还会采用手写方式进行发行。然而，手写版的股票及股金收据不论纸张质量还是印刷工艺都较粗糙，且苏区股票几乎没有防伪设置，主要靠股权登记在册有档可查，这种股票形式给工作带来了不便。随着股票工作的推进和技术的发展，模具印刷技术逐渐成熟，越来越多的股票不再采用手写形式。模具印刷版工艺较好，印刷整齐、快捷，可以极大提高工作效率。根据已知的股票实物，苏区股票在制票技艺上有石印版、铅印版、木刻版等多种。而相较于石印版的工作量大和木刻版的印刷效果不稳定，铅印版是一种比较省时且效果较好的技术。因此，在现存的苏区股票中，铅印是股票制票技艺中较为常见的。例如，闽西工农银行股金收据、闽浙赣省苏维埃银行股票和永定县第一区信用合作社股票等都采用的是铅印技艺（见表4－1）。

表 4－1　　部分股票版式分类

版式	股票名称
铅印版	闽浙赣省苏维埃银行股票、永定县第一区信用合作社股票、闽西工农银行股金收据
石印版	永定县第一区信用合作社股票、联合消费合作总社伍角股票
木刻版	城岗区合作总社伍角股票
手写版	银行股金收据（黄坊区苏维埃政府所发）、宁连龙特区盐油合作社股金收据、闽西太平乡上洋区苏维埃政府合作社股金收据

二、股票就地取材多样化

股票的材料没有统一的规定。由于苏区各个政府各自发行股票发展经济，其发行时间、技术等都不一样，并且为了节约成本，股票的材料多就地取材。目前已知的苏区股票材料包括毛边纸质、棉纸、白报纸、芦苇浆纸质及布质材料等。从材料看，大部分是纸质印制，但也有布质做成的（见表 4－2）。这些各具特色的股票设计形式充分反映了在当时经济极其困难的情况下，苏区人民在中国共产党的领导下为了争取革命胜利，不断进行经济、金融探索的改革精神；就地取材更是体现了在非同寻常的岁月里，苏区人民为了共产主义事业艰苦奋斗、勤俭节约的扎实作风。

表 4－2　　部分股票材料分类

材料	股票名称
毛边纸质	瑞金县黄沙区犁牛合作社股票
棉纸	闽浙赣省苏维埃银行股票
白报纸	永定第一区信用合作社股票、闽西工农银行股金收据
芦苇浆纸质	兆征县、瑞金县、胜利县、长汀县信用合作社股票
布质材料	兴国县苏维埃商店股票

三、股票形状、颜色等各有特色

在印刷技术上，苏区股票存在多种样式。从简单的黑白印刷到复杂的彩色印刷，印刷技术在不断提高，股票的美观性和正式性也有了很大改善。印制股票的油墨有红色、黑色，也有黄色、蓝色甚至绿色，如闽西直属第二区消费合作社股票呈红色，长汀县信用合作社股票呈黑色，湘赣省工农银行股票呈蓝色，胜利县总商店集股证为红色。闽浙赣省苏维埃银行股票油墨有蓝、黑两种，因此所发行的股票也有蓝、黑两种颜色。同时，印刷技术也由单面印刷发展到双面印刷，如闽赣省纸业合作社股票就是彩色双面印刷。股票形状也分为长方形（横版和竖版）和圆形等。例如图 4－1 的兴国县苏维埃商店股票和图 4－2 所示的兆征县消费合作总社股票都为椭圆形。兴国县苏维埃商店股票还是用红色布质材料做成的，印制股票的油墨为黑色，上方还有个黑色挂带。

图 4－1　兴国县苏维埃商店股票

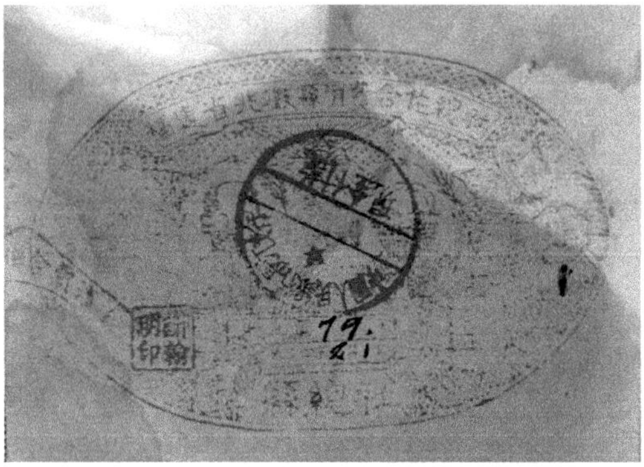

图 4－2　兆征县消费合作总社股票

四、股票图案复杂多样

股票图案也是随着技术的发展而改变的。最初手写版的股票票面通常只有文字和公章，而后印刷版的股票更为精美，还有人像和装饰性图案等。例如图 4－3 为手写版的闽西太平乡上洋区苏维埃政府发给陈崇模的合作社股金收据。股金收据票面只有简单的文字和公章，并无其他图案。图 4－4 为印制版的汀州市调剂粮食局合作社股票，票面不仅有相关字样和公章，同时还印有花纹图案；中部左右两侧分别印有列宁、马克思人像，像上边印有两幅旗帜和地球仪等图案。毫无疑问，这枚股票在票面版式上更为复杂，对于印刷技术的要求也更高。

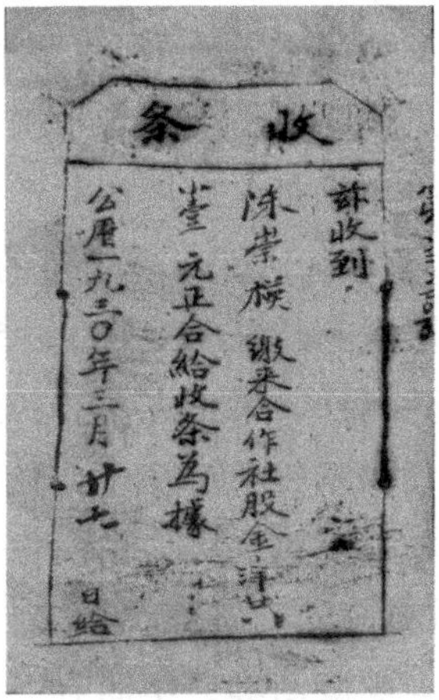

图 4－3　闽西太平乡上洋区苏维埃政府发给陈崇模的合作社股金收据

图 4－4　汀州市调剂粮食局合作社股票

第二节　土地革命时期中央苏区股票特征研究

一、股票元素反映了中国革命的主题

为了更好地支援革命工作，苏区股票在设计上还巧妙地融入了革命性元素，成为旗帜宣传的重要载体。土地革命时期中央苏区股票的特征之一就是很多股票都印有马克思、列宁头像或者中国共产党党徽，反映了中国革命以马克思列宁主义为指导思想、以中国共产党为核心领导的主题，为马克思列宁主义和中国共产党起到了十分重要的宣传作用[①]。其中，闽西工农银行股票很好地体现了这一特征（见图4－5）。首先这枚股票开启了以外国人头像装饰股票的先例，股票正方左右两边分别印有马克思、列宁头像，此后，在“宁化县南城堡铁业生产合作社股票”“联合消费合作总社股票”等诸多股票中都有马克思和列宁的头像，一定程度上加速了马克思列宁主义在中国的传播；此外，在马克思、列宁头像的左右各有一个镰刀和铁锤交叉的中国共产党党徽图案，中间有一个鲜红的大五角星，又反映了中国革命以中国共产党为核心领导这一主题。如永定县第一区信用合作社股票，最上方有一个鲜红的大五角星，正中上方位置有两面交叉的红旗，红旗中间各有一个镰刀和铁锤交叉的中国共产党党徽图案，党徽下有个地球仪，地球仪中间标有“世界大同”四个字。闽西列宁书局股票，顶部左右分别印有马克思、列宁头像，头像两边有中国共产党党徽图案，顶部中间有一个鲜红的大五角星，右侧写有“提高马克思列宁主义的政治教育　发展社会主义新文化运动”字样。而瑞金县信用合作社股票的中心图案为三颗五角星、一个镰刀和铁锤交叉的图案。这些股票的设计巧妙地把马克思列宁主义和中国共产党的元素融合在一起，将中国革命的主题体现得淋漓尽致。

① 洪荣昌：《苏区股票研究》，《中国钱币》2019年第5期。

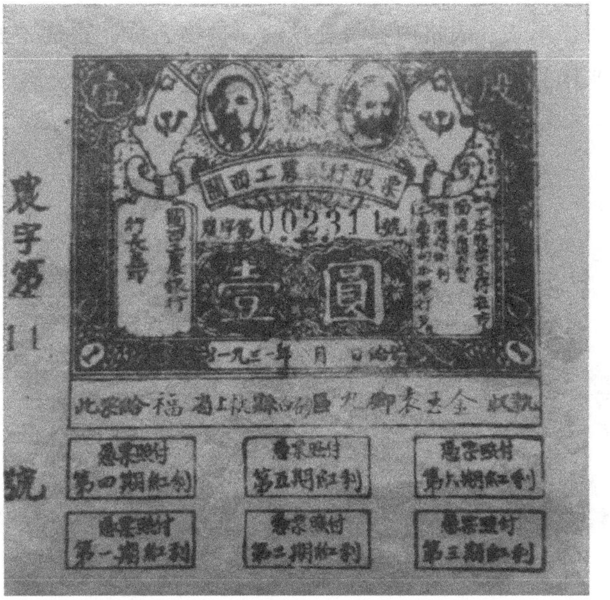

图 4－5　闽西工农银行股票

二、股票维护的是中央苏区工农群众利益

不同于单纯追求利润的股份公司，中央苏区合作社成立的目的在于支援革命战争和改善群众生活，是小生产者的集体经济。合作社社员仅限于工农劳苦群众，禁止富农、资本家、商人及其他剥削者加入，很好地维护了中央苏区工农群众的利益。《合作社暂行组织条例》明确规定，“合作社系工农劳动群众集资所组织的，富农资本家及剥削者，均无权组织和参加”；《粮食合作社简章》中社员的身份也仅以本乡内中农、贫农、雇农、工人、苦力及独立劳动者为限，富农、商人、资本家及一切剥削者都不能加入。这是因为合作社股票发行的一大宗旨就是抵抗奸商、富农、资本家剥削，所以富农、地主和资本家是不能成为股东的。合作社社员既是合作社股东，享有股权分红，又是该社的直接消费者，合作社在社员买卖或劳动过程中所赚的钱，最终还是分给社员。为了更好地为社员谋利，除了股票外，还会发给社员一个购物证，社员凭购物证购买的商品价格都是低于一般

市价的[①]。如“兴国县上社区消费合作支社股票”，这张股票也是一个购物证，是一个表格形式，表格内容写有日期、货物名称、数量、单位价格及总金额，印有兴国县上社区消费合作支社公章和管理委员会公章（见图4-6）。

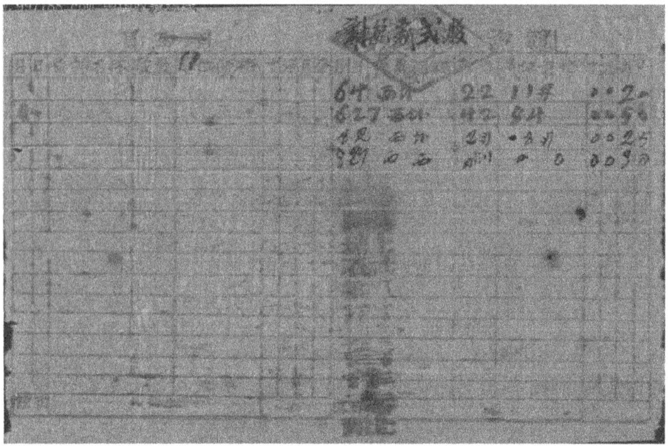

图4-6 兴国县上社区消费合作支社股票

资料来源：中国收藏网。

三、股票信息简单，发行量和面额较小

土地革命时期中央苏区股票上的信息也较为简单，合作社股票上端为合作社名称，内容为股票股数、共计股金、发票时间等，下方是管委会主任签章。有些股票是记名股票，还写有股东姓名、成分、家庭人口、住址等信息，是中央苏区合作社股票的特色之一。中央苏区合作社股票主要是面向各合作社社员发行，因此各合作社股票发行的数量取决于社员入股的数目，而每个合作社社员入股的数目有限，所以股票发行的数量较少。各合作社的每股股金面额是有最高限定的，最多不超过五元，且大部分是五角和一元，目的是鼓励贫苦的工农群众都能积极地加入合作社。

股金以小面额为主，不局限于现金，但持股数量受限。股票大部分为五角或一元。《信用合作社标准章程》在“附注”中说明，“我们为使最贫苦的工农群众都能加入起见，每股股金不宜定得太多，如得多数贫苦工

① 尹静：《中央苏区合作社股票考述》，《福建党史月刊》2012年第16期。

农之同意，当然每股也可以多至二、三元至四、五元，但不能超过五元以上。”为了适应根据地民众的购买能力，股金可以分期缴纳，也可以用农副产品等折价购买。《消费合作社简章》指出，社员入股时，不能马上完全缴纳股金的，可分为两期缴纳，一期为4个月；股金不限于现金，如米谷杂粮、公债票也可以。《粮食合作社简章》第九条明确：交股金时，交谷交银都可以，但谷子须扣成银数。为了防止少数人操纵合作社，个人持股数也受到了严格限制。例如，《合作社暂行组织条例》第五条规定：“每个社员其入股数目不能超过十股，每股金额不能超过五元，以防止少数人之操纵。”

四、股票成为苏区人民福利“身份证”

多种用途是土地革命时期中央苏区股票与其他股票的区别所在，有些股票除了股权证明这一种用途外，还可作为社员证来使用，如“中央农具生产合作社社员证”（见图4－7），或是作为购买物品的记录表使用，如“兴国县上社区消费合作社股票”。此外，有些股票还可作为福利证使用，股票持有者不仅享有优先购物权和优先分红权，如东固消费合作总社社员可持股票和股金证在合作商店内优先廉价购物，还有低息贷款，免费医疗、教育等诸多福利，如“才溪区消费合作社股票”。此外，本书研究发现，中央苏区发行的正式规范的印制股票较少，较多的是简单的临时收据，在使用过程中临时收据也起到了和正式股票相同的效用。

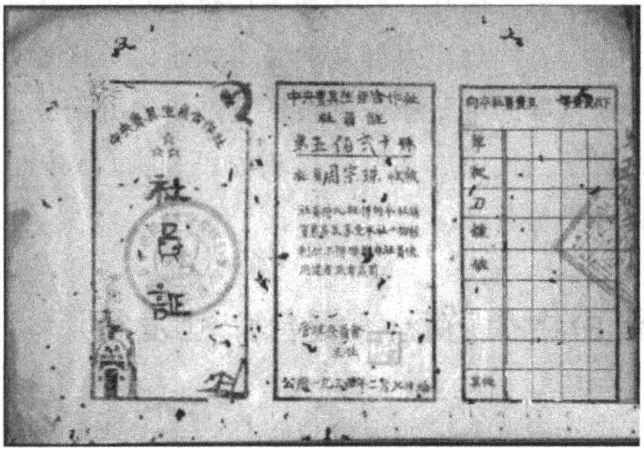

图4－7　中央农具生产合作社社员证

资料来源：中红网。

“一证多用”是苏区股票区别于其他股票的一个重要特征。据考证，苏区股票既是股权证明，又是社员证件，还是人民福利待遇“身份证”。拥有合作社股票的社员，享有多项福利待遇：(1) 优先购物权。合作社优先向社员供应各种日常需用品（特别是食盐、布匹），如长冈乡消费合作社社员购物比市场便宜20%；才溪区合作分社的社员与红军家属有优先购买权，向合作社买货要比市价便宜一半。(2) 销售货物权。湘赣省全省第三次工农兵代表大会通过《经济建设问题决议》，其中规定，合作社要帮助社员与群众销售各种剩余生产品，为消灭工业品与农业品“剪刀差”现象而斗争。(3) 低息贷款权。《信用合作社标准章程》规定，“本社应以极低利息，贷款借社员，但社员借款用途以发展生产临时周转或特别用途，经管理委员会认为必需者为限”。此外，“本社应尽先贷款给社员，须至股金充裕时始可对非社员放款”。(4) 免费医疗权。才溪区合作社聘请了两个医生，社员可以免费看病，医生不收取诊病费。(5) 免费教育权。《中央苏区党风廉政建设文存》里写道：“加紧对社员及群众文化教育工作，各级合作社应该去帮助建立各种文化教育组织和俱乐部、列宁室、夜校、识字班、书报室等，要使社员都了解革命战争发展的形势，合作社的任务，提高社员群众的政治文化水平，合作社必须在其营业赢余中提出百分之十为文化教育基金。”(6) 免费生产技术培训。如1934年《关于苏维埃经济建设的决议》规定：“教育农民群众以消灭害虫、防止水旱灾荒的初步科学知识，以增加农产品的收获，各种必需品的种植（如棉花等），山林的保护，应该更有计划的开始。”

购物、卖货、贷款、医疗、教育和生产技术培训，无一不与人民生产生活息息相关，无一不代表广大群众的基本需求，苏区股票的发行既是中国共产党争取群众基础的重要经济手段，更是中国共产党一心为民执政理念的早期体现，对于当代中国共产党执政为民、执政兴国，不断加强执政能力建设具有重要借鉴意义。

五、股票由中央苏区各级合作社发行

中央苏区合作社股票发行的大致流程是：合作社首先依照《合作社暂行组织条例》向当地苏维埃政府报告，待当地苏维埃政府审查登记后，再交给各级合作社管理委员会来负责。股票及社员证遗失时须先报知管委会申明失票作废，后期由管委会补发。早期中央苏区合作社股票既有记名股票，也有不记名股票，但是1933年9月10日发布的《消费合作社标准章程》[①]规定：本社股票概用记名式，盖上本社图记，由管委会主任签名盖章。事实上，从1933年9月10日中央苏区合作社发行的股票实物来看，仍有许多股票是不记名式。例如，1933年11月发行的苏维埃经济建设联合消费合作总社第二期五角股票就是不记名股票。

各地对股票遗失的处理大相径庭。部分股票遗失后可以补发，如联合消费合作社第二期股票，如有损坏或遗失，向总社或分社管委会报告后，半月后会补发；生产合作社股票遗失后报告挂失、登报声明作废后可以请求补发新股票。也有一些股票明确规定不挂遗失，如国家银行湘鄂赣省分行股票在背面印有“股票须妥善保存，不挂遗失”；湘赣省工农银行股票则更加严格，除了遗失不补外，股票如果涂改字样，或破烂缺角，字迹不明显了，均作废票，并不发还股本金。

第三节　土地革命时期中央苏区股票分类研究

“革命战争的激烈发展，要求我们动员群众，立即开展经济战线上的运动，进行各项必要和可能的经济建设事业。”在此背景下，毛泽东把合作社运动列为中国革命十四件大事之一，他指出“合作社，特别是消费、贩卖、信用三种合作社，确是农民所需的”。为了最大程度联合工农阶层的经济力量、打破敌人的经济封锁，1929年7月，中共东固区委和区革命委员会以群众入股筹集的方式创建了苏区第一家信用合作社——东固平民银行，开创了红色中华金融史。随后，为了更好地团结农民群众、方便农民生活，苏区最早的消费合作社——东固消费合作社也应运而生。合作社以经营布匹、油盐等日常生活用品为主，此外，还经营农具和农资产品。1929年9月，中共闽西特委发出的《关于剪刀差问题》通告第七号提出，“为使农民卖米买货不为商人所剥削、使农村贮藏资本得以收集、使金融流通，鼓励县区政府经济委员会有计划地向群众宣传，并帮助奖励群众创

① 王金山等：《中华苏维埃共和国消费合作社史料选编》，江西省供销合作社2001年版。

造合作社，如生产合作社、消费合作社、信用合作社等”。1929 年 10 月，东固消费合作社壮大发展为消费合作总社，并设计出版了股票，既作为社员持股权益的证明，又是社员在合作社内以低廉价格购买商品的凭证。以合作社为股份制主要形式的经济组织雏形在中央苏区燃起了星星之火。

1930 年，中央苏区南部 17 县先后召开经济建设大会且苏维埃政府相继发布关于合作社问题讨论的通告，随后《合作社条例——闽西苏维埃政府布告第 11 号》①《闽西合作社条例》《合作社暂行组织条例》② 等文件相继颁发，中央苏区掀起了创办合作社的高潮。条例中规定，加入合作社本着自愿的原则，“富农分子不准加入合作社，其现加入合作社之富农，即刻取消其股东权”，并且“合作社向工农银行有借贷优先权、向苏维埃工厂及商店有购货优先权”。另外，合作社还“免向政府缴纳所得税”。在政府的大力支持下，各类合作社不断发展，为发展苏区的经济带来新活力，合作社股票也因此顺势而生。

1932 年 4 月 12 日，中央苏区政府发布文告《关于合作社暂行组织条例的决议》，正式宣布合作社组织为发展苏维埃经济的一个主要方式，并把合作社的作用表述为“抵制资本家的剥削和怠工，保障工农劳动群众利益的有力武器”。《合作社暂行组织条例》将合作社的种类限定为消费合作社、生产合作社和信用合作社三种，其中消费合作社是为便利工农群众贱价购买日常所用之必需品，以抵制投机商人之操纵；生产合作社则是制造各种工业日用品，以抵制资本家之怠工；信用合作社是为便利工农群众经济周转和借贷，以抵制私人的高利剥削。随后，为了更好地发展苏区农业，继续深入土地革命斗争，组织粮食合作社成为当时苏区革命群众的紧急任务。至此，以合作社为主要形式的股份制经济在中央苏区如火如荼地开展起来，到 1933 年 8 月，中央苏区的合作社商业得到了较快发展。比如，兴国县有 133 个消费合作社、83 个粮食合作社，博生县有 26 个消费合作社、56 个粮食合作社。

根据 1933 年 6 月中共国民经济人民委员部发布的文件，合作社按照它营业的性质及目的可以分为五种：（1）信用，（2）生产，（3）消费，

① 中国社会科学院经济研究所，中国现代经济史组编著，《革命根据地经济史料选编　上》，江西人民出版社 1986 年版。

② 中国井冈山干部学院，中央档案馆编：《红色中华》第一册，江西人民出版社 2016 年版。

(4) 粮食，(5) 利用，即信用合作社、生产合作社、消费合作社、粮食合作社和利用合作社（主要是农具、犁牛生产工具等的利用）。但随着时间的推移和合作社的发展，更多性质的合作社被创建。实际上，农具、犁牛生产工具等的利用合作社也是生产合作社的一部分。因此，根据现有资料，苏区合作社按照其性质大致可以分为信用合作社、生产合作社、消费合作社、粮食合作社和股份制银行5种类型。

据《江西红色金融》记载，“从1927年到1934年，中央苏区已有各种类型的合作社1.2万余个，股金62万余元，发行了多种类型的股票，主要分为生产、粮食、消费、信用合作社股票和银行股票5大类。与此同时，开展了三次较大规模的借谷运动，发行借谷票证”。至1934年2月，中央苏区已有合作社超过1.2万个，其中消费合作社1140个、生产合作社176个以及粮食合作社10712个。在积极发展合作社、提高人民生活条件的同时，苏区也在不断探索其他方式发展、繁荣苏区经济，发行合作社股票便是其中一条重要的发展经济的措施。根据对应的合作社分类，中央苏区股票可以分为生产合作社股票、粮食合作社股票、消费合作社股票、信用合作社股票、股份制银行股票和苏维埃政府股票6类。至1934年，据不完全统计，仅在消费、生产和粮食合作社三个方面，中央苏区便已吸收股金达到62万元，发展社员超过57万人。合作社稳定了物价，保障了军民的基本生活需求，使苏区的农业生产在战争环境下得到恢复和发展，改变了苏区农民过去“镰刀上壁，锅罐就歇”的贫困状况（见表4-3）。

表4-3　　1934年消费、粮食和生产合作社发展情况①

	1933年8月以前		1934年2月	
消费合作社	社数	417个	社数	1140个
	社员	82940人	社员	295993人
	股金	91670元	股金	322525元
粮食合作社	社数	457个	社数	10712个
	社员	102182人	社员	243904人
	股金	94894元	股金	242079元

① 董振华：《斗争》，中共中央党校出版社2019年版。

续表

	1933 年 8 月以前		1934 年 2 月	
生产合作社	社数	76 个	社数	176 个
	社员	9276 人	社员	32761 人
	股金	29351 元	股金	58552 元

资料来源：《斗争》（第 4 辑）第五十六期（1934 年 4 月 21 日）：《目前苏维埃合作运动的状况和我们的任务（节选）》。

一、合作社原则

合作社的本质是一种集体经济组织，群众是合作社的主体。关于如何组织和发展合作社，邓子恢曾强调："这里要注意的，就是合作社是一种阶级斗争的经济组织，所以一定要形成一种运动，绝对不可有丝毫的命令、强迫的行为，主要是从宣传鼓动工作去动员群众自动来入股。"他认为，社员是否加入合作社要坚持自愿原则，不可以搞强迫命令。"社员是自愿加入者"，这样的合作社才是合格的。因此，在组织合作社的过程中，他很重视维护群众的利益，认为只有这样，群众才能支持认可合作社，合作社才能得到发展。他指出："这里要注意的是办事人，一定要选择忠实可靠活动分子，合作社账目一定要清白，要使群众加入合作社，的确得到利益，才能更加鼓起群众的信心和兴趣而促成合作社的发展。"① 正是依靠这种民主自愿、维护群众利益的原则，合作社才成为党和群众联系的桥梁，促进了当时苏区经济的发展。

二、生产合作社股票

生产合作社是解决劳动力和劳动工具严重不足问题、提高生产效率的重要组织。土地革命之后，政府发布布告鼓励农民积极生产："属乡均已分好，务遂耕耘在前。倘有自由抛荒，查觉重责难免。"（见图 4－8）然而，农民虽然获得了土地，但是农村劳动力及劳动工具存在严重不足的情

① 邓子恢：《邓子恢文集》，人民出版社 1996 年版。

况，且经济仍被敌人封锁，农业很难马上发展起来。如才溪区，仍然荒了很多田，“暴动后（1929 年至 1931 年），生产低落约百分之二十”。苏维埃政府也意识到了此问题，发展农业不仅是农民迫切的希望，也是经济发展中迫在眉睫的事情。1930 年 12 月，闽西苏维埃政府发出通告，指出创立生产合作社的必要：“国民党军阀混战日益扩大与延长，以致大批工人失业，农业经济破产，群众已陷于水深火热之境。我们闽西自暴动以来，把反动势力推翻，建立了苏维埃政权，虽是土地革命得到胜利，工人工资增加，然而经济仍被敌人封锁中。因此一般失业工人，无从恢复职业。”因此，开展合作社运动以提高生产积极性和农业生产效率，成为建设中的主要工作。

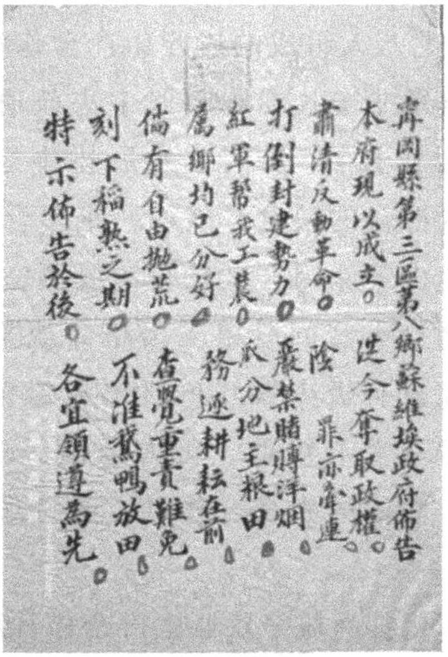

木府现以成立，从今夺取政权。

肃清反动革命，阴藏罪亦牵连。

打倒封建势力，严禁赌赙洋烟。

红军帮我工农，瓜分地主粮田。

属乡均已分好，务遂耕耘在前。

倘有自由抛荒，查觉重责难免。

刻下稻熟之期，不准鹅鸭放田。

特示布告于后，各宜领遵为先。

图 4－8　1928 年宁冈县第三区第八乡苏维埃政府布告

1930年12月，在闽西苏维埃政府发布的通告第三号社字第一号中，讨论了相关组织生产合作社问题，鼓励各乡苏维埃政府积极设法帮助失业工人组织各种生产合作社，增加社会生产。通告中宣布不限定合作社的组织股份，同时生产合作社有向工农银行借款的优先权，如资本不够，还可向工农银行借贷。1933年9月，《生产合作社标准章程》颁布，中央苏区的生产合作社发展进入繁荣时期。1931年至1934年2月，中央苏区生产合作社社员人数超过3万人，股金超过5万元。

生产合作社涉及人们生活的方方面面，因此生产合作社的种类很多，所发行的股票种类也多。据不完全统计，当时革命根据地建立的生产合作社，有犁牛、造纸、织布、染布、炼铁、农具、铸锅、石灰、煤炭、榨油、制糖、砖瓦、陶瓷、木器、竹器等二三十种之多[①]。1932年，弋阳县芳家墩乡还办了一个有七八人组成的皮匠生产合作社，生产油布钉鞋、皮带等[②]。1933年，中华苏维埃共和国临时中央政府土地人民委员部训令第四号《为发起犁牛合作社》，强调要发展耕牛运动，消灭荒田，扩大耕地面积，以充实苏区群众的粮食。然而，很多合作社由于组织规模小、存在时间短、吸收股金少等原因，其发行的股票已很难找到实物。同时，由于当年广大苏区群众自觉交回股票支援革命战争，再加上股票的纸质粗糙，不利保存，因此只有极少数红色股票流传至今。目前，可以找到实物的生产合作社股票主要有纸业、苦力运输、刨烟、书店、铁业、犁牛、药业、中央农具、盐油等生产合作社，这些股票大部分都是纸质印制版。

1934年，福建省宁化县南城堡铁业生产合作社股票，上印马克思、列宁头像，有经手人、入股人签章，形制如同纸币（见图4-9）。

图4-10是1934年10月3日陈观禂购买的瑞京县黄沙区犁牛合作社股票。上有股东姓名、住址、成分、股金金额以及管理委员会主任签章。股票为毛边纸质，长11.7厘米，宽9.8厘米。

① 中共福建省龙岩市委党史研究室：《闽西人民革命史》，中央文献出版社2001年版。

② 中国人民银行江西省分行金融研究所编：《闽浙赣省苏维埃银行》（内部刊物），中国人民银行江西省分行金融研究所出版社1985年版。

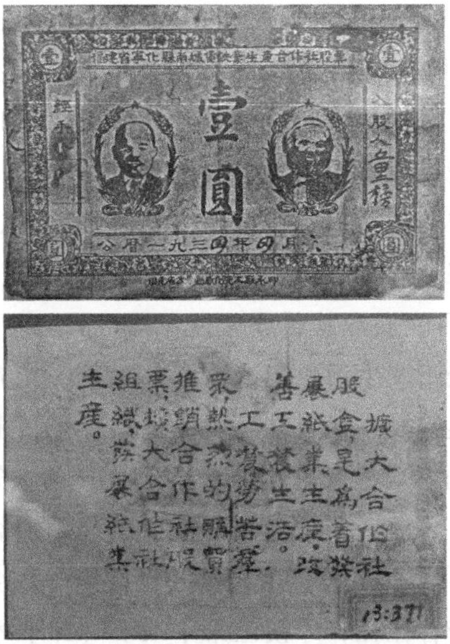

图 4－9 福建省宁化县南城堡铁业生产合作社壹圆股票（正面、反面）

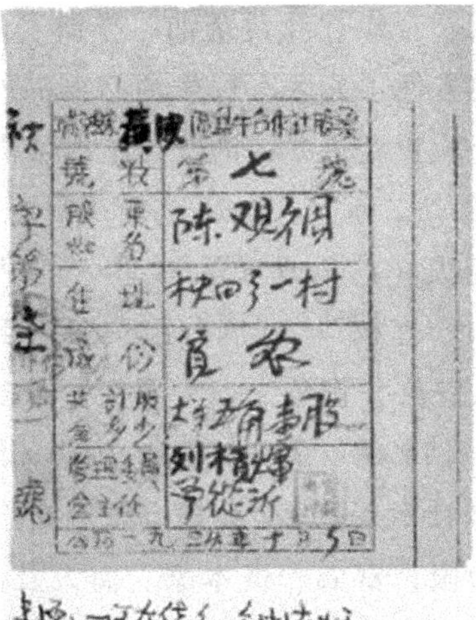

图 4－10 瑞金县黄沙区犁牛合作社股票

三、消费合作社股票

在苏区的发展过程中，首先建立的就是消费合作社。消费合作社是发展苏区经济重要的一环，是苏区商业的重要组成部分，它的出现是为了“便利工农群众贱价购买日常所用之必需品，以抵制投机商人之操纵”[①]。消费合作社是一种以乡村、工厂、学校、机关或者城市街道为单位，由广大劳苦大众自愿消费活动而联合起来的一种股份制经济组织[②]，也是专门购买社员日常所必需的消费品，以廉价卖给社员消费，抵制奸商残酷剥削的一种群众经济组织。

早在1922年7月，安源就曾成立过安源路矿工人消费合作社并发行股票进行集资，以减轻工友生活负担，这让苏区创办消费合作社有了更多的经验。为巩固苏维埃政权、保卫翻身农民过好日子，中共闽西特委在1929年9月发布了《发动群众集股筹建消费合作社》的通知，鼓励人们积极开展消费合作社运动。才溪区苏维埃政府成立筹建消费合作社委员会，才溪人民响应号召积极参与。11月，上杭县才溪区第十八乡（下才溪乡）建立中央苏区第一个消费合作社，才溪区第十八乡（即下才溪乡）80余户贫苦农民以自愿入股的形式，创办了中央苏区第一个消费合作社。创始时只有会员80名，股金40元。合作社经营茶油、洋油（煤油）、洋火（火柴）、食盐、猪肉等，极大地方便了苏区军民生活必需品的供应，上杭县才溪区第十八乡消费合作社正式拉开了苏区消费合作社运动的序幕。

1930年9月，闽西“二苏”大会通过了《闽西消费合作社章程》，章程规定“股金价额暂定大洋三角或五角”，但“商人不准入股，富农可以加入但绝对不得有参加管理权”。利润分配按照“百分之三十为公积金不分，百分之十为办事人花红，百分之三十照股金分配，百分之三十照社员买货量比例分配”。直到1933年9月10日，中华苏维埃共和国临时中央政府正式发布《消费合作社章程》，详细规定了消费合作社的社员数量无限制，以工农劳动群众为限，富农、资本家、商人及其他剥削者不得加入。若有必要时当地政府可以认股参加，但只有普通社员资格，无任何特权。而且，消费合作社在实际买卖过程中对红军家属打折百分之七，非社员的红军家属打折百分之四；对其他群众虽价格略高，但不会超过一般市价。

在1933年9月之前，全苏区消费合作社只有406个，社员83000人，

① 中国井冈山干部学院，中央档案馆编：《红色中华》第一册，江西人民出版社2016年版。
② 洪荣昌：苏区经济合作社浅说，《福建党史月刊》2019年第5期。

股金9万元。大会之后，苏区各地积极开办消费合作社，取得了较好的成绩。“例如，瑞金在（1933年）八月以前，只有九千的消费合作社社员，一万一千元的股金，那末在八月以后一个月中，社员就增加了五千三百人，股金增加了五千五百元；兴国在大会以后的一个月中，消费合作社社员，增加一万四千六百人。”① 1933年8月成立的兴国县消费合作总社，县合作社下设组织股、宣传股、营业股、财政股，130多个下属消费合作社，1.6万名会员，股金2.9万元，每月获红利5000元以上②！

消费合作社不仅在各乡各区开办，还有多种种类和不同股本的合作社，如中国工农红军消费合作社（每股五角）、油盐肉合作社（原股本七四元，后增至一八五元，每股五角）、布匹合作社（原股本四四元，后增至二五五元，每股一元）等。不同性质的消费合作社所发行的股票也不一样，效用上有正式的，也有临时收据；形状上有长方形的，也有椭圆的；股票材料上有纸质的，也有布质的等。

图4-11中的印版呈长方形，高15厘米，宽8厘米，材质为樟木。上

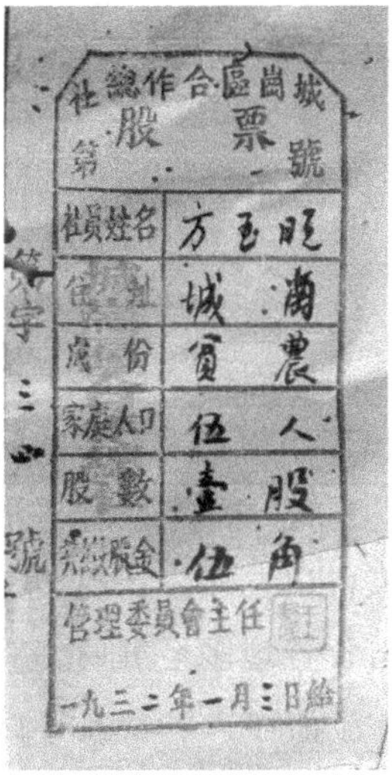

城岗区合作总社伍角股票

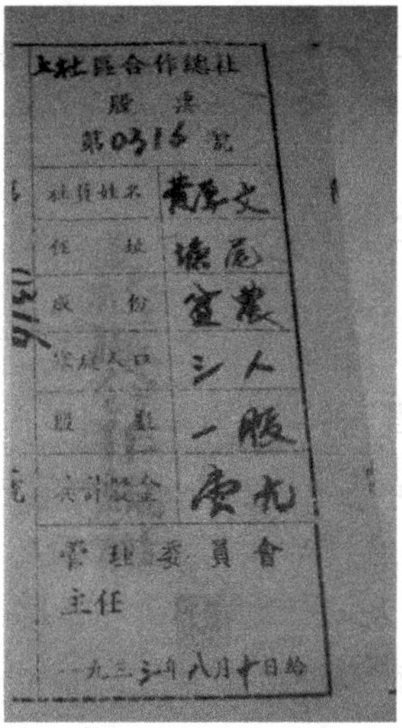

上社区合作总社壹元股票

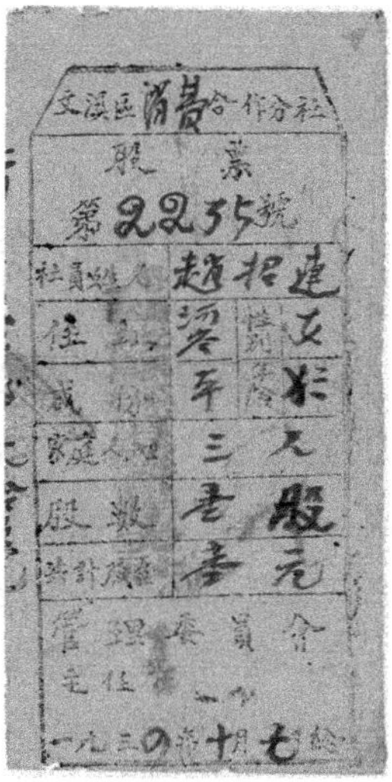

文溪区合作分社壹元股票

图4-11 兴国县、上杭县消费合作社股票

① 中国井冈山干部学院编：《斗争》，中国发展出版社2017年版。

② 舒龙，谢一彪：《中央苏区贸易史》，中国社会科学出版社2009年版。

书繁楷体"××区合作总社股票、社员姓名、住址、成分、家庭人口、股数、共缴股金、管理委员会主任、一九三×年×月×月给、第×××号"字样。

图4-12中的这版股票为椭圆形，票面印有花纹，中间印有列宁、马克思像，人像左右两侧分别印有"福""建"字样，底部印有"县总社"字样。

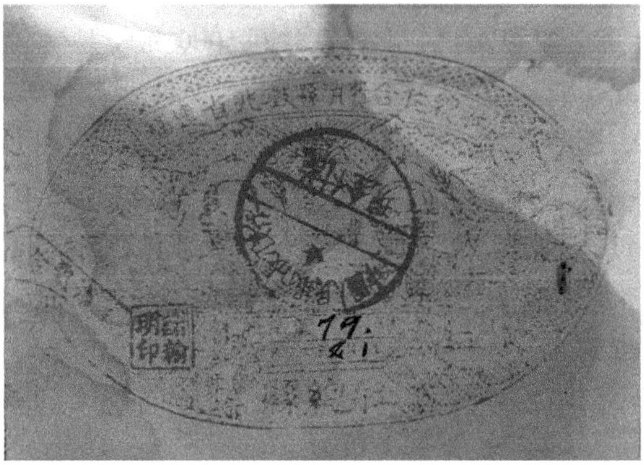

图4-12 福建省兆征县消费合作总社

四、粮食合作社股票

由于帝国主义国民党对苏区采用经济封锁政策，苏区的经济遭受了极大的打击。1929年，在提出的"剪刀差"问题中指出了当前苏区存在的问题：一方面，内地农产品，如纸、木、豆、烟叶、夏布、粮食等销不出去，农产品价格飞快地降低（米价大池每元四斗多，古田二斗多，虎岗三斗多，北三、四区二斗，龙门、龙岩一斗五、六，肉价各地多系五两，鸡蛋等都是跌价）；另一方面，城市工业品，如布匹、洋油洋火、食盐等减少输入，价格日见高涨（尤其是盐、糖、洋油等涨得快），但工人工资却提高得不多。农产品与工业品的价格相差太远，这种"剪刀差"现象实际上是在剥削农民——农民以多量农产品，只换得少量工业品。若是这种现象长此以往，农民必然会变得贫困下来，正常生活都会存在问题。"农民终年劳苦结果依旧得不到生活上的必需品，同时与人工，与米价相差太远，农民吃亏太大，结果会使农民怠工，造成农业之衰落。”若是等到青黄不接时期缺乏粮食，而农民的粮食早已卖出换钱，这必然会使得米价飞涨，造成粮食恐慌。因此，怎样调控粮食的价格和数量便成了稳定农民生活、调控苏区经济的一个重要问题。

1930年3月25日，在闽西第一次工农兵代表大会上通过的《经济政策决议案》中提出了调节粮食流通的方法：在粮食缺少的地方，组织办米合作社（即后来的粮食合作社），向白区域买米；米多的地方，要组织贩卖合作社，运米到别处销售，政府对办米合作社要帮助其进行。简单来说，粮食合作社的运作原理就是由群众集股获取初始创立资金，合作社花高一点的价格向社员收购粮食；收购来的粮食在第二年或粮荒时期以低一点的价格卖给社员，多余的粮食则会运到粮价高的地方卖出。到了年末计算收支，除了应留存的公积金以外，其余的收入按照社员持股比例进行分配。

随后，邓子恢发表文章详细阐述了创办粮食合作社的原因和作用、如何集中资本和动员群众开展粮食合作社[①]，并率先在闽西粮食调剂局的基础上创立粮食合作社。1932年8月21日，临时中央政府人民委员会发出关于《发展粮食合作社运动问题》的第七号训令以及1933年中央国民经济人民委员部发布《关于倡办粮食合作社与建立谷仓问题》训令第2号等要求“动员广大群众入股，建立和发展粮食合作社的组织”，并同时颁布了《粮食合作社简章》[②]，对合作社总则、社员、资本、业务和红利分配等方面作出了要求，规定“社员以本乡内中农、贫农、雇农、工人、苦力及独立劳动者为限，富农、商人、资本家及一切剥削者都不能加入”，“合作社股金每股大洋一元，以一家为入股单位；交股金时，交谷交银均可以，但谷子须扣成银数”，但是只有交足了股金的社员，合作社才会发放股票及社员证。股票上会记录入股者的姓名，并由管理委员会盖印为证。此后，粮食合作社进入了稳定发展的阶段，至1934年粮食合作社吸收了广大的群众，共有二十余万股，并年年分红利给社员。因此，粮食合作社的设立是提高人民生产积极性、保护生产合作社成果的一个重要举措，对苏区粮食价格的稳定、发展苏区经济起到极大的作用。

---

① 中国井冈山干部学院，中央档案馆编：《红色中华》第一册，江西人民出版社2016年版。

② 厦门大学法学系，福建省档案馆：《中华苏维埃共和国法律文件选编》，江西人民出版社1984年版。

从理论上来看，粮食是每家每户的必需品，粮食合作社股票的发行也应当是不少的。实际上，从目前所找到的现存资料来看，相对于消费合作社股票和生产合作社股票，粮食合作社股票竟是最少的。究其原因，可能是因为大多粮食合作社发展不成熟、成立时间较短以及规模较小，粮食合作社股票也就较难保留下来（见图 4 – 13、图 4 – 14）。

图 4 – 13　汀州市调剂粮食局合作社股票

图 4 – 14　汀州市工人粮食合作社股票

注：汀州市工人粮食合作社股票版式与纸业等合作社股票基本一样，不同的是股票顶部写有“改善工人生活”字样。

五、信用合作社股票

信用合作社是合作社体系中的重要辅助部分。它是专门管理社员金融之借贷及存储的机关，非社员无向合作社借贷或存储的权利。在战争环境下，敌人对苏区经济进行封锁，且苏区范围内的商人对革命有惧怕和不理解，因而把资金转移或藏匿起来，这使得苏区的资金出现短缺和流通不畅。中共闽西特委注意到："暴动过后的乡村，债券焚烧，高利债务不还，有些农村更取消一切债务，而多数拥有财货的地主土豪又杀的杀，跑的跑，资本藏匿不出，因此，乡村中一般的停止借贷，金融流通完全停滞。"[①] 因而，创建信用合作社组织的主要目的就是吸收乡村存款，解决群众缺乏资本的问题，让其成为与城乡高利贷做斗争的有力武器。

信用合作社实际上"为经济上之弱者所集合之银行，其组织主体及服务对象均为小农、小工、商及一般中产以下之人民，长于劳力而短于资金者。其建立基础在于'人品重于资本'，以集体之优良人品，作为求取外界信用之担保……"简而言之，信用合作社应站在劳苦群众利益方面，有钱借给贫农雇农，不应借给富农；应便利工农群众经济周转和借贷，抵制私人的高利剥削。"如欲购买生产工具、肥料及其它用品而没有资金的社员，可以低利向合作社借得相当资金"，社员有闲置资金时，"不论多少。可以随时存入，可以得相当利润"。信用合作社与生产合作社、消费合作社等也有资金往来，"信用合作社可与粮食合作社互相存借款项，当粮食合作社正月谷时卖得款子可予信用社活动，到了收获时信用合作社收回之款即回给粮食社"[②]。生产合作社和消费合作社在每年末的资金富余也可以存入信用合作社以获得一些利息，二者相辅相成。

1933 年 9 月 10 日，苏区政府正式颁布《信用合作社标准章程》[③]（以下简称《章程》）以推动信用合作社的发展。《章程》规定本社社员以工农劳苦群众为限，富农、资本家、商人及其他剥削者，不得加入。政府必要时可认股参加，但政府只有普通社员资格，无任何特权。信用合作社应以极低的利息贷款借给社员，对于非社员借款利息应较社员略高，但也不会超过借贷条例之规定。对于每期纯利，以百分之五十为公积金，百分之十为管理委员及职员之奖励金，百分之十为办理社员公共事业，百分之三

① 徐浩然：《改造我们的世界》，中共党史出版社 2018 年版。

② 张侃，徐长春：《中央苏区财政经济史》，厦门大学出版社 1999 年版。

③ 中国社会科学院经济研究所，中国现代经济史组编著：《革命根据地经济史料选编 上》，江西人民出版社 1986 年版。

十照社员所付利息额为标准比例分还社员之借款者。

但是在各种合作事业中，信用合作社发展不快，到临时中央政府成立两周年之际，“各地消费合作社与粮食合作社已在风起云涌的发展中，各种生产合作社亦在计划发展，信用合作社则在开始计划”①。因此留存至今的信用合作社股票实物较少，目前并未发现有详细的资料记录苏区每年信用合作社情况，只能通过零散的资料进行整理。至1931年9月，永定全县苏区12个区全部创办了信用合作社，共有基金10528元（见图4－15）。在1934年1月，安福县信用合作社集股1500元②；9月底，在相对安全的江西南昌、新建等26县，江西省共成立信用合作社888个。

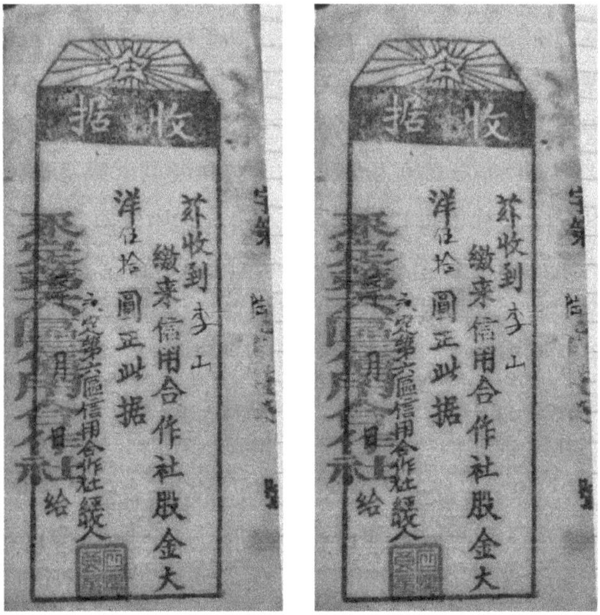

图4－15　永定县第六区信用合作社股金收据

资料来源：福建日报。

注：这张修长的“股金收据”，最上面正中为一个五角星，五角星内框为一把镰刀和铁锤相互交叉，中间为黑底镂空留白的“收”和“据”两字，下方文字从左到右、竖行书写“兹收到×××缴来信用合作社股金大洋×圆正此据”，落款为“永定第六区信用合作社经收人的私章×年×月×日给”，并盖有“永定第六区信用合作社”的竖条形公章。

① 赵松如：《江西金融志资料》，1990—1993年（合订本）。

② 江西省安福县委党史办：《安福人民革命斗争史（初稿）》，中国文史出版社2008年版。

六、股份制银行股票

苏区的股份制银行是从闽西工农银行开始的。在1930年政府发布文件要求“普遍发展信用合作社组织”之后，信用合作社蓬勃发展。通过发行股票、纸币，信用合作社促进了苏区经济的稳定增长。但是，苏区在不断扩大，而信用合作社却依然各自为营、各自发行纸币，纸币使用范围小且分散，独立核算，金融不统一，因而流通受到了限制，信誉受到影响，建立统一银行的需求日益迫切。

随后，闽西第二次工农兵代表大会明确指出：“为要调节金融，保存现金，发展社会经济，以争取社会主义的前途，唯一的办法是建立闽西工农银行，各县设分行。”1930年9月，闽西苏维埃政府第七号布告《关于设立闽西工农银行》中指出：“闽西自从土地革命胜利，赤色政权建立后，社会经济已日渐发展。可是目前敌人经济封锁，致社会经济的发展发生了很大阻碍。因此，大会决定设立闽西工农银行，调剂金融，保存现金，发展社会经济，实行低利借贷。”布告还规定，闽西工农银行除向工农群众募股外，合作社每资本百元至少应买票10元；粮食调剂局每资本百元至少要买票20元（先交半数、12月交清）；各级政府、各工会及各机关工作人员，每人至少应买股票1元。随后《闽西工农银行章程》发布，规定闽西工农银行总定额20万元（1931年6月，闽西苏维埃政府再次动员苏区军民集股，闽西工农银行资本扩大至22万元），分作20万股，每股大洋1元；股票采用无记名式，分一股一张、五股一张、十股一张3种。银行主要营业为存款、放款、汇兑、买期票、买卖金银、发行纸币、铸造铜片，兼储蓄业务。1930年11月7日，闽西工农银行正式成立，阮山担任行长，曹菊如担任会计科长。

闽西工农银行的创立对合作社的发展也起到了很大的支持和促进作用。在创立前期由于募股工作进展并非十分顺利，银行资金短缺，但是银行还是拿出一部分资金，投资对农业经济起到非常重要作用的各类合作社，支持发展粮食生产，支持工业发展，保障闽西苏区军民用品的需求。在永定，工农银行帮助当地利用资源优势开办石灰生产合作社，除了本地使用之外，还通过汀江水运支援上杭、广东大埔，并挑往龙岩供建筑与造纸用；开办“耕犁合作社”“农具合作社”，解决农业生产的耕牛、农具、肥料等实际问题；向汀连南阳铸铁合作社投资，制作农具与铁锅，缓解了农具短缺的状况①。

闽西工农银行是由闽西工农群众、各级苏维埃地方政府参股的第一个股份制银行。从成立之日起，积极发展苏区金融，支持苏区发展经济，支持土地革命，是影响极大、极深远的红色金融机构。后来成立的苏维埃国家银行也是参照闽西工农银行的经验，积极探索金融管理体系。此外，湘赣省工农银行、中华苏维埃共和国国家银行湘鄂赣省分行等都是采取股份制银行的办法创办和运行。

在苏区股份制银行股票中，闽西工农银行和闽浙赣省苏维埃银行两家银行股票，是固定一元面额的股票（见图 4 – 16、图 4 – 17、图 4 – 18、图 4 – 19）；而湘赣省工农银行和中华苏维埃共和国国家银行湘鄂赣省分行股票，则是不固定面额的可以自由填写数额的股票。

图 4 – 16　闽西工农银行壹元股票

资料来源：中红网。

注：该股票票案图案是十分具有苏区特色的马克思和列宁头像、五角星以及苏维埃共和国旗帜，股票发行年份为 1931 年，左侧印有行长阮山的印章，股票右方写有“本股票不得在市面流通买卖，应得红利凭票由本银行支”的股票章程，其中红利分六期支付，支取红利的 6 枚息票在股票的下方。

① 钟建红：《共和国金融摇篮——记闽西工农银行》，《炎黄春秋》2017 年第 5 期。

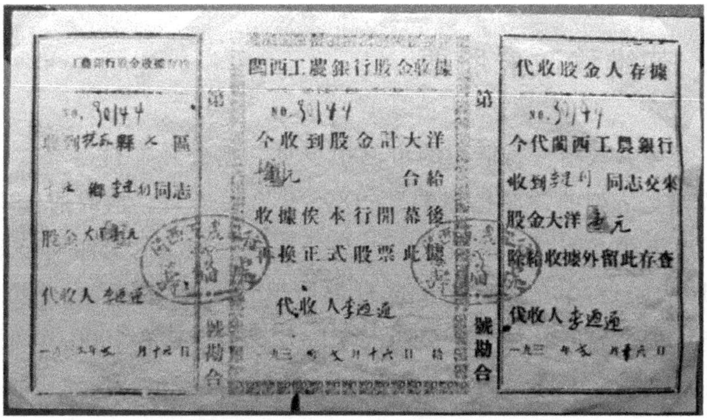
閩西工農銀行股金收據
今收到股金計大洋
合給
收據俟本行開幕後
再換正式股票此據
代收人
代收股金人存據
今代閩西工農銀行
收到　同志交來
股金大洋　元
除給收據外留此存查
代收人
號勘合

图 4－17　闽西工农银行壹元股金收据

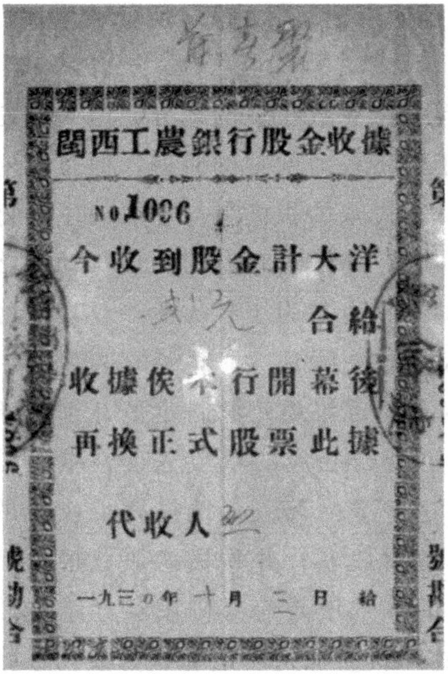
閩西工農銀行股金收據
No 1096
今收到股金計大洋
合給
收據俟本行開幕後
再換正式股票此據
代收人
一九三〇年十月三日給

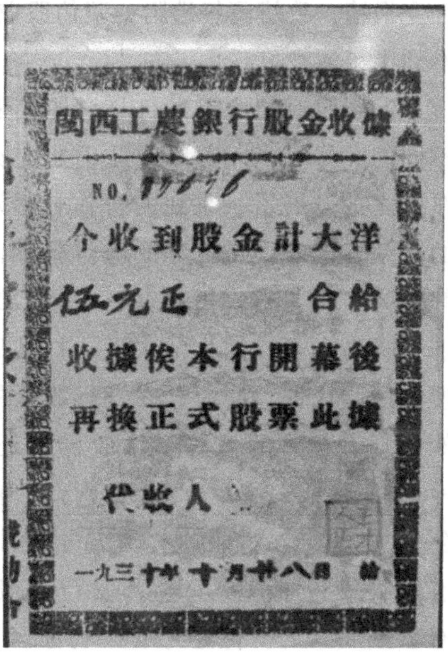
閩西工農銀行股金收據
No.
今收到股金計大洋
伍元正　合給
收據俟本行開幕後
再換正式股票此據
代收人

图 4－18　闽西工农银行贰元股金收据　　图 4－19　闽西工农银行伍元股金收据

注：闽西工农银行股金分别有壹元、贰元和伍元三种金额。股金收据一式三联，分别是闽西工农银行股金收据存据、股金收据和代收股金人存据，分别由闽西工农银行、持股人和代收股金人留存。该股金收据系竖长方形，新闻纸单面黑墨铅印，上边有“闽西工农银行股金收据”字样，内容为：今收到股金计大洋壹（贰、伍）圆，合给收据，俟本行开幕后再换正式股票，此据。代收人盖有“吴宇高印”方形私章，下边为“193×年×月×日给”，左右各有骑缝章“闽西工农银行筹备处”，收据号为“第××号，勘合”。

七、苏维埃政府股票

从古至今，政府发行股票的事例很少见。据公开资料显示，已知最早的政府股票是清朝的“昭信股票”。1898 年 2 月 4 日，清政府准奏印造昭信股票 100 万张。当时，清政府因《马关条约》规定的第四期赔款即将到期，外债难举，右中允黄思永请造自强股票，筹借华款，户部拟定章程，奏准施行。股票发行总额为 1 亿两（实际发行估计只有 1000 万两左右[①]），面额分 100 两、500 两、1000 两 3 种，名“昭信股票”。股票可抵押售卖，年息 5 厘，分 20 年还清。这个“昭信股票”实际上是一种以股票之名发行的政府公债，是清朝政府的一种筹款措施。然而，在实际情况下，政府强令捐输，致使民怨沸腾，昭信股票的社会声誉一落千丈，昭信股票发行不到半年便被迫终止了[②]。

苏区政府的股票发行与“昭信股票”有少数相似的地方，但大多是不同的。尽管当时苏维埃政府也是处于经济较为困难的时期，但是政府在此之前开展了一系列的合作社运动，在民众的积极参与下取得了很好的成绩，已经具备良好的经济信用。并且，苏维埃政府的一切行动最终都是为了贫苦的农民群众，发行股票的举措也是为了扩大生产、发展经济，提高老百姓的生活水平，打破敌人的经济封锁，并非为了一己私欲、搜刮民脂民膏。同时，在发行股票的时候，苏维埃政府制定了详细的条例，拥有标准的流程，认股群众还能够获得相应的认股凭证，款项的使用还会有专门人员定期进行审查，这些举措都极大地提高了政府的公信力。因此，群众才会认可苏维埃政府股票，并积极认股。根据目前已收集到的股票实物，发行过股票的苏维埃政府有浏阳县苏维埃政府。该股票的发行是为了鼓励苏区百姓踊跃参加扩股运动认购股份，帮助政府收集资金、扩大生产，支援红军胜利完成粉碎敌人的围剿（见图 4－20）。

---

① 崔鹏飞：《清政府发行“昭信股票”始末》，《金融教学与研究》1999 年第 5 期。

② 彤新春：《管窥晚清“昭信股票”发行》，《中国金融》2018 年第 12 期。

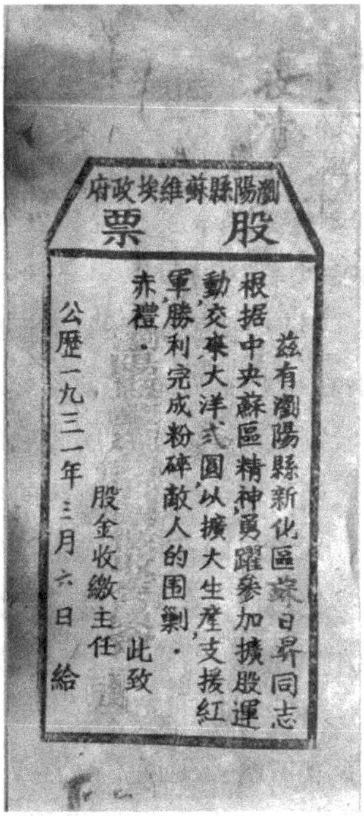

瀏陽縣蘇維埃政府
股票
茲有瀏陽縣新化區蘇日昇同志
根据中央蘇區精神踴躍參加擴股運
動交來大洋弍圓以擴大生産支援紅
軍勝利完成粉碎敵人的围剿·
赤禮· 此致
股金收缴主任
公歷一九三一年三月六日給

图 4－20　浏阳县苏维埃政府股票

注：该股票写有："兹有浏阳县新化区苏日昇同志根据中央苏区精神，踊跃参加扩股运动，交来大洋贰圆，以扩大生产，支援红军胜利完成粉碎敌人的围剿。赤礼""公历一九三一年三月六日给"字样，并盖有浏阳县苏维埃股票缴收委员会公章和股金收缴主任公章，右上角盖有"收清"字样。

第四节　土地革命时期中央苏区股票标语与口号研究

土地革命时期中央苏区股票的一系列标语与口号是根据革命需要提出来的，是为革命服务的，并随着革命不断发展深化，自身文本身份变得更为清晰，层次也更为丰富，更能表意和发挥作用，从而产生更为丰富的含义，具有很强的社会历史功能。在交通不便、信息不畅的艰苦环境下，对于民众的革命信念教育、革命意识培养和唤醒民族觉醒等方面都具有十分重要的意义。

一、反映了中央苏区发展生产的主要任务

为了巩固和扩大革命根据地，中国共产党和苏维埃政府就必须进行经济建设，而经济建设的首要任务是恢复和发展农业生产。邓子恢是闽西革命根据地的主要创建者和中央苏区党政军主要领导人之一。他在中央苏区时期的粮食工作思想与实践活动主要有：实行土地革命，发展农业生产；组织粮食调剂局，平定粮食价格；建立粮食合作社，巩固发展苏区经济；创立与完善粮食财经与税收制度等。在苏维埃政府的领导组织下，中央苏区经济发展很快，粮食逐年大幅增产，为中央苏区的巩固和扩大作出了巨大的贡献。土地革命时期中央苏区股票的宣传标语也很好地反映了在土地革命时期中央苏区的主要任务就是发展苏区生产、流通社会经济、改善工农生活。

比如“闽赣省纸业合作社股票”顶部写有“发展苏区生产”字样，右下角也印有“发展生产”字样（见图4－21），股票背面印有合作社口号：“扩大合作社股金，是为着发展纸业生产，改善工农生活。工农劳苦群众，热烈的购买推销合作社股票，扩大合作社组织，发展纸业生产。”（见图4－22）再如，汀州市工人粮食合作社股票的顶部写有“改善、工人、生活”六个字（见图4－23）；汀州市调剂粮食局合作社股票票面顶部写有“流通　社会　经济”字样（见图4－24）。此外，苦力运输合作社、刨烟生产合作社等股票上的宣传标语与纸业合作社股票一致。这一设计元素在当时起到了动员根据地群众积极购买股票的效果。

图4－21　闽赣省纸业合作社股票（正面）

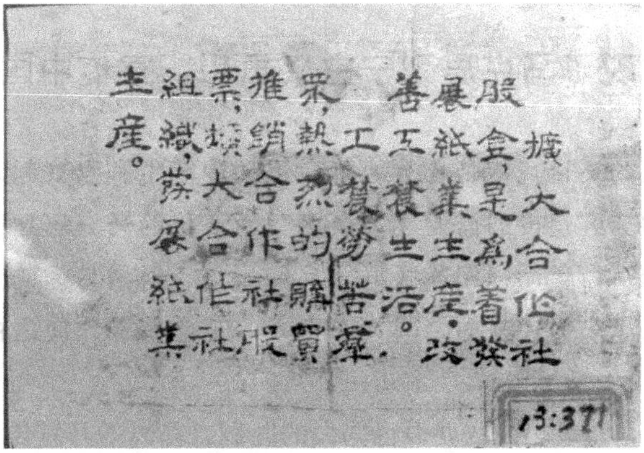

图 4－22　闽赣省纸业合作社股票（反面）

资料来源：中红网。

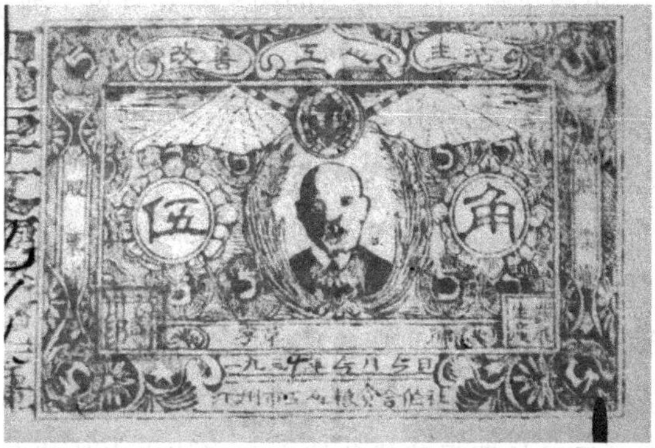

图 4－23　汀州市工人粮食合作社股票

图 4－24　汀州市调剂粮食局合作社股票

二、体现了马克思列宁主义思想，宣传中国革命精神

中央苏区的文化宣传是在土地革命运动中产生和发展起来的，它适应了革命战争和苏区建设的需要。大众化和通俗化的马克思列宁主义变成群众手中武器和革命运动，用苏区群众喜闻乐见、通俗易懂的文字、图案宣传、普及以毛泽东为代表的中国共产党人的革命精神，使之被苏区群众所理解、掌握。

革命也好，建设也好，要取得伟大的胜利，都离不开宣传思想工作。苏区股票设计融入了革命性元素，是旗帜宣传的重要载体。苏区革命是中国共产党领导下的革命，指导思想是马克思列宁主义，因此中国革命这一主题在股票设计上体现得淋漓尽致，许多股票的图案是马克思、列宁头像或者中国共产党党徽。中央苏区股票的宣传标语和口号就是中国共产党文化宣传的一个重要方面，在促进经济发展的同时，加快了马克思列宁主义的传播和中国革命精神的宣传速度，发挥了极其重要的作用。图 4－25 中的这枚“闽西列宁书局股票”，右侧写有“提高马克思列宁主义的政治教育，发展社会主义新文化运动”字样。这一宣传标语反映了在土地革命时期，马克思列宁主义作为中国革命的指导思想的重要意义。股票上的五角星、党徽、地球仪和红旗图案都是典型的中国革命元素，体现了以毛泽东为代表的中国共产党人领导广大军民经过长期艰苦战争培育和磨炼出来的革命精神。

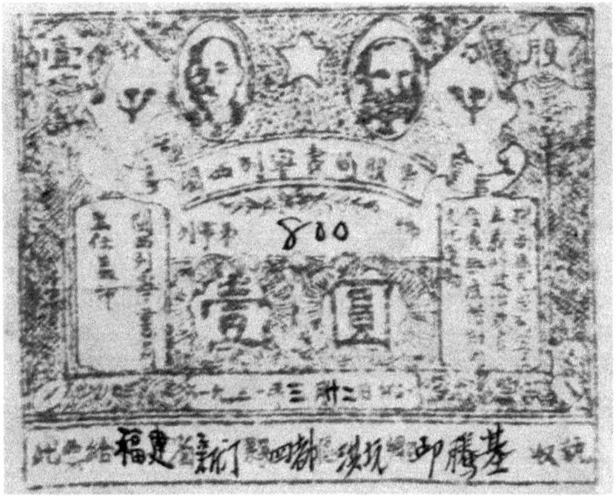

图 4－25　闽西列宁书局股票

三、呼吁民众积极加入合作社

在土地革命时期，开展合作社运动在苏维埃经济中是极其重要的一环，是党与农民群众在经济方面的紧密合作。合作社运动应对了急剧的战争形势，保障了红军给养和改善工农群众生活。而中央苏区合作社的不断发展壮大亟需广泛的群众基础，这是关系全体劳苦群众切身利益、关系革命战争胜负的大问题，需要靠广大群众以最大的努力来解决。中国工农红军消费合作社管理委员会印发的宣传标语切合了各群体的自身利益，也是为了吸引民众积极加入合作社，踊跃入股（见图4－26）。随着群众加入合作社的意识不断觉醒和增强，表现出了积极向上的革命热情，广大农民群众在红军标语的号召下，都争先恐后入股合作社，为中央苏区经济建设贡献自己的力量。

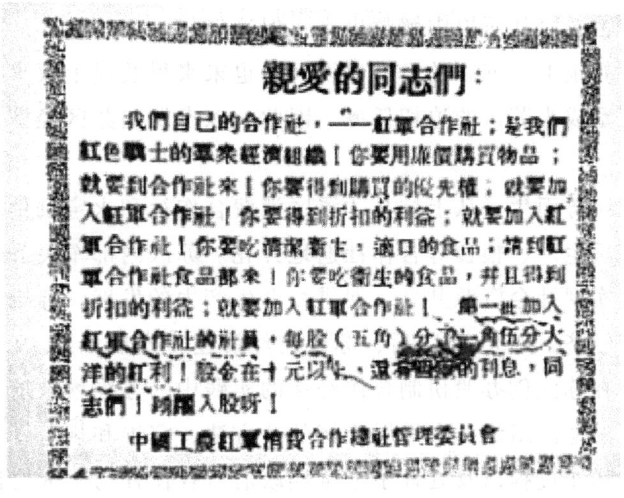

親愛的同志們：

我們自己的合作社，——紅軍合作社：是我們紅色戰士的軍×經濟組織！你要用廉價購買物品；就要到合作社來！你要得到購買的優先權；就要加入紅軍合作社！你要得到折扣的利益；就要加入紅軍合作社！你要吃清潔衛生，適口的食品；請到紅軍合作社食品部來！你要吃衛生的食品，并且得到折扣的利益；就要加入紅軍合作社！第一批加入紅軍合作社的社員，每股（五角）分了一角伍分大洋的紅利！股金在十元以上，還有四釐的利息，同志們！踴躍入股呀！

中國工農紅軍消費合作總社管理委員會

图4－26　中国工农红军消费合作社管理委员会印发的宣传材料

注：中国工农红军消费合作社管理委员会印发的宣传材料全文为："亲爱的同志们：我们自己的合作社，——红军合作社：是我们红色战士的军×经济组织！你要用廉价购买物品；就要到合作社来！你要得到折扣的利益；就要加入红军合作社！你要吃清洁卫生，适口的食品；请到红军合作社食品部来！你要吃卫生的食品，并且得到折扣的利益；就要加入红军合作社！第一批加入红军合作社的社员，每股（五角）分了一角五分大洋的红利！股金在十元以上，还有四厘的利息，同志们！踊跃入股呀！"

本章小结

苏区股票作为土地革命时期的一种阶段性的社会产物，是苏区人民为解决敌人对苏区实行经济封锁问题的一种自救措施。它的发行不仅繁荣了经济，极大地促进了苏区经济的发展，还反映了当下苏区群众的生活水平和社会关系。它所反映的是这个时代社会经济发展的运作模式，而这种运作模式由于顺应了社会发展的要求，极大地促进了苏区生产力的发展。

中央苏区股份制经济的创立和发展，是中国共产党人领导下红色金融的第一次尝试。这个尝试，产生于“被逼无奈”，但也是一种“天时地利”的创新。从 1927 年开始，中国共产党领导了武装起义，进行了土地革命等。打土豪，治豪绅，分田地，帮助农民进行生产生活；建立苏维埃政权，让群众当家作主，从政治上解决了他们的社会地位问题。虽然这些举措将很多贫苦农民从压迫中解救出来，但这仅仅是第一步，后续的农业生产发展却没有跟上，苏区的经济建设问题也未来得及提上议事日程，努力增加物质财富成为苏区的迫切任务。因此，探索发展苏区经济的新举措迫在眉睫。

合作社顺势而生，从上杭县才溪区消费合作社和永定县信用合作社建立开始，随后生产、粮食等合作社遍地开花。苏区内部军民齐力同心开始发展经济，实现社会资源共享，促进社会生产力的发展。苏维埃政府大力发展股份制经济，1930 年以后，苏区的经济逐步发展，到 1933 年底达到鼎盛时期。在苏区创办股份制合作经济的实践中，苏维埃政府探索了在一个贫穷落后的地区组织群众发展经济的新方法，完善和规范了股份制合作经济组织的运作过程以及处理了苏维埃政府、合作社与个人之间的经济利益关系等方面的问题。产生并发展于土地革命时期的苏区股票，充分体现了中国共产党“为中心工作服务”“人民利益至上”和“勇于开拓创新”的金融思想，是早期金融改革的成功尝试，在夺取土地革命的胜利中发挥了重要作用，为后期发展苏维埃经济取得了有益的经验，更为新中国合作事业和证券市场的发展打下了坚实的理论基础，提供了重要的历史依据。

第五章　土地革命时期中央苏区股份制推行研究

第一节　土地革命时期中央苏区股票宣传研究

土地革命时期，为了改善根据地群众的生活现状、巩固中央苏区政权，党中央在财政金融领域上采取了一系列措施。尽管现在看来并不完善，但这些措施对于打破经济封锁、支援革命战争等具有很深的历史意义。其间，苏区政府自上而下大力发展银行和合作社，在推行过程中，普遍采用股份制办法将人民群众的资金一并吸纳，一方面扩大财政收入，充裕战争经费，另一方面通过银行及各类合作社恰当的运营模式为群众创造利益。在筹建时期的招股工作中，股票和各类合作社的宣传办法都各具特色。所谓宣传，便是灌输革命的理论与思想，解释党的政纲和主张，使群众逐渐受党的影响，接受党的领导。宣传工作既要通俗化、实际化，还要简明化。

一、银行类股票的宣传特点

（一）深入基层交流，强调群众利益

在革命斗争时期，党中央一直坚持走群众路线，群众路线是党的生命线[①]。苏区银行的基金，始终由政府拨款和群众集股两部分组成，1933

① 周金堂主编：《井冈山斗争与中央苏区时期党的经济工作研究》，社会科学文献出版社2018年版，第353页。

年3月的闽浙赣省第二次工农兵代表大会提出，要鼓励群众向银行入股与储蓄，扩充银行基金，以保障和提高银行的信用。这表明，扩充银行基金、增补战时财力，已列入苏区党政的议事日程，而群众集股的具体宣传工作主要交由募股委员会开展，通过设计宣言，与群众深入交流来加强群众对银行的信赖程度。此外，宣言内容上也高度强调群众利益，让群众主动意识到入股的种种好处。

在宣传工作的安排上，"下基层与群众交流"是最普适、最重要的一种手段，一方面突出了政府对集股工作的重视，另一方面，面对面交流并深入解答也使得宣传工作更有效。例如在1931年闽西工农银行为扩充基金开展的募股工作中，该年4月工农兵政府在召开的经济委员会扩大会议上就指出：须向群众宣传银行的意义及作用，联系到群众日常生活，发动群众入股，特别是各区乡的负责人，每月要计划去发展银行股金，派人与群众作个别谈话，让群众拥护银行主动认股。类似地，同年3月，杭武县就扩大工农银行基金、健全各区募股委员会的问题向各区提出要求，其中关于宣传工作的指导中，指出要以"帮助斗争，保存现金，防止私人高利贷剥削"① 为宣传要点，在宣传中抓住当时社会高利贷剥削严重这一问题，指出入股可有效解决该社会痛点。具体交流上，每个募股委员还要根据以上要点，联系政治形势斗争策略，促进群众对政府的依赖和对股票的信任。不论是宣传要点还是宣传方式，一方面在突出参与认股就是帮助革命斗争，另一方面又指出参与认股也能抑制商贾对人民群众的剥削行为。各方面均强调"认股"的双赢特性。

从结果上看，苏区的股票宣传工作也发挥了其应有的效果，在1932年湘赣省工农银行社会集股工作中，截至该年7月，收到群众的集股款二万元上下②，考虑到当时的战争状况和人民生活条件，这一成绩已是相当可观。

（二）提出以谷换股

赣东北根据地银行的股票宣传工作也是比较出色的，除了使用上述提到的招股办法，赣东北还鼓励用谷子来兑换股票，一方面在很大程度上加

---

① 许毅：《中央革命根据地财政经济史长编》上册，人民出版社1982年版，第296页。

② 赵松如：《江西金融志资料》，1990—1993年（合订本），第6—8页。

大群众入股的积极性，同时也降低了入股门槛，对于缺钱但不缺粮食的百姓而言，这是一大利好消息，确保让尽可能多的群众参与银行建立工作。

据当年搞过工会工作的余金如同志回忆："银行招过股，没有钱，可以出谷子，当时谷子很多吃不完，群众便一担二担三担挑谷子来折成钱认股。群众认股出钱，建立群众自己的银行。"担任过弋阳县工农民主政府主席的江树元老人回忆："一九三三年银行招股我知道，五十斤谷一股，那时我家有二亩半地，我认了五股。"可见当时这样的招股方式在群众中颇受欢迎，受到群众的积极响应，事后也取得了较大成效。

1933 年 9 月，闽浙赣省委在召开的全省支书联席大会中指出，推销银行股票是"目前经济动员最中心的工作"之一，"当会场自动报告各支部能推销银行股票的数目总共达四万股左右"①。9 月 18 日，《红色东北》刊登了一则热烈推销银行股票的报道："……省政卫分局本机关六十股，保卫队二百股，总监狱五十股，此外，还有陈礼寿同志一个人加入五股，张威谷……同志各加入一股。"② 闽浙赣省代表在中央苏区下洲区的欢迎会上演讲中谈到银行集股问题时说："一九三三年在三个月内，群众节省经济集股的计十几万元，有每家三十股至五十股者（每股一元），省苏出钱集股的十万元。"③

"以谷换股"打破了钱财入股的局限性，最大限度地吸纳股员股金，壮大了银行资金实力，也助益了革命事业斗争。

（三）扩大宣传对象范围

中央苏区时期，面对敌人企图将苏区人民围困在红色区域的困境，苏维埃政府大胆开放贸易，大胆吸引国统区的物资、资金、人才等为苏区经济建设服务④，这也为后来扩大招股对象创造了有利条件，为了加大集股

① 江西财经学院经济研究所等编：《闽浙赣革命根据地财政经济史料选编》，厦门大学出版社 1988 年版，第 173 页。

② 中国人民银行江西省分行金融研究所编：《闽浙赣省苏维埃银行》（内部刊物），中国人民银行江西省分行金融研究所出版社 1985 年版，第 115 页。

③ 中国人民银行江西省分行金融研究所：《土地革命时期闽浙赣革命根据地金融史资料摘编》（内部刊物），1981 年版，第 41 页。

④ 周金堂主编：《井冈山斗争与中央苏区时期党的经济工作研究》，社会科学文献出版社 2018 年版，第 357 页。

规模、吸纳更多资金，苏区股票的发行并不局限于苏区，有时白区（国民党统治区域）等群众也被作为发股对象。赣东北银行股票的推广便是既面向苏区，也考虑白区群众。

这一特点是源于当时在敌人残酷的经济封锁之下，苏区通过对外贸易输出根据地的剩余物资来换回军需民用的用品，方志敏同志意识到这样“贱出贵进”的交易方式造成了“损己利敌”的现象，于是对改变这种情况做了十分明确的指示，他认为以苏区的现金和廉价的粮食、猪、牛去交换白区的昂价生活必需品，是极不上算的，无论这项工作搞得多好，还是一种败家子的行为。为了改变这种情况，方志敏同志提出了极为宝贵的“见钱见物的指示”。见钱的方法之一就是同样向白区、灰区推销苏区的银行股票，积累现金。这种银行股票推销的对象主要是站在中间立场的富裕农民和小商小贩，对其进行政治号召。起初不要地主、富农购买，后来由于苏区的扩大和红色政权的巩固，他们也秘密地托人购买，作为政治上的红色保险票而保存起来①。

当然，这样扩大发股对象的做法也取得了较大成效，据当时在德兴铜埠、浙江华埠一带搞食盐进口的综金科同志回忆：“一九三三年，我为银行在白区筹集股金（每股一元，每张一股）共有一千余股。白区（群众）愿意买银行股票，因为红军进攻时，他们拿出来作为是拥护红军的标志。”可见，赣东北根据地银行的股票推广范围很广，既吸纳了苏区农民群众的资金，又面向白区富农商贩，并且成效甚好，这是苏区股票宣传的又一大特色，这一特色同样在闽北根据地中也有所体现。

在1932年7月，闽北分区委会执委扩大会议中指出：“在目前国内战争日益激烈当中，财政问题是最困难的问题，同时又是最重要的问题，必须打破一切困难从斗争中去解决……对白区的招股也应积极进行。”② 可见当时“面向白区招股”这一宣传办法已被肯定，也可见闽北对招股“两手抓”的决心。

---

① 中国人民银行江西省分行金融研究所编：《闽浙赣革命根据地金融史资料摘编初稿》（内部刊物），中国人民银行江西省分行金融研究所出版社1979年版，第87页。

② 中国人民银行江西省分行金融研究所：《土地革命时期闽浙赣革命根据地金融史资料摘编》（内部刊物），1981年版，第43页。

（四）群众是股员，亦是招股员

苏区股票宣传工作的又一特色在于让股员继续开展招股工作，如此一来，群众在招股工作链条上便有了多重身份：首先，群众作为招股对象，凡入股者便是银行股东，巧妙之处在于入股者又可以做招股员参与招股工作，成为银行基层工作者。这样的双重身份模式，有效加快了招股进程，使得招股效率大大提升。

1932 年 10 月 23 日，闽北分区人民政府委员会召开的各县财委会主席联席会的决议案，关于银行招股问题，指出："要各县财委尽量帮助招股工作宣传群众入股，旧银，也来股。"接着，崇安县苏人民财委会召开各区财委员联席会，11 月 7 日发出决议通知："决定各区财委员要尽量去各乡宣传，使群众都会来做招股员的工作。"① 所以，闽北根据地银行的招股方式是具备多元性和包容性的，除了决议要扩大招股范围，面向苏区群众，号召基层工作者参与帮助招股外，还号召群众来做招股员，借助不同的身份发挥不同的作用。

（五）贫农富农，招股要求不同

苏区虽然各方面支持贫农，事事立于贫农立场，但在招股工作上并非完全舍弃富农。由于集股所需资金较大，仅靠发展贫苦群众是不够的，富农也应被考虑为招股对象，毕竟他们有能力为革命斗争贡献更多力量。

但是，富农和贫农之间总是要划出差别的，门槛上自然不可等同，在湘鄂赣革命根据地银行的招股工作中，工作指导除了发动群众购买新银行股票外，还要求每个富农最低限度要借 30 元大洋。向富农借款，募集新银行股金等工作，各团要特别负责，要做群众模范，做检查帮助工作②。即针对不同对象采取不同的招股办法，贫农自愿入股，富农则要强制出借一定大洋来充裕银行基金。

---

① 蒋九如主编：《福建革命根据地货币史》，中国金融出版社 1994 年版，第 239 页。

② 中国人民银行江西省分行金融研究所编：《湘鄂赣革命根据地银行简史》（内部刊物），1987 年版，第 128 页。

二、合作社类股票宣传特点

除了大力发展银行，苏区另一大举措便是开办各类合作社。1932 年 10 月 12 日，中华苏维埃临时中央政府发布《关于合作社暂行组织条例的决议》，把合作社主要分为信用合作社、生产合作社、消费合作社和粮食合作社，区别于银行，它们的存在是为了帮助群众解决“剪刀差”问题，以巩固苏维埃政府。建立社会主义的经济组织基础，在新经济组织系统下，发展生产力，缩短共产主义革命的过程。在资本主义经济系统下，合作社成了巩固资本主义的工具。

（一）宣传对象为贫苦工农

土地革命时期强调“打倒土豪分田地，工农群众掌政权”①，合作社的招股对象便是贫苦工农。宣传方在股票宣传上谈及合作社作用时，紧密联系对改善贫农生活的作用、对剥削阶级的打压，强调工农就是合作社的主人翁，以此调动人民群众入股的积极性。合作社不以营利为目的，从合作社具体经营模式上看，甚至称得上是专为贫农、工农所设的福利机构了，“社员一定要是非剥削的阶级成分，如工人、中农、贫农、雇农、独立劳动者、城市贫民等。对于剥削阶级如商人、富农、厂主、工头等绝对不准他加入的”②。

在 1933 年瑞金县合作社宣传群众入股传单上有这样的记载：“工农劳苦群众们！我们过去在豪绅地主资本家的国民党统治之下，无论在政治上、经济上，都是他们做主人，三分四分甚至五六分的高利贷剥削，把我们贫苦工农，逼得皮破骨穿！现在苏维埃政权之下，是我们工农做主人翁了！我们这些主人翁，也要有资本发展我们自己的一切生产，为要不再受资本家富农的高利贷剥削，那么，只有由我们自己，大家拿出力量来，普

① 中国民间文学集成全国编辑委员会，中国歌谣集成江西卷编辑委员会编：《中国歌谣集成江西卷》，中国 ISBN 中心 2003 年版，第 156 页。

② 张侃，徐长春：《中央苏区财政经济史》，厦门大学出版社 1999 年版，第 127 页。

遍地组织借贷机关——信用合作社。”①

（二）结合合作社性质进行宣传

合作社的社员不仅是股东，还是该社的直接借贷者、消费者和生产者，合作社招股宣传总会结合了合作社的这一特点。

对于信用合作社，则主要强调三点特色：可摆脱高利贷剥削、股员可以低息借款、若是存款还能获得利息。每一个宣传要点都完全符合当时群众的生活状态和心理需求。瑞金县信用合作社宣传单中提到“凡入了股的社员如有关于办工业农业，如买工具买牛买种子肥料等生产事业，便可向本社借钱，息钱很轻”②。

对于消费合作社，亦是将其创办目的（解决贫农购买问题）作为要点进行宣传，明确指出：加入合作社，便可以以最低的价格购买生活必需品和生产用的农器具，力求消费品价钱低廉，防止奸商市侩富农资本家高抬货价，既打击了无良商贾，又改善了群众生活，保障了苏区劳苦群众的实际利益，正如各级合作社简章基本都会提到“合作社对于本社社员来社购买一切日用物品时，其价格稍为低廉。”或更具体的指示：“合作社的售货价格除运费外，不得超过买进价 5%（100 元不能赚 5 元以上）以外，更不得借故提高价格，多取利润。”③ 消费合作社薄利销售的特点是显而易见的让利行为，无疑是招股宣传的最佳要点。

类似地，生产合作社指出要发展苏区生产，抵制资本家的剥削与怠工，救济大量的失业人群，提供工作机会，让更多的群众参与生产活动，提升劳动力效率，使贫农脱离失业之困苦，并从根本上改善生活。粮食合作社则强调其调节粮食价格以及流通谷米的作用，抵抗商人、富农买贱谷粜贵米的剥削。

合作社按其类别，从方方面面改善着贫苦工农的生活，但这一工作本就不能一蹴而就，需要组织和成员的共同努力。要让群众自愿主动地加入

① 赣州市财政局，瑞金市财政局编：《中华苏维埃共和国财政史料选编》（内部刊物），2001 年版，第 304 页。

② 岳志：《合作金融思想学说史》，上海远东出版社 2017 年版，第 109 页。

③ 杨德寿主编：《中国供销合作社史料选编》第 2 辑，中国财政经济出版社 1990 年版，第 79 页。

组织，就需事先让其知晓其中的种种好处，这也是宣传工作所围绕的宗旨。苏区合作社的宣传工作紧抓着要点，晓理动情地号召群众入股，势必能获得贫苦工农的广泛支持。

第二节　土地革命时期中央苏区股票发行研究

一、组织原则和发行系统

（一）组织原则

尽管苏区股票是中国共产党早期的金融实践，不难发现其相关发行制度都比较严谨，层级和监督机制有序分明，社会主义民主体现得淋漓尽致，确保了招股工作的公正公开。

合作社由于其发行目的和发行对象的特殊性，在具体工作安排上相比于银行细节要求更高，且根据不同类型的合作社有不同的原则要求，其核心通用的主要原则可归纳为5个方面。

（1）合作社的组织原则应为民主集中制。其是由群众所组织的经济团体，而不是政府所办的便利或救济人民的机关，这在一定程度上体现了社会主义要素。

（2）合作社不以营利为目的，而以增强全体社员的经济幸福为目的。合作社的创建是为了解决社会问题，诸如“剪刀差”、消费品价格高、高利贷问题等。

（3）社员应是自愿主动加入合作社的，不受任何强迫的。这一点明显印证了合作社的“民主集中制”特点，群众有权加入合作社享受社员特权，若是觉得入股不合算，也有权不入股或者退股，股员的自由度较高。

（4）每个社员只能享有一个表决权，下级合作社与高级合作社由社员大会代表会议及全国大会选举之。这一原则保证了合作社组织成员的地位平等，公平选举推动了合作社有效、可持续发展。

(5) 各级合作社对于选举自己的社员应作定期的报告，以此加强监督管理，既保证社员个体的自由，又确保合作社组织的协调、有序。

（二）发行系统

从组织级别看，合作社按组织级别由小到大可分为乡合作社、区合作社、县合作社[①]，是一种层层递进的规模发展方式：乡合作社——由该乡群众集股组织；区合作社——由该区内5个以上乡合作社集股组织；县合作社——由县内5个以上区合作社集股组织。

在管理上，各个合作社都有自己的社员大会作为本级合作社的最高机关，可自由处决地方合作社相关问题。另外，社员大会代表会议或全国大会选举各级管理委员会，此管理委员会在前后两大会期间内为指导机关，同时选举审查委员会，审查管理委员会之行为及账目。

二、发行要素"因地制宜"，力求扩大群众基础

在发行要素上，股本、股员、红利分配并不是笼统且统一的，中央只给出基本框架，具体实施办法交由各层级自行制定，结合当地群众的生活状况、合作社的类型来设置最佳的红利分配办法，完美实现了"因地制宜"。

合作社的发行办法随着时间的推移在各根据地趋于完善。首先，1930年2月28日颁布的《合作社讲授大纲》中给出关于合作社系统、组织、社员、红利分配、股本设置等指导办法大纲，其中既有刚性规定，也有弹性规定，即具体操作可以按各个合作社自行订立的章程来执行，但不得脱离大纲。在这之后的具体实施上，各类各级别合作社股票的推行制定以上述大纲为蓝本，结合本合作社类别特点和当地贫富状况来调整具体内容。此处仅介绍、分析股本、股员以及红利分配三个主要发行要素的状况。

（一）股本

"股本"方面，股本金额不定、形式多样。各类合作社每股股金集中

---

① 中共龙岩地委党史资料征集领导小组，龙岩地区行政公署文物管理委员会编：《闽西革命史文献资料》第3辑（内部刊物），1982年版，第125页。

在5角至5元大洋不定，合作社大纲建议消费社股本可定为大洋5角，信用社股本可定为大洋1元，区合作社股本可定为大洋5元。但具体实施上，随着时间有所调整。

例如，1930年9月闽西“二苏”大会通过的《闽西消费合作社章程》规定，股金价额暂定为大洋三角或五角[①]。1932年8月，临时中央政府又颁布《粮食合作社章程》，股金每股大洋一元，以一家为入股单位，一定愿入数股者听之。交股金时，交谷交钱都可以，但谷子须扣成银数[②]，股金不一定要现洋，也不一定一次要付齐，以二三次集中亦可，凡稻谷以及什粮（如麦子、花生、豆子等）均可折价为股金。这也是粮食合作社的一大特色，粮食入股的便利性吸引了许多贫苦工农的加入。担任过弋阳县工农民主政府主席的江树元老人回忆：“一九三三年银行招股我知道，五十斤谷一股，那时我家有二亩半地，我认了五股。”

1933年3月，临时中央政府颁布的《消费合作社简章》中认为，合作社为便利于工农贫民投资入股起见，每股以大洋5角为标准[③]。1933年9月，临时中央政府又颁发《消费合作社章程》提出，本社股金定每股大洋一元，以家为单位，其一家愿入数股者听便[④]。同年颁布的《生产合作社标准章程》规定，本社股金定每股大洋一元，以劳动力为单位，其一个参加生产的劳动力愿入数股者听便。1933年9月10日颁布的《信用合作社标准章程》同样规定，股金定每股大洋一元，以家为单位，其一家愿入数股者听之[⑤]。

可见各类合作社股金标准普遍在一个大洋以下，如此规定是为了能让最贫苦的工农群众也能参与合作社工作中。当然，信用合作社章程中每股一洋元是下限，如果贫苦工农有能力投资更多，在得到多数工农的同意下，也可以每股提升至2—5元，但不得超过5元。

---

① 杨德寿主编：《中国供销合作社史料选编》第2辑，中国财政经济出版社1990年版，第146页。

② 胡国铤主编：《共和国之根中华苏维埃共和国中央领导机构概览上》，中共党史出版社2009年版，第233页。

③ 杨德寿主编：《中国供销合作社史料选编》第2辑，中国财政经济出版社1990年版，第78页。

④ 福建省地方志编纂委员会编：《福建省志 供销合作社志》，中华书局1995年版，第10页。

⑤ 柯华主编：《中央苏区财政金融史料选编》，中国发展出版社2016年版，第130页。

（二）股员

股员主要面向苏区群众，以家庭为单位。大纲中“股员”有关规定指出：“合作社社员以家为单位，有退出权力，但是股金的退还由合作社章程来限制”，“合作社社员有分配盈余之权利，其标准另章说明。”可见，弹性大纲考虑了各地区、各级别合作社发展规模和群众贫富差距，给予合作社一定权力通过调整发行办法来促进股票发行工作和改善日常管理。此外，大纲中也有大量刚性规定，由于合作社创办的初衷在于增进贫苦工农的经济幸福，故有规定“凡土豪反动分子，及现在之商人，不准加入合作社”，“社员如系赤贫者，由社员大会认可，可以不交股金”。粮食合作社中，社员以本乡内中农、贫农、雇农、工人、苦力及独立劳动者为限，富农、商人、资本家及一切剥削者都不能加入。这与苏区银行的发行办法是极为不同的。正如上文提到，银行在招股时不仅面向苏区群众，也将白区人民作为招股对象；此外还有规定，富农至少要出借30大洋用于扩充银行基金。造成银行发股办法和合作社发股办法不同的根本原因在于创办的初衷，银行的创办主要是为了发展经济吸纳资金，从而扩充银行基金来支持革命事业，而合作社更像是惠民组织，不以营利为目的，对于赤贫者甚至可以不交股金。大纲还规定“合作社社员以家为单位，有退出权力，但是股金的退还由合作社章程来限制”，“合作社社员有分配盈余之权利，其标准另章说明”，可见，大纲考虑了各地区、各级别合作社发展规模和群众贫富差距，赋予合作社一定权力，通过调整发行办法来促进股票发行工作和改善日常管理，最大限度争取群众入股。

（三）红利分配

红利分配注重按资本分配与按劳分配相结合。“红利分配”方面，大纲的指导是各种合作社三个月应结算一次，各合作社盈余下来的款项，除了支付津贴费用及支付股息外，都应作为红利，对于红利的具体分配办法，除了信用合作社是由各个具体组织自行决议外，其他合作社有较为统一的指导办法，具体安排为：10%作为公积金，不准分散，以增加社内基金，10%为管理员酬劳金，30%为股本利息，照股均分，剩余50%摊还社员参加营业者。由此可以了解，大部分红利或作为股息，或作为劳务报酬会返还给社员，所以入社还是很合算的，这也很好地反映出创办合作社解决社会问题、改善百姓生活的初衷，这也解释了为什么合作社社员门槛比银行股员的门槛更高。

当然，针对不同类型的合作社，50%红利的返还方式也有不同的具体分配方法，在消费合作社，照各人买货银额比例分配；在信用合作社，照各人所付利息比例分配；在生产合作社，照各人所做物品银额，或做工日数比例分配①。即红利的多少除了取决于入股股金的多少外，还和股员参与营业的业绩有很大关联。消费合作社多买多得，生产合作社多劳多得，这样的模式能够有效激活经济活力，调动社员的劳动积极性，推动苏区人民生活的有序发展。

三、发行特点

由于合作社的创办初衷是解决社会问题，而不是以营利为目的，所以各类合作社股票的发行总是包含或宽或窄的惠民政策，其中既有体现各类合作社股票共同特点的，也有表现出本合作社独有特色的，具体如下。

（一）高水平红利分配

“取之于民用于民”的红利分配，“惠民”显而易见的一点体现在了“红利分配”方案上，在上文关于“红利分配”的描述中提到，大部分(50%—80%)的合作社盈余都会以股息或奖励的方式返还给社员，这本身便是最普遍直接、最惠民的一项发行办法。一方面，留存的公积金保证合作社能不断扩大公共积累；另一方面，又使社员能从利润分配中得到实际利益，与组织共享果实，这有利于放大合作社的社会主义特点，并吸引更多的小生产者参加合作社。

（二）薄利经营

“薄利经营”降低群众生活成本。这一特点在消费合作社中尤为突出，

① 杨德寿主编：《中国供销合作社发展史》，中国财政经济出版社1998年版，第270页。

并且低价销售并不是社员独有的特权，即便是非社员也可享受低价购买消费品的福利，一般来说，消费合作社卖货利润率相比于进货价格仅赚了10%左右甚至更低。例如兴国长冈乡消费合作社，“照市价实际上便宜些，一串钱便宜二十文上下，即百分之二”，“一百元生意约赚二元”[①]。非社员买货时，也有优惠，其价格应比社员略高，但不能超出一般市价以上，相比从私商处买货要来得合算。批发比零售还要低一些。总店卖给分支店，照批发价格便宜2%，相互代买代卖，给2%的手续费。如此一来，有效解决了群众被商贾剥削的状况，让百姓花更少的钱获得更多的商品，保证各合作社经营环节有一定的赢利，又使合作社产品价格低于市价。

（三）低息借款

“低息借款”解决群众融资难题。“低息借款”是信用合作社的独有特色。在中央苏区范围内严打封建的高利贷剥削后，较大程度地造成资本停止流转，使乡村中普遍停止借贷活动，金融流通可以说是完全停滞。于是，在农民收获时节，也没有现钞发工资，群众没有现金，也没有借款的门路，往往就靠着贱卖粮食以度困难，这便引起当时严重的“剪刀差”问题。因此，农民需要有一个高利贷的代替物——低利率的借贷组织来进行资金融通，而信用合作社便充当了这一角色，解决了群众生活上的困难。

实践上看，“如欲购买生产工具、肥料及其他用品而无资金的社员，可以低利向合作社借得相当资金”[②]，“关于维持生活之借款如借去粜米做衣裳等可以借，关于帮助卫生之借款如借去买药种痘等可以借”[③]。具体借贷过程是这样的，社员需用款时，持股票向信用合作社借，每次可借5元，期限3个月，利息每月二分五厘，而利息的收入，分红时又为社员自身所有[④]；如果社员手中有富余的资金，又可以随时存入合作社，可以获得一定的利息回报，“存款每月二分”[⑤]；这样，不论是资金需求者还是富余者，

---

① 张侃，徐长春：《中央苏区财政经济史》，厦门大学出版社1999年版，第182页。

② 徐学初：《中华苏维埃经济建设研究》，巴蜀书社2008年版，第141页。

③ 李树生，岳志编著：《合作金融概论》，吉林人民出版社1989年版，第171页。

④ 张侃，徐长春：《中央苏区财政经济史》，厦门大学出版社1999年版，第221页。

⑤ 孔永松，邱松庆编著：《闽粤赣边区财政经济简史》，厦门大学出版社1988年版，第244页。

都可以互通有无、从中获益，农民生产的资金问题也一并得到解决。

(四) 特别优待红军及其家属

"优待军属"激发工农革命热情。为了壮大红军队伍，合作社给予红军家属特殊优待。中央"扩大百万铁的红军"这一口号既在苏区，也在白区得到广大群众的拥护。为了巩固红军的发展，为了使战士们在前线能安心地作战，不顾虑他们的家属，就必须建立普遍的优待红军家属的工作。这些优待既包括农田耕种方面的支持，也有经济上的支持。在合作社方面，给予红军家属优待证，合作社卖给红军家属的货物一律九五折，并且粮食油盐等日用必需品优先供给，这一惠民政策虽不具备普适性，但也自有其特色。"合作社对红军家属买货与社员同样优待"①，正面给予红军家庭福利，侧面又鼓励群众加入合作社建设，加入革命斗争。上杭县才溪乡消费合作社除了对红军家属作5%的价格优惠外，还规定在货物紧缺时，红军家属可以优先购买，困难的还可以赊账，赊一圩、二圩以至三圩（每圩10天）②。这些针对性的措施既鼓励了群众加入红军，又鼓励了群众入股合作社，在苏区经济和军事上都发挥了积极作用，对革命事业斗争显然具有重要的现实意义。

第三节 土地革命时期中央苏区股票流通研究

一、股员资格

各合作社及银行对股员资格有严格的要求。闽西合作社于1930年3月第一次工农兵大会作出第一次条例规定：社员可自愿加入，在业商人可以加入，但不能办事。然而，其在1930年9月的第二次工农兵大会对该项作

① 蒋玉珉编著：《合作经济思想史论》，山西经济出版社1999年版，第294页。

② 《供销合作社经济概论》编写组编著：《供销合作社经济概论》（内部资料），中国财政经济出版社1986年版，第183页。

出了更改：社员可自愿加入，在业商人不准加入合作社，富农可以加入但不准参与管理。闽西消费合作社对股东资格有同样规定：商人不准入股，富农可以加入，但绝对不得有管理权①。

各级苏维埃政府及革命团体均为湘赣省工农银行的股员，而对于个人购买股票则要求是革命的工人、农民、兵士、小商人及一切劳动贫民。湘鄂赣省合作社对入社资格有更广泛的规定：凡在苏维埃政权下有选举权者，不分男女老幼，均为社员②。

1932年，临时中央政府统一了各地合作社股员资格的规定。粮食合作社对股员要求有更明确的限制——社员以本乡内中农、贫农、雇农，工人、苦力及独立劳动者为限，富农、商人、资本家及一切剥削者都不能加入；在股票后续流通中，其规定本社社员可不限数量，随时可以入股，但须管理委员会审查通过③。生产合作社则要求凡参加本社生产及本社雇用之工人职员均得自由陆续加入本社，不得以任何理由拒绝④。各合作社及银行股员资格的相关规定见表5-1。

表5-1　　各合作社及银行股员资格规定

合作社及银行	时间	股员资格
闽西合作社	1930年9月	社员可自愿加入，在业商人不准加入合作社，富农可以加入，但不准参与管理
闽西消费合作社	1930年9月	商人不准入股，富农可以加入，但绝对不得有管理权
闽西工农银行	1930年9月	合作社、粮食调剂局、各级政府、各工会及各机关工作人员和工农群众
湘赣省工农银行	1931年12月	各级苏维埃政府及革命团体；革命的工人、农民、兵士、小商人及一切劳动贫民
湘鄂赣省合作社	1931年12月24日	凡在苏维埃政权下有选举权者，不分男女老幼，均为社员

① 杨德寿主编：《中国供销合作社史料选编》第2辑，中国财政经济出版社1990年版，第64—66页。

② 许毅：《中央革命根据地财政经济史长编》上册，人民出版社1982年版，第305页。

③ 中国井冈山干部学院，中央档案馆编：《红色中华》第三册，江西人民出版社2016年版，第88期。

④ 柯华主编：《中央苏区财政金融史料选编》，中国发展出版社2016年版，第133页。

续表

合作社及银行	时间	股员资格
粮食合作社	1932 年 8 月 21 日	社员以本乡内中农、贫农、雇农，工人、苦力及独立劳动者为限，富农、商人、资本家及一切剥削者都不能加入
生产合作社	1933 年 9 月	凡参加本社生产及本社雇用之工人职员均得自由陆续加入本社，不得以任何理由拒绝

资料来源：主要根据杨德寿主编的《中国供销合作社史料选编》第二辑（中国财政经济出版社 1990 年版）第 64—94 页、许毅编的《中央革命根据地财政经济史长编》（人民出版社 1982 年版）第 296—297 页的相关内容整理而成。

二、股票购买形式

根据不同时期经济形势，各合作社及银行对股票购买形式有不同的要求。湘赣省工农银行于 1931 年 12 月筹股时，简章中明确要求股金不得以货物抵折，每银洋一元即为一股，未满一元者不得入股[①]。闽西工农银行于闽西土地革命胜利，红色政府建立后为发展经济而设立，在其募股时股金以大洋为单位，收现金，不收纸币。在收现时，对大洋和金银也有明确的折算方法：金器照时价推算，旧银器每两折大洋陆角，由银行定期派人前往估定成色换算价格；除纸币外，各种通用银元均可收股款，但要以平正完好的大洋为单位，烂洋每元贴铜片七个[②]。

除可以用通用银元入股，群众还可将粮食折款认股。闽浙赣省苏维埃银行在 1933 年银行招股时规定五十斤谷折算一股。担任过弋阳县工农民主政府主席的江树元老人回忆："一九三三年银行招股我知道，五十斤谷一股，那时我家有二亩半地，我认了五股。"[③] 粮食合作社规定，股金不一定要现洋，也不一定一次要付齐，以二三次集中亦可，凡稻谷以及什粮（如麦子、花生、豆子等）均可折价为股金[④]。各合作社及银行股票购买形式

① 许毅：《中央革命根据地财政经济史长编》上册，人民出版社 1982 年版，第 305 页。

② 许毅：《中央革命根据地财政经济史长编》上册，人民出版社 1982 年版，第 296 页。

③ 中国人民银行江西省分行金融研究所编：《土地革命时期闽浙赣革命根据地金融史资料摘编》（内部刊物），1981 年版，第 24 页。

④ 中国井冈山干部学院，中央档案馆编：《红色中华》第三册，江西人民出版社 2016 年版，第 1715 页。

见表5－2。

表5－2　　各合作社及银行股票购买形式

	合作社及银行	时间	股票购买形式
股金不得以货物折抵	湘赣省工农银行	1931年12月	股金不得以货物抵折，每银洋一元即为一股，未满一元者不得入股
	闽西工农银行	1930年9月	股金以大洋为单位，收现金不收纸币
可将粮食折款认股	粮食合作社	1932年8月20日	股金不一定要现洋，也不一定一次要付齐，以二三次集中亦可，凡稻谷以及什粮（如麦子、花生、豆子等）均可折价为股金
	闽浙赣省苏维埃银行	1932年8月20日	股金不一定要现洋，也不一定一次要付齐，以二三次集中亦可，凡稻谷以及什粮（如麦子、花生、豆子等）均可折价为股金

资料来源：主要根据中国井冈山干部学院和中央档案馆编的《红色中华》第三册（中江西人民出版社2006年版）第92期、第1715页的相关内容整理而成。

股金亦可分期支付。《消费合作社章程》规定五元为一股，限定十月缴足①。即股员每月缴纳大洋五毛，分期十月缴清。《粮食合作社章程》规定可分期（两个月为一期）缴纳股金，但入股时须申明并定下某期交股金数额。

除此之外，为防止少数人操纵，各合作社对股票购买数量也有一定的限制。中华苏维埃临时政府发布的《合作社暂行组织条例》规定，每个社员其入股之数目不能超过十股，每股金额不能超过五元②。

三、流转章程条例制度

（一）股票转让

一般情况下，社员转让股票，均需管理委员会决定。信用合作社规定，社员可以将股权转让给承继人。粮食合作社规定社员可以将股金转让给他人，但须得管委会批准。

① 中国井冈山干部学院，中央档案馆编：《红色中华》第一册，江西人民出版社2016年版，第5期。

② 中国井冈山干部学院，中央档案馆编：《红色中华》第一册，江西人民出版社2016年版，第17期。

（二）退股

股员如需主动退股，须遵循相关规定（见表5－3）。湘赣省工农银行规定股员入股在一年以上的，如有特殊事故必须退股时，准其退股，但须在两星期以前报告银行；股员退股，非在没满一年的结算时，只按月算股本息金，不给盈余金。信用合作社规定：社员如有要求退社者，须得管理委员会之许可。粮食合作社规定：社员如要求退社时，要报告到管理委员会批准，退社社员股金须三个月后退回。生产合作社规定：本社社员如有特别原因，长期内不能参加生产者，可要求退还股金。但因病请假或其他原因短期内不能参加生产者不在此例。

表5－3　各合作社及银行退股条件

合作社及银行	时间	退股
湘赣省工农银行	1931年12月	入股在一年以上的，如有特殊事故必须退股时，准其退股，但须在两星期以前报告银行；股员退股，非在没满一年的结算时，只按月算股本息金，不给盈余金
粮食合作社	1932年8月20日	社员如要求退社时，要报告到管理委员会批准，退社社员股金须三个月后退回
消费合作社	1933年3月19日	社员如要求退社时，要报告到管理委员会批准，退社社员股金须三个月后退回
生产合作社	1933年9月	本社社员如有特别原因长期内不能参加生产者，可要求退还股金。但因病请假或其他原因短期内不能参加生产者不在此例
信用合作社	1933年	社员如有要求退社者须得管理委员会之许可

资料来源：主要根据杨德寿主编的《中国供销合作社史料选编》第二辑（中国财政经济出版社1990年版）第64—94页的相关内容及许毅编的《中央革命根据地财政经济史长编》（人民出版社1982年版）第305—306页整理而成。

银行转制，则会退还群众股金。闽浙赣省苏维埃银行前身为赣东北特区贫民银行，成立之初是通过招股创办，当银行扩大成为国家银行，在1931年退还群众股金①。

① 中国人民银行江西省分行金融研究所编：《闽浙赣省苏维埃银行》（内部刊物），中国人民银行江西省分行金融研究所出版社1985年版，第112—113页。

战时发生特殊情况，退还群众股金。1934 年 6 月，苏维埃中央政府正面临第五次反“围剿”战斗，需要募集大量革命经费，消费合作社于 1934 年 7 月 7 日起举行为期三周的合作社运动，发动社员群众慰问红军与优待红军家属，并号召社员加入红军。在此运动下，消费合作社发还社员股金六十五万元①。

革命群众自愿退还股票。在第五次反“围剿”和红军猛烈扩充的阶段，革命群众自愿退还闽浙赣省苏维埃银行股票，支持党的革命事业。据《红色东北》报道，地雷部副部长张朝甫同志在兵工厂工作时购买了四张银行股票，现在不要本利地全部退还苏维埃政府②。

（三）分红

各合作社和银行并非仅按持股比例分配红利。1930 年 9 月，闽西合作社规定所得红利中 30% 照股金分配，30% 照社员付与合作社之利益比例分配。以闽西消费合作社为例，其中 30% 照股金分配，30% 照社员买货量比例分配。闽西工农银行规定盈利中 60% 归股东照股摊分。

1931 年 12 月，湘赣省工农银行对股员持股有明确规定：股息定为大洋一元，每年给息金洋六分。

1932 年 8 月 20 日，临时中央政府对粮食合作社作出统一规定：合作社所得红利的 45%，按照社员所给合作社之谷子多少为比例分配之，但社员愿意不分者不分配。1933 年 3 月 19 日，消费合作社简章规定：合作社如有盈利，除供给职员的伙食及零用费外，由社员以股本金为比例分享；合作社之盈利，六月或一年清算分息一次；合作社对于本社社员来社购买一切日用物品时，其价格稍为低廉。1933 年 9 月，生产合作社规定：每期纯利除酌提若干为常务委员会及职员之奖励金外，以 50% 为公积金，20% 为办社员公共事业（如文化教育等），以 30% 照社员人数平均分配。1933 年 9 月，临时中央政府国民经济部部长吴亮平在《经济建设的初步总结》中表扬说：“壬田区的消费合作社，能够经常供给群众以盐、布、医药等

① 中国井冈山干部学院，中央档案馆编：《红色中华》第七册，江西人民出版社 2016 年版，第 205 期。

② 中国人民银行江西省分行金融研究所编：《土地革命时期闽浙赣革命根据地金融史资料摘编》（内部刊物），1981 年版，第 26 页。

必需品，价格较市场为廉，而且还能够使一元的股金，每年能得七毛多的盈余。以至壬田区的群众有说宁愿当了自己的衫服来加入合作社。武阳区的合作社，医院股金分了十五毛的红利。云集区分了一元半大洋。上杭才溪区甚至连做豆腐都组织了合作社。这些都是我们合作运动中的光荣的力量。”①

各合作社及银行股员红利分配情况见表5－4。

表5－4　　　　各合作社及银行股员红利分配

合作社及银行	时间	红利分配
闽西合作社	1930年9月	合作社所得红利30%照股金分配；30%照社员付与合作社之利益比例分配
闽西消费合作社	1930年9月	利润30%照股金分配；30%照社员买货量比例分配
闽西工农银行	1930年9月	逐年赢利，以百分之二十作公积金，百分之二十奖励工作人员，百分之六十归股东照股摊分
湘鄂赣省合作社	1931年12月24日	红利照股本均分，但必须留几分之几来扩大营业，得由社员大会来决定
湘赣省工农银行	1931年12月	股员得按章享受股本的息金；股员得按照银行每年的多少盈利，享受盈余金；股息定为大洋一元，每年给息金洋六分
中华苏维埃共和国国家银行湘鄂赣省分行	1932年4月	每年每大洋一元，给息金洋六分；息金和盈余金，每年度发给一次；领取息金和盈余金时，须持股票作证
粮食合作社	1932年8月20日	本社除开销外年中所得红利，45%按照社员所给合作社之谷子多少为比例分配，但社员愿意不分者不分配；为奖励合作社办事人员起见，得于社员分红中抽出多少，按人数分配给办事人员，但至多不得超过百分之五
消费合作社	1933年3月19日	合作社如有盈利，除供给职员的伙食及零用费外，由社员以股本金为比例分享之；合作社之盈利，六月或一年清算分息一次

① 中国社会科学院经济研究所，中国现代经济史组编著：《革命根据地经济史料选编　上》，江西人民出版社1986年版，第154—155页。

续表

合作社及银行	时间	红利分配
生产合作社	1933 年 9 月	每期纯利除酌提若干为常务委员会及职员之奖励金外，以 30% 照社员人数平均分配
信用合作社	1933 年	每期纯利 30% 给社员，所付利息额按标准比例分还社员

资料来源：主要根据杨德寿主编的《中国供销合作社史料选编》第二辑（中国财政经济出版社 1990 年版）第 64—94 页、江西金融志编辑室编《江西金融志资料》（1990—1993 年合订本）第 8 页和中国人民银行江西省分行金融研究所编的《湘鄂赣革命根据地银行简史》（内部刊物 1987 年版）第 129 页的相关内容整理而成。

四、股票流通数量

（一）银行集股数量

在建立中华苏维埃共和国国家银行时，一般情况下成立基金由政府拨款和群众集股两部分组成，其中群众集股是以广大群众以每家为单位，出一角或一元作基本金。

以扩建中华苏维埃共和国国家银行湘赣省分行为例，1931 年 12 月，省工农银行筹备委员会拟订的银行暂行简章具体提出，由省苏维埃政府拨出银洋四万元，向社会集股六万元作为资本金。在集股工作的号召下，各地党的组织也相应作出决定，其中安福县委规定，支部拿出一元，区委五元，县委十元向工农银行入股，同时要求各级党组织应鼓励党员个人、群众团体、群众个人把自己的金银和银元送到银行去入股。截至 1932 年 7 月，在广泛的宣传鼓动下，省工农银行收到群众的集股款二万元上下。

1932 年 8 月，湘赣省工农银行召开第一次全省股员代表会议，决议再扩充股金两万元。但是此时，第四次反“围剿”战争正激烈进行，这使苏维埃政府的某些工作受到一定的影响，财政工作被忽视了，也影响了银行集股工作的开展。经过四个来月的工作，即到 1932 年底，除莲花、茶陵筹得千余元外，其余各县均把募股工作完全放弃了[①]。

① 中国人民银行江西省分行金融研究所编：《中华苏维埃共和国国家银行湘赣省分行简史》（内部刊物），1986 年版，第 10—12 页。

(二)合作社集股数量

苏维埃政府各地合作社坚持自愿、互利、民主办社的原则,社员能够真正行使权力,且能享受低于市面价格购买和优先购买的权利,再加上可以拿到合理的分红,深受群众的喜爱和拥护,募股行动也大受支持。以闽西消费合作社为例,上杭县才溪区消费合作分社自1929年11月创办以来,积极改善经营模式,为群众谋福利,社员得到的实际利益越来越多。到1933年,社员由最初80余人发展至1041人,增加12倍;股金由最初的40余元发展至1040元,增加25倍。到1934年1月,第二次全国工农兵代表大会前后,全闽西苏区发展到消费合作社和粮食合作社各10万个社员,资本各10万元,绝大部分群众购买了合作社股票,加入了合作社组织①。

毛泽东主席于1934年1月在第二次全国工农代表大会上报告,根据1933年9月江西福建两省17个县的统计,共有合作社1423个,股金30多万元,发展最盛的是粮食合作社和消费合作社,其次是生产合作社。

各合作社集股数情况见表5-5。

表5-5　各合作社集股数(截至1933年9月)

	社数(个)	股金(元)
消费合作社	480	114120
粮食合作社	852	162164
生产合作社	91	39006
合计	1423	315290

资料来源:主要根据中国井冈山干部学院和中央档案馆编的《红色中华》第五册(中江西人民出版社2006年版)第133期的相关内容整理而成。

根据《红色中华》报道,闽浙赣苏区消费合作运动于1930年已开始,截至1933年12月,每区与大的乡都有建立,资本共达八万三千余元,共有六十多万元现洋在活动;贮粮合作社吸收了很广大的群众,共

① 中共龙岩地委党史资料征集研究委员会编:《闽西革命根据地史》,华夏出版社1987年版,第173—175页。

有二十余万股[1]。此后仅仅两个月，闽浙赣省消费合作社吸纳资本七千元，截至1934年2月16日，闽浙赣省消费合作社资本达九万元[2]。

第四节　土地革命时期中央苏区股票管理研究

一、组织结构

合作社萌芽期，各地合作社制度尚不完善，直到临时中央政府制定统一的合作社条例，完善了各合作社及银行的组织结构和管理制度。以粮食合作社为例，社员大会为最高机关，下设管理委员会、审查委员会（见图5－1）。

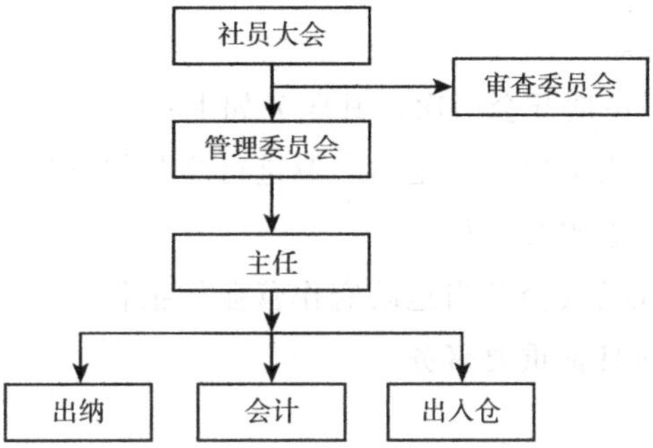

图5－1　粮食合作社组织结构

（一）社员大会制度

社员大会为合作社最高组织结构。各合作社定期召集社员开展社员大

① 中国井冈山干部学院，中央档案馆编：《红色中华》第五册，江西人民出版社2016年版，第139期，第145期。

② 中国井冈山干部学院，中央档案馆编：《红色中华》第五册，江西人民出版社2016年版，第150期。

会，会上由委员会作详细的汇报，社员得充分地检阅和批评。

以消费合作社为例，社员大会每三个月开会一次，如有临时事故发生或社员三分之一要求时，可由管理委员会召集临时大会。社员大会须有三分之二社员出席才能开会。

社员大会之职务如下：

（1）选举、罢免或处分管理委员会及审查委员会。

（2）制定或修改本社章程及办事细则。

（3）通过或开除社员。

（4）审查三个月之营业，报告及决算。

（5）决定下三个月之营业方针。

（二）管理委员会制度

管理委员会担负管理职能。一般由社员大会选举5—7人组成管理委员会。管理委员会成员任期为三月，可以连选连任，但任期不得超过半年。管理委员会承担社务的完全责任，所聘用的职员，如有渎职舞弊事情，应由管理委员会负责。

管理委员会每星期开会一次，其职务如下：

（1）依照社员大会决议，定出营业进行之具体方法。

（2）聘请或辞退本社职员。

（3）按期向社员大会及当地政府作营业等报告。

（4）处理其他日常重要事务。

（三）审查委员会制度

审查委员会负监督职能。一般由社员大会选举5—7人组成审查委员会。审查委员会成员任期为三月，可以连选连任，但任期不得超过半年。

审查委员会每月开会一次，审查管理委员会经营管理行为和账务。如果发现管理委员会有渎职、舞弊或违章行为，审查委员会负责召集社员大会进行改组、处分。

如发生审查委员会和管理委员会串通舞弊，由社员大会三分之一以上社员提议，召集社员大会改组和撤职，以及可向法庭起诉。

二、股票遗失管理

信用合作社规定，股票如有遗失，应先报知管理委员会挂失，登报声明作废后，再向本社请求补发新股票。粮食合作社规定，股票及社员证遗失时，须先报知管理委员会声明失票作废，以后再向管理委员会补领。

三、股员权利和义务

（一）股员权利

股员除享有剩余收益权以外，还享有其他权利。

股员拥有选举权、被选举权和表决权。生产合作社、粮食合作社和消费合作社纷纷规定社员交足股金后，即有选举权、被选举权、表决权，但每一社员不论认股多少，都以一权为限。

股员享有借款权。湘赣省工农银行股员如遇发展各种生产事业的需要，当得到当地苏维埃政府保证时，可向银行借款应用于生产事业。

股员享有免费诊疗的权利。以模范合作社上杭县才溪区消费合作社为例，才溪区消费合作社聘请两名医生免费为社员诊病①。

股员享有比市价更低购买价资格。消费合作社成立之初是为了使红军战士和人民群众吃便宜的油盐谷米，穿便宜的布和买便宜的东西，节省伙食钱，社员因此可以享受比市价更低的价格。以连城消费合作社为例，在消费合作社成立之前，连城县的盐价为小洋每毫八钱，猪肉每毛一两八钱，在消费合作社成立之后，合作社的盐价为小洋每毛卖一两，猪肉每毛卖二两，使社员享受更低价的商品②。另一个模范合作社——上杭县才溪区消费合作社社员买货也有优先购买权和按成本价购买的权利。安源路矿

① 中国井冈山干部学院，中央档案馆编：《红色中华》第五册，江西人民出版社 2016 年版，第 139 期。

② 中国井冈山干部学院，中央档案馆编：《红色中华》第五册，江西人民出版社 2016 年版，第 125 期。

工人消费合作社对入股的每一社员发放购物证，持证则可在合作社各门市购买比市价更低的廉价商品①。

1933年12月，为了扩大红军规模，消费合作社持续执行优待红军家属工作，属于红军家属的非社员得以享受百分之四的折扣价，而属于红军家属的社员可以享受百分之七的折扣价格。

（二）股员义务

在股员享受以上权利的同时，也要承担相应的义务（见表5-6）。

股员负责宣传和监督责任。湘赣省工农银行要求股员组织宣传银行的意义，提高银行的信用，以扩大组织，充实财力；侦察富商、奸商、反革命派的故意造谣、拒用银行票币、伪造票币的行为。《消费合作社章程》明确规定，社员有监督管理及负担本社资本的义务。

股员应优先向合作社买卖谷子。《粮食合作社章程》规定，社员应优先向合作社买卖谷子，在本社资本不能买时，才可以卖给社外。

股员不得行破坏合作社行为。消费合作社和生产合作社股员如有破坏合作社行为，会由社员大会通过开除。另外，参与合作社工作的群众，必须入股合作社。

表5-6　　各合作社及银行股员权利和义务

合作社及银行	时间	股员义务	股员权利
湘赣省工农银行	1931年12月	股员应将组织银行的意义，作广大的宣传，提高银行的信用，以扩大组织，充实财力；股员应可能的随时随地换回银行票币，以申请银行信用；股员要随时随地侦察有无富农、奸商、反革命派故意造谣破坏银行、拒用银行票币、输送现金外出、伪造银行等，一经发觉，即刻报告	每年由银行经理委员会决定代表产生法及会期，召集全体股员代表大会一次，以审查银行账簿，批评和讨论银行工作；股员在每年接受股本息金及盈余金时，如愿将此款再投入银行者，准其按数作储金；股员如遇在发展各种生产事业的需要上得到当地苏维埃政府保证时，可由银行借款应用

① 赵松如：《江西金融志资料》，1990—1993年（合订本），第50页。

续表

合作社及银行	时间	股员义务	股员权利
粮食合作社	1932 年 8 月 20 日	本社社员有向本社出粜米谷，或粜入米谷，都要向本社买卖，在本社资本不能买时，才可以卖给社外	本社社员有向本社出粜米谷，或籴入米谷的权利；社员交足股金后，即有选举权，被选举权，表决权，但每一社员，不论认股多少，都以一权为限
消费合作社	1933 年 3 月 19 日	合作社社员在未出股以前，均有监督管理及负担本社资本的义务；合作社每届六月或年终，须召集一次社员会议，审查一切以前的往来数账目，并计划以后一切的采买销售事宜；合作社在许可的范围内，应运输农村的生产品到白区或对外商品交换所去，并尽量设法向白区采购我们的需用品到苏区来	合作社如有盈利，除供给职员的伙食及零用费外，由社员以股本金为比例分享；合作社对于本社社员来社购买一切日用物品时，其价格稍为低廉；凡交足股金之社员，均有选举权、被选举权、表决权，但每一社员（代表一家）无论认股多少，均以一权为限
生产合作社	1933 年 9 月	本社社员数量无限制，凡参加本社生产及本社雇用之工人职员均得自由陆续加入本社，不得以任何理由拒绝	凡缴足股金参加生产之社员，均有选举权、被选举权、表决权，但每一社员不论认股多少均以一权为限

资料来源：主要根据杨德寿主编的《中国供销合作社史料选编》第二辑（中国财政经济出版社 1990 年版）第 64—94 页和许毅编的《中央革命根据地财政经济史长编》（人民出版社 1982 年版）第 305—306 页的相关内容整理而成。

本章小结

股份制推行的理念和方式在很大程度上促进了苏区经济，它的宣传方式与发行方式是一个边实施边完善的过程，其中所包含的各要素、要领都考虑到了效果，紧密结合当时的社会环境。

股票宣传上，不论是银行类股票还是合作社股票，它们的共性在于强调群众利益，这是成功推行股份制的基础，区别则主要体现在招股对象、宣传要点上。由于合作社本身具备一定的福利性质，所以宣传工作相较银行股票较为轻松，主要以传达合作社的功能点为主，而银行股票的发行是为了支持财政经济，对于广大群众而言，并不是最贴近生活、最具吸引力的，这也是为什么股票的宣传工作和方式上更为多样，有更加丰富的特点。例如，上述提到“以谷换股”来降低购股门槛，“深入基层宣传、强调群众利益”来感召群众，“入股的群众加入招股工作”则发散式地发展招股员规模，最特别的是，银行的招股范围还涵盖了苏区富农、白区群众，基本上对身份没有很严格的要求，这显然利于最大程度上吸纳资金，尽全力支持革命事业斗争。

股票发行上，不难发现其组织原则和架构都比较严谨，层级和监督机制有序分明，确保招股工作的公正公开。在发行要素上，股本、股员、红利分配并不是笼统且统一的，中央只给出基本框架，具体实施办法则交由各层级自行制定，结合当地群众的生活状况、合作社的类型来设置最佳的红利分配办法等，完美实现了“因地制宜”的指导办法。在发行特点上，体现的尽是不同方向的惠民政策，高水平的红利分配实现了“取之于民用于民”，“薄利经营”则给了贫农低价购买商品和生产用具的渠道，降低了群众的生活成本和工作成本。“低息借款”能有效杜绝民间高利贷行为，避免群众陷入困境。除了以上普适性的惠民办法，还有对特殊群体的照顾，如针对红军及其家属的特别优惠，一方面是对红军的支持和肯定，另一方面也在一定程度上鼓励群众加入革命斗争，这一系列特点从各个方面扶助群众，救贫苦工农于水火，于那个时代而言，这是极具意义的“扶贫”。

股票流通上，合作社股票和银行类股票，均以保障工农群众利益为主，不论是股员资格、股票购买形式，还是股票流转制度，均考虑到贫农的切实利益。“富农不得参与管理”这一规定，在资产阶级和无产阶级的冲突之下，保障了无产阶级的利益。股票转让、退股和分红均有清晰的规定，以人为单位分配红利，提高了贫农可获取的红利；战时群众主动退股，表明工农群众对革命斗争的支持。粮食合作社可以粮食折价换股金的方式，大大方便了贫农入股。对于购买股票的工农群众而言，也可以享受相应比例的分红。分红是对群众购买股票最好的奖励，让群众获得自己投入资金的回报，提升工农群众对革命斗争的信心。

股票管理上，在对合作社的管理和监督方面，既设立了管理委员会，又设立了审查委员会，监督模式类似于现代化的公司制度，但任期更短，极大防止了管理者贪污腐败行为。对于股员权利和义务方面也有更明确的规定。合作社的设立一方面是为了活跃苏区经济，另一方面则是给工农群众谋福利。股员和红军战士及其家属可以享受优待，例如以更低的市价购买商品，或是享受合作社提供的其他的福利待遇，提高了苏区工农群众的生活质量；工农银行提供给群众的低息借贷给了群众改善生活的资本金，进一步提高了苏区经济发展水平。

第六章　土地革命时期中央苏区股票所见类别研究

第一节　合作社股票类别研究

一、合作社大纲要

“中央苏区的合作社起源于东固和闽西苏区。1928 年年底，在吉安县东固（今吉安市青原区）成立东固消费合作社。”① 对于闽西苏区，由于敌人的封锁，导致苏区经济、物质流通受阻，同时奸商乘机囤积居奇，“剪刀差”问题日益严重。1929 年 9 月 30 日，苏区闽西政府发布了《关于剪刀差问题——中共闽西特委通告第七号》，通告详细解释了“剪刀差”产生的原因及危害，指出“剪刀差”实际是变相地剥削农民，最终会导致苏区的经济崩溃、工人失业，造成整个社会经济的恐慌，更易于反动派进行反动宣传。因此，解决苏区“剪刀差”问题迫在眉睫。通告也给出了解决方案：“由县区政府经济委员会有计划地向群众宣传，并帮助奖励群众创造合作社，如生产合作社、消费合作社、信用合作社等，使农民卖米买货不为商人所剥削，而农村储藏资本得以收集，使金融流通。”② 由此，闽西

---

① 周金堂主编：《井冈山斗争与中央苏区时期党的经济工作研究》，社会科学文献出版社 2018 年版，第 294 页。

② 中共龙岩地委党史资料征集领导小组，龙岩地区行政公署文物管理委员会编：《闽西革命史文献资料》第 2 辑（内部刊物），1982 年版，第 208 页。

的合作社便开始出现并发展起来，为了更好更快地发展合作社、协助当地恢复经济，闽西政府于1930年3月25日发布了《闽西合作社条例》，规定谁可以入股合作社、怎么入股、利益如何分配等问题。

闽西合作社条例

（1930年3月25日）

一、有下列条件者，始得称为合作社。

（一）照社员付与合作社之利益，比例分红，而非照股本分红者。

（二）社员是自愿加入者。

二、在业商人可以加入，但不能办事。

三、合作社所得红利，照如下分配：

（一）40%照股金分配，作为利息。

（二）10%作为公积金。

（三）10%抽与办事人花红。

（四）40%照社员付与合作社之利益比例分配。

四、合作社办事人由社员公选，政府不予干涉。

五、合作社不受工会法之支配。

六、合作社货物之运输及账目之追收，政府应予以保护及帮助。

七、合作社免向政府缴纳所得税。

八、合作社有向政府廉价承办没收之工商业及农业之优先权。

九，合作社借贷买卖及各种章程，由社员大会规定。

十、合作社应将社员人数、股本、章程、分红办法及办事人姓名报告政府登记①。

从闽西开始，合作社开始在全苏区推广。1931年11月，召开了中华工农兵第一次全国代表大会。大会确定成立苏维埃中央政府，并向全区强调了合作社的发展要求："为着整个苏维埃贸易与保障劳苦人民的利益及改良劳动群众必须品的供给，苏维埃政府必须极力帮助合作社的组织与发展。苏维埃对于合作社，应该以财政的协助与税的豁免，苏维埃应将一部

① 杨德寿主编：《中国供销合作社史料选编》第2辑，中国财政经济出版社1990年版，第64页。

分没收的房屋与商店交给合作社使用，并且为要保证劳苦群众的供给，苏维埃政府必须提倡公共仓库储蓄粮食，以便实行廉价供给与接济。”① 之后中央为了规范化管理、有效发展合作社，于 1932 年 4 月 12 日颁发《关于合作社暂行组织条例》。

关于合作社暂行组织条例

中华苏维埃临时中央政府

（1932 年 4 月 12 日）

第一条　根据苏维埃的经济政策，正式宣布合作社组织为发展苏维埃的一个主要方式，是抵制资本家的剥削和怠工，保障工农业劳动群众利益的有力武器，苏维埃政府并在各方面（如免税、运输、经济、房屋等）来帮助合作社之发展。

第二条　合作社系由工农劳动群众集资所组织的，富农资本家及剥削者，均无权组织和参加，其种类只限以下三种。

（一）消费合作社。为便利工农群众贱价购买日常所用之必需品，以抵制投机商人之操纵。

（二）生产合作社。制造各种工业日用品，以抵制资本家之怠工。

（三）信用合作社。为便利工农群众经济周转和借贷，以抵制私人的高利剥削。

第三条　消费、生产、信用合作社的社员不仅兼股东，并且是该社的直接消费者、生产者、借贷者，不合此原则者，不得称为合作社。

第四条　消费、信用合作社之消费者、借贷者，要以社员为主体。对于社员除享受红利外，还应享有低利借贷之特别权利，对于非社员之价目与利息，最高的限度不能超过社员中一般规定之上。

第五条　每个社员其入股之数目不能超过十股，每股金额不能超过五元，以防止少数人之操纵。

第六条　凡工农劳动群众所组织之合作社，须先将章程，股本，社员人数，营业项［目］，向当地苏维埃政府报告，经审查登记后，领取合作

① 王金山等：《中华苏维埃共和国消费合作社史料选编》，江西省供销合作社 2001 年版，第 2—4 页。

社证书，才能开始营业。

第七条　凡在此条例未公布前，各地所组织之合作社照第六条之手续，登记领取证书。

第八条　凡不遵照此条例所组织之合作社，苏维埃政府得禁止之。同时对于各种合作社认为有违反此种条例行为时，苏维埃政府有随时核［查］和制止之权。

第九条　本条例自公布之日起发生效力。[①]

该条例明确了合作社的作用，是为了抵制资本的剥削，保护工农群众的利益；确定了合作社种类（消费、生产、信用合作社）；指定了谁可以入股（工农劳动群众，富农资本家及剥削者除外）；规定了入股数和每股金额（每人不超过 10 股，每股不超过 5 元），防止操纵的可能；以及股东权益（享受红利、享有低利借贷）。

不难发现，这份条例只是大致规定了合作社，对于各种合作社的细节并没有明确规定，这主要是考虑到各类合作社以及地区情况不同，需要各地方政府和人员结合实际情况来制定。同时，根据邓子恢（闽西苏区的重要创建者，对中央苏区发展壮大作出了重大贡献[②]）对于合作社的思想理念："这里要注意的，就是合作社是一种阶级斗争的经济组织，所以一定要形成一种运动，绝对不可有丝毫的命令、强迫的行为，主要是从宣传鼓动工作去动员群众自动来入股"[③]；"社员是自愿加入者"[④]；"这里要注意的是办事人，一定要选择忠实可靠活动分子，合作社账目一定要清白，要使群众加入合作社，的确得到利益，才能更加鼓起群众的信心和兴趣而促成合作社的发展。"[⑤] 再从后文的《粮食合作社简章》《犁牛合作社组织大纲》等条例来看，我们可以大致总结出以下几点：（1）颁布大纲性质的合作社条例，以指引地区各政府开展合作社工作；（2）根据群众需要并结合

① 王金山等：《中华苏维埃共和国消费合作社史料选编》，江西省供销合作社 2001 年版，第 2—4 页。

② 周金堂主编：《井冈山斗争与中央苏区时期党的经济工作研究》，社会科学文献出版社 2018 年版，第 295 页。

③ 邓子恢：《邓子恢文集》，人民出版社 1996 年版，第 43 页。

④ 邓子恢：《邓子恢文集》，人民出版社 1996 年版，第 29 页。

⑤ 邓子恢：《邓子恢文集》，人民出版社 1996 年版，第 44 页。

当地实际情况，来开展合作社；（3）以入股的方式，鼓励群众自愿参加合作社；（4）对入社的群众进行资格考察，拒绝富农资本家及剥削者；（5）各合作社必须有严格可执行的规章制度，真实记录合作社发展情况并上报中央；（6）注意利益分配，发挥合作社集体经济的最大效用，兼顾政府及群众的需求。

此后，各地各类合作社铺天盖地地出现，对苏区经济恢复与发展起到了相当大的作用。国民经济部副部长吴亮平在1933年9月底进行初步总结："合作社的发展，在我们工农民主专政下面，不但对于群众生活的改善，工农联盟的巩固，而且对于革命战争的彻底胜利与将来革命转变的保证，都有非常重要的意义。如果在南北部经济建设大会（八月十二日，八月二十日）以前，合作社的发展是很缓慢的，在那大会以后，发展的速度，是快的多了。在大会以前，全苏区消费合作社只有四百零六个，社员八万三千人，股金九万元，粮食合作社，在大会以前，只有五百十三个，社员十一万零二千人，股金九万元，在大会以后各县合作社的发展情形，虽然还没有整个的报告与统计，可是我们从瑞金兴国等县例子，已经可以看到合作社发展速度的增高。例如，瑞金在八月以前，只有九千的消费合作社社员，一万一千元的股金，那末在八月以后一个月中，社员就增加了五千三百人，股金增加了五千五百元，粮食合作社在八月以前是很少的，在八月以后，社员增加到六千八百人，股金增加到八千八九百元。这就是说在八月以后的一个月中，消费合作社与粮食合作社社员增加了一万多，差不多等于从革命以后到八月以前整个时期的发展数目。兴国在大会以后的一个月中，消费合作社社员，增加一万四千六百人，粮食合作社社员，增加一万五千人。这一增加的数目，也差不多等于以前整个时期发展的数目。这样发展的速度，无疑的是迅速的。这是我们经济建设上一个极大的成功。"①

在1934年1月全苏二大以后，合作社运动的发展到了新的高度（见表6-1）。"如果在去年四月国民经济人民委员部刚刚成立以后的时期，我们还只在几个先进的县份（兴国，胜利，瑞金，上杭的才溪区等），看到一些零星的不相连属的区乡合作社，那末，在一年以来，特别在去年经济

① 中国井冈山干部学院编：《斗争》第二辑，中国发展出版社2017年版，第233页。

建设大会以后，我们在这上面，是踏进了一大步！首先在绝对的数量方面，我们在中央苏区（其他苏区，如闽浙赣，有十余万社员都还不算在内）得到了下面的进展情形：……"

表6-1　中央苏区合作社进展情形

	1933年8月以前		1934年2月	
消费合作社	社数	417个	社数	1140个
	社员	82940人	社员	295993人
	股金	91670元	股金	322525元
粮食合作社	社数	457个	社数	10712个
	社员	102182人	社员	243904人
	股金	94894元	股金	242079元
生产合作社	社数	76个	社数	176个
	社员	9276人	社员	32761人
	股金	29351元	股金	58552元

"虽然这些统计，是不完备的，有参差的，甚至在粮食合作社的数字中，一部分是空虚的，但从这一统计上，我们已有可以明白看到在最近一年来我们合作社（特别是消费合作社）的迅速的发展。"[①] 从数据可见，从1933年8月的苏区经济大会，到1934年1月的苏区二大，合作社运动空前发展。尤其是消费合作社和粮食合作社的发展十分迅速，证明合作社发展路线十分正确，它满足了人民群众的需要，因此群众就会自动去拥抱合作社并努力发展它。

尽管这份《合作社暂行组织条例》规定了合作社类型，但是它也为其他类型的合作社提供了思路，例如《粮食合作社简章》《犁牛合作社组织大纲》等其他合作社的组织条例。

二、消费合作社

消费合作社通过集中管理群众的投入资本，然后再专门大批地购买社

① 中国井冈山干部学院编：《斗争》第四辑，中国发展出版社2017年版，第50页。

员日常所必需的消费品，这样既能保证所购买的消费品质量和价格都在合理区间，又能避免奸商的剥削和欺骗，属于群众经济组织。它是一种以乡村、工厂、学校、机关或者城市街道为单位，由广大劳苦大众自愿消费活动而联合起来的一种股份制经济组织①。于1928年底，在吉安县东固成立的东固合作社②是中央苏区第一个消费合作社。之后为了更好发展和管理合作社，中央于1933年9月10日发布了《消费合作社章程》。

消费合作社章程

中华苏维埃共和国临时中央政府

（1933年9月10日）

第一条　本社为便利工农的消费，以抵制投机者操纵和剥削为宗旨。

第二条　本社遵照合作社暂行组织条例第六条之规定，向××县政府登记取得合作社证书。

第三条　本社定名为××县××区××乡消费合作社。

第四条　本社社员以工农劳动群众为限，富农、资本家、商人及其它剥削者不得加入。

第五条　当地政府必要时可认股参加，但政府只有一普通社员资格，无任何特权。

第六条　本社社员必为本社之直接消费者，都要向本社营业。

第七条　本社社员数量无限制，准许自由陆续加入，但成立以后加入之新社员，要经过社员大会通过。

第八条　社员有破坏本社行为者，得由社员大会通过开除之。

第九条　社员如有要求退社者，须向管理委员会报告许可。

第十条　本社股金定每股大洋壹元，以家为单位，其一家愿入数股者听［便］。

第十一条　凡交足股金之社员，均有选举权、被选举权、表决权，但每一社员（代表一家）不论入股多少，均以一权为限。

第十二条　凡交足股金之社员，由本社发给股票及购买证。

---

① 洪荣昌：《苏区经济合作社浅说》，《福建党史月刊》2019年第5期。

② 周金堂主编：《井冈山斗争与中央苏区时期党的经济工作研究》，社会科学文献出版社2018年版，第294页。

第十三条 本社股票及购买证概用记名式，盖以本社图记，由管理委员会主任及副主任签名盖章。

第十四条 社员有转让其股权之于承继人之权，但须得管理委员会之可决。

第十五条 股票及购买证如有遗失情事，应先报知管理委员会挂失，一面登报声明作废后再向本社请求补发新股票。

第十六条 购买证只限该社员一家使用，不得借给非社员，并不得持证代非社员向本社购物，如发觉上项情事，应给该社员以停止分红一期之处分。

第十七条 本社以社员之需要为前提，大批采办日用必须品，零售给社员。

第十八条 本社商品应以极低廉的价格售给社员。

第十九条 本社商品亦可售给非社员，其价格应比社中略高，但不能超过一般市价以上。

第二十条 必需品缺乏时，社员有优先购买之权。

第二十一条 本社以社员大会为最高组织，由全体社员组织之。

第二十二条 社员大会每三个月开会一次，如有临时事故发生，或社员三分之一之要求时，可由管理委员会召集临时大会。

第二十三条 社员大会须有三分之二社员出席才能开会。

第二十四条 社员大会之职权如下：

1. 选举、罢免或处分管理委员及审查委员；
2. 制定或修改本社章程及办事细则；
3. 通过或开除社员；
4. 审查三个月之营业报告及决算；
5. 决定下三个月之营业方针。

第二十五条 管理委员会由社员大会选举七人至十一人组织之，设正副主任各一。

第二十六条 管理委员会任期以三个月（或半年）为限，但得连选连任。

第二十七条 管理委员会每星期开会一次，其职权如下：

1. 依照社员大会决议，定出营业进行之具体办法；

2. 聘请或辞退本社职员；

3. 按期向社员大会及当地政府作营业等报告；

4. 处理其它日常重要事务。

第二十八条　管理委员会之委员，至少须有一人以上兼任本社职员。

第二十九条　管理委员会主任如不能兼任本社职员时，每日至少应到社一次，检查收支账目、营业情形等。

第三十条　管理委员会应负社务之完全责任，所聘用之职员如有渎职、舞弊情事，应由管理委员会负责。

第三十一条　审查委员会由社员大会选举五人至七人组织之。

第三十二条　审查委员会任期以三个月（或半年）为限，但得连选连任。

第三十三条　审查委员会每月开会一次，审查管理委员会之行为及账目。

第三十四条　管理委员会如有渎职舞弊或违章时，得由审查委员会召集社员大会改组处分之。

第三十五条　管理委员会与审查委员会通同舞弊时，得由社员三分之一以上之提议，召集社员大会改组和撤职以及向法庭起诉。

第三十六条　本社定三个月决算一次，决算期应制下列表册书类，交社员大会审定后，呈报当地政府及中央政府。

1. 资产负债表；

2. 损益表；

3. 财产目录；

4. 营业报告书；

5. 红利分配表；

第三十七条　每期纯利以百分之五十为公积金，百分之十为管理委员会及职员奖励金，百分之十为社会公共事业，百分之三十照购买额为标准比例分还社员之消费者。

（注一）：利益之分配，各地可由社员大会决定，但公积金须超过三分之一以上。

（注二）：分红给购买者之办法，如因有登记计算之困难，可按照社员人数平均分配，或将平日售货价格减低，但公积金就要增加。

第三十八条　本章程如有未尽事宜，得由社员大会决议增删或修改之。

第三十九条　本章程遵照中央政府所颁发之标准章程与社员大会之决定所规定，增删修改之权属于社员大会，但须向苏维埃政府登记备案①。

其中，从有关入股和股票管理的规定我们可以看出：(1) 指定了入股人员仅限为工农劳动群众，政府必要时期可入股，但只有普通社员的资格。(2) 入股程序不同，创立时可直接入股，创立后大会审核入股。(3) 股金定为每股大洋壹元，以家为单位。(4) 可向管理委员会报告后，进行转股或退股。(5) 遗失股票应先报知管理委员会挂失，登报声明作废后再向本社请求补发新股票。(6) 股权方面，每一社员（代表一家）不论入股多少，均以一权为限，享有选举权、被选举权、表决权。(7) 股票用记名式，盖以本社图记，由管理委员会主任及副主任签名盖章。(8) 利润管理更为完善，每期纯利以 50% 为公积金，10% 为管理委员及职员奖励金，10% 为社会公共事业，30% 照购买额为标准比例分还社员之消费者。分红给购买者之办法，如因有登记计算之困难，可按照社员人数平均分配。

与之前的《合作社暂行组织条例》相比，这份《消费合作社章程》不仅加入具有自身特色的条例，还针对合作社管理进行规范（如经营管理、审查监督、社员大会），使得合作社运营更加规范，能有效保护人民群众的利益；在计划和决算上，既要让管理者定期开会制订方案，又要定期向大会以表册的形式汇报经营结果；在利润分配上，也详细地制订了补充方案，让合作社所产生的利润能有效地分配和使用；此外，在人员安排上也做了详细的说明。

从消费合作社的发展来看，在 1933 年 8 月的经济大会之前，消费合作社社数 417 个，社员 82940 人，股金共 91670 元。到 1934 年 2 月，消费合作社发展迅猛，社数增长到 1140 个，社员增加至 295993 人，股金高达 322525 元，可见消费合作社受到广大群众的欢迎。并且根据地区实际情

① 王金山等：《中华苏维埃共和国消费合作社史料选编》，江西省供销合作社 2001 年版，第 38—42 页。

况，各地还发展出来不同的消费合作社，如中国工农红军消费合作社、油盐肉合作社、布匹合作社，更加满足了当时人民群众的需求，为苏区发展作出贡献。

三、生产合作社

生产合作社通过社员集资直接生产，所生产的物品直接出售，与资本家所控制的企业不同，工人直接享有剩余价值；同时，吸纳各区失业群众，发展苏区经济。

生产合作社生产的产品种类繁多：瓷器、锅子、雨伞、纸业、烟、钨砂、樟脑、农具、肥料、石灰、织布、制药、制糖等，这是组织了大量当地各种手艺工人、手工业者的结果，使得苏区经济能够迅速恢复。为了更好地管理和发展，苏区中央政府于1933年9月10日发布《生产合作社标准章程》，具体内容如下。

生产合作社标准章程

（1933年9月10日）

第一条　本社为发展苏区生产，抵制资本家之剥削与怠工，救济失业之困苦与生活之改善为宗旨。

第二条　本社遵照合作社暂行组织条例第六条之规定向××县政府登记取得合作社证书。

第三条　本社定名为××县××区××生产合作社。

第四条　本社社员以工农劳苦群众直接参加本社之生产者为限，无参加本社生产之人不得为本社社员。

第五条　本社社员数量无限制，凡参加本社生产及本社雇佣之工人、职员均得自由陆续加入本社，不得以任何理由拒绝之。

第六条　本社社员如有特别原因长期内不能参加生产者，得要求退还股金，但因有病请假或其他原因短期内不能参加生产者，不在此例。

第七条　本社社员因参加生产而致残废者，除由本社按照情形分别抚恤外，仍保留其股权及分红权利，其分红数目以参加生产社员之平均数为标准。

第八条　社员有故意怠工或破坏本社行为者，得由本社社员大会通过而开除之。

第九条　本社股金定每股大洋一元，以劳动力为单位，其一个参加生产的劳动力愿入数股者听便。

第十条　凡交足股金参加生产之社员，均有选举权、被选举权、表决权，但每一社员不论入股多少，均以一权为限。

第十一条　凡交足股金之社员由本社发给股票。

第十二条　本社股票概用记名式，盖上本社图记，由管理委员会主任签名盖章。

第十三条　社员如欲转让其股于继承人时，须该继承人仍愿参加本社生产者，方能许可。

第十四条　股票如有遗失情事，应先报告管理委员会挂失，一面登报声明作废后，再向本社请求补发新股票。

第十五条　本社应社会需要制造×××，但时机许可时，得兼营其他生产事业。

第十六条　本社于必要时，得雇佣工人或职员，工资与工作时间，须遵照劳动法之规定，并须尽可能做到较私人资本所办之生产事业对工人之待遇条件为优。

第十七条　本社对长期雇佣之工人，须尽量吸收其为本社社员，对短期雇佣之工人，须尽量允许其加入或退出本社之要求。

第十八条　本社以社员大会为最高组织。由全体社员组织之。

第十九条　社员大会每三个月开会一次，如有特别事故发生或社员三分之一以上要求时，可随时召集临时大会。

第二十条　社员大会须有三分之二以上社员出席，才能开会。

第二十一条　社员大会之职务如下：

1. 选举、罢免或处分管理委员及审查委员；

2. 制定或修改本社章程及办事细则；

3. 决定工资及工作时间；

4. 通过或开除社员；

5. 审查三个月生产与销售之报告及决算；

6. 决定奖励金之数目及其分配；

7. 决定下三个月之生产及销售计划。

第二十二条　管理委员会由社员大会选举×人至×人组织之。

第二十三条　管理委员会任期以三个月为限，但得连选连任。

第二十四条　管理委员会每星期开会一次，其职务如下：

1. 依据大会决议定出生产与销售之具体办法；

2. 雇佣或辞退工人；

3. 按期向社员大会及当地政府作社务报告；

4. 处理其他日常重要事务。

第二十五条　管理委员会互选三人为常务委员，以一人为主任，一人司会计，一人司银钱、生产品之出纳。

第二十六条　常务委员会如不能担任上项职务时，得由本社聘请职员帮助，但其责任仍归该委员负之。

第二十七条　常务委员会除酌给奖励金外，如因社务繁忙，不能参加生产劳动或一部分时间不能参加劳动时，得按照情形，酌给予劳动时间应得之同等工资。

第二十八条　审查委员会由大会选举五人至七人组织之。

第二十九条　审查委员会任期以三个月为限，但得连选连任。

第三十条　审查委员会每月开会一次，审查管理委员会之行为及账目。

第三十一条　管理委员会如有溺职舞弊、徇私、违章时，得由审查委员会召集社员大会改组并处分之。

第三十二条　管理委员会与审查委员会通同舞弊时，得由社员三分之一以上提议，召集社员大会改组并处分之，重者向法庭控告。

第三十三条　本社定三个月决算一次，决算期，应制下列表册书类，交社员大会审定后，报告当地政府及中央政府：

1. 资产负债对照表；

2. 损益表；

3. 红利分配表；

4. 财产目录；

5. 生产和销售实况报告书；

6. 雇佣工人情形报告书。

第三十四条　每期纯利，除酌提若干为常务委员会及职员之奖励金外，以百分之五十为公积金，百分之二十为办社员公共事业（如文化教育等），以百分之三十照社员人数平均分配。

第三十五条　本章程如有未尽事宜，得由大会决议增删或修改之。

第三十六条　本章程系遵照中央政府所规定之标准章程而订，遇有增删修改时，由社员大会决定，报告苏维埃政府批准，备案施行①。

在章程中，从相关股票的条例我们可以看出：(1) 只有工农群众且参与生产者才有资格入股。(2) 交足股金者将享受选举权、被选举权、表决权。(3) 每股大洋一元，以劳动力为单位（与之前以“家”为单位不一样），一权为限。(4) 股票采用记名式，盖上本社图记，由管理委员会主任签名盖章。(5) 转让者必须为参加本社生产者。(6) 股票发生遗失，应先报告管理委员会挂失，一面登报声明作废后，再向本社请求补发新股票。(7) 对于因特别原因导致长期不能参加生产者，得要求其退还股金。(8) 因参加生产而致残废者，除由本社按照情形分别抚恤外，仍保留其股权及分红权利，其分红数目以参加生产社员之平均数为标准。可以看出，生产合作社的股票有关的条例和之前的相比，更符合该合作社的特性。

总体上看，这份规章制度和《消费合作社章程》一样，拥有许多细节，合作社管理和监督也大致相似。在人员安排上考虑到入股者都为生产者，因此时间上更加灵活。就有关经营报告方面也增加了其特殊形式（生产和销售实况报告书和雇佣工人情形报告书）。这些规章制度将保证合作社的发展更加符合生产的需要，能有效组织人民群众投入生产活动。

回顾生产合作社的发展，在1933年8月的经济大会之前，生产合作社社数76个，社员9276人，股金共29351元。到1934年2月，消费合作社发展到社数176个，社员32761人，股金58552元。与之前的消费合作社相比，从社数到人员到股金都明显小于消费合作社，侧面反映了苏区劳动压力之大，组建生产合作社势在必行。

---

① 中国社会科学院经济研究所，中国现代经济史组编著：《革命根据地经济史料选编　上》，江西人民出版社1986年版，第264—268页。

四、信用合作社

信用合作社对吸收的社员的资金进行专门管理，并帮助苏区银行补充资金、宣传并推广苏维埃货币、推广业务。其与私人银行根本的不同是，合作社所获得的利润由全员共享，社员可借贷合作社资金进行生产等，这样就能保证入社的人民群众避开高利贷资本的剥削，为活跃苏区金融发挥重要作用。

目前发现，苏维埃政府最早发行的股票是闽西苏区永定县第一区信用合作社的股票。而永定第一区信用合作社，于1930年成立，以募股方式募集每股一元，由群众中募集和指定商店认股，总共募集了三千余元的股金，群众募集了百分之四十，商店认购了百分之六十。截至1931年4月，永定县建有信用社9个，股金共有10528元。太平区及第一区的信用合作社还发行了纸币。为了更好发展和推广，苏区中央政府于1933年9月10日发布了《信用合作社标准章程》，内容如下。

信用合作社标准章程

（1933年9月10日）

第一条　本社以便利工农群众经济的周转，与帮助发展生产，实行低利偕贷，抵制高利贷的剥削为宗旨。

第二条　本社遵照合作社暂行组织条例第六条之规定向××县政府登记采取合作社营业证书。

第三条　本社定名为××县××区信用合作社。

第四条　本社社员以工农劳苦群众为限，富农、资本家、商人及其他剥削者，不得加入。

第五条　当地政府必要时可认股参加，但政府只有一普通社员资格，无任何特权。

第六条　本社社员数量无限制，准许自由陆续加入，但成立以后这新社员要经社员大会之通过。

第七条　社员如有要求退社者须得管理委员会之许可。

第八条　社员有破坏本社行为者得由社员大会通过开除之。

第九条 本社股金定每股大洋一元（附注），以家为单位，其一家愿入数股者听之。

第十条 凡缴足股金之社员均有选举权被选举权 > 表决权。但每一社员（代表一家）不论入股多少均以一权为限。

第十一条 凡缴足股金之社员由本社发给股票。

第十二条 本社股票概用记名式，盖以本社图记，由管理委员会主任及副主任签名盖章。

第十三条 社员有转让其股权于承继人之权，但须得管理委员会之可决。

第十四条 股票如有遗失情事，应先报知管理委员会挂失，一面登报申明作废后，再向本社请求补发新股票。

第十五条 本社应以极低利息，贷款借社员，但社员借款用途以发展生产临时周转或特别用途，经管理委员会认为必需者为限。

第十六条 本社应尽先贷款给社员，须至股金充裕时始可对非社员放款。

第十七条 非社员借款应订定保障安全之规则以限制之。

第十八条 非社员借款利息应较社员略高，但不能超过借贷条例之规定以上。

第十九条 本社以社员大会为最高组织，由全体社员组织之。

第二十条 社员大会每三个月开会一次，如有临时事故发生，或社员三分之一以上之要求时，可由管理委员会召集临时大会。

第二十一条 社员大会须有三分之二社员出席方能开会。

第二十二条 社员大会之职务如下：

1. 选举罢免或处分管理委员及审查委员。

2. 制定或修改本社章程及办事细则。

3. 制定贷款标准利率及贷款规则。

4. 通过或开除社员。

5. 审查三个月之营业报告及决算。

6. 决定下三个月之营业计划。

第二十三条 管理委员会，由社员大会选举七人至十一人组织之，设正副主任各一。

第二十四条 管理委员会任期以三个月或半年为限，但有连选连任之权。

第二十五条 管理委员会每星期开会一次，其职务如下：

1. 依照大会决议定出具体办法。

2. 请求。

3. 聘请或辞退本社职员。

4. 按期向社员大会及当地政府作营业报告。

5. 处理其他日常事务。

第二十六条 管理委员会主任必须长住本社，可与其他职员同样照劳动法支给工资。

第二十七条 管理委员会应负社务之完全责任，所聘用之社员如有溺职舞弊情事，应由管理委员会负责。

第二十八条 审查委员会由社员大会选举五人至七人组织之。

第二十九条 审查委员会任期以三个月或半年为限，但得连选连任。

第三十条 审查委员会每月开会一次，审查管理委员会之行为及账目。

第三十一条 管理委员会，如有徇私舞弊违章犯法时，得由审查委员会召集社员大会改组或处分之。

第三十二条 管理委员会与审查委员会通同舞弊时，得由社员三分之一以上之提议召集社员大会改组并处分之，重者得向法庭控告。

第三十三条 本社定三个月决算一次，决算期应制左（下）列表册、书类交社员大会审定后，报告当地政府及中央政府。

1. 资产负债表；

2. 损益表；

3. 财产目录；

4. 营业报告书；

5. 红利分配表。

第三十四条 每期纯利，以百分之五十为公积金，百分之十为管理委员及职员之奖励金，百分之十为办理社员公共事业，百分之三十照社员所付利息额为标准比例分还社员之借款者。

第三十五条 本章程如有未尽事宜，得由社员大会决议增删或修改之。

第三十六条 本章程系遵照中央政府所规定之标准章程而订，增删修改之权属于社员大会，但须向苏维埃政府登记备案。

（附注）我们为使最贫苦的工农群众都能加入起见，每股股金不宜定得太多，如得多数贫苦工农之同意，当然每股也可以多至二、三元至四、五元，但不能超过五元以上。

（附）此标准章程由各级政府翻印发各种团体及合作社①。

分析其有关股票的条例，可以发现：（1）指定了入股人员仅限为工农劳动群众，交足股金后由本社发股票，政府必要时期可入股。（2）入股程序不同，创立时可直接入股，创立后大会审核入股。（3）股金定为每股大洋一元，以家为单位。（4）转股或退股须得到管理委员会的许可。（5）遗失股票应先报知管理委员会挂失，登报声明作废后再向本社请求补发新股票。（6）股权方面，每一社员（代表一家）不论入股多少，均以一权为限，享有选举权、被选举权、表决权。（7）股票用记名式，盖以本社图记，由管理委员会主任及副主任签名盖章。（8）社员享受低息贷款，但用途设限，且须等到股金充足才能放贷。

总体来看，这份规章制度和之前的消费合作社、生产合作社在大体上是类似的，除了人员安排和其信用合作社特殊性的地方，在入股股金方面，考虑到贫苦工农，对金额进行灵活调整，这也是为了信用合作社能快速且适宜地发展。

可能由于门槛过高或者与苏区银行的职能高度重合，信用合作社发展较其他合作社显得十分缓慢，但其对于苏区发展有极大帮助，因此一直受苏区中央政府的重视。

五、粮食合作社

粮食合作社作为由工农群众集资创建的组织，不仅起到调剂粮食价格、帮助粮食流通、保障工农群众的粮食需求的作用，还起到保障红军及国家各机关的给养、抵制奸商富农的剥削与操纵的作用。因此，深受苏区

① 中国社会科学院经济研究所，中国现代经济史组编著：《革命根据地经济史料选编 上》，江西人民出版社 1986 年版，第 381—385 页。

群众的拥护和支持。

粮食合作社最早可以追溯到1930年在闽西创办的贩米合作社，于1932年在粮食调剂局的基础上创办了粮食合作社，之后便在苏区全面推广开来。为了规范管理，中央政府于1932年8月发布《粮食合作社简章》，内容如下。

粮食合作社简章

（1932年8月）

第一章　总则

一、本社为工农阶级的粮食组织，以调节粮食价格，抵抗商人富农买便宜谷卖贵米之剥削为目的。

二、本社定为××县××区××乡粮食合作社。

第二章　社员

三、本社社员以本乡内中农、贫农、雇农、工人、苦力及独立劳动者为限，富农、商人、资本家及一切剥削者都不能加入。

四、本社社录有米谷出粜，或要籴米谷，都要向本社买卖，在本社资本不能买时，才可以卖给社外。

五、本社社员不限多少，随时可以加入，但须管理委员会审查通过，为扩大计，分×期征收社员（两个月为一期），凡愿意者，第一期已加入者，第二、三期可再入股。

六、社员不遵守社章，或破坏本社者，由社员大会开除之。

七、社员如要求退社时，要报告到管理委员会批准，退社社员股金须三个月后退回。

八、社员交足股金后，即有选举权、被选举权、表决权、粜谷权、籴谷权，但每一社员，不论入股多少，都以一权为限。

第三章　资本

九、本社股金每股大洋一元，以一家为入股单位，一家愿入数股者听之。交股金时，交谷交银都可以，但谷子须扣成银数。

十、社员入股数多者可分期缴纳股金（以两个月为一期），但入股时须申明并订某期交股金多少。

十一、凡交足股金之社员，由本社发股票及社员证。票面上要记姓名，由管理委员会盖印为证。股票及社员证遗失时须先报知管委会申明失票作废，以后再由管委会补领。

十二、社员可以将股金转让给别人，但须得管委会批准。

十三、在收谷时要款用，可向社外借款，给付利息，粜谷时存款可放入银行或信用合作社取息，不许徇私借给私人，致分散难收。

第四章　业务

十四、本社为调节粮食价格，于收获时集中资本先向社员籴谷不籴米，谷价要比当地市价高一点。在资本未充足以前，不能向社外籴谷，并要规定向社员籴谷的最高限度，使社员得到平等权利。此限度及谷价比市价高多少，由社员大会规定之。

十五、各社员粜谷多少要用簿子登记起来，籴来之谷子一定要是车净晒干的，将他放存仓内，装满后要登记担数加封，并要防偷漏、鼠吃、虫蚀、水湿等损失。

十六、这些谷子到旧历过年以后，准社员买回，但须自己吃，不准买回出粜。并要规定各社员籴谷的最高限度，价钱比当地市价要低一些，此限度及谷价比市价便宜多少，也由社员大会规定之。

十七、储存谷子到旧历四月以后，估计本社社员自己消不完，始可在当地市场出售，价格也要比市价低一些，以抑本市场米价，如当地米价不甚高涨，则可运到米贵地方去出售。

十八、米谷买卖价格，由管理委员会根据社员大会所规定比市价高低多少决定之，但社员认为不合时，得由审查委员会或召集社员大会改定之。

十九、粮食合作社，遇到粮食恐慌，拥护红军委员会无从采办军米或特别需要时，应将存储粮食尽先卖给红军。如稍有军米可买时，则不能开仓，以免影响民食。红军家属对粮食合作社之买卖与社员一样有优先权。

二十、合作社资本充足时，可附带向社员收买别种农产品，如豆、糖、茶、油等，但须顾到不妨害米谷之收买。

二十一、粮食合作社为要装置谷子，得请求政府借用没收来之公仓及其他家具，或采砍公有木材自己制造。

第五章　红利之分配

二十二、本社于每年谷子粜完后，结算一次，账目经审查委员会审查后，再交社员大会审查。

二十三、本社除开销外，年中可得红利，除出50%为公积金不分外，其余50%按照社员所粜合作社之谷子多少为比例分配，但社员愿意不分者，不分配。

二十四、为奖励合作社办事人员起见，得于社员分红利中抽出多少，按人数分配给办事人员，但至多不得超过10%。

第六章　组织

二十五、本社以社员大会为最高机关，由全体社员组织之。

二十六、由社员大会选举5人至7人为合作社管理委员会，负责管理本社一切事情。管理委员互选正副主任各一人，一年改选次，但连选得连任。

二十七、谷子买卖出入时，在管理委员会之下，设会计一人、出纳一人、出入仓一人或二三人，这些人员可由管委会另外聘请，但出纳一定要自己负责。工作时间内可由合作社发给伙食及相当工资，平时不给工资。

二十八、为监督和检查管理委员会工作起见，由社员大会选举三人至五人组织审查委员会，一年改选一次，但连选得连任。

第七章　会议

二十九、社员大会于每年收谷及粜谷以前各开会一次，规定每个社员粜米余谷的最高限度与谷价比市价高低数目，并改选管委会及审委会，有特别事故时召集临时大会。

三十、管委会每月开会一次，审委会两个月开会一次。

第八章　附则

三十一、本简章由社员大会规定或修改之。

三十二、本简章须呈请县政府登记留案①。

从其中直接有关于股票的条例，可以总结出以下几点：（1）更为详细地指定了入股人员（以本乡内中农、贫农、雇农、工人、苦力及独立劳动者为限）。（2）加入须通过管理委员会审查。（3）退股不仅需要管理委员会批准，同时股金须等三个月后才能退回。（4）每股大洋一元，以一家为

① 杨德寿主编：《中国供销合作社史料选编》第2辑，中国财政经济出版社1990年版，第72页。

入股单位，不论入股多少，都以一权为限，并且可以用谷子折价替代股金。（5）交足股金的社员除享有选举权、被选举权、表决权，还享有粜谷权和籴谷权。（6）入股数多者可分期缴纳股金，但入股时须申明并定某期交股金多少。（7）交足股金的社员，由本社发股票及社员证，票上要记名并由管理委员会盖印为证。（8）遗失时须先报知管委会申明失票作废，以后再由管委会补助发。（9）股金可以转让他人，但须得管委会批准。（10）所得红利，50%为公积金，剩余50%按社员所粜给合作社之谷子多少为比例来分配，社员可放弃分配。

与之前的章程相比较，该章程更为详细和完善，同时既有对入股人数的开放，又有对资金退出的设限，保证合作社能够正常并稳定地运行。

从总体发展来看，1933年8月的经济大会之前，粮食合作社社数457个，社员102182人，股金共94894元。到1934年2月，消费合作社发展到社数10712个，社员243904人，股金242079元。与之前的消费合作社相比，该合作社在全区得到了广泛的推广和建设，侧面反映了粮食合作社的创建符合广大工农群众的根本需求。

六、其他合作社

除消费、生产、信用、粮食合作社外，苏区各地还开展有其他各种各样的合作社，例如犁牛合作社、互助合作社、药业合作社、肥料合作社、纸业合作社、苦力运输合作社、刨烟生产合作社、铁业生产合作社、盐油合作社等，对苏区生产、生活和经济建设都起到不小的作用。

以资料较为详细的犁牛合作社为例，中央苏区最早创办型牛合作社的地方是瑞金县武阳区石水乡，其对农业生产成效显著，便很快地向全区推广开来。1933年4月13日，中央土地部总结石水乡的经验，发布了关于在全苏区组织犁牛合作社的训令：

中华苏维埃共和国临时中央政府土地人民委员部训令第四号
——为发起犁牛合作社

（一）现在苏区中雇农贫农的耕牛农器甚为缺乏，其所以缺乏的原因：第一因为帝国主义国民党累次向苏区进攻，尤其是在前年三次战争时，许多地方被敌人摧残，耕牛被敌人杀了很多，农器被敌人焚烧破坏，农民吃了大亏。

第二各县有些奸商，故意宰杀耕牛，同时地主、富农、奸商又把赤区的耕牛，大批的运出白色区域出卖。

第三过去许多地方政府，在没收豪绅地主的耕牛农器以及富农多余的耕牛农器，没有很好的分配，甚至不分给雇农贫农，而拿来出卖。至于那些分给了雇农贫农的，又因为没有合作社的组织，以致无人管理，把耕牛农器弄死弄坏了许多。因有以上二个原因，所以苏区内一般耕牛农器感觉缺乏，特别是雇农贫农缺乏得更加利［厉］害。结果造成生产品减少，荒田增多，谷价高涨，大大增加了贫苦工农的困难。

（二）为要解决群众的困难，争取群众的利益，就要发展耕牛运动，消灭荒田，扩大耕地面积，完成今年增加二成收获的计划，以充实苏区群众的粮食，在这里首先就要解决耕牛农器缺乏的困难问题，最好的办法，是组织犁牛合作社。现在瑞金武阳区及云集区第四乡的经验，告诉我们，应该首先把没收地主富农的耕牛农器，组织犁牛合作社，有组织的分配，有计划的保护与管理，才能使耕牛农器不致于遭受损失。但是单没收地主富农的耕牛农器组织起来，还是不够，必须发动群众入股，大家出本钱添买耕牛农器，此外还要发动那些自己有耕牛农器的人加入合作社，给他以相当的租金，用互助两利的办法，来解决贫苦农民缺乏耕牛农器的问题。

（三）各区乡组织犁牛合作社基本金不足时，要努力帮助财政部向富农捐款的工作，已由中央财政人民委员部紧急通令第二号第四条内规定办法，这个办法是说："人民委员会批准将富农捐款中抽出一部分借给犁牛合作社，凡各区中富农捐款总数为三千元，那么收到二千元上时，可借十分之一，即二百元。收到三千元时，可借三百元，如收到二千五百元，除原额三百元外，再将超过数五百元借一半，合借五百五十元"。此借款二年后还本，由区政府负责，具体领取，按照各乡需要，分配借给犁牛合作社买牛。这个办法，是很好的，只要我们努力去做，不同富农妥协，向富农捐得多，合作社也就更加借得多了。

（四）本部发布了犁牛合作社的组织大纲，望各级政府，及其土地部，接到这一训令和组织大纲后，更详细的更具体的讨论办法。发动广大群众起来进行组织，现在已是夏耕的时候了，耕牛农器，正在此时当紧要用，

区乡政府，更要赶快进行，不要失了这个最好的时机，是为至要。此令

代理土地人民委员　胡海

公历一九三三年四月十三日[①]

同时还发布了《犁牛合作社组织大纲》，内容如下：

凡没收地主富农的耕牛、农具，一律交由区乡苏维埃有计划的分配，组织犁牛合作社，为农民共同使用。禁止出卖和宰杀；并发动群众入股，大家出本钱添买耕牛农具入社（地主富农及一切阶级异己分子不准加入），发动那些自己有耕牛农具的加入合作社，给以相当的租金。各区乡组织犁牛合作社基本金不足时，准在各区富农捐款中抽出十分之一，由区苏维埃政府分配借给犁牛合作社买牛，二年后还本。

在犁牛合作社内，由社员大会选举产生管理委员会，并订立犁牛保护和使用规则以及使用金的计算。管理委员会负责耕牛的调剂、计划使用；督促各养户按规定的畜养办法饲养保护耕牛；收集股金，添置耕牛农具；修补农具等[②]。

到 1934 年 5 月，各地犁牛合作社蓬勃发展：在兴国县共创办犁牛合作社 72 个，社员 5552 人，股金 5168 元；在长汀县共创办犁牛合作社 66 个；在西江县共创办犁牛合作社 284 个，社员 15075 人，股金 11719 元；在瑞金县共创办犁牛合作社 37 个，社员 3638 人，股金 1539 元。这对苏区农业耕种尤其是春耕提供了很大程度的帮助，对红军和百姓生活都非常重要。

铁业生产合作社资料不多，但从有限的资料来看有一定的组织框架：

第一，要苏维埃政府及各革命团体，在各种会议上讨论发展苏维埃经济，联系铁的生产重要意义，必要组织宣传，来发展铁的生产。

第二，发动最广大工农来加入铁业生产合作社，凡属工农贫民愿意加入铁业生产合作社的，省县国民经济部及现在铁业生产合作社都极欢迎他，并领导他来加入。

加入铁业合作社，每大洋 5 角为一股，加入了铁业合作社领有社员证

① 中国井冈山干部学院，中央档案馆编：《红色中华》第三册，江西人民出版社 2016 年版，第 1290 页。

② 杨木生，宁群：《中央苏区法制建设》，中央文献出版社 2009 年版，第 71 页。

的有优先购买之权。

加入合作社缴了股金的，即有选举和被选举为铁业生产合作社管理委员会、审查委员会的权利。

铁业的利益，一切要落在社员及工农劳苦群众身上。

同志们！一定要发动最大多数工农劳苦群众来加入合作社。

第三，省国民经济部组织铁业合作社募股委员会，募集雄厚生产合作基金，进行扩大合作社的工作。

第四，凡属买铁的工农贫民及各地工厂、作坊（工农贫民组织的）需铁使用的，请到福建省国民经济部与铁业生产合作社贩卖部接洽，价格公平，给优待遇①。

上述可知，铁业生产合作是由一定组织的，为苏区铁质用品提供服务。

第二节　银行类股票研究

一、闽浙赣省苏维埃银行

闽浙赣革命根据地是我国在土地革命时期的六大红色区域之一，在此苏维埃政权得到巩固，作为经济建设重要力量的闽浙赣省苏维埃银行正是在这片红色土地上建立并逐步发展起来的。

经过一系列农民暴动、武装起义以及反“围剿”工作，方志敏等领导人带领人民群众建立了红色政权并创立了革命根据地。随着根据地的建立以及对战争的支援，苏区的经济建设显得尤为必要，因此创建银行逐步提上了日程。首先在1930年10月，政府成立了赣东北特区贫民银行，起初银行的创立也是利用了招股这一手段，银行通过向群众招股募集资金来扩充银行的资本。尽管贫民银行在服务经济金融工作中发挥了一定的作用，

① 杨德寿主编：《中国供销合作社史料选编》第2辑，中国财政经济出版社1990年版，第121页。

但其设立较为简单，很多业务并不够完善，随着连续的反“围剿”工作的开展以及赣东北省建制的组成，贫民银行在1931年9月退还群众的股金并改为赣东北省苏维埃银行，赣东北苏维埃银行在这一时期通过其职能完成了资金调剂工作，经过一年多发展，银行对战时苏区经济发挥了较好的推动作用。之后，于1932年12月改名为闽浙赣省苏维埃银行。在闽浙赣地区经济建设的时期中，闽浙赣省苏维埃银行作为后备中坚力量，给革命根据地的经济建设注入了活力，对战时根据地的经济金融以及生产发展带来促进作用。

1933年，方志敏在闽浙赣省苏区成功地发行了闽浙赣省苏维埃银行股票，这是红色政权发行股票的第一次尝试，被称为“红色股票”①。早在贫民银行时期，闽浙赣省苏区政府就开展了招股工作，在筹建贫民银行时，政府就订立资本金为20万元。资金的主要来源有两种，一是没收土豪财主等的资产，二是向人民群众募集资金。银行于1931年5月正式发行了4万元股票，用于向人民群众募集资金，发行的这些股票面额为每股一元。

1932年1月11日，政府发布《中共赣东北省委关于财政问题向中央的报告》，对当前的财政问题说明了情况：

在1930年11月以前，东北苏维埃的财政尚称充裕。因为新苏区不断的发展，捕捉豪绅地主筹款很多；红军又时常获得胜利，攻占了好几个城市，得款颇多，所以在那时候各种工作人员能按月发给生活费。红军按月发4月［元］5角的伙食费，5元一月的生活费，每月用费约万余元，除支［出］仍有余款。自攻下景镇后，有［存］款加多。在立三路线时期，扩充新兵30000余人之多，每月用费在12万元以上，财政委员会支出如此巨款，仍存款23万元，存金2000两未用。每月各地解款可收19万元，支出虽大，收入两低，尚不至动用存款。

自白军第一次围攻，新苏区相继失败，收入骤减，1930年11、12月至1931年1、2、3月收入总数不过75000余元。支出虽实行减少，但每月支出仍需7万至8万元。所有存款就在这五个月内完全用尽，到4月份红军伙食费都无办法给了。红十军因此就开去闽北行动，一方巩固闽北苏区；一方筹款，结果筹得70000余元，渡过五六两个月的财政难关。红十

① 周重礼：《闽浙赣省苏区的红色股票》，《党史纵览》2004年第4期。

军自闽北归来后，没有筹到多少款项，新苏区又没有大的发展，收入总是不敷支出，各种经费虽经迭次削减，尽量节省（红军伙食从每月 4.5 元减至 3.2 元，零用几个月才发一次，工作人员的伙食则减至 3 元 1 月，生活费完全停发），每月只用二万六、七千至 3 万元，时常仍感觉拮据无款应急！七、八月差不多靠发了 3 万余元钞票维持过去。9 月份收到一部分土地税金；10、11、12 月份，因建立了 3 个对外贸易处，4 个船舶检查局（实际上只有 2 个起点作用），有相当的收入，再加上土地税金勉强应付，但亦仅够发伙食费及各种必要的费用，红军零用钱及工作人员生活费还是没款发给。

这次省苏人民财委会总结 1931 年的收支，总亏空大洋 66511 元，金子 375 两，加上解中央的 650 两，共亏空 1205 两。省苏维埃银行前后共发钞票及兑换券 6 万余元，但该行基金现只有 3 千余元，该行的纸币都被省苏财委会借来支付各项费用。省财委会共只有金 1010 余两。银行的基金及购买军需品，西药及其他各种必需品，都完全靠这金子。省财委会虽拟具许多财政计划，在开始执行的时候还没有收到完全的效果。

可见当时闽浙赣苏区的情况并不乐观，财政问题亟须得到解决，因此 1933 年 3 月的省第二次工农兵代表大会提出了开展招股工作的方案，提出《闽浙赣省第二次工农兵代表大会作出扩充银行基金的决议》：“目前革命与反革命决死战争，大规模革命战争激烈开展的时候，需要发展苏区的经济，改善群众生活，开发财政来源，增加财政收入，以充裕战争经费。”对银行提出：“目前应当鼓励群众向银行入股与储蓄，以扩充银行基金。”①

这一次的招股工作主要是为了扩充银行基金，保障反“围剿”的军备需要。招股工作内容主要是发行股票约一百万股，每股一元，调拨各项任务。各县及个人都可以认购股票，每张股票都有自己的股票号码，股票上方印有“闽浙赣省苏维埃银行”“壹元股票”以及具体的股息和结账方式的字样，并加盖了印章，股金按照股息每年六厘计算，至年终结账，股票上印有 10 方格子可以用来领取股息（见图 6－1）。

① 江西财经学院经济研究所等编：《闽浙赣革命根据地财政经济史料选编》，厦门大学出版社 1988 年版，第 39 页。

图 6-1　闽浙赣省苏维埃银行壹圆①

1933 年的 9 月再次开展了招股工作，这一次的招股工作内容主要是招股 10 万元，扩大银行基金。当年的 3 月，闽浙赣工农兵代表大会提出了“发展苏区经济以改善群众生活，开发财政来源，增加财政收入”的任务，因此为扩充资金银行发起鼓励群众入股的活动。在银行入股的号召下，政府专门成立了招股委员会，根据指示规定了股票发行和付息方法，并且采取群众自愿入股的方式。招股通过制定每股一元的股票向人民群众展开招股工作，各县乡、各人认股数量不定，自由认股；并且，这次招股工作还可以通过折谷入股的方式作为现金的替代，谷折款入股的方式是五十斤谷折算一股，规定股金按每年六厘计算，年终结账。这种股票的特点是无记名、固定股息率以及可分割红利，这在当时是一种新的创造。这一次的招股工作完成得十分顺利，不到三个月 10 万元的股票就全部认购完毕。

闽浙赣省苏维埃银行不仅发行股票，同时也开展了向白区进行股票推销的活动。领导人方志敏提出：“以苏区的现金和廉价的粮食猪牛去交换白区的昂贵生活必需品是极不上算的，无论这项工作搞得多好，还是一种败家子的行为。”因此，向白区推销苏区的银行股票用来积累现金这一方法得到了实践。1933 年，还提出了“省贫农团代表大会及省支书联席会议决定添增银行股金十万元”，会议上提出：“闽浙赣全省第一次贫农团代表大会及全省支部书记联席会决定，要求省苏财政部添招银行股票十万元，

① 票面横向，上有行名，四角各大号“壹”字，正中图案为工农红旗，左右两侧面值为“壹圆”，下方有一九三三年印，右侧下方有“闽浙赣省苏维埃银行”。最左侧有说明“湘鄂赣省工农银行发行，一九三二年”。背面为章程文字及朱文印，左右侧印“凭票兑换银洋壹圆”。编号为 162015。

依据扩大银行基金，发展苏区经济。省苏已接受此要求，统领各级财政机关立刻进行充分的准备工作。并发动白区群众踊跃入股，以扩大苏维埃银行在白区的影响。”这一方法不仅能够将苏区的股票销售出去，扩充银行实力，并且能够扩大苏维埃银行在其他地区中的影响力。

之后随着战事的扩大，人民群众又自愿退还股票，例如1934年3月20日《红色东北》刊载一则报道：

不要本利，退还股票给苏维埃

省政卫分局讯：我们去年在省苏号召之下购买银行股票三百九十二张（看守所买在内）及各县分局工作人员节省中自动购买银行股票二百五十四张现在省分局一声动员下，已将购买银行股票六百四十六元全部不要，本利归还苏维埃。

1934年《红色东北》第七十五期又一则报道：

省书讯：我地雷部副部长张胡甫同志去年在兵工厂工作生产中购买了四张银行股票，现在不要本利的全部退还苏维埃政府。[①]

这种集股退股的工作转换也是闽浙赣省苏维埃银行帮助根据地政府和人民渡过艰难战争时期，完成经济组织任务以保证战争需要的有力证明。闽浙赣省苏维埃银行作为后备中坚力量，给革命根据地的经济建设注入了活力，极大地促进了战时根据地的经济金融建设和生产发展。

二、闽西工农银行

闽西工农革命根据地建立于1930年11月，在红色政权建立后，国民党政府通过制定《闽省封锁推进法》开展围剿活动，对闽西苏区的经济进行了封锁，从而导致闽西苏区经济发展受到了严重的阻碍，工业品短缺且价格上涨，但农产品却价格低迷，无法正常销售，这一“剪刀差”问题使得农民发展生产的积极性被严重损害。因此为了打破这一局面，1929年9月3日，中共闽西特委发出《中共闽西特委通告（第七号）——关于“剪

① 中国人民银行江西省分行金融研究所编：《闽浙赣革命根据地金融史资料摘编初稿》（内部刊物），中国人民银行江西省分行金融研究所1979年版，第42页。

刀差”问题》，这一公文提出“剪刀差”问题产生的原因，并且指出为了解决这一问题必须开办县农民银行，筹集资金，鼓励农民的生产，并且保证经济金融的有序发展，苏维埃政府开始探索发展苏区金融。之后，随着1930年9月闽西苏维埃第二次代表大会的召开，闽西苏维埃政府颁布布告第7号——《关于建立闽西工农银行》：

为布告事，闽西自从土地革命胜利，赤色政权建立后，社会经济已日渐发展，可是目前敌人经济封锁致社会经济的发展发生了很大阻碍。因此，大会决定设立闽西工农银行，调剂金融，保存现金，发展社会经济，实行低利借贷。现已推举阮山、张涌滨、曹菊如、邓子恢、蓝维仁、赖祖烈（长汀推举一人）七人为银行委员会委员，阮山为主任，成立筹备处，着手进行。银行资本定二十万元，分二十万股，股金以大洋为单位，收现金不收纸币，旧银器每两折大洋陆角，金器照时价推算。限期九月内募足。募股办法是：各级政府、各工会、各部队组织募股委员会，县委会五人，区委员会三人，各工会、各部队三人至五人。除向工农群众招募股外，合作社每资本百元至少应买票十元，粮食调济局每资本百元至少要买票二十元（先交半数，十二月交清），各级政府、各工会及各机关工作人员，每人至少应买股票一元。除将章程公布外，务须全闽西群众踊跃入股，以策进行，此布。

并且设立了银行章程：

1. 名称——闽西工农银行。

2. 地点——总行设在龙岩城，分行设在各县政府所在地，并在各乡区政府附设代理机关。

3. 任务——调济金融，保存现金，发展社会经济，实行低利借贷。

4. 营业——存款、放款、汇兑、买股票、买卖金银、发行纸币、铸造铜片、兼营储蓄事业。

5. 资本——总定额二十万元，分作二十万股，每股大洋一元，一次收清。

6. 股票——用无记名式，分一股一张，五股一张，十股一张三种。

7. 组织——如下表：

—杂　务

—秘　书

—火　夫

—特务组

银行委员会—会计科

—营业

—司　库

8. 职权（1）由闽西政府选派七人组织银行委员会，执行下列任务：1. 计划一切银行事宜。2. 任免并监督银行主任及各科科长。3. 审查银钱账目〔及〕各预算决算。

（2）由委员会选派主任一人，统管银行一切事务，直接对委员会负责。

（3）由委员会选派秘书一人，会计科长一人，司库一人，分别管理各科事宜，直接对主任负责，间接对委员会负责。

（4）其余工作人员，由主任及各科科长斟酌选出并指挥之。

9. 利息—放款月利百分之零点六，定期存款半年以上者，月利百分之零点四五，活期存款月利百分之零点三，每一周年复利一次。

10. 红利之支配——逐年赢利，以百分之二十作公积金，百分之二十奖励工作人员，百分之六十归股东照股摊分。

11. 本章程之增删或修改，由银行委员会决议执行之。

主席团：张鼎丞、曾牧村、陈楚民、邓子恢、简祥明、张载荣、郭滴人、范乐春、张世昌。

闽西工农银行作为首家苏区股份制银行，于 1930 年 11 月 7 日建立。银行的招股工作是通过向人民群众筹款的方式来开展的，根据代表大会决定，闽西工农银行资金为二十万元，由工农群众入股集资。二十万元分为二十万股，每股一元，股金以大洋为单位，收现金不收纸币，接受旧金银器和大洋之间折算。募股委员会由各级政府、各级工会和部队有关人员组成，负责募集股金，银行委员会委员督促检查[①]。并且，闽西工农银行还规定了红利的分配方式：20% 的公积金，20% 奖励工作人员，剩余的 60% 股东分摊。同时，闽西工农银行规定股金以大洋为单位，只收金银不收旧政府纸币，旧银器每两折大洋陆角，金器照时价推算。缴交股金后，发给

① 中国人民银行金融研究所编：《曹菊如文稿》，中国金融出版社 1983 年版，第 2 页。

股民统一印制的股票，股票面额都为壹元，上面印着列宁、马克思的头像以及银行的名称、股票编号、面值、日期和印章等，并附有股票说明内容（见图6－2）。除了规范的石印版股票，还有铅印的股金收据，这些股金收据有三种，分别是壹元、贰元和伍元，收据上印有“闽西工农银行”、收据编号以及印章日期等股票说明的字样，这些不同类型的收据都可以作为以后领取红利的依据。由于得到人民群众的热烈拥护，20万股的招股工作很快顺利完成了。

银行的募股工作主要是通过向各合作社、粮食调剂局、群众和商人等来完成的。闽西工农银行计划第一期募股12万元，合作社和粮食调剂局募股6万元，剩下的6万元由群众和商人认购。

到1931年6月，政府开展了新一轮的集股活动，这使得闽西工农银行的资本扩大至22万元。此外，闽西工农银行还与合作社相互扶持，在创办之时，杭武县的信用社就曾拨款10%的股金入股闽西工农银行并且在银行中开办私人借款、公债票发行等各种银行业务，到了1931年4月，政府颁布了《闽西苏维埃政府布告第12号——目前经济政策》，布告中规定银行应该帮助合作社迅速发展，因此闽西工农银行应借大批现款于合作社，并对合作社及集体农场都给予帮助和保护。

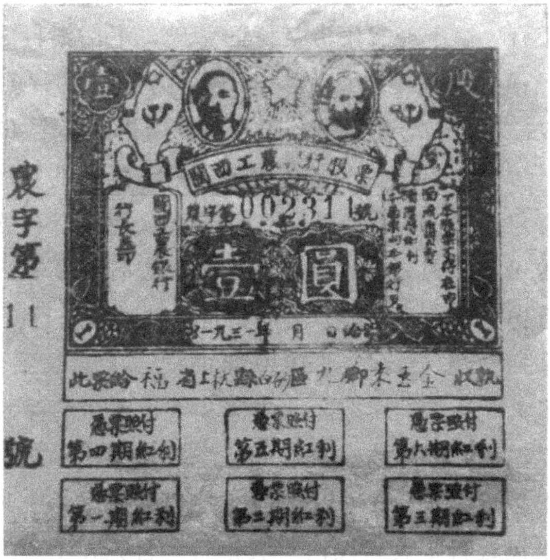

图6－2　闽西工农银行股票

闽西工农银行是由闽西工农群众、各级苏维埃地方政府参股的第一个股份制银行。从成立之日起，积极发展苏区金融，支持苏区发展经济，支持土地革命，是影响极大、极深远的红色金融机构。后来成立的苏维埃国家银行也是参照闽西工农银行的经验，积极探索金融管理体系。此外，湘赣省工农银行、中华苏维埃共和国国家银行湘鄂赣省分行等都是采取股份制银行的办法创办和运行。

三、江西工农银行

1930年，中央苏区第一次反“围剿”斗争开始。为保证反“围剿”工作的顺利，江西省苏维埃政府发出“紧急通令秘字第一号”和“紧急通令秘字第四号”，要求迅速筹划创办江西工农银行。江西工农银行于1930年成立于江西省吉安市，是一家存在于1930年12月至1931年9月三次反“围剿”战争中的随军银行，该行任务是为战争筹措经费。其创建和发展伴随着革命根据地的成长。

江西工农银行是在1929年建立的东固银行的基础上建立的。东固革命委员会成立后，中共东固区委、东固区革命委员会随即决定设立平民银行，组成由刘经化、黄启绶、王全享、邱有文等7人参加的平民银行委员会，筹建平民银行。由于有贫民借贷所的基础，平民银行的筹备工作比较顺利。东固平民银行建立之初时的初始基金为平民银行委员会自筹资金3000元（银元），加上红军独立第二团和第四团捐助基金4000元（银元），共有基金7000元（银元）。这些基金主要来自根据地的党员干部、当地公堂、社会及富有户捐助、革命活动经费以及群众的银行存款。之后革命斗争继续扩大，1930年2月，赣西南政府在平民银行的基础上改组为东固银行，将东固银行扩充改为赣西南政府的银行，并设立分行。

从1927年的“八七会议”到1930年的“二七会议”，赣西南的红色政权逐步得到了巩固：苏维埃地区的扩大、土地革命的深入以及工农武装等的发展，成立江西苏维埃政府的条件已经基本成熟。在建立苏维埃政府后，一系列工作必然展开，其中就包括财政经济工作，中共赣西南特委遂决定将原东固平民银行扩大为江西工农银行。首先在1930年9月28日的《中共赣西南特委工作报告》中提出：

开办银行，在现在更宜迫切需要，使贫苦工农得有低利的经济活动，不致于使金融窘迫。在东固、纯化两处已经开办了银行，发行纸币，在群众中有深刻的信用。各县对于这一工作亦须设法创办，但须有整个计划。①

其次在1930年10月的《赣西南特委政权工作报告》提出目前的中心工作：

十、发展社会经济：

A. 扩大东古银行及建立各路分行。

B. 普遍建立各种合作社并改造私人资本的合作社。

C. 进行组织集体农场。

D. 培植森林。

E. 整理仁风山西华山西河等矿产②。

可见，创立工农银行是当时根据地进行经济斗争所必须采取的有力手段。此后1930年，中央苏区第一次反“围剿”斗争开始，蒋介石调集了十万的兵力开展对革命根据地的围剿，为保证反“围剿”工作的顺利，江西省苏维埃政府发出的紧急通令秘字第一号和第四号都要求迅速筹划创办江西工农银行：

紧急通令秘字第一号《迅速集中经济节约费用应对阶级决战》

（一）迅速集中现金六十万元……（二）采取绝对统一办法，各级政府必须将所存的现款数目立即报告……除留一个月办公费外，不准扣留分文经济。（三）节约杂费并尽量减少办公费”等，为粉碎敌人一、二、三次“围剿”提供了物质保障。③

紧急通令秘字第四号

本政府为要取得这一决战（指第一次反“围剿”）的胜利，当然要准备充分的经济。为了这一决战的胜利之需，因此本政府财政部以一百万现金创设大规模的江西工农银行，同时财政部为着要使金融有广泛流动，使我革命

---

① 柯华主编：《中央苏区财政金融史料选编》，中国发展出版社2016年版，第225页。

② 江西省档案馆，中共江西省委党校党史教研室编：《中央革命根据地史料选编下》，江西人民出版社1982年版，第116页。

③ 柯华主编：《中央苏区财政金融史料选编》，中国发展出版社2016年版，第232—233页。

群众与红军对经济上有绝大的充裕，因此发行钞票一百万元。日前因阶级决战在即，须要金融流动，而工农银行的票子因材料缺乏尚未印好，因此特将吉安临时辅助货币一角价值的加盖我“江西工农银行暂借发行券”（见图6－3）与盖五角形赤区通用的图印，后面并加盖“江西省苏维埃政府财政部”方印以昭信用，防假量。同时该钞票并可随时持到本政府财政部兑换现洋。本政府除颁发公告特此通令各级苏维埃政府告知革命群众，该钞票在赤区一律通行、同时并预先说明江西工农银行的钞票律印好后、即将该票收回。特此通令，仰各级苏维埃转知全体群众遵照毋违。①

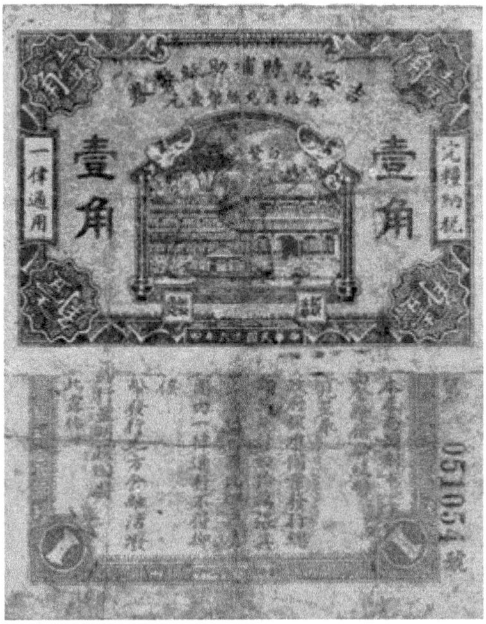

图6－3　江西工农银行暂借发行券②

① 柯华主编：《中央苏区财政金融史料选编》，中国发展出版社2016年版，第236页。

② 票券正面加盖“江西工农银行暂借发行券”和五角形赤色区通用的图印。一角券长9.6厘米、宽6.6厘米，暗红色。正面上端从右至左印有“吉安临时辅助纸币券”字，其下从右至左印有“每拾角兑纸币壹元”字；在这两行字上加盖黑色横书楷体“江西工农银行暂借发行券”字；上下左右四角斜对称印有楷体“壹”“角”字，左右边沿竖印“完粮纳税”“一律通用”字样；票面中间为吉安赣江风景——白鹭洲建筑图景，票面两旁竖印着“壹角”两字，下端印有“中华民国十六年”字样；中间建筑图景上加盖有五角星图记，内五角自右至左顺时针书写着“赤色区通用”五字，五角星中央为象征无产阶级革命的镰刀、锤子图。背面框内印有发行“吉安临时辅助纸币券”的布告全文；布告文字上加盖有“江西省苏维埃政府财政部”正方形红色印章。

因此，1930 年 11 月，在东固银行的基础上，江西工农银行由财政部以 100 万元现金于吉安友庆巷创立，并随即投入了银行的工作。之后江西工农银行筹集了约 200 万元的经费，为当时的反“围剿”工作提供了强有力的经济支持。可见，江西工农银行应运而生，是当时革命的必经之路。直至 1932 年 2 月，江西工农银行与闽西工农银行合并成为中华苏维埃国家银行，根据苏维埃临时中央政府决定，江西工农银行撤销。1931 年 4 月，行址迁至兴国，后又迁往于都，同年 10 月迁往瑞金，由倪志侠负责工作，后随红军转移了几个地方。

江西工农银行在当时的主要任务是稳定财政，维持经济秩序，因此发行纸币是其主要的一项工作重点。江西工农银行通过石印机器先后发行了不同面值的铜元券纸币，通过石印机器先后发行了 10 枚券 2 种、500 文券 1 种、1000 文券 1 种等不同面值的铜元券纸币。随着发展，江西工农银行还计划发行壹元的银币券，后因撤销组建未能完成，但江西工农银行的成立统一了赣西南革命根据地的货币发行权。

江西工农银行最大的特点是红军反“围剿”战争中的随军银行，该行的任务是为战争筹措经费，其创建和发展伴随着革命根据地的成长。尽管江西工农银行存在时间仅短短一年多，但其仍然成功地完成了随军银行的使命和任务，不仅通过发行暂借发行券筹集了军需给养，支援了苏区反“围剿”斗争，还印制货币，推动货币流通，统一了赣西南革命根据地的货币发行权，在战时苏区的经济和金融建设中作出了巨大贡献。

四、湘赣省苏维埃银行

1931 年，随着第二次反“围剿”的顺利完成，以永新为中心的新的革命根据地——湘赣革命根据地正式形成。同样为了保证湘赣革命根据地的工作能够更好地开展，帮助红军和群众解决资金问题，省工农银行筹备委员会组成并开始了工农银行的筹办工作。委员会于 1931 年 12 月拟订了《中华苏维埃共和国湘赣省工农银行暂行简章》（部分摘录）：

第一章　总则

第一条　名称：中华苏维埃共和国湘赣省工农银行。

第二条　宗旨：实行阶级经济政策，发展农村经济，帮助工农贫民兴办公共生产及各种合作社，统一货币制度，防止金融外溢，冲破敌人经济封锁，巩固并发展苏区群众经济，帮助苏维埃政府创办一切建设事业，以促进革命的巩固与发展。

第三条　基址：设在永新县城。

第四条　基金：暂决定基本银洋四万元，由省苏维埃政府拨出。

第五条　货币：以银元为主币，出入结算以银元为单位。

第二章　集股

第一条　集股原则：

（一）暂决定集六万股。

（二）筹集股金发行三联股票。

（三）每银洋一元即为一股。

（四）未满一元者不得入股。

（五）股金不得以货物抵折。

第二条　股员资格：

（一）团体股员：各级苏维埃政府及各革命团体均投资为股员。

（二）个人股员：革命的工人、农民、兵士、小商人及一切劳苦贫民。不分男女老幼均得投资为股员。

第三条　股员权利：

（一）每年由银行经委员会决定代表产生法及会期，召集全体股员代表大会一次：以审查银行簿账，批评和讨论银行工作。

（二）股员得按章享受股本的息金。

（三）股员得按照银行每年的多少赢利享受赢余金。

（四）股员入股在一年以上的，如有特殊事故，必须退股时，准其退股，但须在两星期以前，报告本银行。

（五）股员追股，非在每满一年的结算时，只按月算股本息金。不给赢余金。

（六）股员在每年接受股本息金及赢余金时，如愿将此款再投入银行者，准其按数作储蓄金。

（七）股员如遇在发展各种生产事业的需要上得到当地苏维埃政府保证时，可向银行借款应用。

第四条 股员责任：

（一）股员应将组织银行的意义，作广大的宣传，提高银行的信用。以扩大银行的组织，充实银行的财力。

（二）股员应可能的随时随地换用银行票币，以申张银行信用。

（三）股员要随时随地侦察有无富农奸商反革命派故意造谣破坏银行，拒用银行票币，输送现金外出，伪造银行票币……等，一经发觉，即飞报告。

《简章》中第二章就对“集股”作出了规定，其中包括银行集股的原则，股员的资格、权利和责任，其中强调：各级苏维埃政府及各革命团体均得投资，为团体股员；革命的工人农民兵士小商人及一切劳动贫民不分男女老幼均得投资，为个人股员。银行还允许退股的存在，《简章》中提出退股的各项要求，包括时间、息金及盈余金的计算和管理。同时，该《简章》还提出了五大任务：

1. 统一货币制度，调剂银钱价目，以防止富农、奸商、反革命的操纵、而便利工农群众的银钱往来不受任何损失；

2. 实行低利借贷，回答富农、银庄、奸商的高利盘剥，利于工农贫民发展各种生产事业，开办各种合作社；

3. 统一票币出入，防止金银外溢、使群众在交易上不受携带不便，混不清的困难；

4. 收储工农劳苦群众及各革命团体的余裕金钱，得到储蓄稳定，源源生息的便利；

5. 汇兑款项，凡因路途过远或因他故，不便随带的银钱，可交银行汇寄，使我们的多数银钱往来不发生任何困难。

从 1932 年 1 月，成立工农银行的报告提出，至当月 15 号，湘赣省工农银行正式成立。成立后，银行遵照该《简章》办事，很快使自己的资金发展到七八万元之多，各项业务也越做越好，有力地帮助苏区发展了经济。此后，中央发出指示，要求湘赣省工农银行转变为国家银行湘赣边分行，尽管由于一些原因没有立即改变银行名称，但在成立一周年之后，经过筹集资金、发放贷款、发展经济等一系列实践工作，湘赣省工农银行改名为“中华苏维埃共和国国家银行湘赣省分行”，私人股份推出并由国家银行指导工作。

湘赣省苏维埃银行在创立之初就开展了广泛的宣传工作，不仅让人民群众深入了解银行的性质同其他地主、资本家的银行不同，而且还与政治活动相挂钩，通过结合纪念列（列宁）、李（李卜克内西）、卢（卢森堡）运动周开展工作从而积极鼓励群众参与入股。创立之初，银行的基金充实主要是通过两方面来完成的，一方面是由政府拨款，另一方面是向群众集股。在1931年10月，第一次代表大会确定开办工农银行决议的时候，就提出了集股十万元，其中抽调一部分政府在打土豪收累进税中的资产作为银行的基金，这部分资金为四万元银洋，剩余的六万元通过向人民群众集股的方式完成，每股一元，股员面向工人、农民、商人等劳苦人民。

湘赣省苏区银行这次的筹股可以分为几个步骤。首先是初期的集股，湘赣省委在制订1932年头三个月的工作计划中，已号召群众到银行来入股，建立工农银行在群众中的信仰，作为湘赣省经济政策转变的重要内容之一[①]。因此各地团组织以此计划开展招股工作，将任务分派给各地团组织、各级党支部。在号召下，当时各地的党组织、委员会、党员个人、群众团体以及群众个人都积极参与入股，虽然在工作前期中受到敌人围攻造成工作进度缓慢，但之后三月到六月的工作竞赛使得各级组织行动加紧，集股工作取得了一定的进展。湘赣省苏维埃银行以县为单位发行由银行统一制定的每股一元的三联股票，三联包括股票联、股票收据联、存根联，并且对股票的管理也采取了较为严格的措施，不许挂失、买卖、涂改股票，还不能作为流通的货币。这些下发至各县的股票中如今能看见的都是记名股票，股票上有股票成员的名字和由各县自行编号的股票号码，成为正式股员的成员在不违反股票管理条例的情况下可以享有获得盈余金的权利。银行最终收到了筹款2万元左右，但离要完成6万元的目标还存在一定的差距，因此在此基础上，湘赣省工农银行决定继续扩大股金，将股金扩充再扩大2万元并将任务下发至各县：

工农银行第一次全省股员代会议决定扩充股金二万元

……第一次全省股员代表会议，又决定再扩充股金两万元，然而至今日考查起来，除莲花、茶陵筹得千余元外，其余各县竟把这一工作完全放

① 中国人民银行江西省分行金融研究所编：《中华苏维埃共和国国家银行湘赣省分行简史》（内部刊物），1986年版，第9页。

弃了，这也是我们不能否认的弱点。……今后我们要以最坚决的魄力，来揭破反革命派一切阴谋活动，以最大的努力，来完成扩大两万股金的决议，既享受到发年息、分红利的权利。当然要为扩大自己的银行而尽责任。只要我们每个股员，都介绍一个至几个新股员，来加入银行，扩大两万股金，是毫无问题的①。

尽管积极下发了任务，但是由于情势的变化以及国民党的穷追猛打，经济工作势必受到影响。在这一时期，股金的筹集工作开展十分困难，1933 年的《营业报告书》就提出："我们当初决定筹集十万基金，来开办这个银行。由省苏维埃政府拨四万元基金，再筹集六万股金，可是因为我们的集股工作，做得太不充分，毕竟只集到（并团体股金）两万元股金"以及"本行基金，有群众股金，团体股金，省苏维埃政府基金三种，共计大洋六万元，但以当时所收股款，多半是金银品，以致在营业上，不能很灵活的周转"②。到年终总结时，湘赣省苏区银行仍然没能完成集股工作：

一九三二年下半年工农银行的扩股工作基本未开展起来

工农银行扩大两万股金，没有积极进行，一般停顿了③。

尽管存在不足，但湘赣省苏维埃银行在多方面都较为出色地完成了革命根据地的任务，保证根据地经济发展。首先，在纸币的发行和流通方面，发行过主币壹元银元券（见图 6 -4），辅币壹角（见图 6 -6）、贰角银元券（见图 6 -7）、伍分银元券和拾枚铜元券，设计风格参照中华苏维埃共和国国家银行发行的纸币（见图 6 -5），在图案、色彩、布局上形成一致。此外，为解决初期货币冗杂、奸商的市价操纵等问题，苏区银行通过发行并增加银币券、禁止杂钞流通、稳定币值以及铸造银元等方式统一了货币制度，保证了货币的发行与流通。其次，完善银行的存放款业务，通过财政存款、储蓄存款以及对放款手续对象的要求等方式保证银行的存

① 中国人民银行江西省分行金融研究所编：《中华苏维埃共和国国家银行湘赣省分行简史》（内部刊物），1986 年版，第 9 页。

② 中国人民银行江西省分行金融研究所编：《中华苏维埃共和国国家银行湘赣省分行简史》（内部刊物），1986 年版，第 90 页。

③ 中国人民银行江西省分行金融研究所编：《中华苏维埃共和国国家银行湘赣省分行简史》（内部刊物），1986 年版，第 89 页。

放款业务。通过各种措施，湘赣苏区银行稳定了苏区经济，并且为战争和革命工作提供了支援力量。

图 6-4　中华苏维埃共和国湘赣省工农银行壹圆银币券

图 6-5　中华苏维埃共和国国家银行湘赣省分行壹圆银币券

注：壹圆券的票面正中为列宁头像，两边的图案中分别为“壹圆”二字。

图 6-6　中华苏维埃共和国国家银行湘赣省分行壹角银币券

注：壹角券的票面正中为禾穗围绕地球的图案，地球中有根据地的示意图以及镰刀、锤子，地球两边的图案中分别有“壹角”二字。

图 6－7　中华苏维埃共和国国家银行湘赣省分行贰角银币券

注：贰角券的票面正中为以地球作背景的工农联盟图，两边的花朵中分别有“贰角”二字。

第三节　其他类型股票研究

一、公营企业

苏区的公营商业主要指的是工农民主政府投资兴办的商业，这一经济组织建立在工农民主政权的地区，具有社会主义性质，并且归属于全体人民所有。那时的公营企业规模比较小，主要是为革命战争服务的，生产军需产品和日用品的手工业。

土地革命时期，中央苏区一直受到敌人围剿以及经济封锁，情况并不乐观，大量的军事以及民用必需品相当缺乏，导致军事力量以及民众生活上产生大量问题。欧阳钦在 1931 年 9 月 3 日的中央苏维埃区域报告中曾提到这个问题，可见当时的中央苏区“剪刀差”问题十分严重：

> 这一时期苏区的经济完全是被敌人封锁，工业品很少的能输入苏区，因此苏区的工业品非常缺乏，但食盐以及一些日常用的毛巾牙粉牙刷火柴纸烟袜子等仍有卖，但价值要比上海贵一倍，苏区内的出产如谷米纸张茶油等不易输出。那边的米价颇贱大约只大洋二元半一担。在我们红色腹地的商业过去因为策略的错误，以及 AB 团的故意破坏以至市场不堪了，在

江西仍是圩场经济每隔几天一次圩，农民拿东西到圩场上来卖，现在因为策略的改变，允许自由贸易，所以商业又渐渐的恢复起来，市场的东西慢慢多了，一般的纸票均不用，只我们江西工农银行的纸票可用，普通是用大洋及铜元，有些地方小洋也用，现在奸商操纵市场的事还未发现，货物的价格没有规定①。

苏维埃政府成立以来就开始积极建立公营商业，之后的"剪刀差"问题使得发展公营商业变得更为需要。

政府及领导人也强调了苏区要适应不同的经济方式及国营商业的重要性："现在我们的国民经济，是由国营事业、合作社事业和私人事业这三方面组成的。国家经营的经济事业，在目前只限于可能的和必要的一部分。国营的工业或商业都已经开始发展，它们的前途是不可限量的……合作社经济和国营经济配合起来，经过长期的发展，将成为经济方面的巨大力量，将对私人经济逐渐占优势并取得领导的地位。所以，尽可能地发展国营经济和大规模地发展合作社经济，应该是与奖励私人经济发展同时并进的。"② 从1929年至1932年，苏区各县先后成立了粮食调剂局、开辟数千里的红色线路并设定省对外贸易，通过在重要口岸设定采办处形成贸易网等方式发展公营企业；并且当时苏维埃政府先后在汀州市、龙岩县、永定虎岗、上杭、新泉等地成立了中华贸易公司、中华纸业公司、新泉对外贸易公司以及1934年成立的中华商业公司汀州分公司。同时政府还开设了一些公营商店和红色饭店旅馆等。这些公司、商店、饭店通常是由苏维埃政府投资，主要是用于日用百货等民用品的经营。江西苏区的各县也创办了一些公营的工厂，例如兴国锅炉厂、瑞金缝纫厂、胜利铁厂等一些规模不大但对于经济有着重要作用的公营企业。经济建设开展较早的闽浙赣革命根据地在1930年就由方志敏号召建立各种形式的经济组织并付诸实践，不仅开办工厂、设立对外贸易处并且建立苏维埃商店，逐步建立公民营共存的商业模式。1934年的报道中也曾提到："国家企业主要是商店，大约

---

① 中共江西省委党史研究室编，沈谦芳、梅黎明主编：《东固·赣西南革命根据地史料选编 第2册》，中央文献出版社2007年版，第104页。

② 毛泽东：《我们的经济政策》，1934年1月23日，《毛泽东选集》（合订本），人民出版社2017年版，第119页。

有三十余家，国营药店也有三十余家……兵工厂能自造步枪、机关枪、手榴弹、破击弹、马刀及刺刀等，此外尚有织袜厂、缝织厂及纸厂等，都能供给苏区内部的需要。”这一系列对苏区的商业贸易政策，都积极地鼓动并表现了苏区的经济商业活动，活跃了当地的贸易，同时对于打破经济封锁也有重要的作用。

由于苏区的工业环节较为薄弱，为保证生产以备军需，苏区集中力量发展工业生产。这些工业包括国营工业、生产合作工业和民营工业在内的三大内容。其中国营工业的经营的主要方向是军需和矿产开采。在国家的帮助下，国营工业的发展规模迅速扩大，包括中央军委兵工厂、中华苏维埃钨砂、中华印刷厂等在内的国营工业企业先后成立并且迅速扩大建立分厂，有效促进了各式军需用品的大量生产。

苏区将商业与合作社相结合，发动群众集资兴办商业性合作社，这种合作社商业作为一种集体经济组织，能有效地团结人民群众，打破敌人的经济封锁，再加上苏区党和政府通过一系列的规章制度，帮助合作社商业发展，因此合作社商业发展十分迅速。在当时许多的苏区根据地的大部分乡县都设立了合作社，并且这些合作社的股份、股金及股员都达到了相当可观的数目。

而且苏区的公营经济还通过试办股份企业，利用社会资本来发展。当时苏区的政府就曾规定要利用私人资本与合作社资本来发展商业。因此当时的商业公司很多采取了股份制：一类是产销结合工商统一的公司，如1933年12月江西省苏维埃政府设立的博生纸业股份有限公司、兴国樟脑股份有限公司；另一类是以采购业务为主的商业公司，如1934年1月由临时中央政府开设的中华商业股份有限公司。这些股份公司吸收大批社会资金以后，发展后劲增强了。如中华商业股份有限公司长汀分公司自1934年初成立后，经营的货物有灰锰氧（造子弹的原料）、金鸡纳霜、阿斯匹林、碘酒、印刷油、布匹、盐、海味等。仅西药一项，半个月采办一次，金额即达10余万元之多；盐、布匹，一般四五天采办一次。采办的货物，主要供应苏区各军队、政府机关使用①。

尽管当时的公营企业只发展了少部分企业并且以军事工业为主，但仍

① 苏俊才：《红土溯源》，北京广播学院出版社1999年版，第128页。

是苏区经济中十分重要的一部分内容，对于打破经济封锁、活跃经济体制有着不可或缺的作用。

二、民营企业

中央苏区的集体工业主要是各地兴办的生产合作社。如长汀中华纸业公司、中华织布厂等。民营工业主要是一些小手工作坊，主要产品有土纸、土布、生铁、原煤、黄烟丝、砂糖、木炭、石灰、砖瓦、铁锅农具、樟脑、雨伞、斗笠、木器、陶瓷用品及豆腐等食品。其中还包括一些民用工业，苏维埃政府根据当地实际情况，利用当地资源办起了例如樟脑厂、被服厂、纸烟厂、石灰厂等一些民用工业企业。据 1934 年 2 月不完全统计，中央苏区共有各类生产合作社 176 个，工人 32761 人，股金 58552 元。民营工业由于受王明“左”倾经济政策和劳动政策影响，1932 年至 1933 年间不仅没有发展，不少民营企业还倒闭关门。1933 年秋纠正“左”倾思想后，苏区民营工业才有了一定的恢复和发展①。

民营企业的发展相对来说较早，当时合作社和公营商业并没有发展起来的时候，商品的流通主要就是依靠民营商业。在苏维埃政权建立后，一些民营商业由于受到“左”倾思想的影响，遭受了不小的打击，但在之后，政府纠正了这种思想并且开始对民营商业采取政策，进行保护和发展。从 1929 年到 1934 年，政府先后通过发布布告或者政策等对民营工商业采取保护和鼓励发展的措施。1929 年 3 月的《告商人及知识分子书》中宣布过保护商人贸易，同年 7 月一大的《政治决议案》也规定了对大小商业应设一般的保护政策。之后，1930 年 3 月 18 日，闽西第一次工农兵代表大会就通过了《闽西苏区商人条例》（以下简称《条例》），并于 25 日发布，《条例》中规定：

商人照政府章程纳税，予以保护；商人自由贸易，政府不限制其价格；商家来往帐目，政府不取消；各地船只货物来往，如非违反苏维埃禁例物品，输入与输出政府一律给以保护；非经县政府审判有罪和闽西政府批准的，商人不得没收其商店；商人不得操纵金融，银价涨跌须苏维埃批

① 余伯流，凌步机：《中央苏区史下》，江西人民出版社 2017 年版，第 845 页。

准，因亏本而倒闭的商店，须经工会审查，因自己恐慌而关闭的，限期开门营业，政府给以保护，逾期不开者，政府将货品盘与工人经营；商人贩运或私造铜银、假造纸币，予以严重处分，用秤斗尺，须制造一样等[①]。

1931年8月发布的《允许商人自由贸易问题》中第九十五条提出："对于商人，当然不能够照对豪绅地主一样地加以打击，所以无论何种商人，只要他在不违反苏维埃一切法令（如劳动法、土地法等），不勾引敌人作反革命，不操纵与垄断经济，苏维埃政府是允许商人在苏区内营业自由的。"[②] 11月发布的《中华苏维埃共和国关于经济政策的决定》中规定了对中国资本家的企业手工业，先尚保留旧业主手中，而不实行国有。

1932年1月，中华苏维埃临时政府也曾颁布《工商投资暂行条例》，鼓励私人资本积极参与国有和私有各种企业，允许私人资本在境内自由投资经营工商业，其中还包括国家的企业、矿山和森林等，并且在法律上许可私人资本的营业自由。正是由于这些鼓励保护政策的出现，当时苏区内一些地区的民营经济发展渐好，例如长汀城红色市场贸易的出现，并且成为中央苏区的商业中心。总体来说，对于民营经济政府并不干涉："我们对于私人经济，只要不出于政府法律范围之外，不但不加阻止，而且加以提倡和奖励。因为目前私人经济的发展，是国家的利益和人民的利益所需要的。私人经济，不待说，现时是占着绝对的优势，并且在相当长的期间内也必然还是优势。"[③] 1934年1月，第二次全国苏维埃代表大会通过的《关于苏维埃经济建设的决议》提出："一切苏维埃的商业机关必须尽量利用私人资本与合作社资本，同他们发生多方面的关系。苏维埃政府除以关税政策来调剂各种商品的输出入外，保证商业的自由，并鼓励各种群众的与私人的商业机关的自动性，去寻找新的商业关系与开辟通商道路。"[④] 政府甚至鼓励苏区商人去白区贸易，设法对一些不同的日用商品进行输出与输入，从而维持苏区的经济。

当时私人经济在红色区域是采取小规模经营的形式。这些措施不仅有

---

① 贺名仑主编：《中国商业文化大辞典》，中国发展出版社1994年版，第605页。

② 柯华主编：《中央苏区财政金融史料选编》，中国发展出版社2016年版，第367页。

③ 毛泽东：《我们的经济政策》，1934年1月23日，《毛泽东选集》（合订本），人民出版社2017年版，第119页。

④ 中国人民银行编：《红色中华 金融史料摘编》，中国金融出版社2016年版，第175页。

利于私人资本在当时存在和发展，也使得国家能够在保障自己权利的同时向私人资本出售暂时无力承担的经营权，保障军民发展。

三、民营企业与合作社联合

国营、民营和合作社经济是土地革命时期中央苏区的三个比较重要的经济组织形式，其中民营经济占比很小，尽管当时苏区政府发布过相关法令政策，鼓励、帮助其发展，但由于受其性质和一些思想的影响，其发展过程十分曲折并且脆弱。

为了打破经济封锁带来的困局，商业体系的发展必不可少，当时的商业主要是由民营商业、合作社商业和公营商业构成，其中还有不同商业形式的合作。

合作社在发展的过程中必然需要收集一定量的资本，那么集中资本的方式就有几种，其中吸收私人资本也是一种形式。在粮食合作社的资本筹集过程中，就提出过“合作社如果募集有相当资本办理得好，信用昭著，那么这可以吸收零星的私人资本，把泛集的资本集中起来……”[①] 可见，私人资本与合作社有一定的联合。合作社经济和民营经济合作，还借助了国营经济的帮助，在国民党开展围剿封锁经济的过程中，政府为打破这一局面，出台了一系列政策，其中就包括鼓励将私人资本与合作社资本引入国营商业，从而实现它们的多方面合作。而且，在 1932 年 4 月 15 日中华苏维埃扩大会议决议案中第 7 条提出：

正确执行苏区经济政策，首先必须纠正立三路线的一切过早的办法。在目前民权革命的阶段中，必须利用私人资本发展苏区经济，创造转变到社会主义的物质基础。国际及四中全会早已明白指出，在现时革命阶段中，企图断市场，限制物价，限制自由贸易，消灭私人资本，是极有害的危险办法。今后苏维埃政权设立的商店、煤矿、纸厂……等生产机关，要设法租给私人开办，利用私人资本发展社会经济事业。我们必须了解，在目前半封建社会的经济条件之下，如不尽量利用私人资本的活动，企图由国家来垄断，事实上是不可能，而且是经济上的自毁政策：苏维埃区域要

① 中国人民银行编：《红色中华 金融史料摘编》，中国金融出版社 2016 年版，第 38 页。

实行保证贸易自由，准许现金在苏区流通。除供给红军需要品和某种物品（如盐，布等外），在某种条件之下，不得垄断和限制物价。合作社的组织，必须广泛的发展起来，但必须按照合作社章程来建立，纠正目前一般合作社的错误（现在一般合作社完全不是商业性质，仅仅做了转运货物的工作，于是家家都加入合作社。由于加入的人多而苏区土产少，就不得不限制土产价格，引起广大群众不满）。在现时苏区一切生产品缺乏的条件之下，主要是要发展生产合作社，发展苏区的生产事业。现在这般形式的合作社必须纠正过来①。

但由于合作社的阶级组织形式，私人资本的引入是不容易的，并且合作社的发展也会导致民营企业发展受到阻碍，才溪区合作分社工作概况中提出："……才溪区合作分社自开设以来，没有间断过一时一刻供给社员及群众以盐布等必需品，得到群众极大的信仰，所以全区私商所经营的只有一爿药铺，其他私人资本买卖是很少的。"②

许多关于合作社经济的布告、大纲及制度中也明示过不允许私人资本的出现，例如，在1933年6月颁布的《发展合作社大纲》中，对合作社经济的作用概括为5个方面：（1）抵制商人资本家剥削，改善社员生活；（2）调节苏区内工业品和农业品价格的"剪刀差"现象，破除国民党的经济封锁；（3）发展苏区国民经济；（4）吸收广大工农劳苦群众参加革命战争，提高社员政治水平，巩固工农联盟；（5）抵制私人资本，准备将来社会主义建设的经济条件③。

本章小结

金融的核心是为中心工作服务。为了最大限度联合工农阶层的经济力量，打破敌人的经济封锁，1929年7月，中共东固区委和区革命委员会以群众入股筹集的方式创建了苏区第一家信用合作社——东固平民银行，开

① 杨德寿主编：《中国供销合作社史料选编》第2辑，中国财政经济出版社1990年版，第108页。

② 中国人民银行编：《红色中华 金融史料摘编》，中国金融出版社2016年版，第165页。

③ 余伯流：《中央苏区经济建设》，中央文献出版社2009年版，第918页。

创了红色中华金融史。随后，为了更好地团结农民群众、方便农民生活，苏区最早的消费合作社——东固消费合作社也应运而生，合作社以经营布匹、油盐等日常生活用品为主，此外，还经营农具和农资产品。1929 年 10 月，东固消费合作社壮大发展为消费合作总社，并设计出版了“股票”，既作为社员持股权益的证明，又是社员在合作社内以低廉价格购买商品的凭证。1932 年 4 月 12 日，中央苏区政府发布《关于合作社暂行组织条例的决议》，正式宣布合作社组织为发展苏维埃经济的一个主要方式，以合作社为股份制主要形式的经济组织雏形在中央苏区从星星之火发展成燎原之势。

金融是发展经济的一个重要内容，土地革命时期我国中央苏区就已经对金融发展进行了许多的尝试。当时，苏区根据地建立了许多包括粮食、消费、生产、信用等多种类型在内的合作社，并取得了显著的成果，同时大力发展银行业，在当时的历史条件下，还依据自身的情况鼓励引导公营和民营企业。为求更好的效果，鼓励不同的经济组织形式相互配合。这些苏区经济组织都是在我国革命战争时期，为了巩固红色政权、发展金融和经济从而建立起来的。

作为一项重要的融资手段，中央苏区在发展股票事业的过程中积极探索，因地制宜地对股票管理采取灵活操作，从而能在土地革命时期发行大量的股票，其中就有各类合作社股票、银行类股票和商业性企业的股票。这些不同类型的股票都依照不同的组织形式，无论是从股票发行、股利分发、股票管理，还是股票数量等各方面，都做了一定的规定。这些措施都在一定程度上鼓励了苏区的人民群众积极参与入股，不仅有助于当时银行对自身的集资，并且有助于根据地的经济建设，活跃了苏区的生产发展，从而有效支持了战争时期各个根据地军事需求、管理需求以及苏区政府政权的稳定，同时也为股份制提供了更多的形式。尽管可能在某些情况下并不完善，也或多或少存在各种形式的失败，但总体来说，苏区的这些经济组织在当时的金融战线上发挥着极为重要的作用。

苏区经济能够得到一定的发展，并在我国历史上占据重要的地位，与苏区在此时期积极发展合作社、银行、公营和民营企业的行动有着密不可分的联系。苏区在这些经济组织的基础上，对股票进行设计发行的都是当时的一种金融创新，都有力地支持着金融事业的发展，从而才能使在当时恶劣的环境下突出重围，打破经济封锁，为战争时期中国革命的成功铺路。股票这一资本市场工具，被中国共产党创造性地应用于苏区革命斗争和经济建设，体现了中国共产党勇于创新的鲜明品格，以及在极其艰苦条件下勇于改革的精神特质。在当今不断变化的世界经济形势下，更需要我们发挥苏区股票设计与管理中所蕴含的开拓精神，积极推进金融改革与金融创新。

第七章　结　　语

第一节　土地革命时期中央苏区推行股份制的主要特点

土地革命时期中央苏区推行股份制的主要特点，体现为以下五点。

一、思想上，受到众多经济思想的显著影响

股份制是一种把不同形式、种类的生产资料归集在一起，形成资源集聚后进行合理经营、按股分红的经济组织形式。马克思高度评价了股份制在推动生产力进步上的作用。在土地革命时期，当时的中央苏区受到马克思主义的股份制思想的启发，开始在中央苏区推行股份制。马克思主义的股份制思想基于人力资本增长和完全信息假设两个理论，逐渐发展起来，股份制成为经济发展的有力推手，马克思对股份制的研究贡献更是给我国股份制带来了深远影响。其中，马克思提到过的“通过集中而在一夜之间集合起来的资本量，同其他资本量一样，不断再生产和增大，只是速度更快，从而成为社会积累的新的强有力的杠杆”更是把股份制的作用很好地表达出来，股份制通过资本集中的方式把社会上的闲置资金聚集起来，在短时间内形成巨大的资本量，来解决一些问题。

中央苏区的许多共产党领导的经济思想也为股份制的推进带来了积极的影响，使得股份制的推行能够形成一定的规模。其中具有代表性的领导人包括毛泽东、朱德、周恩来、陈云、刘少奇、张闻天、邓子恢和林伯渠

等人。如毛泽东认为革命战争的胜利需要把群众动员起来，使战争能够得到群众力量，这与股份制推行中将社会闲散资金筹集起来的思想不谋而合，恰恰是将群众的“资金力量”动员起来，形成一股合力。

二、要素上，具有土地革命时期的显著特征

作为股份制推行的具体产物——股票，其在要素上展现出十分明显的时代特征，从各方面较为突出地反映出土地革命时期的一些特点。

由于合作社是战争环境下苏区经济发展陷入困境时的产物，因此股票设计在形态和材料上也别具一格：形式上，苏区股票有长的、方的，还有椭圆形的；印制股票的油墨有红色、黑色，也有黄色、蓝色甚至绿色，如闽西直属第二区消费合作社股票呈红色，长汀县信用合作社股票呈黑色，湘赣省工农银行股票呈蓝色，胜利县总商店集股证为红色；印刷方法有石印版、铅印版、木刻版和蜡刻版；从材料看，大部分是纸质印制，但也有布做成的。这些各具特色的股票设计形式充分反映了在当时经济极其困难的情况下，苏区人民在中国共产党的领导下为了争取革命胜利，不断进行经济、金融探索的改革精神；就地取材更是体现了在非同寻常的岁月里，苏区人民为了共产主义事业艰苦奋斗、勤俭节约的扎实作风。

三、宣传上，不同类型股票表现出不同特征

中央苏区的股票主要包括银行类股票和合作社类股票，在推行股份制的过程中，针对这两类的股票，宣传的特点有所不同。

革命也好，建设也好，要取得伟大的胜利，都离不开宣传思想工作。一方面，苏区股票设计融入了革命性元素，是旗帜宣传的重要载体。苏区革命是中国共产党领导下的革命，指导思想是马克思列宁主义，因此中国革命这一主题在股票设计上体现得淋漓尽致，许多股票的图案是马克思、列宁头像或者中国共产党党徽。如永定县第一区信用合作社股票，在股票的最上方有一个鲜红的大五角星，正中上方位置有两面交叉的红旗，红旗中间各有一个镰刀和铁锤交叉的中国共产党党徽图案，党徽下有个地球仪，地球仪中间标有“世界大同”四个字。闽西列宁书局股票，顶部左右

分别印有马克思、列宁头像，头像两边有中国共产党党徽图案，顶部中间有一个鲜红的大五角星，右侧写有“提高马克思列宁主义的政治教育　发展社会主义新文化运动”字样。而瑞金县信用合作社股票的中心图案为三颗五角星、一个镰刀和铁锤交叉的图案。另一方面，股票设计还体现了中央苏区发展生产、改善工农生活的建设任务。例如，闽赣省纸业合作社股票背面印着合作社口号：“扩大合作社股金，是为着发展纸业生产，改善工农生活。工农劳苦群众，热烈地购买推销合作社股票，扩大合作社组织，发展纸业生产。”再如，汀州市工人粮食合作社股票的顶部写有“改善工人生活”六个字；汀州市调剂粮食局合作社股票票面顶部写有“流通　社会　经济”字样。这一设计元素在当时起到了动员根据地群众积极购买股票的效果。

对于银行类的股票，主要的宣传特点表现为：下基层与群众进行有效交流，更是突出政府对集股工作的重视；创新招股办法，提出以谷换股，加大群众入股积极性，降低入股门槛；宣传对象范围不拘泥，包括苏区，也包括当时国民党统治的白区；雇员兼顾招股员，身份上的双重性，让入股群众继续做招股员参与招股工作，加快招股进程，提高招股效率；因人制宜，对富农和贫农采取不同的招股办法，富农有能力为革命斗争贡献更多力量。对于合作社类的股票，主要的宣传特点表现为：宣传对象有针对性，主要为贫苦工农，宣传时强调工农们是合作社的主人翁，来调动贫苦工农的入股积极性；依据合作社宣传的不同性质，宣传的特点不一，如信用合作社主要强调可摆脱高利贷剥削、股员可以低息借款、若是存款还能获得利息，消费合作社主要强调薄利销售的特点。

四、发行上，包含了不同形式的惠民政策

土地革命时期，为了能更好地将股票这种资本组织形式应用于新民主主义政权性质下的根据地，中国共产党结合苏区特有形势，对股票的发行和管理作出了创造性改革，因时制宜，取得了重大成功。由于发行管理的多样性和灵活性，苏区股份制展现出了许多时代特色。

一是只有特定人群才能成为股东。《合作社暂行组织条例》明确规定：“合作社系工农劳动群众集资所组织的，富农资本家及剥削者，均无权组

织和参加”；《粮食合作社简章》中社员的身份也仅以本乡内中农、贫农、雇农、工人、苦力及独立劳动者为限，富农、商人、资本家及一切剥削者都不能加入。这是因为合作社股票发行的一大宗旨就是抵抗奸商富农资本家剥削，所以富农、地主和资本家是不能成为股东的。

二是股金以小面额为主，不局限于现金，但持股数量受限。股票大部分为五角或壹元，《信用合作社标准章程》在附注中说明：“我们为使最贫苦的工农群众都能加入起见，每股股金不宜定得太多，如得多数贫苦工农之同意，当然每股也可以多至二、三元至四、五元，但不能超过五元以上。”为了适应根据地民众的购买能力，股金可以分期缴纳，也可以用农副产品等折价购买。《消费合作社简章》指出，社员入股时，不能马上完全缴纳股金的，可分为两期缴纳，一期为4个月；股金不限于现金，如米谷杂粮、公债票也可以。《粮食合作社简章》第九条明确：交股金时，交谷交银都可以，但谷子须扣成银数。为了防止少数人操纵合作社，个人持股数也受到了严格限制。例如，《合作社暂行组织条例》第五条规定：“每个社员其入股数目不能超过十股，每股金额不能超过五元，以防止少数人之操纵。”

三是股票分红固定，但交易和流通受限。苏区合作社股票都有固定的红利，保息和分红两者兼得，风险较低。闽西合作社修正条例对分红的规定是“30%照社员付与合作社之利益比例分配”，赣东北银行股金的付息与分红标准是“股息週年六厘计算，每年年终结账。营业盈余除开支费用及股息，所有纯净红利照股分派，次年一月凭票领取”。同时，大部分股票都明确规定不得转让、交易，不得作现金于市面流通。例如，闽西直属第二区消费合作社股票说明第一条就明确本股票不得转卖别人。湘赣省工农银行股票不准典当卖出，或作货币通用，如有未遵守者，即剥夺其股员的一切权利，此票币收回。但也有部分股票允许受限流通。例如《联合消费合作社第二期股票条例》第六条规定，本项股票准许买卖，但须经管委会许可。《信用合作社标准章程》允许股权转让，但对象只能是继承人，而且要得到管理委员会的批准。

四是各地对股票遗失的处理大相径庭。部分股票遗失后可以补发，如联合消费合作社第二期股票，如有损坏或遗失，向总社或分社管委会报告后，半月后会补发；生产合作社股票遗失后报告挂失、登报声明作废后可以请求补发新股票。也有一些股票明确规定不挂遗失，如国家银行湘鄂赣省分行股票在背面印有“股票须妥善保存，不挂遗失”；湘赣省工农银行股票则更加严格，除了遗失不补外，股票如果涂改字样，或破烂缺角，字迹不明显了，均作废票，并不发还股本金。

五、管理上，合作社初具公司治理结构雏形

公司治理结构是所有者对企业经营管理和绩效进行监督控制的一系列制度安排，从严格意义上讲，合作社并非以营利为目的的企业，它是在中国共产党领导下“在旧形式内对旧形式打开的第一个缺口”。在中国的特殊历史条件下，无论奋斗、探索还是自身建设，都没有现成的道路。细窥合作社章程，本书发现革命先辈们在艰难困苦之中，大胆探索股份制的管理体制，苏区股票管理已初现公司治理结构雏形。

一方面，合作社由“社员大会—管理委员会—审查委员会”构成，治理结构“五脏俱全”。首先，社员大会是合作社最高组织，其选举由全体社员组织。如《闽西合作社修正条例》指出，合作社办事人，由社员公选，必要时政府可以干涉。同时，社员大会的召开时间、出席人员以及社员大会职务均有严格的规定。根据《生产合作社标准章程》（1933 年 9 月 10 日），社员大会每三个月开会一次，如有特别事故发生或社员三分之一以上要求时，可随时召集临时大会；只有三分之二以上社员出席，社员大会方可召开；社员大会的职务主要是：（1）选举、罢免或处分管理委员及审查委员；（2）制订或修改本社章程及办事细则；（3）决定工资及工作时间；（4）通过或开除社员。其次，管理委员会由社员大会选举产生，是合作社的常务管理组织，负责合作社生产经营的具体经营事宜。生产合作社中管理委员会主要职责是：（1）依据大会决议定出生产与销售之具体办法；（2）雇用或辞退工人；（3）按期向社员大会及当地政府作社务报告；（4）处理其他日常重要事务。粮食合作社则由社员大会选举五至七人为合作社管理委员会，负责管理本社一切事情；管理委员互选正、副主任各一人，一年改选一次，但连选得连任。最后，审查委员会是合作社的监督组织。《粮食合作社简章》对审查委员会的职责规定见第二十八条：“为监督和检查管理委员会工作起见，由社员大会选举三人至五人组织审查委员会，一年改选一次，但连选得连任。”《生产合作社标准章程》对审查委员

会的规定更加具体："审查委员会由大会选举五人至七人组织之；任期以三个月为限，但得连选连任；每月开会一次，审查管理委员会之行为及账目；管理委员会如有溺职舞弊、徇私、违章时，得由审查委员会召集社员大会改组并处分之。"

另一方面，社员权益不同股但同权，是双重股权结构的最初尝试。例如，中华苏维埃共和国国家银行湘鄂赣省分行股票背面印有"股员注意"八条规定，类似招股简章，其中第二条："每一股员不论入股多少，开股员代表会或其他会议时，只有一条票权。"《生产合作社标准章程》第十条："凡交足股金参加生产之社员，均有选举权、被选举权、表决权，但每一社员不论入股多少，均以一权为限。"《粮食合作社简章》第八条："社员交足股金后，即有选举权、被选举权、表决权、粜谷权、籴谷权，但每一社员，不论入股多少，都以一权为限。"

第二节 土地革命时期中央苏区推行股份制的基本经验与启示

中央苏区推行股份制为当时处在革命战争时期的中央苏区经济建设起到了重大的推动作用，为革命战争的胜利打下了坚实的基础，股份制的推行为中央苏区苏维埃政权募集了许多资金，给红军们提供了充分的物质保障；支持苏维埃政权打破敌人的经济封锁，股份制的推行促进了中央苏区商业的发展，推动了对外贸易的发展，帮助苏区军民渡过难关；而且推行股份制还改善了群众的生活，党和苏维埃政府在中央苏区掀起了轰轰烈烈的合作社运动，创办了生产、粮食、消费、信用等各种各样的合作社，为群众调剂粮食、帮助生产、获取分红，改善了中央苏区人民群众的生产与生活。

在中央苏区推行股份制的过程中，带来了诸多经验与启示，主要体现在以下几个方面。

一、稳定政权的建立与发展是股份制推行的首要前提

中央苏区股份制的推行，是在完成土地革命、建立稳定的红色苏维埃

政权的基础上实施的。1929 年，中央苏区军民在毛泽东、朱德等的领导下，开展武装斗争并发动土地革命，在赣南、闽西地区建立了红色政权。中央红军在党的领导下连续三次取得反“围剿”战争的胜利，逐渐形成了 21 座县城、面积 8.4 万平方公里且拥有 450 多万人口的全国最大的苏区。在瑞金叶坪召开的中华苏维埃第一次全国代表大会上，宣告了中华苏维埃共和国临时中央政府的诞生，这也标志着中国历史上第一个实行工农民主专政的国家政权诞生了。红色政权的建立与稳定，为中央苏区的经济建设提供了政治基础与条件，而中央苏区的经济发展为股份制的推行奠定了基础。

党为加强中央苏区的经济建设，专门成立了国民经济部，下设粮食调剂局、合作社指导委员会以及对外贸易处等机构。在中央苏区经济建设过程中，涌现大批优秀领导人为之出谋划策，其中也有关于推动股份制的实施建议。而且在对中央苏区经济建设的过程中，创办了许多的银行以及合作社，这些都为推行股份制提供了基础条件。所以股份制推行的首要前提就是建立政权并推动其发展稳定。

二、团结群众力量，推动中央苏区股份制的建设

中央苏区股份制的推行，是处在一个以手工业生产为主、长期被敌人包围和经济封锁且频繁发生战争的赣南、闽西地区这样的环境中，地区也主要是在山区里的农村。就是在这样特殊的环境下，要发展中央苏区的经济就必然离不开人民群众。在当时的苏区，大都是小农经济和小商品经济，而且苏区地处偏僻的乡村地区，经济落后，缺乏近代工业，苏区到处都是以家庭为单位的手工业、小作坊和农业生产。在当时帝国主义残酷剥削和压迫的大环境中，这种地方性的小农经济在红色政权以及党的保护下，得以生存与发展。苏区当时一直处于国民党反动势力的经济封锁之下，这严重影响中央苏区经济建设的发展。但是仅仅依靠党的领导与力量要推动苏区的经济建设是非常困难的，于是在党内统一认识的基础上，针对苏区农村的实际情况，党和毛泽东制定了苏区经济建设的正确方针。

中央苏区经济建设的中心是发展农业生产，发展工业生产，发展对外贸易和发展合作社。由于资金有限，政府需要从农民群众中募集资金，这

就推动了股份制在中央苏区的实施与发展。合作社作为苏区经济建设的重要一环，是苏维埃中央政府打击奸商剥削和广大农民群众赖以生活的集体组织。苏区的合作社主要有生产合作社、粮食合作社、消费合作社以及信用合作社四种。这些合作社，都是依据群众自愿的原则，由工农大众联合筹股集资逐渐发展壮大的。合作社股金一般都是每人一股，每股金额由五角至一元，上限是五元，且每人最多不超过十股。等到每年年底，合作社除去扩大生产和提取公积金外，剩余部分用来分红。通过这种入股集资的方式，一方面合理调动了资本，另一方面又调动农民群众生产的积极性。所以股份制的推行受到了广大农民群众的热烈欢迎，后来毛泽东也在中华苏维埃第二次全国代表大会上高度称赞了合作社运动。合作社运动，也是当时的股份制的推行，在农民群众的支持下，带动了中央苏区的经济发展，为后来革命战争的胜利发挥了非常重要的作用。

三、鼓励和保护民营企业的创办和发展

党中央和毛泽东一贯主张民营工商业的发展，这也是当初苏区经济发展的重要举措。在中华苏维埃第一次全国代表大会上，苏维埃政府在经济政策的决议案中就提到中国资本家的企业仍可保留下来，而非国有化。之后，苏维埃政府又颁布条例鼓励民间资本进行投资，从法律的角度保障私人的营业自由。

正是因为党和政府实行了正确的经济决策，使得苏区的民营工商业得以存在与发展，这也推动了股份制的产生与推广。中央苏区之前由于经济落后，要想发展经济，在那个时候不利用资本主义是不可能的；而且民营资本部分的发展，并不是那么可怕的，民营经济的发展其实可以增加苏区的生产，促进苏区商品的流通，这对于当时的苏区的发展是极其重要的。民营经济的发展，也是国家利益与人民利益所需要的。

国有企业的发展完全依靠政府的能力，在当时的那种背景下，中央苏区刚刚建立苏维埃政权，而且还不是很稳定，所以仅仅依靠国有企业的发展来推动中央苏区的经济建设几乎是不可能的。当时社会的大量资本都分散在群众中，所以中央政府鼓励并且保护民营企业的创办与发展，民营企业在扩大生产的资金筹集方面比国有企业要更加具备优势，而且群众也都

积极响应。民营经济充分利用了市场调控与资源分配的优势，民营经济的发展一定程度上是有利于社会的发展与进步的。

四、运用财政金融体制保障股份制的推行

中央苏区在财政方面，前期财政收入主要是取之于敌，比如通过打土豪得到的资金或者通过战争的缴获。在中央苏区慢慢发展趋于稳定之后，中央政府立即建立了人民税收政策，税收成为苏维埃财政收入的主要来源。当时在中央苏区税收主要分为农业税、工业税、商业税和关税等，其中工业税是比商业税低的，公营企业、合作社的企业税率又比民营企业的低。苏区政府通过税收，为苏维埃政权的财政收入提供了可靠稳定的渠道，对促进中央苏区的经济发展起到了非常重要的作用。

中央政府为统一财政，对中央和地方财政加强统一管理，颁布了一系列条例，而且还出台了会计制度，使得中央的财政管理更加系统和完善。政府一直加强构建财政金融体系，为的是保障人民和集体的利益。中央苏区苏维埃政权通过日益完善的财政金融体系，保障了苏区经济的繁荣和稳定发展，也为推行股份制打下了坚实的基础。

五、人民利益至上，股份制推行与人民利益紧密结合

“江山就是人民，人民就是江山。”中国共产党是人民的政党，它所采取的一切措施、推行的一切政策都是为了人民的利益，这在苏区股票的发行和管理上体现得淋漓尽致。一是剥削者不能成为股东。《合作社暂行组织条例》明确规定：“合作社系工农劳动群众集资所组织的，富农资本家及剥削者，均无权组织和参加。”《粮食合作社简章》第三条规定：“本社社员以本乡内中农贫农雇农工人苦力及独立劳动者为限。富农商人资本家及一切剥削者都不准加入。”这体现了苏区股票是人民的股票，代表人民的利益，是为了抵抗奸商富农资本家的剥削。二是股金以小面额为主，不局限于现金。《信用合作社标准章程》在附注中说明：“我们为使最贫苦的工农群众都能加入起见，每股股金不宜定得太多，如得多数贫苦工农之同意，当然每股也可以多至二、三元至四、五元，但不能超过五元以上。”

为了适应根据地民众的购买能力，股金可以分期缴纳，也可以用农副产品等折价购买。《粮食合作社简章》第九条规定："交股金时，交谷交银都可以，但谷子须扣成银数。"三是持股数量受限。《合作社暂行组织条例》第五条规定："每个社员其入股数目不能超过十股，每股金额不能超过五元，以防止少数人之操纵。"

拥有合作社股票的社员，享有多项福利待遇，其中包括购物、卖货、贷款、医疗、教育和生产技术培训等，这些福利待遇无一不与人民生产生活息息相关，无一不代表广大群众的基本需求，苏区股票的发行既是中国共产党争取群众基础的重要经济手段，更是中国共产党一心为民执政理念的早期体现，对于当代中国共产党执政为民、执政兴国，不断加强执政能力建设具有重要借鉴意义。

本章小结

岁月如梭，转眼九十多年就过去了。土地革命时期中央苏区股份制推行的历史经验是非常宝贵的，这是中国共产党在中央苏区经济建设的伟大预演，也是毛泽东等老一辈无产阶级革命领导人在经济建设上的伟大探索。本章通过总结土地革命时期中央苏区推行股份制的主要特点，以及中央苏区推行股份制的基本经验，可以得到如下启示。

第一，要从中国实际国情出发，求真务实，充分考虑中国的实际情况来决定工作方针，建设中国特色社会主义道路。在土地革命时期的中央苏区，毛泽东以及其他中国共产党领导人在没有任何历史经验可以借鉴的情况下，通过自己的摸索和分析，利用知识与智慧，依靠人民群众的支持，领导人民群众建设苏区经济，推动股份制的实施。今天，我们同样需要观察实际情况并分析研究，利用前人的经验知识，再结合自身的判断，制定科学的决策。坚持中国特色社会主义道路，为实现中华民族伟大复兴而努力。

第二，人民群众永远都是政府最要关注和依靠的力量。中国应大力发展农业，在此基础上进一步发展工业。在建设社会主义的道路上，要时时刻刻关注民生问题，加强农村经济建设，始终把人民放在第一位。在中国的发展道路上，要坚持中国共产党的坚强领导，团结和依靠广大人民群众共同努力奋斗。解决好民生问题，始终是党的工作整体布局中的重中之重，关系到全面建成社会主义现代化强国目标的实现。

第三，保障和促进民营经济的建设与发展。国有、集体以及民营经济的三位一体的社会经济结构，在土地革命时期的中央苏区是多元经济同时发展并进的。现在新时代下，之前的多元经济结构共同发展的格局仍有借鉴意义。正如国家所提到的，必须坚持和完善公有制为主体，多种所有制经济共同发展的基本经济制度。在巩固和发展公有制经济的基础上，鼓励和保障非公有制经济的发展。而且在市场上，非公有制经济的发展是非常符合市场机制的，更加有利于社会经济的进步与发展。

第四，根据市场运行的规律，制定合适的经济政策，实施稳健的财政、税收、金融、贸易等政策，无论是在过去，还是现在社会主义现代化全面建设时期都是非常重要的。土地革命时期，中央苏区在财政金融体系等方面的构建虽然不是很完备，但也为我们现代化建设提供了许多值得参考的地方。在我国经济发展的关键时期，需要进一步深化改革，加快财政、税收、贸易、金融等方面的体系建设，加快我国经济的建设，这样才可以进一步加强我国的经济实力，彰显中国特色社会主义市场经济的蓬勃发展与无限活力。

第五，中央苏区股份制推行的一个重要因素是人民群众的支持。苏区政府代表广大人民群众的根本利益，发展合作社运动，推动股份制的实施，时刻关注人民群众的生活情况，切实解决了人民群众耕牛、衣食住行、缺盐、小孩上学等问题。正是党和政府切实关注人民群众的生活起居，坚持以人民为中心的发展思想，立党为公，执政为民，所以得到了人民群众的热烈拥戴。在中国式现代化的建设过程中，还将进一步保障和改善民生，推进社会主义和谐社会的建设。

附　　录

一、土地革命时期中央苏区股票实物

（一）生产合作社股票

1. 纸业合作社股票（见图附录-1、图附录-2）

股票票面印有花纹图案，股票顶部写有“发展 苏区 生产”字样；中部印有列宁像，像上边印有两幅旗帜和地球仪，像左侧依次印有“股票”“壹”字样，右侧印“圆”“股票”字样；右下角也印有“发展生产”字样；股票左侧边盖有“闽赣省（福建省）纸业合作社”公章；底部横印“闽赣省（福建省）纸业合作社”。

图附录-1　闽赣省纸业合作社股票

资料来源：中红网。

图附录 -2　福建省纸业合作社

2. 苦力运输合作社股票

苦力运输合作社股票的版式和宣传标语与纸业合作社股票一样。股票左侧边盖有“福建省苦力运输合作社”公章，底部横印“福建省苦力运输合作社”（见图附录 -3）。

图附录 -3　福建省苦力运输合作社

兴国县东村区苦力运输合作社买物证如图附录－4所示。

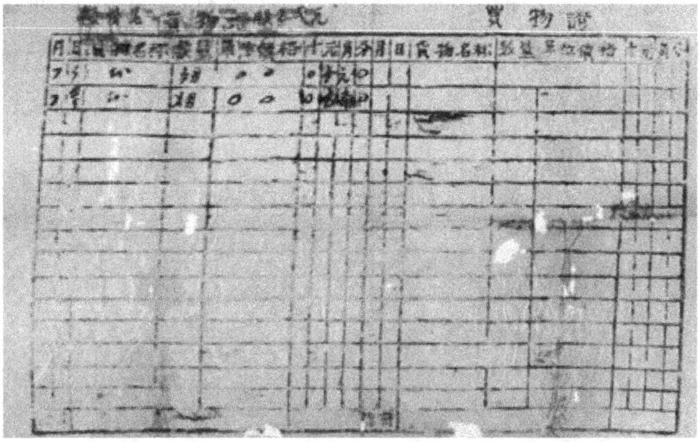

图附录－4　兴国县东村区苦力运输合作社买物证

3. 刨烟合作社股票

汀州市刨烟合作社股票的版式和宣传标语也与纸业合作社股票一样。股票左侧边盖有“汀州市刨烟合作社”公章，底部横印“汀州市刨烟合作社”，股票面值为“伍角”（见图附录－5）。

图附录－5　汀州市刨烟合作社伍角股票

资料来源：《红色票证》[①]。

---

① 洪荣昌：《红色票证》，北京：中国人民解放军出版社，2009年版。

4. 书店股票

每股一元，彩色票面，顶部左右分别印有马克思、列宁头像，有编号、收执人姓名地址及书局主任章。右侧写有：“提高马克思列宁主义的政治教育 发展社会主义新文化运动”字样（见图附录-6、图附录-7）。

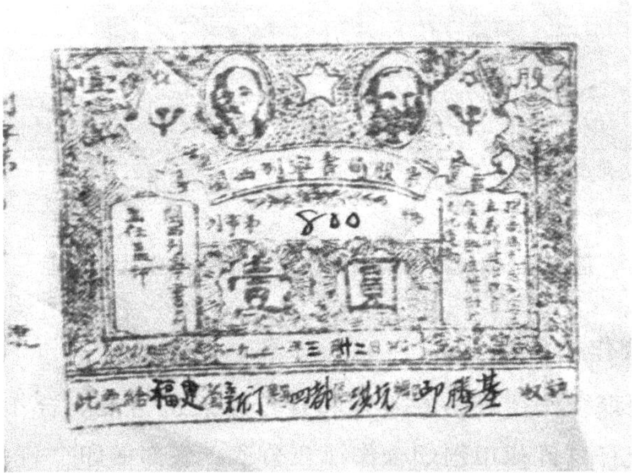

图附录-6　闽西列宁书局壹元股票

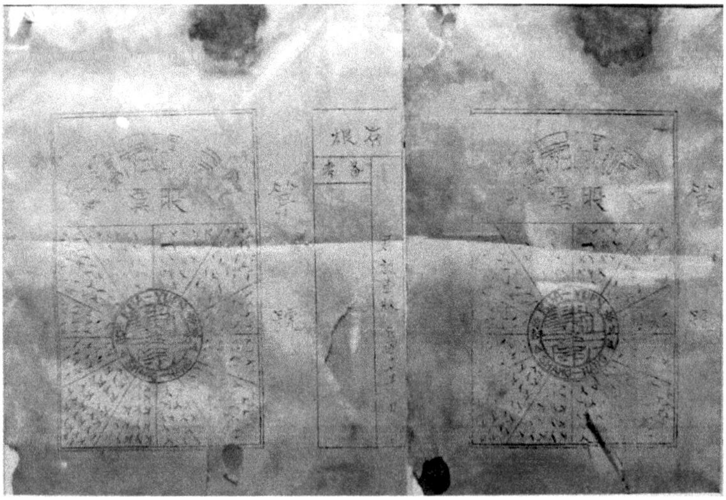

图附录-7　开元书店股票

5. 铁业生产合作社股票

铁业生产合作社股票如图附录 -8 所示。

图附录 -8　铁业生产合作社股票

1934 年福建省宁化县南城堡铁业生产合作社股票壹圆，上印马克思、列宁头像，有经手人、入股人签章，形制如同纸币。股票背面写着“扩大合作社股金，是为着发展纸业生产，改善工人生活。工人劳苦群众，热烈的购买推销合作社股票，扩大合作社组织，发展纸业生产”的宣传标语（见图附录 -9、图附录 -10）。

图附录 -9　福建省宁化县南城堡铁业生产合作社壹圆股票（正面）

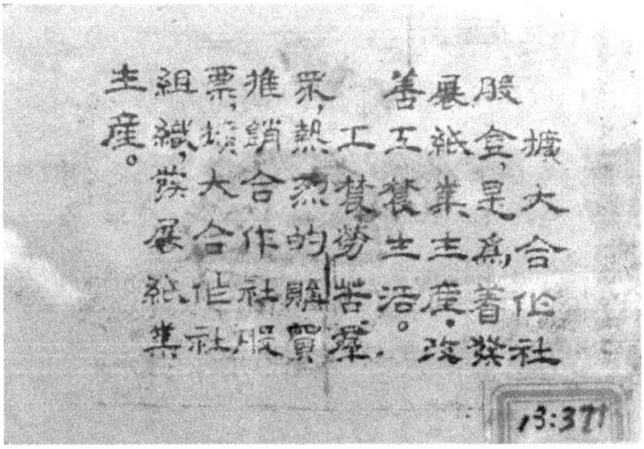

图附录 -10　福建省宁化县南城堡铁业生产合作社壹圆股票（背面）

6. 犁牛合作社股票

中央革命根据地纪念馆馆藏的犁牛合作社股票是 1934 年 10 月 3 日陈观裯购买的瑞京县黄沙区犁牛合作社股票。上有股东姓名、住址、成分、股金金额以及管理委员会主任签章。股票为毛边纸质，纵 11.7 厘米，横 9.8 厘米。1953 年 10 月由钟德炳同志捐献入馆（见图附录 -11）。

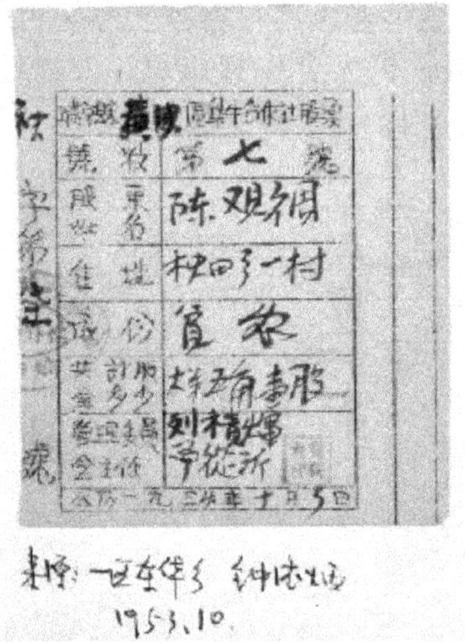

图附录 -11　瑞金县黄沙区犁牛合作社股票

资料来源：《红色票证》①。

① 洪荣昌：《红色票证》，中国人民解放军出版社，2009 年版，第 135 页。

7. 药业合作社股票

图附录－12 中的股票上有社员姓名、住址、成份、家庭人口、股数、股金金额和管理委员会主任签章。

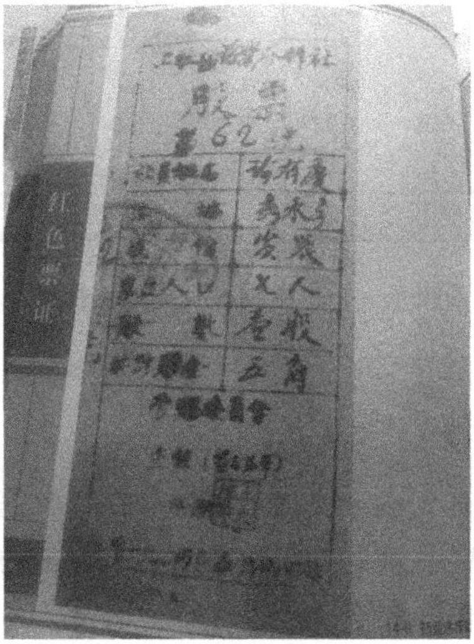

图附录－12　上社区药业合作社股票

资料来源：《红色票证》。

8. 中央农具合作社股票

图附录－13 中的这张社员证为单面印刷，分三个部分。左边部分类似封面，框形结构，四个角都有图案。左上角是一个闪耀着光芒的五角星；右上角是党徽图案；左下角是一座房子，正面写着“农具合作社”字样；右下角是农民使用的犁图案。框内上方弧形从左至右书“中央农具生产合作社”九个字；弧形名称下方饰三个小五角星；正中竖写“社员证”三个大字，并在中央盖“中央农具生产合作社管理委员会”圆形红色印章。中间是证件的主要内容，有编号，为 520 号，姓名为“周宗珠”。证件中间有一段说明：“社员持此证得向本社购买农具及享受本社一切权利，但不得借给非社员使用，违者照章处罚。”落款是管理委员会主任，有一个小方章。时间是“一九三四年二月七日”。社员证右边是一个农具的登记表格，并且盖有一个“中央农具生产合作社”的方形骑缝章。

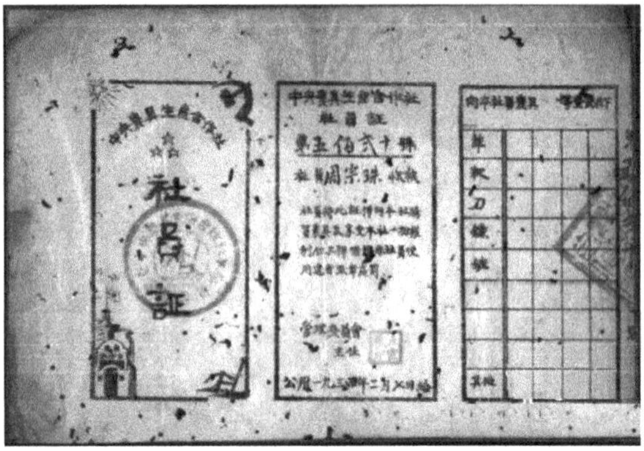

图附录－13　中央农具合作社社员证

资料来源：中红网。

9. 盐油合作社股票

图附录－14 中的这张股金收据正上方写有“收据”字样，字样中间画有一个五角星，五角星中间是一个党徽图案。收据内容为：“兹收到廖乾照同志为加入盐油合作社股金壹元 0 角正，此据”，并印有经手人和盐油合作总社临时主任的盖章。收据底部写有持有人住址“西南区马池塘乡”。

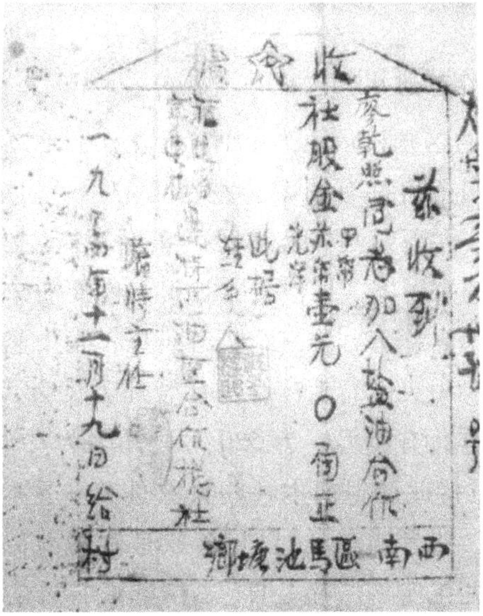

图附录－14　宁连龙特区盐油合作社股金收据

（二）粮食合作社股票

1. 古田乡粮食合作社（见图附录－15）

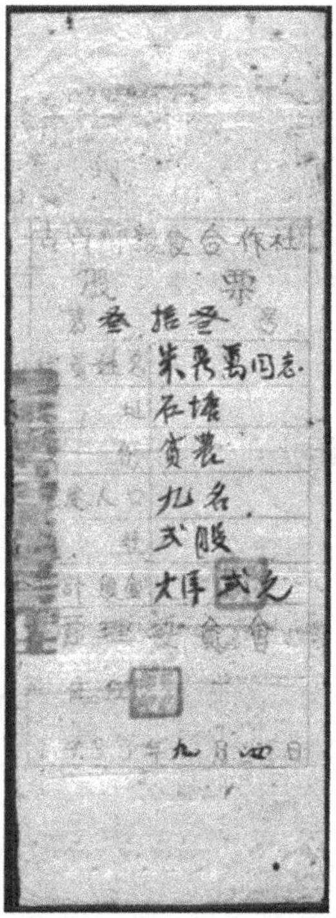

图附录－15　古田乡粮食合作社股票

资料来源：中红网。

2. 汀州市调剂粮食局合作社

汀州市调剂粮食局合作社股票版式与纸业、苦力运输、刨烟等合作社股票大致一样，票面印有花纹图案，不同的是股票顶部写有“流通 社会经济”字样；中部左右两侧分别印有列宁、马克思像，像上边印有两幅旗帜和地球仪，像的左右侧印有“股票”字样，中间印有“伍角”字样；右下角也印有“调剂粮食”字样；股票左侧边盖有“汀州市调剂粮食局合作社”公章；底部横印“汀州市调剂粮食局合作社”“列宁书局承印”（见图附录－16）。

图附录－16　汀州市调剂粮食局合作社伍角股票

3. 汀州市工人粮食合作社（见图附录－17）

图附录－17　汀州市工人粮食合作社股票

（三）消费合作社股票

1. 兴国县消费合作社股票

此印版呈长方形，高 15 厘米，宽 8 厘米，材质为樟木。上书繁楷体“城岗区合作总社股票、社员姓名、住址、成分、家庭人口、股数、共缴股金、管理委员会主任、一九三×年×月×月给、第字×××号”字样（见图附录－18）。

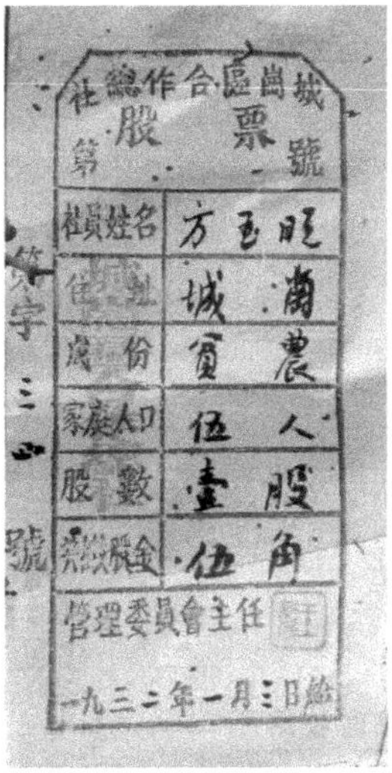
城崗區合作總社
股　票
第　號
社員姓名
住址
成份　貧農
家庭人口　伍人
股數　壹股
共計股金　伍角
管理委員會主任
一九三二年一月三日給

城岗区合作总社伍角股票

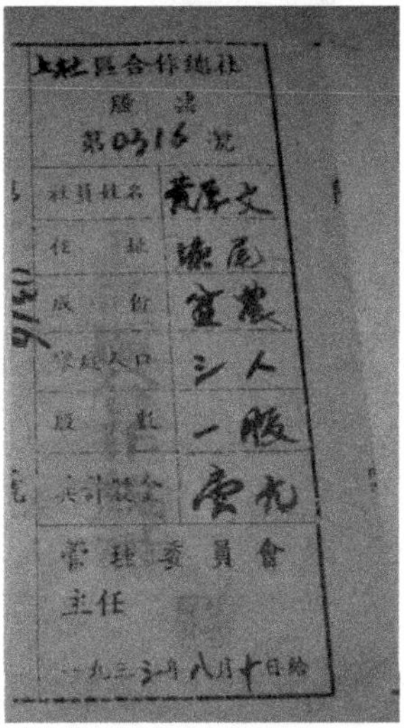
上社區合作總社
股票
第0316號
社員姓名
住址
成份
家庭人口
股數　一股
共計股金　壹元
管理委員會
主任

上社区合作总社壹元股票

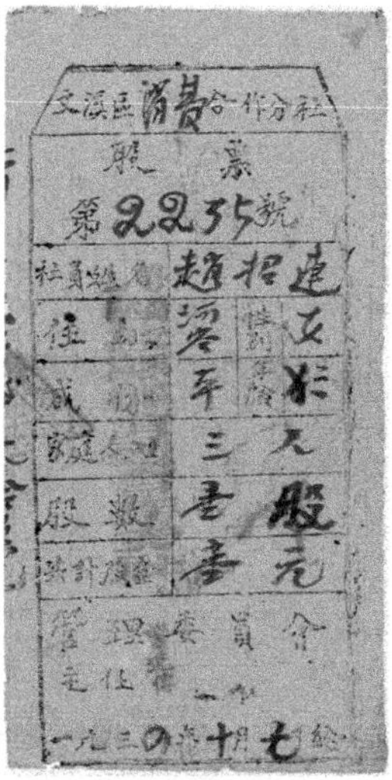
文溪區消費合作分社
股　票
第2235號
社員姓名
住址
成份
家庭人口
股數　壹股
共計股金　壹元
管理委員會
主任

文溪区合作分社壹元股票

图附录 -18　兴国县各区消费合作社股票

2. 兴国县上社区消费合作社买物证（见图附录 -19）

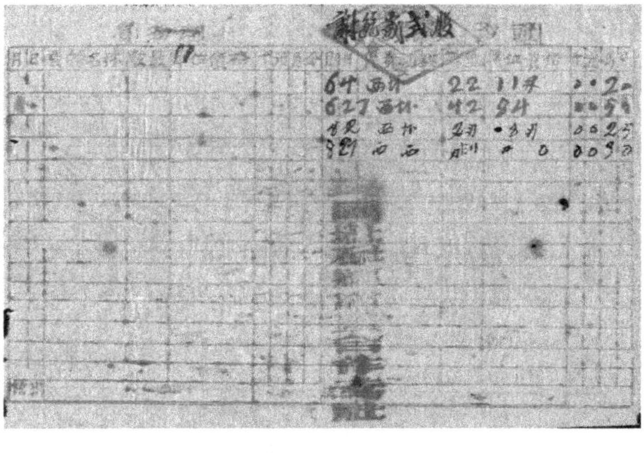

图附录 -19　兴国县上社区消费合作社买物证

3. 胜利县桥头区总消费合作社股票

这张临时收据具体内容为："今收到刘 × ×股金大洋 ×元正"，并印有经手人盖章和胜利县桥头区总消费合作社公章（见图附录 -20）。

图附录－20　胜利县桥头区总消费合作社临时收据

4. 新泉消费合作社股金收据

这张新泉消费合作社股金收据内容为："今收到开椿同志交来新泉消费合作社股金大洋壹元正"，并印有经手人盖章和新泉消费合作社公章（见图附录－21）。

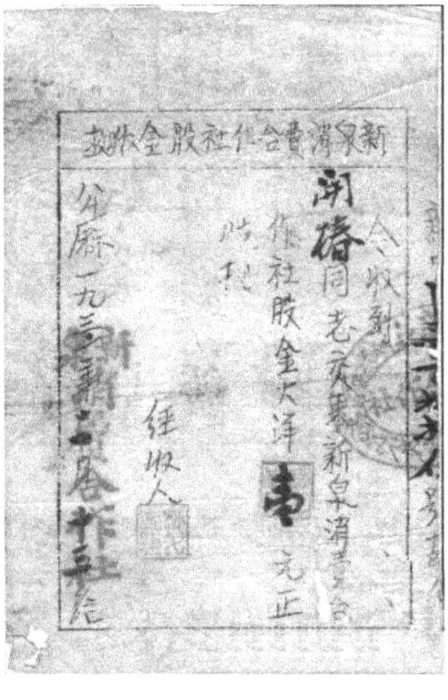

图附录－21　新泉消费社壹圆股金收据

资料来源：中红网。

5. 联合消费合作总社股票

图附录－22 中的这张联合消费合作总社股票为中华苏维埃联合消费总社管理委员会发行，石印版，正面印马克思及列宁头像，背面印有联合消费合作总社第二期股票条例，注明股金定额二千五百元，股票仅伍角面值一种，周年利率五厘，不得作现金于市面流通。

图附录－22　联合消费合作总社伍角股票（正面）

联合消费合作社第二期股票条例（见图附录－23）：

一、为发展苏维埃政府经济，抵抗奸商富农资本家剥削，扩大本社资本，特发行本项股票

二、本项股金定额为二千五百元

三、本项股票只有五角一种

四、本项股票利率定为每年五厘

五、本项股票不得当作现金在市面流行

六、本项股票准许买卖，但须经管委会许可

七、如有故意破坏本项股票信用及价格者以破坏苏维埃经济建设论罪

八、本项股票之推销及还付利息由总社及各分社分别办理

九、本项股票如有损坏及遗失时，须立即向总社或分社管委会报告，半月后再行补发

十、本条例自一九三三年十一月公布施行

联合消费合作总社管理委员会

公元一九三三年十一月一日

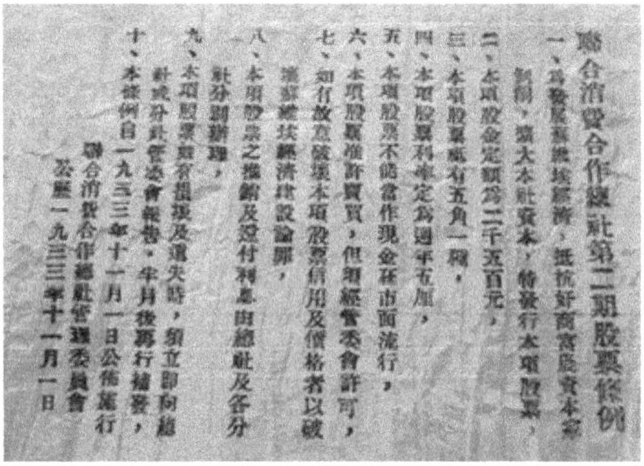

聯合消費合作總社第二期股票條例

一、為發展蘇維埃經濟，抵抗奸商富農資本家剝削，擴大本社資本，特發行本項股票，

二、本項股金定額為二千五百元，

三、本項股票祇有五角一種，

四、本項股票利率定為週年五厘，

五、本項股票不能當作現金在市面流行，

六、本項股票准許買賣，但須經管委會許可，

七、如有故意破壞本項股票信用及價格者以破壞蘇維埃經濟建設論罪，

八、本項股票之繳納及發付利息由總社及各分社分別辦理，

九、本項股票如有損壞及遺失時，須立即向總社或分社管委會報告，并具保再行補發，

十、本條例自一九三三年十一月一日公佈施行

聯合消費合作總社管理委員會

公歷一九三三年十一月一日

图附录－23　联合消费合作总社伍角股票（背面）

6. 闽西直属第三区（古城）消费合作社股票

图附录－24 中的股票为壹股，每股大洋壹元，写有“入股人姓名、住址、成分、经手给票人签章”，股票附有说明：“（一）本股票不得转卖别人；（二）入股人姓名不得更换或涂改；（三）凡加入本社持有股票者得享本社一切权利；（四）凭票按期向本社领红利”。

图附录－24　闽西直属第三区（古城）消费合作社股票壹股

7. 中国工农红军消费合作社股票（见图附录 - 25、图附录 - 26）

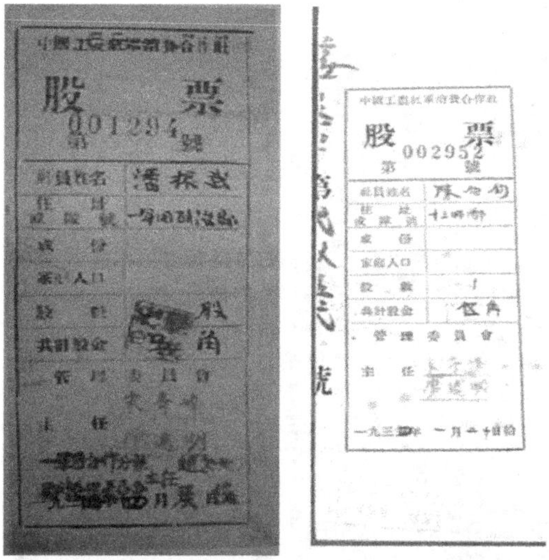

图附录 - 25　中国工农红军消费合作社股票

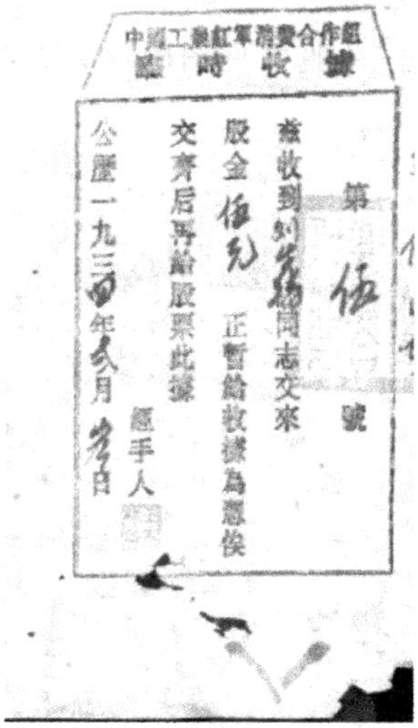

图附录 - 26　中国工农红军消费合作社股票收据

8. 瑞金县消费合作社股票

瑞金县桃黄区消费合作社发给社员的股票，写有“瑞金桃黄区消费合作社股票第九十九号（一百十一号）”、社员姓名、住址、成分、家庭人口、股数、股金金额字样（见图附录－27）。

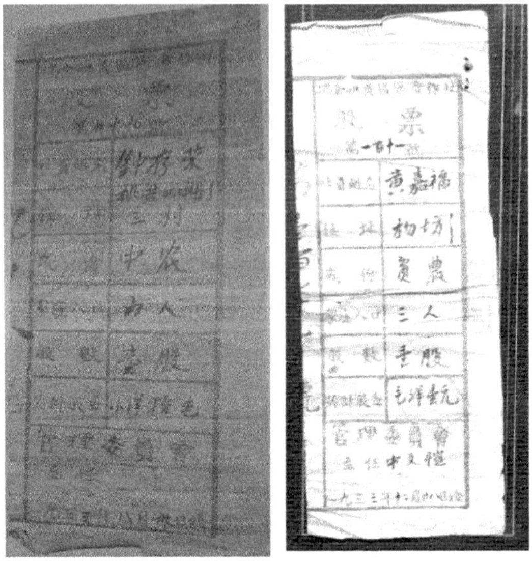

图附录－27　瑞金县桃黄区消费合作社股票

瑞金县下洲区消费合作社股票见图附录－28，瑞金县消费合作社股票条例见图附录－29。

图附录－28　瑞金县下洲区消费合作社股票

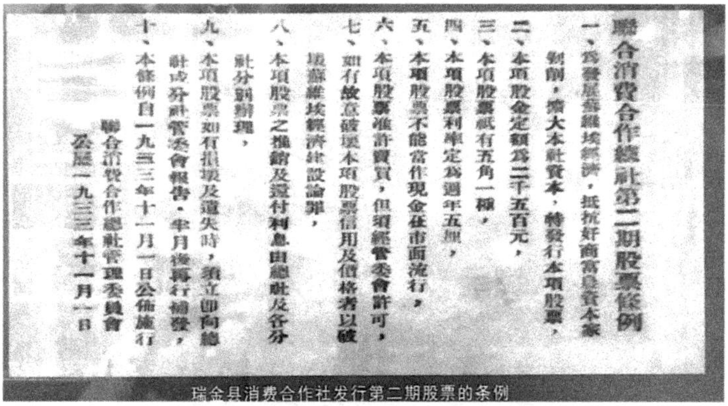

聯合消費合作總社第二期股票條例

一、為發展蘇維埃經濟，抵抗奸商富農資本家剝削，擴大本社資本，特發行本項股票，

二、本項股金定額為二千五百元，

三、本項股票祇有五角一種，

四、本項股票利率定為週年五厘，

五、本項股票不能當作現金在市面流行，

六、本項股票准許買賣，但須經管委會許可，

七、如有故意破壞本項股票信用及價格者以破壞蘇維埃經濟建設論罪，

八、本項股票之推銷及還付利息由總社及各分社分別辦理，

九、本項股票如有損壞及遺失時，須立即向總社或分社管委會報告，半月後再行補發，

十、本條例自一九三三年十一月一日公佈施行

聯合消費合作總社管理委員會

公歷一九三三年十一月一日

瑞金县消费合作社发行第二期股票的条例

图附录 -29　瑞金县消费合作社股票条例

9. 福建省兆征县消费合作总社股票

图附录 -30 中的这版股票为椭圆形，票面印有花纹，中间印有列宁、马克思像，像左右两侧分别印有“福”“建”字样，底部印有“县总社”字样。

图附录 -30　兆征县消费合作总社股票

10. 中央互助消费合作社股票

图附录 -31 中的这枚股票为中央互助消费合作社第 428 号股票，股票持有人为“蔡乾英”，住址为“启兴区松山乡”，成分为“雇农”，家庭人口为“三口”，股金金额为“五角”，且盖有管理委员会主任的章。

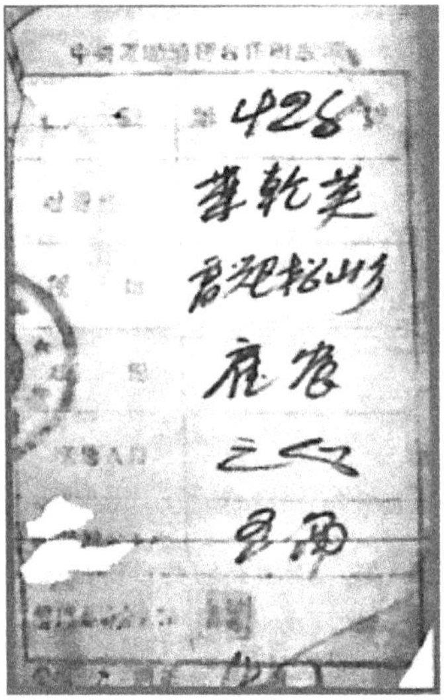

图附录－31　中央互助消费合作社股票

11. 兴国县苏维埃商店股票

图附录－32 中的股票形式为椭圆形，由红色布质材料做成，印制股票的油墨为黑色，上方还有个黑色挂带。该股票面值分为壹元股和贰元股两种。

图附录－32　兴国县苏维埃商店股票

12. 合作社股金收据

图附录－33 为闽西太平乡上洋区苏维埃政府发给陈崇模的合作社股金收据。横向写有“收条”字样，正文写有“兹收到陈崇模缴来合作社股金洋廿小壹元正合给收条为据”“公历一九三〇年三月廿七日给”字样。

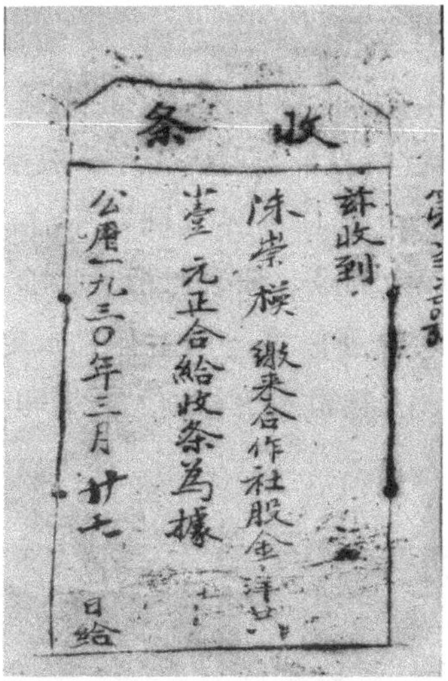
收条

兹收到

陈崇模　缴来合作社股金洋廿

壹元正合給收条為據

公曆一九三〇年三月廿七日給

图附录－33　合作社股金收据

（四）信用合作社股票

1. 浏阳县信用合作社股票（见图附录－34）

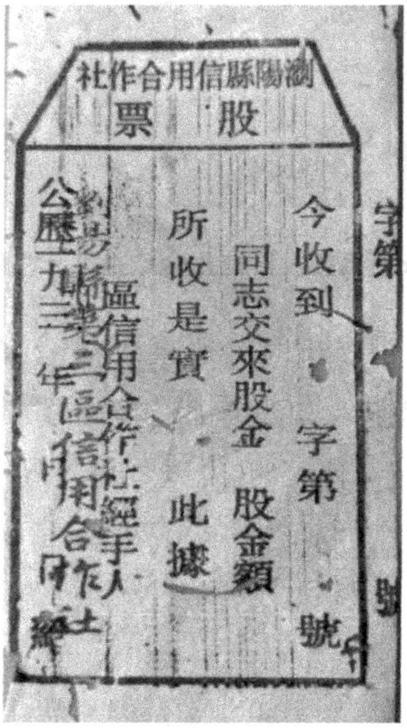
瀏陽縣信用合作社

股　票

今收到　字第　號

同志交來股金　股金額

所收是實　此據

瀏陽　區信用合作社經手人

公歷一九三　年　區信用合作社

图附录－34　浏阳县信用合作社股票

2. 永定县信用合作社股票

永定第一区信用合作社股金采用的是永定湖雷当地石印技术，长 29 厘米、宽 12 厘米，长方形，白报纸，蓝墨铅印。股票上端印有红五角星、两面红旗、世界地图，地图上有“世界大同”字样，中间印有“姓名茂春元、住址湖市、年龄、职业商业、股数二股、股金大洋贰元整、入股期第一期、给票时间、经手人”等栏目，并盖有“永定县第一区信用合作社”红色圆形骑缝公章和经手人赖祖烈的私章，下端印有“湖雷进化石印”字样（见图附录 -35）。

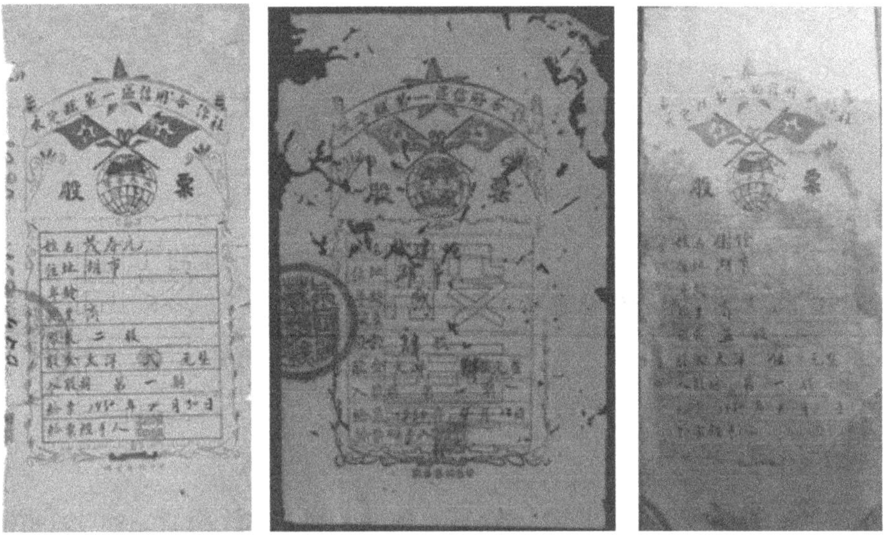

图附录 -35　永定县第一区信用合作社贰元、肆元、伍元股票

图附录 -36 中的这张修长的“股金收据”，最上面正中为一个五角星，五角星内框为一把镰刀和铁锤相互交叉，中间为黑底镂空留白的“收”和“据”两字，下方文字从左到右、竖行书写“兹收到 × × × 缴来信用合作社股金大洋 × 圆正此据”，落款为“永定第六区信用合作社经收人的私章 × 年 × 月 × 日给”，并盖有“永定第六区信用合作社”的竖条形公章。

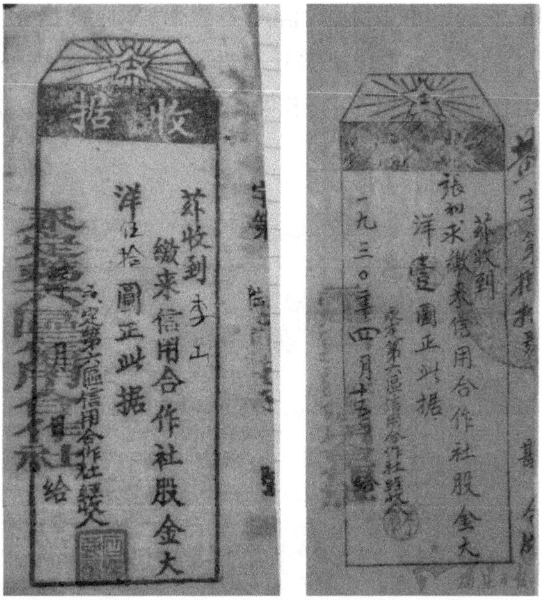

图附录－36　永定县第六区信用合作社股金收据

资料来源：《福建日报》。

3. 兆征县信用合作社股票

兆征县信用合作社股票见图附录－37。

图附录－37　兆征县信用合作社壹股、贰股、叁股股票

图附录－38 中的这枚兆征县信用合作社临时收据上写有“今收到 003889 兆征县大埔区李×乡或机关丘亮进、丘开进同志加入信用合作社股金大洋伍拾正，此据兆征县信用合作社筹备处”字样，并盖有主任和经收人的印章。

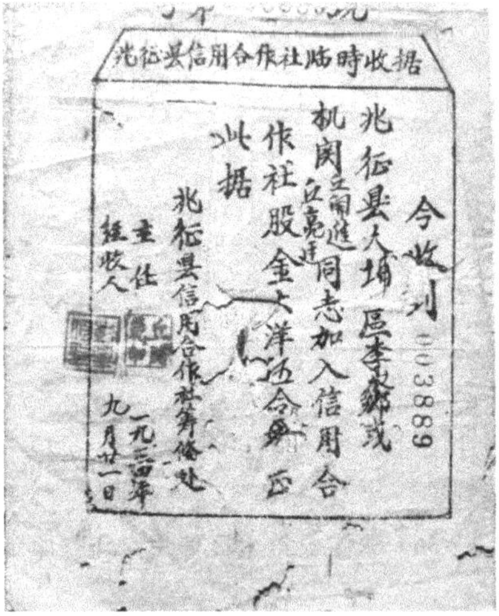

兆征县信用合作社临时收据

今收到 003889

兆征县大埔区李×乡或机关丘亮进丘开进同志加入信用合作社股金大洋伍拾正

此据

兆征县信用合作社筹备处

主任

经收人

图附录－38　兆征县信用合作社临时收据

4. 长汀县信用合作社股票（见图附录－39）

图附录－39　长汀县信用合作社股票

5. 胜利县信用合作社股票（见图附录 -40）

图附录 -40　胜利县信用合作社股票

6. 瑞金县信用合作社股票

图附录 -41 中的这些发行距今 70 多年的“红军股票”为芦苇浆纸质（淡黄色）；长 21 厘米，宽 13.3 厘米；单张单面印制，图案、文字均呈深赭色油印；有暗记类花边。中间自上而下为“××县信用合作社股票”“No×××”“×股”“每股壹圆”“公历 193×年×月×日”等字样；中

图附录 -41　瑞金县信用合作社股票

心图案为三颗五角星、镰刀和锤子。两侧文字为“社员□□□（姓名为收藏者加盖）收执”“管理委员会主任（印章）”。瑞金县信用合作社股票左边骑缝处写有序号“第伍拾號”，其中“拾”字左边的“扌”和“號”字左边的“号”应在撕开的另一联上。加盖有“瑞金县信用合作社股票”红色椭圆印章。

7. 博生信用合作社股票（见图附录－42）

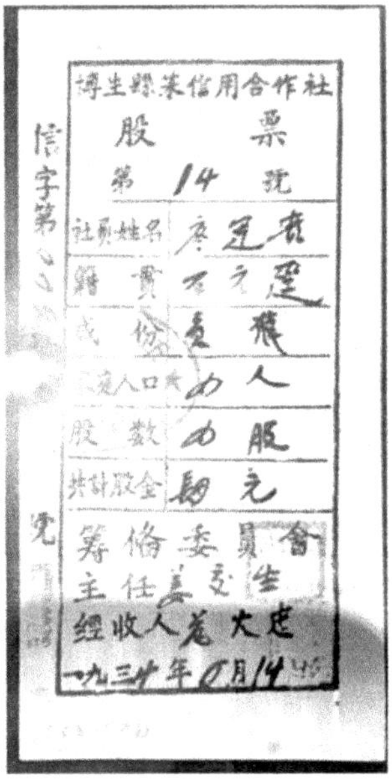
博生縣苏信用合作社
股 票
第 14 號
社員姓名
籍 貫
成 份
股 數
共計股金
籌備委員會
主任
經收人
一九三四年 月14

图附录－42　博生信用合作社股票

（五）银行股票

1. 闽西工农银行股票

图附录－43 中的股票票案图案是十分具有苏区特色的马克思和列宁头像、五角星以及苏维埃共和国旗帜，股票左侧印有行长阮山的印章，股票右方写有“本股票不得在市面流通买卖，应得红利凭票由本银行支”的股票章程，其中红利分六期支付，支取红利的 6 枚息票在股票的下方。

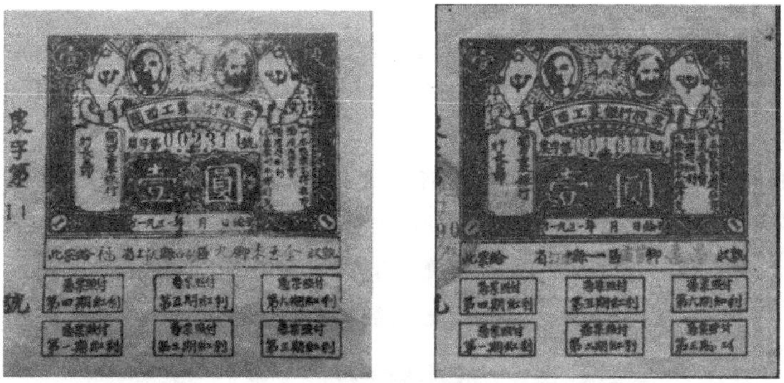

图附录－43　闽西工农银行壹元股票

资料来源：中红网。

图附录－44、图附录－45 中股金收据一式三联，分别是闽西工农银行股金收据存据、股金收据和代收股金人存据，分别由闽西工农银行、持股人和代收股金人留存，其内容基本一致。

图附录－44　闽西工农银行壹元股金收据

图附录－45　闽西工农银行贰元股金收据

图附录－46 中的股金收据系竖长方形，新闻纸单面黑墨铅印，上边有“闽西工农银行股金收据”字样，内容为：“今收到股金计大洋壹（贰、伍）圆，合给收据，俟本行开幕后再换正式股票，此据”。代收人签名或盖有私章，下边为“193×年×月×日给”，左右各有骑缝章“闽西工农银行筹备处”，收据号为“第××号，勘合”。

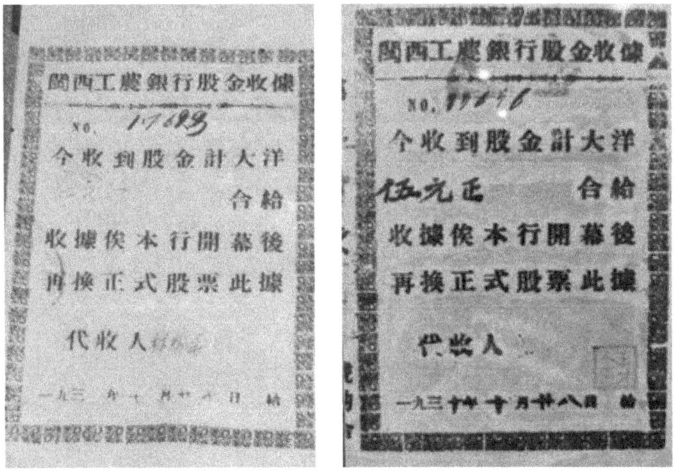

图附录－46　闽西工农银行伍元股金收据

2. 湘鄂赣省分行股票

这项股票股金大洋有伍角和壹元两种（见图附录 -47、图附录 -48），伍角一小股，壹元一大股。股票为竖排版式，长 18 厘米，宽 10 厘米。正面白色作底，印制的边框、文字均为蓝色。上端梯形框内印有“中华苏维埃共和国国家银行”“湘鄂赣省分行股票”主题名，两行字之间有一双向箭头式图案。梯形下的长方框中，右侧印有直书“字第号”，编号系号码机打印，冠字为加盖红“省”字，第二列用较大的隶体字印制“股金大洋整”字样，股票下方写有股金金额、行长经手人印章、股员姓名、家庭住址，股票左侧印有直书“公历一九三　年　月　日”填写具体发行日期。在日期附近盖有“中华苏维埃共和国国家银行湘鄂赣省分行”篆书长条形印章。背面为白色作底，股金大洋伍角背面文字皆为棕色；股金大洋壹元背面文字皆为红色，印有“股员注意”文字。其中“股员注意”内容为：“1. 每大洋一元为一大股，大洋五角为一小股。2. 每一股员不论入股多少，开股员代表会或其他会议时，只有一条票权。3. 每股股金缴齐时，即发给银行股票一纸。4. 每年每大洋一元，给息洋六分。5. 息金和赢余金，每年度发给一次。6. 领取息金和赢余金时，须持股票作证。7. 股票如经涂改，字迹不清者，作为废票。8. 股票须妥慎保存，不挂遗失。”

图附录 -47　湘鄂赣省分行壹元股票

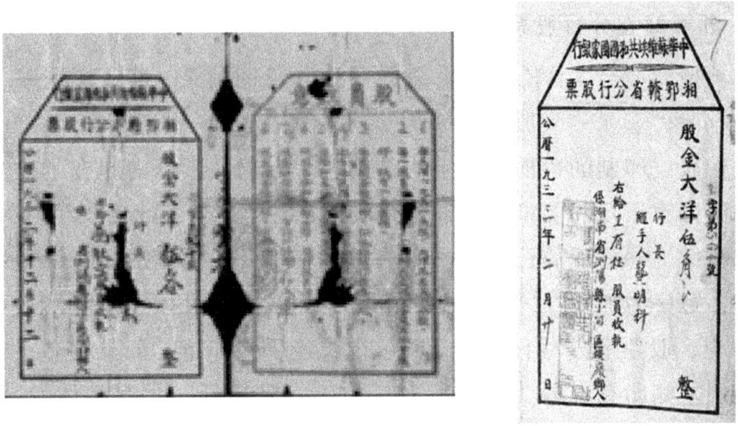

图附录 -48　湘鄂赣省分行伍角股票

3. 湘鄂赣省苏维埃银行股票

图附录 -49 中的股票长 28 厘米，宽 21 厘米，全票正面分上、下两部分：上半部为股票本金凭证，中间印有“壹圆股票”，加盖湘鄂赣省苏维埃银行公章和财政人民委员签章。两边写有“本银行股息周年六厘计算每

图附录 -49　湘鄂赣省苏维埃银行壹元股票

年年末终结账营业盈余除开支费用除股息外所有纯分红利照股分派，次年一月凭票领取”“一九三二年×月发”的字样。下半部为每年领取股息及红利的凭证，共分 12 格，每格为一年，领取 1933 年到 1944 年各年的股息和红利。该票反面未印刷，采取无记名购买方式。

4. 闽浙赣省苏维埃银行股票

闽浙赣省发行的股票用单层棉纸铅印，油墨有蓝、黑两种，票幅呈长条形，长 20 厘米，宽 7.5 厘米。全票正面分上、下两部分：上半部为股票本金凭证，中间印有“壹圆股票”，加盖闽浙赣省苏维埃银行公章，并有编号。印章两边印有“本银行股息周年六厘计算，每年年终结账，营业盈余除开支费用及股息外所有纯净红利照股分派，次年一月凭票领取”的字样。下半部为每年领取股息及红利的凭证，共分 10 格，每格为一年，领取 1933 年到 1942 年各年的股息和红利。该票反面未印刷，采取无记名购买方式（见图附录 -50）。

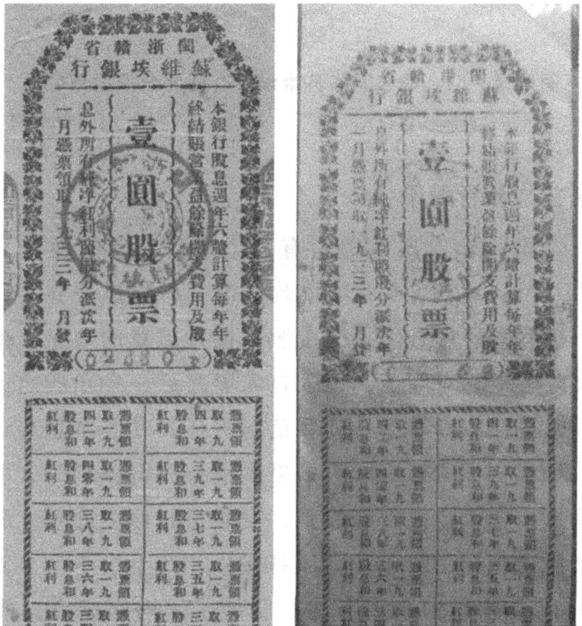

图附录 -50　闽浙赣省苏维埃银行股票（黑色、蓝色）

5. 赣东北省苏维埃银行闽北分行股票收据（见图附录－51）

图附录－51　赣东北省苏维埃银行闽北分行股票收据

资料来源：《闽浙赣省苏维埃银行》。

6. 湘赣省工农银行股票

湘赣省工农银行该股票右边写有股票字号，股员姓名，从右至左写有：“兹有攸县第壹区第贰乡苏维埃政府第三村同志贺胜兰自愿加入本银行为股员，出备股本银洋壹圆正，按照本银行简章的规定，得算合为壹股其股本金当即收足。另立收证为据，自入股之后，在出股之前，即为正式股员，得依照本银行简章享受权利和负起责任，其股本息金，得照本银行简章的规定，每年扣算给发一次，如果本银行获得赢利时，股员得依照本银行简章得受赢余金，特此发给股票，交股员执照。此外，股员执存股票应遵守下列条例：（1）股票遗失，不挂失号，并不发还股本金。（2）股票如果涂改字样，或破烂缺角，字迹不明晰了，均作废票，并不发还股本金。（3）股票不准典当卖出，或作货币通用，如有未遵守者，即剥夺其股员的一切权利，准票币收回之。”并写有股员银行经手人签名和湘赣省工农银行公章。该股票的股金收证内容与股票基本一致（见图附录－52）。

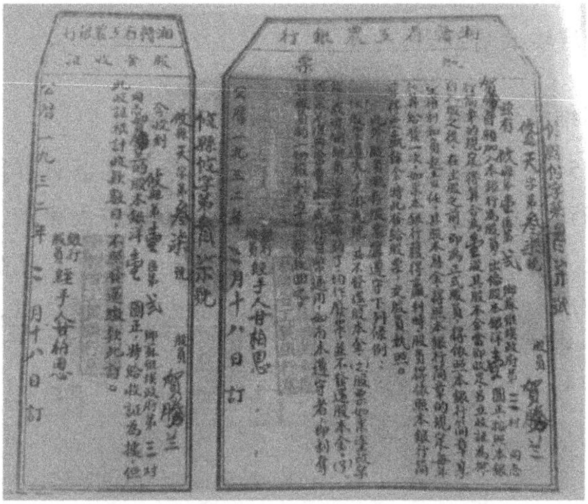

图附录 -52　湘赣省工农银行股票及股金收据

7. 银行股金收据

图附录 -53 为黄坊区苏维埃政府发给第三乡交来股金的收据。收据写有："兹收到第三乡交来银行股金现大洋伍拾元正""一九三十年十月五日"字样，并盖有黄坊区苏维埃政府公章和经手人公章。

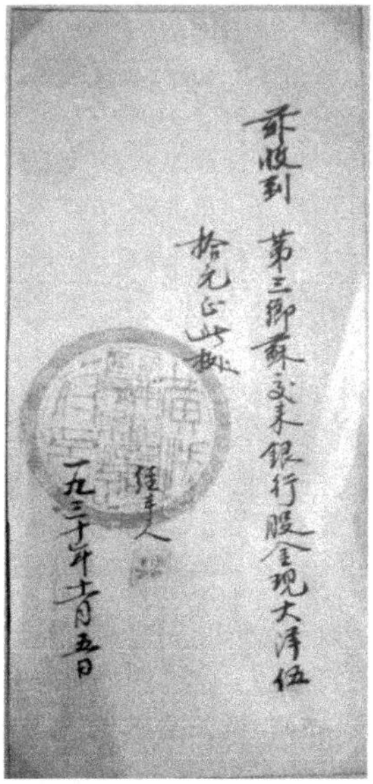

图附录 -53　银行股金收据

（六）苏维埃政府股票

浏阳县苏维埃政府股票

图附录－54中的股票写有：“兹有浏阳县新化区苏日昇同志根据中央苏区精神，踊跃参加扩股运动，交来大洋贰圆，以扩大生产，支援红军胜利完成粉碎敌人的围剿。赤礼”“公历一九三一年三月六日给”字样，并盖有浏阳县苏维埃股票缴收委员会公章和股金收缴主任公章，右上角盖有“收清”字样。

瀏陽縣蘇維埃政府

股票

茲有瀏陽縣新化區蘇日昇同志
根据中央蘇區精神勇躍參加擴股運
動交來大洋弍圓以擴大生產支援紅
軍勝利完成粉碎敵人的围剿·此致
赤禮·
股金收繳主任
公歷一九三一年三月六日給

图附录－54　浏阳县苏维埃政府股票

二、土地革命时期中央苏区股票标语与口号

1. “反对抬高物价！严厉镇压反革命破坏金融的阴谋！”（见图附录－55）

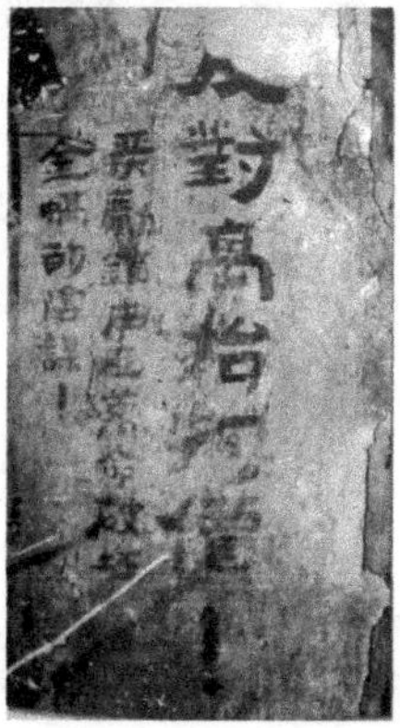

图附录－55　反对抬高物价

2. “不交租不纳税！”（见图附录－56）

其具体内容为：不交租不纳税！反对国民党政/焚烧田契借约！/没收一切地主阶级平分给贫农中农！/推翻国民党！/农民暴动起来打土豪/红军是为工农的权益谋解放的军队！/工人实行八小时工作制/共产党是无产阶级的/工人增加工钱！/欢迎靖卫团丁参加土地革命！/消灭地主武装拥护武装工农！/靖卫团丁是工农替土豪/取消一切苛捐杂税！/商人不违犯（反）苏维埃法令之商业自由！

图附录－56　不交租不纳税

3. “要平等，要自由，保护小商人”（见图附录－57）

此处为楷书字，用墨汁书写。原保存于瑞金市叶坪革命旧址群内民宅上，为瑞金中央革命根据地历史纪念馆复制件。

图附录－57　要平等，要自由，保护小商人

4. “平债分田”宣传标语（见图附录－58）

其具体内容为：“实行不交租　不还债　□□□□□□暴动　起来没收豪绅地主土地　实行平债分田！”

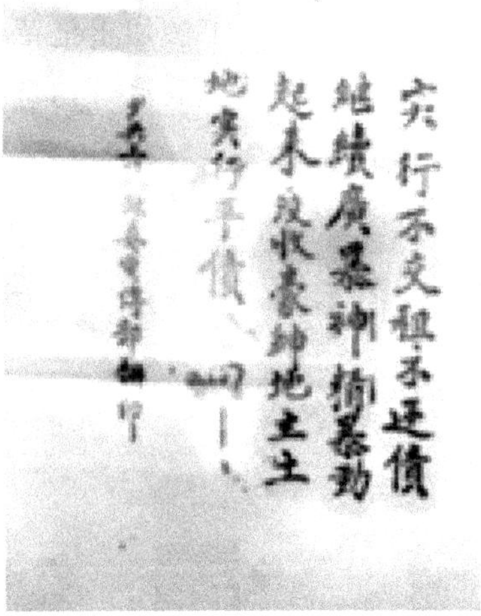

图附录－58　平债分田

5. 生产合作社股票标语

图附录－59 中的股票票面印有花纹图案，股票顶部写有“发展苏区生产”字样；中部印有列宁像，像上边印有两幅旗帜和地球仪，像左侧依次印有“股票”“壹”字样，右侧印有“圆”“股票”字样；右下角也印有“发展生产”字样；股票左侧边盖有“闽赣省（福建省）纸业合作社”公章；底部横印“闽赣省（福建省）纸业合作社”。

图附录－59　福建省宁化县南城堡铁业生产合作社壹圆股票

图附录－60 中的股票背面印着合作社口号：“扩大合作社股金，是为着发展纸业生产，改善工农生活。工农劳苦群众，热烈的购买推销合作社股票，扩大合作社组织，发展纸业生产。”这一股票版式和宣传标语体现了在这一阶段中央苏区的主要任务就是发展生产，改善工农生活。

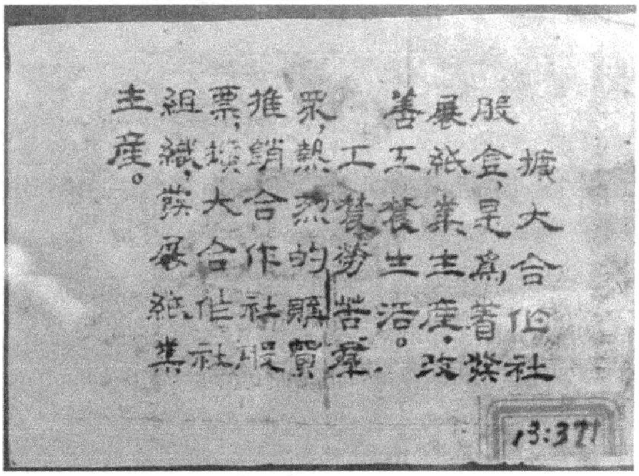

图附录－60　福建省宁化县南城堡铁业生产合作社壹圆股票

6. 书店股票标语

书店股票每股一元，彩色票面，顶部左右分别印有马克思、列宁头像，有编号、收执人姓名地址及书局主任章。右侧写有："提高马克思列宁主义的政治教育发展社会主义新文化运动"字样（见图附录-61）。

图附录-61　闽西列宁书局股票壹元券

图附录-62展示的是开元书店股票。

图附录-62　开元书店股票

7. 铁业生产合作社股票标语

1934年，福建省宁化县南城堡铁业生产合作社壹圆股票，上印马克思、列宁头像，有经手人、入股人签章，形制如同纸币（见图附录－63、图附录－64）。股票背面写着：“扩大合作社股金，是为着发展纸业生产，改善工人生活。工人劳苦群众，热烈的购买推销合作社股票，扩大合作社组织，发展纸业生产”的宣传标语（见图附录－65）。

图附录－63　福建省宁化县南城堡铁业生产合作社壹圆股票（正面）

图附录－64　福建省宁化县南城堡铁业生产合作社壹圆股票（正面）

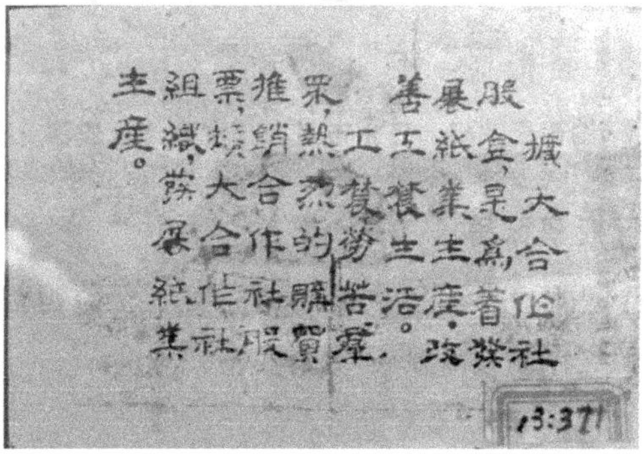
擴大合作社股金，是為着發展紙業生產，改善工人生活。工人勞苦群眾，熱烈的購買推銷合作社股票，擴大合作社組織，發展紙業生產。

图附录－65　福建省宁化县南城堡铁业生产合作社壹圆股票（背面）

8. 粮食合作社股票标语

图附录－66展示的是汀州市调剂粮食局合作社伍角股票。图附录－67所示为汀州市工人粮食合作社股票，其版式与纸业、苦力运输、刨烟等合作社股票基本一样，不同的是股票顶部写有“改善工人生活”字样。

图附录－66　汀州市调剂粮食局合作社伍角股票

图附录－67　汀州市工人粮食合作社股票

9. 股份制银行股票标语

股票右方写有“本股票不得在市面流通买卖，应得红利凭票由本银行支”的股票章程（见图附录－68）。

图附录 -68　闽西工农银行壹元股票

资料来源：中红网。

10. 苏维埃政府股票标语

图附录 -69 中的股票写有："兹有浏阳县新化区苏日昇同志根据中央苏区精神，踊跃参加扩股运动，交来大洋贰圆，以扩大生产，支援红军胜利完成粉碎敌人的围剿。赤礼。"

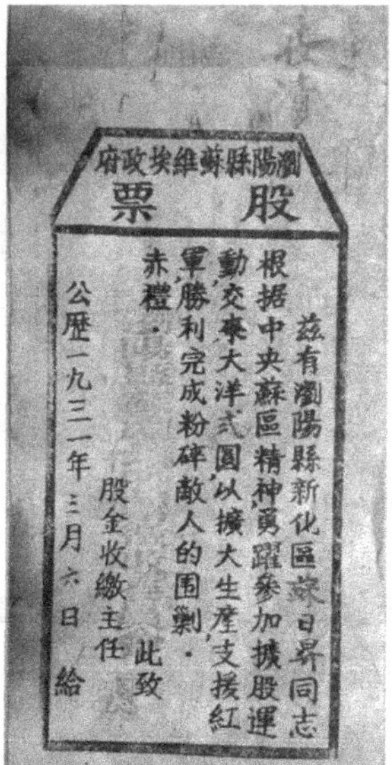
瀏陽縣蘇維埃政府

股票

茲有瀏陽縣新化區蘇日昇同志根据中央蘇區精神踴躍參加擴股運動交來大洋弍圓以擴大生產支援紅軍勝利完成粉碎敵人的围剿．此致赤禮．

股金收繳主任

公歷一九三一年三月六日給

图附录 -69　浏阳县苏维埃政府股票

11. “共产党十大政纲”标语（见图附录-70）

图附录-70 “共产党十大政纲”标语

12. “中国共产党万岁”标语

图附录-71展示了“打倒第二次世界大战，保护女工童工，救济失业工人，男女平权，实行八小时工作制，工农专政，建立苏维埃政府”标语。

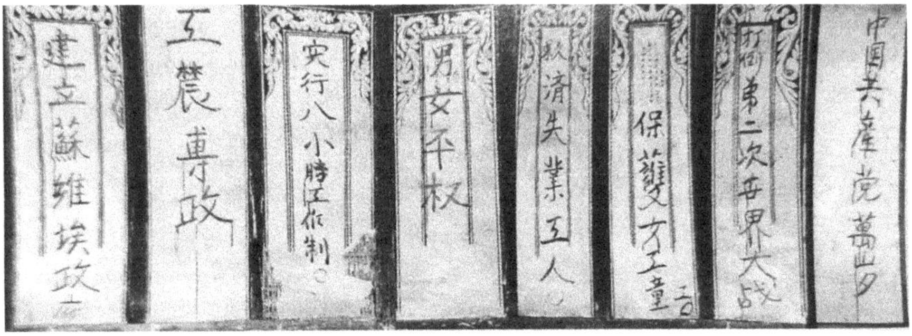

图附录-71 “中国共产党万岁”标语

13. “贫农组织贫农会，工人组织工人会，雇农组织雇农工会”标语

图附录-72展示了“贫农组织贫农会。工人组织工会。雇农组织雇农工会”标语。楷书字，用石灰汁自右至左横书。书写年代为1930年至1934年间。

图附录－72　“贫农组织贫农会”标语

14. “推翻国民党统治！消灭地主武装！取消苛捐杂税——红军五军一师二团一连制”标语（见图附录－73）

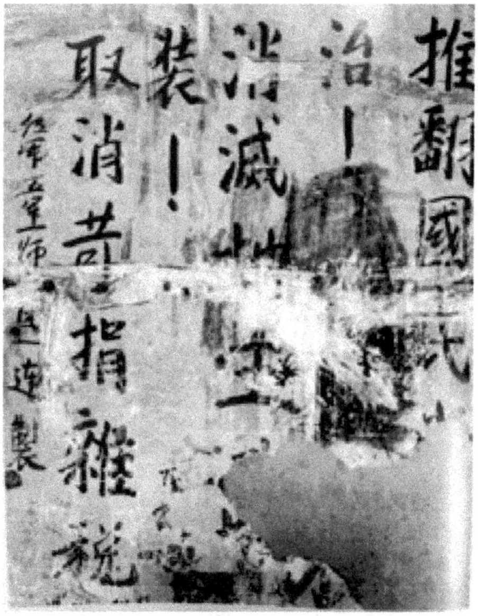

图附录－73　“推翻国民党统治”标语

15. “反对高抬物价！严厉镇压反革命破坏金融的阴谋”的标语（见图附录－74）

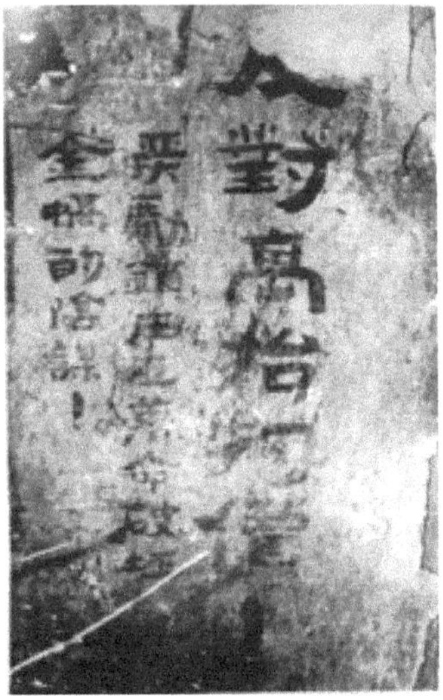

图附录－74 “反对高抬物价”标语

16. “打倒高抬物价的奸商，红军是共产党领导”标语

“打倒高抬物价的奸商，红军是共产党领导”标语见图附录－75。行书字，用墨汁自左至右竖书。书写年代为1931年至1934年间。

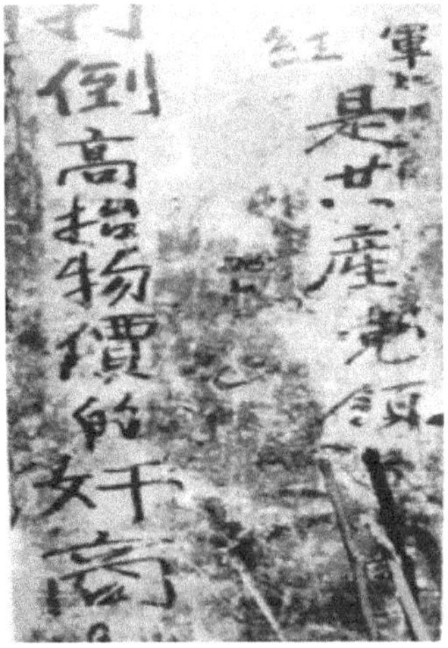

图附录－75 “打倒高抬物价的奸商”标语

17. “男女平权”标语（见图附录 - 76）

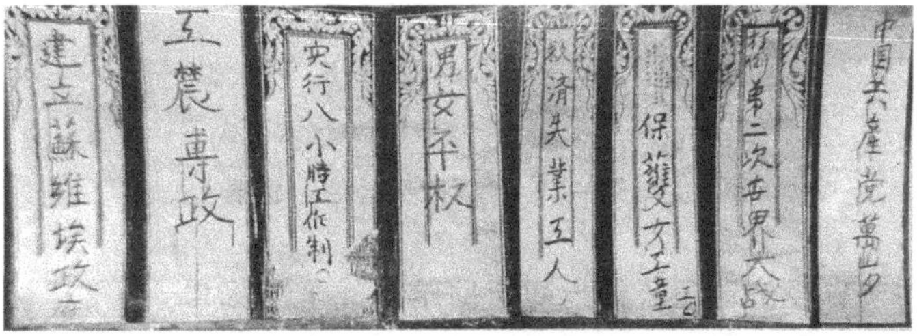

图附录 - 76　“男女平权”标语

18. “冲破敌人围剿！”标语

图附录 - 77 中的标语内容为：“反对帝国主义口瓜中国”“反对土豪劣绅压迫农民，剥削穷人”“反对资本家压迫工人，反对地主剥削贫农，反对军阀压迫士兵，废除一切苛捐杂税，实行增加工资，减少工作时间，实行男女平权”“土地是人民的……”

图附录 - 77　“冲破敌人围剿”标语

19. “苏区干部好作风”标语（见图附录 - 78）

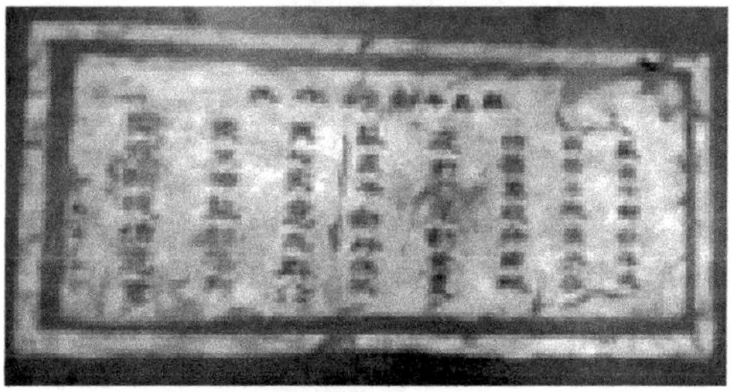

图附录 - 78　“苏区干部好作风”标语

20. "踊跃买公债，支持革命战争"标语（见图附录－79）

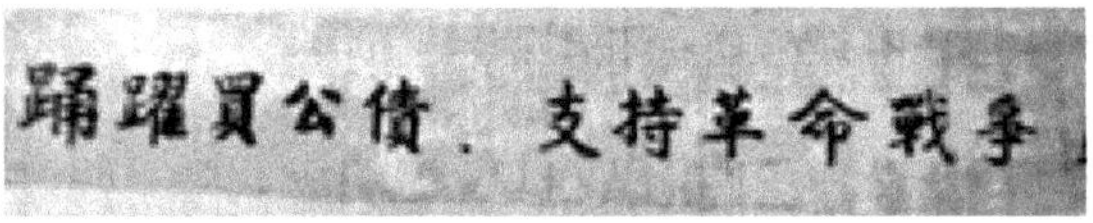

图附录－79 "踊跃买公债"标语

21. "节省经济退还公债一切帮助给予战争"标语

"节省经济退还公债一切帮助给予战争！"标语见图附录－80。行书体字，用墨汁自右至左竖书。

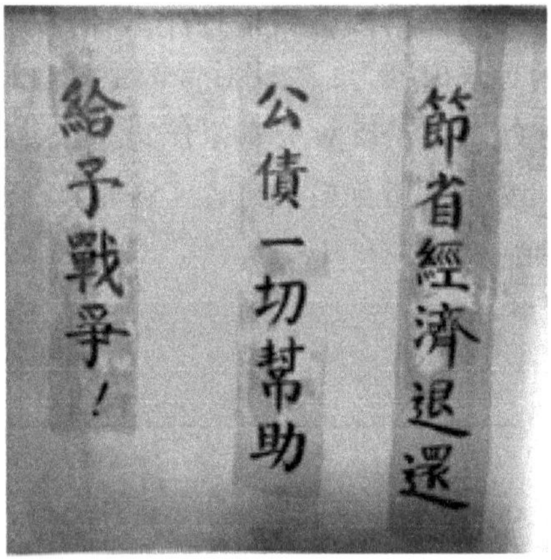

图附录－80 "节省经济退还公债"标语

22. "充实革命战争　努力经济动员"标语（见图附录－81）

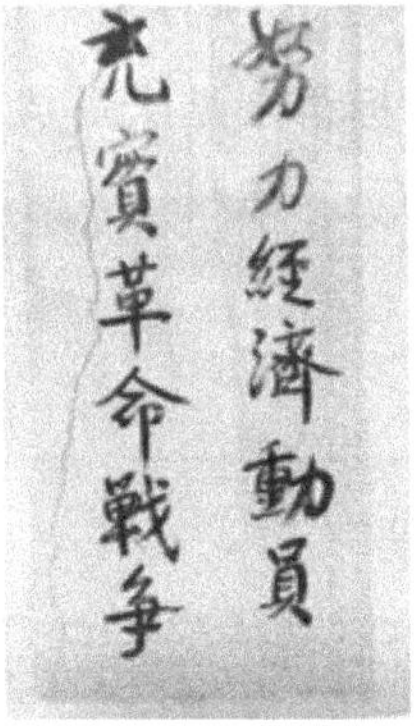

图附录－81 "充实革命战争"标语

23. “粉碎敌人经济封锁！”标语

“节省每粒谷米卖给苏维埃政府，供给前方红军为解决粮食而战斗！”标语，“努力春耕为增加二成生产而斗争！”标语见图附录－82。

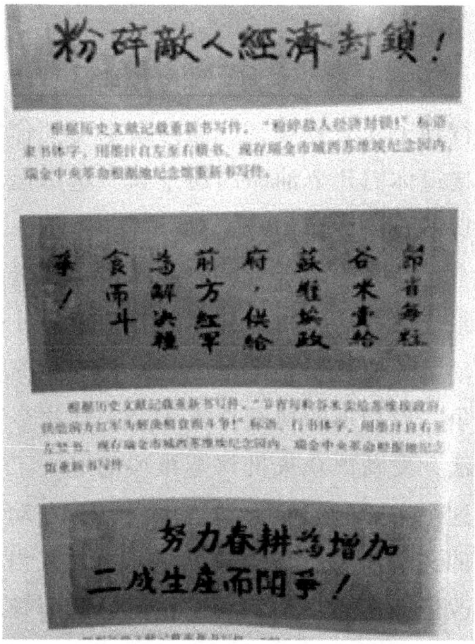

图附录－82　“粉碎敌人经济封锁”标语

三、土地革命时期中央苏区推行股份制有关的新闻报道

（一）《红色中华》摘编

1. 临时中央政府工作人员组织消费合作社[①]

正式成立，社员享有特权。

临时中央政府工作人员消费合作社，于本月十二日开幕，社内购有多种日常需要品（如袜子，手帕，洋火，香烟等），闻事前有三同志筹备组

① 中国井冈山干部学院，中央档案馆编：《红色中华》第一册，江西人民出版社2016年版，第53页。

织消费合作社，征求工作人员入股。于一月八日晚召开股员大会，到会者有百多人，通过消费合作社章程，定五元为一股，限定十月缴足，即每月须缴大洋五毛，所赚红利，部分作为基金，一部分按股分红，凡该社股员都享有特别权利，购买东西特别便宜云。

2. 选举运动与合作社①

中央政府指示江西省苏维埃的一封信

你们的工作进行到了什么程度，二三月来未得到你们一次的报告，我们无从得悉，最近接得你们几个油印的通令和“选举运动”的刊物，有几个问题，使我们不得不提出，给你们一指示。

一、苏维埃选举运动，这一个运动的实质，是改造各级苏维埃，建立强有工作能力的苏维埃政权，来领导和执行目前革命斗争的任务，决不是一个普通的选举运动。要使这一任务的完成，首先是充分的动员群众，积极的发动和深入斗争，而积极的执行全苏大会一切法令和发展斗争，是动员群众的最主要方法，发动群众来批评苏维埃的过去工作，提高群众对于政权的认识，要在这个实际的问题上，将广大群众发动起来，热烈的参加选举运动，很积极的选举他们最好的分子到苏维埃来当代表，这样才能达到各级苏维埃真正改造，达到坚强而有工作能力的苏维埃政权建立，去领导和执行当前的革命紧急任务——巩固与发展苏区，积极发展革命战争，夺取赣州吉安，争取一省数省的首先胜利。

江西的选举运动至今将近二个月了，可是各种情形（虽未得着你们正式的报告）据我们所知道的，非常令人不满，不仅没有在这一运动中将广大群众发动起来，没有使阶级斗争更发展更深入，造成最热烈的群众运动，而且许多苏维埃政府工作人员，都好像若无事然的，很平淡的沉静状况，这一选举运动如何能获得很大的成效？结果必然是形式上的马马虎虎的改选完了，这是应该引起你们的特别注意的一种严重的现象。

同时我们还要指出的赣县“选举运动”上：对于这一运动的认识，也有不正确的地方，将选举运动的中心，移到全省苏大会上面，一切号召也就拿着省选为中心口号这样自然使下级政府特别是广大群众的认识不清，

① 中国井冈山干部学院，中央档案馆编：《红色中华》第一册，江西人民出版社2016年版，第172—174页。

以为只是选举代表出席省选大会将选举运动的重要意义转移了，这可以减弱动员群众参加选举改造苏维埃运动的力量，望你们速转变过来。江西地方苏维埃过去主要的缺点和错误，就是缺乏充分的动员群众的工作，命令主义极其浓厚，任何斗争和运动都不是着重发动群众，发挥群众的积极作用，概以命令行之，结果有因命令强迫的原因，使斗争不能更深入发展起来，使某一种工作不能够很好的完成，从很大的斗争（如参加革命战争土地斗争第）（原文如此——编者）到很小的工作，都多多少少的表现这种严重现象，苏维埃对于群众关系是隔膜的，因此使群众对于苏维埃不能有深刻的认识，吸引他们积极参加苏维埃的工作。

另一种现象就是因循苟且，敷衍塞责的恶习气，在许多地方苏维埃工作人员中充满了这种精神，无论上级政府命令通令，决议拿到下级政府总是不发生作用，好像“命令决议是命令决议，我，干我的”。或者将油印翻印一下以塞责，或随便做一下敷衍了事，甚至置之不顾和随意抛弃，从来很少看见下级政府对上级的文件加以详细讨论，拟就执行办法，切实去做，至于做了后将其结果报告上级政府，那更是没有的事。自从中央政府成立以来许多重要训令和决议，直至现在，下级是否执行了，或者是很正确的执行，确实使我们不能有保障，这样，怎样使工作有质的转变，怎样达到建立巩固而有工作能力的地方政权，怎样能去充分的执行当前的革命紧急任务，这种恶劣现象，是有他很久的历史，因循苟且，直到现在，成为一切工作进行的障碍，是旧官僚时代的恶习，是苏维埃政权下决不允许有的现象，望你们要坚决同这种恶习作斗争，消灭这种恶习气。

同志们，我们只指出以上重要两点，其他还有许多次要的错误和缺点，暂且不讲，这是在目前选举运动中，你们应该特别注意到的，应该将这一斗争发动起来去实际改造各级政权。现在时间虽短促了，但是要以最大努力去纠正这种现象，和平选举与改造是非常错误的，不积极发动群众，选举运动成功是无保障的，同样的下层改造不好，省苏大会是得不到成功的，同志们，当目前革命形势紧张之下很实际的正确的去完全这一工作，即是为的完成目前战斗任务的工作。

二、在财政统一的通令上，有将财政统一直接施之于群众团体（贫农团），这还是与贫农团混成区乡政府一块。假如贫农团在从前滥打土豪错误下存有款者，可由各级清查将此款由政府决定拨着帮助群众发展合作社。尤其当目前春耕的时候可将此款决定帮助雇农贫农及中农买耕牛买种子之用，政府不要没收起来。

合作社是工农群众所组织的，政府所办的，只能叫国家商店和工厂，现最主要的是帮助群众发展合作社运动，而不是政府即办商店工厂，据通令上讲，似乎县区乡政府很多办有合作社的？事实上是形成政府做生意赚钱，不是为便利群众抵制投机商人，和富农，应立即改正，将这些合作社转移群众来办，如若群众接办而资本不够的，政府可暂时借一部分资本，然后由合作社逐渐归还，至于工人和农民组织之合作社，政府绝对不要没收改为自办，如该合作社有政府资本者，如系生产合作社，可将资本指为救济失业工人基金，交工会管理，如系乡区政府的消费合作社除借贷群众部分资本外，可将资本拨为帮助农民去买公牛和种子农具解决春耕中许多问题，总之，现在政府应鼓励群众来发展合作社运动，而不应做些过早的办法。

最后还有一件要纠正的，这次“一八”武装总示威是中共中央局所号召所领导的，不是中央政府，你们第十号通令上面说是中央政府号召的，这是错误的，我们不能随便假用名义，使群众对共产党的政府弄不清楚。

同志们！在目前工作的转变中，当然是遇着很多的困难和阻碍，尤其是省苏本身人力很少，区城一天天的扩大，可是在你们的努力之下，一定可以战胜这些困难，完成一切任务。最近省苏工作当然有进步，更希望你们要抓住工作的中心去推动一切工作。

3. 无奇不有的兴国国家商店和合作社①

江钧

兴国县区苏维埃政府的同志真是努力建立工作，大概怕商人操纵商场，县苏不惜将没收的商店和合作社，组织冒牌的“中华苏维埃共和国国家商店，各区政府就组织冒牌的合作社”使人突然听到这个消息，真觉得兴国同志格外努力，那晓得考察的结果，这个冒牌的国家商店偏偏贩卖那顶礼菩萨的贡檀香，这大概是怕那破庙里的菩萨冷落了香火哕！办合作社

① 中国井冈山干部学院，中央档案馆编：《红色中华》第一册，江西人民出版社2016年版，第254页。

呢？当然是抵制上级政府款的花枪。至于冒牌的国家商店（?）合作社（?）不是抵制商人投机，便利群众，实际上是垄断商业，操纵市场，我不晓兴国区苏维埃政府不加紧去努力执行苏维埃政纲领导群众，发展革命战争，而来学投机商人，做冒牌垄断商场的事业，这真是无奇不有，令人惊叹！

4. 中华苏维埃临时中央政府关于合作社暂行组织条例的决议①

根据全国苏维埃大会经济政策之原则，特颁布合作社暂行组织条例，以发展苏维埃经济保障工农劳动群众的利益，并决定这一条例，自一九三二年五月一日发生效力。

一九三二年四月十二日

合作在［社］暂行组织条例

第一条　根据苏维埃的经济政策，正式宣布合作社组织为发展苏维埃经济的一个主要方式，是抵制资本家的剥削和怠工，保障工农劳动群众利益的有力武器，苏维埃政府并在各方面（如免税运输，经济房屋等等帮助）来帮助合作社之发展。

第二条　合作社系工农劳动群众集资所组织的，富农资本家及剥削者，均无权组织和参加，其种类只限以下三种：

（一）消费合作社。为便利工农群众，贱价购买日常所用之必需品，以抵制投机商人之操纵。

（二）生产合作社。制造各种工业日用品，以抵制资本家之怠工。

（三）信用合作社。为便利工农群众经济周转和借贷以抵制私人的高利剥削。

第三条　消费，生产，信用合作社之社员不仅兼股东，并且是该社的直接消费者，生产者，借贷者，不合此原则者，不得称为合作社。

第四条　消费，信用合作社之消费者，借贷者，要以社员为主体，由于社员除享受红利外还应享有低借低利之特别权利，对于非社员之价目与利息，最高的限度不能超过社会一般规定之上。

第五条　每个社员其入股之数目不能超过十股，每股金额不能超过五

① 中国井冈山干部学院，中央档案馆编：《红色中华》第一册，江西人民出版社 2016 年版，第 302—303 页。

元，以防止少数人之操纵。

第六条　凡工农劳动群众所组织之合作社，须先将章程，股本，社员人数，营业项目，向当地苏维埃政府报告，经审查登记后，领取合格证书，才能开始营业。

第七条　凡在此条例未公布前，各地所组织之合作社须照第六条之手续，登记领取证书。

第八条　凡不遵照此条例所组织之合作社，苏维埃政府得禁止之，同时对于各种合作社认为有违反此种条例行为时，苏维埃政府有随时核察和制止之权。

第九条　本条例自公布之日起发生效力。

中央执行委员会

5. 人民委员会训令第七号——发展粮食合作社运动问题①

目前苏维埃区域，在帝国主义国民党采用经济封锁政策之下，形成极严重的剪刀现象，一方面外来工业品，如布匹、洋油洋火、食盐等减少输入，价格日见高贵；另一方面内地农产品，如纸、木、豆、烟叶、夏布、粮食等销不出去，价格大跌特跌，因此农民只靠耕田为生，很难找到别种副业收入，所以收获时，需要种种用钱，而又借不到，只有便宜出粜米谷，因而酿成到处惊人的跌价（如江西之万泰、赣县、永丰、公略等县跌到六七毛钱以下，实际上连农民耕种土地的成本都要蚀了一大半），到了青黄不接之秋，因为农民食米多的卖空，要向市场籴米，却又促成米价之高涨（一般米价却比收获时要贵两三倍），这种米价之特起特落，实际上农民仍然受了很大剥削，这样影响到农村生产低降，荒田加多，税收减少等坏的现象，但是另一方面却使商人富农利用买贱卖贵，增加于群众的剥削，而促成私人资本的发展，这些现象都会给予革命以很大的不利，结果会障碍群众的发展与革命的发展。为相当救济这种现象起见，现决定粮食合作社办法，于收获时高价向社员收买米谷到了青黄不接之时则低价出粜，其中所购的钱一半作公积金，其余则按照社员粜谷多少为比例分配。这种合作社主要作用是调节粮食价格减少剪刀现象，是工农贫苦阶级抵抗

① 中国井冈山干部学院，中央档案馆编：《红色中华》第一册，江西人民出版社 2016 年版，第 557—558 页。

商人富农商业资本剥削的一种经济组织，是冲破敌人的封锁，使土地革命的深入与继续，兹特制定粮食合作社简章发下，各级政府接到此项训令及简章后，必须由上而下召集各级主席贫农团雇农会等联席会议，详细讨论切实计划，动员广大群众入股，建立和发展粮食合作社的组织，限十月底以前各主要县分［份］必须做到每乡都有粮食合作社的组织（边区除外），以后再来计划建立区以上的粮食合作社组织系统。这里必须注意到的就是合作社是一种群众经济团体，征求社员一定要用宣传鼓动，要使群众自己深切了解合作社的作用，要使群众自动地加入，无论如何不可有丝毫强迫命令的态度，你们要在群众中造成极浓厚的空气，要造成“不加入合作社就是革命者的耻辱”的空气，只有宣传工作做得好，才能发动广大群众，普遍合作社的组织，加厚合作社的资本，组织合作社一定要联系到扩大苏区争取工业中心城市的宣传，只有取得工业城市，使工业品与农产品能够互相供给，才能根本消灭剪刀现象，只有这样工人农民才有工做，有担挑，有钱用，也才能消灭粮食价格的特起特落，而使农民不致再受商业资本的剥削，以致于破产困穷，也只有把合作社工作联系到向外发展，争取中心城市的宣传，更能更加发动群众的热情与兴趣，而打破他们的地方保守主义，这样合作社才能更加发展而不致限于地方的组织，各级政府关于粮食合作社的计划动员，以及组织成绩，必须随时报告上级，以便更具体地指导你们工作，切切此令。

八月二十一日

6. 为解决粮食而斗争粮食合作社简章（节选）①

第一章　社员［名］

一、本社为工农阶级的粮食组织，以调节粮食价格，流通谷米，抵抗商人富农买贱谷粜贵米之剥削为目的。

二、本社定名为〇〇县〇〇区〇〇乡粮食合作社。

第二章　社员

三、本社社员以本乡内中农贫农雇农工人苦力及独立劳动者为限。富农商人资本家及一切剥削者都不准加入。

① 中国井冈山干部学院，中央档案馆编：《红色中华》第三册，江西人民出版社 2016 年版，第 1638—1640 页。

四、本社社员有向本社出粜米谷，或籴入米谷的权利。

五、本社社员不限多少，随时可以加入，但须经营理委员会审查通过；为广［扩］大计，社员愿意者，得随时再入股，第一期已加入者，第二三期可再入股。

六、社员不遵守社章，或破坏本社者，由社员大会开除之。

七、社员如要求退社时，要报告管理委员会批准，退社社员股金须三个月后退回。

八、社员交足股金后，即有选举权，被选举权，表决权，但每一社员，不论入股多少，都以一权为限。

九、本社股金每股大洋元，以一人为入股单位，一人愿入□股者听之。股金可以用谷子扣成银款交纳。(交银元也可以)

十、社员入股数多者可分期缴纳股金（以两个月为期）但入股时，须申明并订定某期交股金多少。

十一、凡交足股金之社员，由本社发股票及记名的社员后，股票及社员证遗失时，须先报告管理委员会申明失票作废，以后再行补取。

十二、社员可以将股金转让给别人。但须得管理委员会批准。

十三、在收谷时要款用，可向社外借款。给付利息，粜谷时有款可放入银行或信用合作社行息，不许循私借给私人。致分散□收。

第四［二］章　业务

十四、本社为调节粮食价格，流通谷米起见，在收谷时集中资本，先向社员粜谷不粜米，谷价要比当地市价高一点，此谷价比市价高多少，由社员大会规定之。

十五、各社员粜谷多少要用簿子登记起来粜来之谷子一定要是车净晒干的将他□存仓内，装满后要登记担数□对，并防偷漏鼠吃，虫蚀水湿等损失。

十六、这些谷子除有计画［划］的部分储存外，应不断的将谷米转运到谷价较高的地方出售，使资金扩大，红利增加。

十七、所存谷子，来年开春后，准社员买回，但须自吃，不准买回出粜，并规定社员籴谷最高限度，价格比当地市价要低一些，低至多少，也由社员大会规定之，到四五月后，如估计本社社员自己销不完。始可在当地市场出售，价格也要比市场低一些，以抑平市场米价。

十八、米谷买卖价格，由管理委员会根据社员大会所规定比市价高低多少决定之，但社员认为不合时，得由审查委员会或召集社员大会改定之。

十九、粮食合作社，遇到粮食缺乏，或特别需要时，应将储存粮食尽先卖给红军，红军家属对粮食合作社之买卖与社员一样有优先权。

二十、合作社资本充足时，可附带向社员收买别种杂粮，如豆，麦茶油等，但须顾到不妨害米谷的收买。

二十一、粮食合作社为要装置谷子，得请求政府借用没收来之公仓，及其他家具，或采砍公有木材自己制造。

第五［四］章　红利之分配

二十二、本社于每年谷子粜完后，结算一次，账目经审查委员会审查后，再交社员大会审查。

二十三、本社除开消［销］外年中所得红利，除出百分之五十为公积金，百分之五为社员文化教育基金不分外，其余百分之四十五，按照社员所粜给合作社之谷子多少为比例分配之，但社员愿意不分者不分配。

二十四、为奖励合作社办事人员起见，得于社员分红中抽出多少，按人数分配给办事人员，但至多不得超过百分之五。

7. 拥护国民经济部发展粮食合作社的决定①

同志们！看呵！中央国民经济部为了调济［剂］苏区的粮食，为了改善工农群众的生活现在已经决定在八月十五日以前全苏区每个乡都要建立一个粮食合作社了！同志们热烈拥护中央国民经济部的这一个决定啊！大家都加入合作社呵！每个苏维埃下面的工农群众都要作成粮食合作社的社员啊！

8. 风起云涌的合作运动②

兴国城市区

消费合作社，于九月二十八日召集了社员代表大会，会场空气兴奋异

① 中国井冈山干部学院，中央档案馆编：《红色中华》第四册，江西人民出版社 2016 年版，第 1821 页。

② 中国井冈山干部学院，中央档案馆编：《红色中华》第四册，江西人民出版社 2016 年版，第 2282—2283 页。

常，当由兴国县苏国民经济部代表报告合作社在目前经济建设中的伟大的特殊任务，旋即各代表检阅社过去的工作，经各代表详细审查和讨论，一致认为今后必须更用力的去发展，并选举了管理委员会和审查委员会，拟具了今后的工作计划。

兴国城市筲箕村

消费合作社，为着粉碎敌人的经济封锁，反对奸商的中间剥削，要不使工农群众吃亏，因此收集了一部分除子出口，并输入了许多的工农必需品，尤其是食盐几百斤，分卖给社员，只收回成本每两一百六十文，在这样的影响之下，该地群众，像口水汹涌般的加入合作社来了。

万太县

苏国民经济部，在九月二十五日召集经济委员会议，并有县委县苏主席团及省苏派来的郭祖海等三同志参加，讨论成立万太县合作总社，各个出席人员，都热烈发言，当即产生了管理和审查委员会，并举出了出席到省的建立省总社的代表，在这一会议中间，引起了该县群众对于合作社组织的热忱赠送菜蔬甚多，又送彩联二幅［副］，以表示拥苏的热情。

（崔寅瑜）

八九两月中于都断陂区

八九两月中于都新陂区的合作社运动，在党和苏维埃的积极领导下，广泛的开展了，得到了很大的成绩，他的成绩表现在：

全区（有九个乡）其发展了粮食合作社十只，消费合作社三只（内有一个和一分区合并的），每个合作社的社员均有一百五十人以上至二百多的，各个合作社多数已正式成立，有几个还在集中股金不日即可成立。

消费合作社粮食合作社共发展了社员一千九百五十余，同时还在热烈的发展中。特别对于消费合作社（分区合并的），群众更加热烈的拥护，因为这个合作社各种货物特别便宜，各种的消费品，油盐布洋等更能适合群众的要求，所以一个号召在二三天内就有二百多工农群众来加入合作社。

党校职工会

为便利全校同志购买日常用品起见，特组织了消费合作社抑备会，去发动全校学生及工作人员入股，已集合股金的八十余元。筹备会于本月八号上午召集全体社员大会，并有全校学生参加，在大会上由红军合作总社代表报告合作社伟大的作用及意义后，到会同志踊跃报名加入合作社，并推出以各班为单位竞赛，最后选举了合作社管理委员会及审查委员会，不日即可开始营业，并与红军消费合作总社发生组织上的关系，这在下肖区经济建设中有实际的意义。

（毛钟平）

9. 以无产阶级坚强领导开展广泛的合作运动①

福建省工联为着救济失业工人，解决工人生活问题，经决定用最大力量和努力创办合作社，开展合作社运动：

（一）组织旧船合作社——不仅可以解决木船工人的失业，而且可以解决目前锯板造船等工人的失业。在最快时间内制造三百只船的计划，资本由工人募股，社会保险借八百元，贸易局借五百元，同时发动工人同船老板斗争，过去老板有船只已买［卖］掉的应拿出来造新船，这对于对外贸易也有很大的作用。

（二）组织大规模的纸业生产合作社——因为中央政府中央印刷厂等机关每月需纸五千元，因此资本首先向中央政府借五千元，向供给部借一千元。

（三）在汀州市组织一个消费合作社——资本二千元，由工人募股五百元，收资本家失业保险金二百元，在查田查阶级中要求政府拨一千元，营业的部门主要是：生产部熬盐、织面巾、织袜子、贩卖□贩卖工农群众□□娶之东西；推销部推销苏区出产品必要的东西。

组织各种合作社不仅是解决失业工人最好的办法，在改善工农群众生活，反对资本家富农剥削，也是最大的关键，大批加入各种合作社去，发展合作社运动！

（南熏）

10. 热烈筹备中央合作总社（节选）②

中央消费合作社总社筹备委员会，日前决定于本年十二月五日召集全

① 中国井冈山干部学院，中央档案馆编：《红色中华》第四册，江西人民出版社 2016 年版，第 2287 页。

② 中国井冈山干部学院，中央档案馆编：《红色中华》第五册，江西人民出版社 2016 年版，第 2334—2335 页。

中央苏区代表大会，正式成立中央总社，并检阅过去时期中工作的经验与教训，决定今后的计划，已发出通知给各级消费合作社，兹摘录其内容大要于下：

一、乡支社应在十一月十日以前召集社员大会按照全乡社员人数以每百人选举代表一人为比例（未满百人者亦得选举代表一人，一百人以上至百八者选举二人余类推）。

二、因时间关系区一级可以不开代表会，只由区分社就管委会中选派三人为代表。

三、乡支社的代表应会同区分社选派的代表按照总社或县国民经济部所规定的日期齐集到县开全县合作社代表大会产生出席中央大会的代表，并在向未成立县总社的地方，设法成立县总社。出席中央大会的代表按照各区所有社员人数的多少，以每二百人选举代表一人为比例在所选代表中每一区分社有一人县总社应有二人，由县总社代表负责领导，县的代表会最迟须在十一月二十日完成。

四、出席中央大会的代表，由县总社的代表领导，于十二月四日以前到达瑞金叶坪。

11. 模范区经济建设成绩：粮食消费生产合作社①

在推销经济建设公债动员中，同时动员群众热烈集股扩大粮食消费生产合作社，粮食合作社现已建立七个，发展社员一千股，股金一千元。消费合作社原有四只，现又发展一只，社员二百股，股金二百元，又新建立一只锅炉合作社，社员六十股，股金六十元，最好是杰村乡有计划的进行，有组织，有政治的动员，在推销经济建设公债动员中，已充分的筹备了，除完成公债外，这集中百余担谷子来发动群众热烈集股建立合作社，现已开了社员大会，成立了管理委员会，新建立了一个粮食消费生产锅炉合作社，已在进行营业中。

12. 江西积极统一合作运动②

为着建立全省消费合［作］社的统一组织系统，并在中央消费合作社

---

① 中国井冈山干部学院，中央档案馆编：《红色中华》第五册，江西人民出版社 2016 年版，第 2352 页。

② 中国井冈山干部学院，中央档案馆编：《红色中华》第五册，江西人民出版社 2016 年版，第 2376—2377 页。

代表大会以前，正式成立省总社起见，省苏国民经济部已决定于十一月二十五日召集全省消费合作社代表大会。先由乡与区的代表开全县代表大会，按照全县各区社员人数每一百五十名社员推选出席全省大会的代表一名，扬殷，长胜，赣县，博生，石城等六县则设法早日召集全县代表大会正式成立县总社同时产生出席全省大会的代表。此外大雷，宁永，宣黄，崇仁，广昌，永丰，南丰等县暂时不能成立县总社的，县国民经济部将尽一切可能去发展社员，召集社员大会成立乡支社，并按照每二十五名社员的规定，产生一个出席区大会的代表，由区分社召集社员大会，成立区分社。同时每一百五十名社员直接产生一个出席省大会的代表，各县代表均将于十一月二十四日到达博生。

（卓夫）

13. 一个模范的消费合作社[①]

敌人在五次“围剿”中，对苏区采取更残酷的经济封锁，奸商更乘机操纵，日用必需品更加贵起来了，为了要使红色战士和工农群众，吃便宜的油盐谷米，穿便宜的布和买便宜的东西，福建军区已经组织了合作社，红色战士节省伙食钱，踊跃的加入合作社。社址设连城，连城过去的盐小洋每毫只买得八钱到几天又减到七钱，合作成立，合作社的盐，小洋每毛便一两，群众都到合作社去买，奸商们才又回跌到一毛小洋卖一两。平时商人屠猪出卖，小洋每毛只卖一两八钱，合作社买猪杀，现在小洋每毛卖二两，群众纷纷前来争买，还有合作社自己买谷砻米卖给红军，所得的便利，更是不少，我们刚刚才创办合作社，就得到了许多便宜，可见只有合作社才是打破敌人经济封锁和奸商操纵剥削的最锋利的武器。

14. 闽浙赣苏区的经济建设[②]

猛烈开展粮食合作运动在边区白区中征求社员

闽浙赣省通讯，闽浙赣省工农群众，在和敌人作艰苦的斗争的环境中，仍然积极的进行各方面的建设工作，特别是粮食合作运动，猛烈开展，

① 中国井冈山干部学院，中央档案馆编：《红色中华》第五册，江西人民出版社 2016 年版，第 2377 页。

② 中国井冈山干部学院，中央档案馆编：《红色中华》第五册，江西人民出版社 2016 年版，第 2378—2379 页。

竟到白区及灰色区城中征求社员，以打破敌人的粮食封锁，现觅得该省贮粮合作统计表（见表附录－1），将为介绍于其他各苏区的革命的工农群众。

表附录－1　　粮食合作社情况表

县别	征求社员数量	灰白区征求社员数量
上饶	34000	内灰白区 1000 股
德兴	34000	内灰白区 1000 股
弋阳	34000	内灰白区 1000 股
贵溪	20000	
乐平	17000	内灰白区 2000 股
万年	11500	内灰白区 1500 股
余江	3000	内灰白区 1000 股
化婺德	7000	内灰白区 2000 股
葛源	5000	
横峰	34500	内灰白区 500 股
总数	200000	

15. 江西的合作运动①

为着建立统一组织的消费合作社，大规模的开展合作社运动，江西苏区消费合作社代表大会已决定十一月二十五日开幕，各级合作社正在轰轰烈烈的召集各种会议，根据省筹委会紧急通知进行各样准备工作，组织了许多的宣传队，宣传大会伟大的意义，动员社员和群众热烈拥护大会的开幕，特别是决定了从十一月二十日起至十二月五日止为扩大社员一倍的突击运动，各级农村都设立“征求社员报名处”，在实际上来拥护中央和省的两次合作社代表大会。

根据省总社筹委会的决定这次大会准备一千一百个代表到会，大会时间四天，预定大会的经费一千元，现正在积极的进行搜集各地发展合作社运动各种实际材料，以充实大会的内容，并准备大会的给养和布置会场等事宜使大会更顺利的成功。

（矢委）

① 中国井冈山干部学院，中央档案馆编：《红色中华》第五册，江西人民出版社 2016 年版，第 2407 页。

16. 中央苏区消费合作社第一次代表大会纪盛（节选）[①]

开展广泛的合作运动：冲破帝国主义国民党五次“围剿”与经济封锁！

中央苏区消费合作社第一次代表大会，经过了许多日子充分的筹备，已于十二月五日，在瑞金叶坪胜利地开幕了，到会代表五百四十余人，代表红军及江西福建闽赣各省四十余县，大会在中央国民经济部领导之下进行，会场空气非常热烈，讨论了许多极重要的问题，如战争动员工作，文化教育问题，以及合作社组织的健全等，都将在大会上得到圆满的解决，现把大会开幕情形略记如下：

战争动员中的开幕典礼

大会于十二月五日上午八时举行开幕典礼，当即推定吴亮平［、］林伯纂［、］徐长山等二十一同志为主席团，并推举斯达林［、］莫洛托夫［、］台尔曼［、］毛泽东［、］朱德［、］博古［、］洛甫等同志为名誉主席，宣布了重要的议事日程，组织了指导委员会，并由吴亮平同志报告“粉碎敌人五次围剿与合作社的任务”，这一报告大大的兴奋了到会代表，会场空气极为热烈，每次会议没有无故退席的也没有疲倦的，会议在紧张地进行着。

代表报名扩大红军

会议联系到扩大红军的突击运动，主席团号召各县代表战斗地起来进行扩大红军工作，这一号召得到全体代表热烈的响应，一部分代表当场自动报名承认扩大红军。特别是瑞金、胜利、西江、石城等县的代表更为积极，各承认动员十人二十人加入红军，两日间各代表承认扩大新战士的数目计达四百余名，大会上并指出了必需坚决执行优待红军家属才能更顺利的实践战争动员的任务，并有一部分代表准备自动加入红军，会场上弥漫着战斗的空气。

五个模范的消费合作社

大会选拔，五个模范消费合作社，在会场报告这五个合作社的工作经验，计有瑞金壬田区消费合作分社、兴国上社区消费合作分社、瑞金武阳

① 中国井冈山干部学院，中央档案馆编：《红色中华》第五册，江西人民出版社 2016 年版，第 2503—2505 页。

石水乡消费合作支社、上杭才溪区消费合作分社、胜利县消费合作社等，以上杭才溪区合作社有着长期奋斗的光荣历史，该社创始于一九二九年，创始时只有社员八十名，股金四十元，由于他们经营得法，能够适应广大群众的需要，销售的商品食盐占百分的［之］七十，布匹占百分的［之］二十，这些货物都是利用妇女到白区去采□来的，常常新货一到，立刻销售一空，形成合作社之市集，因此能够吸引广大群众加入合作社，到今年七月，社员发展到七百四十一□，现在却有了一千［零］四十一名社员，一千零四十一元股金，社员和红军家属买货都有优先权，而且□□给价，其他几个模范消费合作社，如瑞金壬田合作社，请了三个医生替社员和群众免费诊病。武阳石水乡合作社实行严格的监督制度，五天查一次账，社中买猪给社员饲养，社员替社中工作人耕田，使社员对合作社取得极密切的联系。兴国上社区区合作社注意对白区的贸易，胜利总社在短期内发展了九个支社分社，都是极光辉的例子。

准备了优胜者的奖旗

大会为了给奖问题，在会场上热烈地讨论了两天，多数代表都很积极的发言，对几个应得奖品的模范合作社，都有很详细的询问，最后经过多数的赞同，决定把这几个应得奖品的合作社。首先登报表扬，关于给奖问题，到□大会闭幕后两个月再决定，大家都在准备积极地开展自己的工作，争取优胜的奖旗。

17. 江西合作社运动的开展①

江西苏区于十一月二十五日召集全省消费合作社第一次代表大会，到会代表有四百一十二名，经过了四天半的会议，讨论目前战争形势与合作社任务，发展消费合作运动，优待与慰劳红军工作，各代表均热烈发言，订立竞赛条约，通过了决议案，并有博生县城市消费合作社响应本报突破一百万的号召，吹箫弹琴的用托盘送六百余元的一期公债退还政府，帮助战费更加兴奋了各县代表，除了竞赛项目外，纷纷提出要动员社员当红军，退还二期公债，做草鞋来慰劳红军的数目，特别是兴国胜利的代表提出要动员合作社的职员节省一个月伙食，动员每个社员节省五升谷子将合

① 中国井冈山干部学院，中央档案馆编：《红色中华》第五册，江西人民出版社 2016 年版，第 2505 页。

作社所赚的红利提百分之五十来帮助战费，并一致决议发一□电□前方去慰劳红色战士。

（矢委）

18. 经济建设大会前后合作社发展对比表（见表附录－2）[①]

表附录－2　　经济建设大会前后合作社发展对比表

		社数	社员数	股金
消费	前	416	8294	91579 元
	后	480		114120 元
粮食	前	457	102181	94894 元
	后	852		162164 元
生产	前	76	9276	29351 元
	后	91		39006 元
信用	前			
	后	1	53	
合计	前	949		215824 元
	后	1424		315300 元

附记：（一）本表根据兴国，胜利、赣、公、万、永、博、石、乐、瑞、上杭、新泉、长汀、汀东、宁、武、兆征等县统计而成。（二）表内空白，系尚未调查确实数目，故不列入。（三）粮食合作社特别发展，因广大群众受今年春荒教训之故，所以抓紧每一特殊事件来发展合作社，实为必要，目前对发展东线贸易，也应加倍注意。

19. 一个模范的消费合作社[②]

大家来学习它的光荣的模范

在合作运动中，上杭的才溪区是模范的一区，虽然在他的工作中，还有许多缺点，但才溪区消费合作分社的工作已能使我们得到许多的经验和教训。

---

① 中国井冈山干部学院，中央档案馆编：《红色中华》第五册，江西人民出版社 2016 年版，第 2506 页。

② 中国井冈山干部学院，中央档案馆编：《红色中华》第五册，江西人民出版社 2016 年版，第 2591—2592 页。

才溪区消费合作分社发展的历史

才溪区消费合作分社创立于一九二九年十一月间，当时组织筹备委员会，在创立时只有社员八十余人，股金四十余元，同时借了一些公款，立即开始成立和营业，当时在价格问题上，由全体社员大会来讨论决定；社员及红军家属红军机关及红军各部队，来购买物品，照成本售出，卖与群众则照本赚白分之五，到一九三一年十二月结算账目，除一切开支外，共得存余大洋三百元，当即召集社员大会，报告工作和分配红利，照社员股金，每一股（五角）得红利大洋五角。这一个时期，才溪区合作分社还没有做到他应有的工作；在今年七月间结束时，除一切开支外计得赢余七百四十一元。经社员大会一致决定不分，作为公积金，以充裕资本。自本年八月经济建设大会以后，新社员大大的增多，共计现有社员一千零四十一人，股金一千零四十一元，这是区分社的发展情形。

才溪区合作分社工作的概况

才溪区消费合作分社社员代表大会，产生了管理委员一人，审查委员五人；在管理委员以下，分设发卖、采办、保管、会计等股，采办货物，是从上杭福建等买进的，拿现洋去办货是很少的，大多是米谷，烟叶，纸，豆等苏区多余农产品出口，由当地赤卫军帮助运输，换进大批的盐布等工业必需品，所采办的货物，以盐占百分之七十，布占百分之二十，其他一切日常用品，则占百分之十；群众向合作社买货要比市价便宜一半，社员与红军家属，除得优先购买权外，价格是照成本售与的，合作社还聘请了两个医生，免费与社员红军家属诊病；甚至群众都不取诊病费。营业部工作人员只有伙食，才溪区合作分社自开设以来，没有间断过一时一刻供给社员及群众以盐布等必需品，得到群众极大的信仰，所以全区私商所经营的只有一爿药铺，其他私人资本买卖是很少的。

给与［予］我们的经验和教训

才溪区消费合作分社所以能够得到这样的成绩，是因为他们。

第一，卖货由社员大会决定，使社员和群众都知道合作社买货的公道。

第二，对于红军家属，优待，执行得非常彻底和普遍，更给群众以很好的影响。

第三，能够发动社员来经常监督工作，审查委员会经常开会，所以没有发生贪污的事情。

才溪区消费合作分社。虽有上面的成绩，但是还有许多缺点：

第一、管理委员会不健全，没有依法组织，所以在工作中至少是有些不够的。

第二、文化运动，可以说是没有的所以对社员群众的文化教育，是非常不够的，这是由于没有很好的运用文化基金。

第三、它与他种合作社（如粮食合作社，药材合作社等）没有发生密切的联系，甚至和贸易局，粮食调剂局，也没有发生很好的关系，所以这些才溪区消费合作分社应该努力纠正过来的。

才溪区消费合作分社虽然还有这些缺点，但它已经能够使群众了解集体经济的好处，在合作社工作中，我们能够切实的巩固工农联合，加强无产阶级的领导，随着革命战争的猛烈扩大，以及苏维埃政权的巩固与发展，合作运动的重要性，也日益增加，这种小生产者集体经济的发展，正是保证我们民主革命将来转变到社会主义革命的有力杠杆之一。

（崔寅瑜）

20. 闽浙赣省的经济建设[①]

（闽浙赣省代表在下洲区欢迎会上演讲）

在帝国主义国民党进行五次“围剿”和经济封锁当中，闽浙赣省除积极扩大红军，用红军的胜利，消灭敌人的“围剿”和经济封锁之外，并加紧经济建设，来加强战争的力量，更加改善群众生活，兹把一九三三年的经济建设情形，依据闽浙赣代表的报告，记略如下：

增加农业生产

（一）谷子，群众在共产党和苏维埃政府的直接领导之下，广泛地组织生产突击队，生产模范队，冲锋队等，进行在农业上的冲锋和突击，同时政府也组织“生产协助队”，帮助群众解决困难，他们利用树叶和石块烧灰作肥料，石灰并可作杀害虫之用，一九三三年，平均每亩收谷子四担，比去年多收一担了。（二）棉花，每家群众种棉一二亩，收成大增，每元可买二斤至三斤，全省不需要白区来供给。（三）油菜和木子油，油菜每人种一

① 中国井冈山干部学院，中央档案馆编：《红色中华》第五册，江西人民出版社 2016 年版，第 2680—2681 页。

二亩，收成比革命前增加一倍，木子油比前多收一担，木子山全部已经铲得完成了。（四）开荒地，一九三三年开垦了三万多亩，增加几十万担谷子的收获，在有些县已有完全消灭的现象，群众自动组织开荒队，免缴土地税。（五）其他如水路修成了六〇二条，石□（在国民党统治时破坏的）修成了二三〇只，小塘增加了七五〇□，这些都是空前未有的成功。

合作社运动

为着打击奸商，流通商品，并有组织地开展生产，改良群众生活，只有发动群众广泛地开展合作社运动，闽浙赣的合作社运动，很光荣地发展着，（一）消费合作社群众共计八三〇〇〇股，每股一元，现在共有六十多万现洋在活动；（二）生产合作社，现在共有五十多个，资本是工人集合的；（三）制硝，现有制硝一三三五个，一九三三年七月至十二月产硝厂的统计为七万多斤，制硝可以作炮火，一方面同时解决了食盐问题。

对外贸易和银行股票

自开展对外贸易后，解决了许多问题，现有三八三〇〇元现洋，一九三三年进口货为一二四二六六元，出口为一九八七五五元，出超为七四四八九元，这是在国民党经济封锁发展对外贸易的胜利，银行股票，一九三三年<内>在三个月内，群众节省经济集股的计十几万元，有每家三十股至五十股者！（每股一元）省苏出钱集股的十万元，此外，群众对国币的信用极高，许多群众把花边去兑苏维埃纸币。

国家企业

（一）国家商店，除三十多个国家药店外，还有其他的国家商店。（二）工厂，织袜厂一个，出产可供全省之用，织布厂一个，准备十万妇女工人，兵工厂一个，能做地雷、炸弹外，并造快枪，机关枪等新的武器，子弹完全没有问题。其余小工厂，如制造用具的还很多。

21. 瑞金粮食合作社的检阅[①]

要加强粮食部合作社运动的领导

瑞金的粮食合作社运动数年以来，得到了相当的成就，全县发展了社员一万一千八百二十七名有一万一千零五十七股半，集中现款六千六百三

① 中国井冈山干部学院，中央档案馆编：《红色中华》第六册，江西人民出版社2016年版，第2929—2930页。

十九元，集中谷子一千二西三十相［股］，未收集的三千零一十四股，但已开始营业的只有隘前云集武阳三只区分社；和城市的东郊西郊、城中乡及黄沙区的黄沙乡，四只乡支社；其余的还未开始营业。特别值得我们学习的是武阳区和城中乡，武阳区过去有社员一千二百零八名，一千四百零七股，集中谷子二百五十九担，未收集的一百二十三股。成立了区乡社后，开始贩卖油盐日用品，每一个乡有一个乡支社，全区八个乡有八只，在红利中提出百分之五为奖金，百分之五优待红军家属，百分之十为教育经费，百分之十帮助战费，百分之三做基金扩大合作社，其余百分之四分红利；合作社的列宁室俱乐部每月开二次晚会，供给了石浒乡三只列校全部教育经费，在河东区收集粮食突击中，曾联系到发展社员九百多名，这些都是光荣的成绩。落后的是下肖，九堡，下宋，桃阳等四区，下肖发展了社员二百二十名，只收集了五角大洋，下宋、九堡完全没有，桃阳区连社员都没有发展一个，这是缺点，由于：

（一）各级粮食部过去对粮食合作社的注意不够（如桃阳区的粮食部长曾记棹，在本月十日粮食会议之前县苏着重的指出粮食合作社工作的重要，但他不但不出席这个会议，而且浪费金钱，由桃阳到壬田市去拜观音太太，这种坏家伙，应该请他试一试我们无产阶级的铁槌，还有下肖、九堡、下宋等区的粮食部，县苏派人去推动他们的工作，同他们磋商，他们却连所发展的社员姓名都不知道）。

（二）合作社没有最大限度民主化，没有吸收广大群众来管理、经营监督合作社。

（三）粮食合作社没有满足群众日常生活的需要，大部分没有兼售日常消费品。此外如在粮食突击运动中对合作社工作的联系也非常不够。

22. 叶坪犁牛合作社是全苏区的模范①

中央苏区有各地犁牛合作社的组织，以兴国瑞金为最好，瑞金又以云集区叶坪乡为全县模范，兹将他们的组织状况与发展情形，略述如下：

成立的经过

当去年四月查田运动开展的时候，该乡没收了七只耕牛，乡苏就极力

① 中国井冈山干部学院，中央档案馆编：《红色中华》第六册，江西人民出版社 2016 年版，第 2979—2980 页。

提倡组织犁牛合作社，得到了贫农团全体的同意，即以这七只牛为基本，以全乡无耕牛的红军家属及无牛无购买力的贫苦农民一百二十人，组织为该乡犁牛合作社基本社员。第一次社员大会，由乡苏负责帮助召集。并将所有犁耙耕牛登记起来，在大会上通过了保护犁牛的规则（如有耕牛保护得不好的，将牛收回，并按其轻重处罚等）。选举了管理委员会七人，负责管埋，以一人为主任，主持全盘工作，社员共分七小组，选一人为组长，七只耕牛的分配，按照社员所有田面担数与耕牛能力的大小（每只耕牛耕田多少，由多数社员决定）适当分配。每组耕牛农器，由小组长负责。自此之后，该乡犁牛合作社，就正式的组织起来了。

现在的状况

叶坪乡的犁牛合作社，为着要使其猛烈发展，全体社员大会决定，使用耕牛，以田面计算。普通社员，在今年初使用金计每担谷田谷子五斤，红军家属则每担谷田出谷子三斤。将去年所收的谷子，除付养牛外，其余出售，又买得耕牛三只，还有三担谷多余。据说，这十只耕牛，共能耕一千七百多担田面。此外，还有一只小牛，下半年亦可耕田。还有几只大牛，下半年又能生小牛。在乡苏与犁牛合作社积极提倡之下，该乡群众，大批涌进了犁牛合作社。计新入社的有一千三百五十股，每股暂交大洋一角，秋收后，再按田面一担，交谷一斤。计现在已收到的一百三十五元，合过去存留的三担谷子，即有一百五十多元，约可买得耕牛三只。就是说，今年合作社，有十三只耕牛参加春耕，能耕二千左右的田面了，秋收后可收得使用金谷子八十多担（八千多斤）。加以新社员入社金七十多担，除付养牛费四十多担外，尚有一百一十担谷子留存。以四元半一担计算即有五百元左右，至少可以买到九只耕牛。那么，今年冬耕时，就有二十三只耕牛下田了。

23. 瑞京云集区春耕情报：叶坪犁牛合作社的现在与将来[①]

耕牛分配与管理

现在的十只耕牛，依据各村社员的需要来分配，计第一村五只，第二村三只，第三村两只（小牛还不能使用）。委员会管十组。每个组长养牛一只。

① 中国井冈山干部学院，中央档案馆编：《红色中华》第六册，江西人民出版社 2016 年版，第 2993—2994 页。

牛的畜养费决定每只水牛三担谷子，每只黄牛两担谷子，由合作社供给。牛的食料，则由养牛人自备。每年并酬劳他谷子一担，牛栏粪归他使用。

发展的预计

明年有二十三只耕牛参加春耕，大概可耕三千六百担谷田。每担谷田使用金，减低一斤来算，即可收谷子一百四十四担，除掉付养牛费谷子七十担外，尚有七十四担谷子、约值三四百元左右，大概又可买得七只耕牛，小牛长大起来，能够参加耕种。则一九三五年的冬季与一九三六年的春季，犁牛合作社就有三十多只耕牛作田了，据该社主任说三年以后，犁牛合作社的牛耕全乡的田还有多余且可以出租。那时普通社员每担谷田，只要出谷子二斤半或二斤，红军家属在社员同意下可以完全不出，都足够养牛之用了。大牛生小牛，合作社更能天天发展起来。这样社员使用合作社的耕牛，比起私人自己养牛便宜得多。况且私人买牛，至少要四五十元大洋。加入犁牛合作社，每股只要一角，每担田面，只出谷子一升，还是秋收后交谷。无疑的只要懂得这个道理。谁人不愿意加入！叶坪乡群众争先恐后的来加入犁牛合作社，就是这个原因。

这里，我们可以明显的看到，犁牛合作社，除了能够有计划的调剂耕牛，保护耕牛，发展耕牛外，还给群众以极大的利益。过去私人借牛耕种，除耕田时要养牛外，还要每担谷田交牛税谷五斤。如果一年不交谷子，就有一年没有牛耕。组织犁牛合作社，只出极轻微的入社金，就有耕牛使用。并在三四年后，所出的使用金，要比自己养牛必要的费用，都还轻些。红军家属所得的利益更大。

24. 合作总社帮助红属春耕[①]

红军合作总社准备了两只耕牛

瑞京红军合作总社于日前买了二只健牛，（已送了一只给该社支店——在七堡）无条件，无代价的借给红属耕田，现已开始实行（闻还要继续购买耕牛），并召集了红属联欢大会，在会上报告前方胜利消息，红属都高兴得很。

（望石）

① 中国井冈山干部学院，中央档案馆编：《红色中华》第六册，江西人民出版社 2016 年版，第 3057 页。

各地合作社应该继续红军合作总社的模范，除了在货品上彻底执行优待红军条件外，还要尽可能的来帮助红军家属的春耕，其他合作社的同志们，对这一工作你们有了些什么准备？不要落后呀！本报准备了红板登载优胜者的光荣记录。

25. 瑞京云集区春耕情报：犁牛合作的普遍开展①

云集区新县乡，受了本区叶坪乡犁牛合作社的影响，在最近也成立犁牛合作社筹备委员会。只在第一村一次群众大会上报告合作社意义以后，得到群众热烈的拥护，三天之内，即募集了七百四十余元（每股一元），现已买得耕牛五只，仍在继续发展中。

26. 胜利县合作社把半年的红利捐给红军②

胜利县消费合作社县总社今年上半年曾经得过“中央苏区第一县总社”奖旗，不用说它的成绩是全中央苏区第一的。半年来兴国县合作社也急起直追，获得了许多很好的成绩，发展了七万社员八万股金，向“第一合作社”的目标前进。

最近兴国胜利两县消费合作社，和胜利的刨烟合作社，在一个会议上，由于中央银行行长毛泽民同志的推动与鼓励，决定把全县区乡分支社半年的红利（一月至六月），除了优待红军家属与文化教育费照例支出外，全部拿来捐给红军充裕红军战费；统计共有大洋七万余元，兴国一县就达五万余元。（总社预定兴国在合作运动周中募捐一万四千元现已超过三倍半了）这两县的合作社真是全中央苏区合作社的光荣模范，大家来学习他们罢！

27. 消费合作社九月份帮助战费十五万元供给食盐一万二千余斤③

中央国民经济部讯：九月十二日召集之各县国民经济部部长及合作社主任联席会议时，提出合作社帮助红军战费问题，各县合作社主任立即以布尔什维克的竞赛精神，热烈地回答，首先由兴国承认四万五千元（内五千元由

① 中国井冈山干部学院，中央档案馆编：《红色中华》第六册，江西人民出版社2016年版，第3058页。

② 中国井冈山干部学院，中央档案馆编：《红色中华》第七册，江西人民出版社2016年版，第3639页。

③ 中国井冈山干部学院，中央档案馆编：《红色中华》第七册，江西人民出版社2016年版，第3957页。

苏维埃等店出）并向瑞金挑战，瑞金亦承认二万元，其余各县分认如下：

胜利二万，赣县一万，博生八千，洛□八千，于都八千，杨殷四千，会昌四千，长汀四千，兆征四千，上杭一千五百，太雷一千，石城一千，红军总社一千，联合总社五百，中央总社一万。

共计十五万六千元，兴国县总社已经征到二万元，其余各县将在九月二十五日以前陆续缴付，转给红军，充裕战费。

此外还有各县消费合作社，分别担任，每月卖给红军食盐一万二千五百五十斤，保证军食盐供给云。

（崔寅瑜）

（二）《红星》摘编

1. 红军消费合作总社管委会启事①

一、本总社第一届红利（去年二月以前加入的）有一部分社员尚未领去，凡持有总社临时收据的请前来瑞京红总社以便回寄红利（来函写明通讯处）。

二、红星特科学校、彭扬学校、卫生学生，加入红军合作社的学生毕业到前方去的社员，你们的红利已由各该社分了，请你们来信写以通讯处给各该社以便寄红利给你们。

三、通讯学校红军合作社的红利经社员代表大会通过不分全部捐助战费，特此声明。

主任：宋□□

六月十五日

（原载《红星》报，1934年6月第51期）

2. 中央消费合作总社重要启事②

每年七月的第一个星期日（今年正是一号）是“国际消费合作日”，我们决定于这一天起举行“合作运动周”三星期，同时举行“合作社募捐

---

① 赣州市财政局；瑞金市财政局编：《中华苏维埃共和国财政史料选编》（内部刊物），2001年版，第556页。

② 赣州市财政局；瑞金市财政局编：《中华苏维埃共和国财政史料选编》（内部刊物），2001年版，第557页。

慰劳红军运动"，我们的要求是：普遍的发展与巩固合作社，捐助战费现款七万元，每个社员做一双草鞋，节省三升米，一升菜干及其他归用品，大规模的慰劳红军。

我们要求各机关团体与以协助，领导自己系统下的群众参加，及代机关于七月一日在各地举行盛大的晚会。演剧，讲演，组织宣传队、文字等宣传。

这一运动不是限于消费合作社的，要求生产的，信用的，粮食的各种合作社同时一致进行。这是为着发展合作社和革命战争的需要的举行的突击运动，在这里将更有力的表示合作社在国内战争中的伟大作用。

（原载《红星》第49期，第一版与第四版，1934年6月20日）

（三）《斗争》摘编

1. 关于合作社①

寿昌

（一）

合作社的组织是资本主义经济性质呢？还是社会主义经济性质呢？抑既非资本主义亦非社会主义的呢？

依据列宁主义的教训，则合作社的性质主要的不决定于合作社的自身，而决定于合作社所存在的政治的经济的环境。

在资本主义条件下，工人农民所组织的合作社对于减少中间剥削只尽〈画〉了极微末的作用。他们"大部分本身不可免的要转成资本主义的企业，因为他们倚靠资本主义的工业的，资本主义的银行，与一般资［本］主义的环境，并且又是为改良主义者，乡村资产阶级，有时甚至为地主所领导"（共产国际纲领），因此，在资本主义条件下的合作社，在乌托邦社会主义的幻想的遮掩之下，实际上为着资本主义的装饰品，所谓消费合作社只是大企业家的零售商，生产合作社亦只是大企业主的家庭工业而已。特别是改良主义者以合作社运动为烟幕弹，宣传"合作主义"与"合作的社会主义"，坚决的否认阶级斗争，残酷的和革命的工人运动作斗争，成为全世界无产阶级革命斗争最凶恶的敌人之一。

---

① 中国井冈山干部学院编：《斗争》第一辑，中国发展出版社2017年版，第342—345页。

但在社会主义的国家，则合作社运动完全有不同的意义。在无产阶级专政的条件下，为社会主义的银行，工业所领导，合作社运动沿着社会主义的轴心而周转。列宁说："而在生产资料公有制的条件下，在无产阶级对资产阶级取得了阶级胜利的条件下，文明的合作社工作者的制度就是社会主义的制度。"（《论合作社》，1923年1月4日和6日）。合作社运动在苏联，在无产阶级专政下，改造小农经济，吸引农民参加社会主义建设的工作，大大地提高工人农民的生活，恰如列宁所说："旧日合作社工作者的理想中许多曾经是幻想的、甚至是浪漫主义的或庸俗的东西，正在成为不加任何粉饰的现实。"（《论合作社》，1923年1月4日和6日）。

在中国工农民主专政的苏维埃政权下，合作社的性质，自然和上述两种条件下的合作社不同。在这点，我完全同意洛甫同志"论苏维埃经济发展的前途"一文中所提出的意见，即是在苏区内生产与消费的合作社，不是资本主义的企业，也不是社会主义的经济，而是一种小生产者的集体的经济。

这种小生产者的集体经济，目前的苏区合作社运动是在下列三个特殊的社会条件下存在和发展的。这种社会条件指证和说明合作社的性质、意义和其前途。

第一，由于我们的苏维埃是无产阶级领导下的工农民主专政的政权。因此，他必然站在工农劳苦群众的彻底解放的利益上，给与合作社以经济上、财政上、金融上的许多特惠，把合作社放在国家的监察与统制之下，特别是在农业方面，合作社的集体化的经济是建筑于土地革命以后的小的商品经济的基础上面，合作运动和土地革命的胜利有不能分离的连［联］系。正因为此，在现阶段上的中国合作社运动不是倚靠资本主义的工业和银行与其一般的环境，而是倚靠于土地革命的胜利，苏维埃政权的巩固，苏维埃政权种种特惠的允许，资金的供给等。

列宁曾经说过："从前我们论合作社时，都忘记了因我们国家组织的特殊性之故，完全具有特别的意义"（论合作社），苏区目前合作社运动和任何国家中在资本主义条件下的合作社运动有纯然不同的意义，我以为我们国家权力的特殊的性质有决定的作用。

第二，因为我们的合作社运动在无产阶级领导下土地革命斗争过程中生长起来的。获得广大工人群众及农民的拥护，党得以在领导合作社的组织工作中遂行了正确的阶级政策。合作社吸收无产阶级及半无产阶级分子，工人贫农以及中农加入自己的组织而排斥富农资本家，及地主等剥削分子于组织以外，在合作社中我们的党能够实现自己的领导。

第三，正因为上述的我们国家政权性质的条件，合作社本身的组织和无产阶级在合作社中建立了领导的条件，所以，虽然，在土地革命胜利后的农民的生产的商品经济，“它可以每日每时不断地自然地大量胎生资本主义与资产阶级的种子”，然而合作社却以逆势，把小商品经济集体化组织起来，反转过来和资本主义倾向作斗争，我们可以看到合作社是在消灭地主与反富农的土地革命斗争中和对资本家的怠工投机斗争中发展生长起来的，在它一成立的时候，就和富农资本家关店闭厂，怠工投机，屯积抬价，以及国民党的经济封锁作了有力的斗争。

由此，我们可以得到结论，在现阶段中的苏区合作社运动，虽然还不是社会主义的经济，只是农民及小生产者的小商品经济的集体化的形式，然而他却反对着资本主义，具有对于资本主义离心的作用。如果以为我们苏区目前的经济，不同于苏联新经济政策的时期，不能如像斯大林同志所说的“即在俄国社会主义当未十分发达以前，列宁已经认为合作社假若是成功的话，就会成为反抗‘社会主义以前’的资本主义关系的很好的武器”。我们至少可以说目前苏区合作社运动的成功的发展，可以成为反抗“社会主义转变以前”的资本主义关系的很好的武器，而成为社会主义转变的有力的杠杆。

估计着目前苏区合作社环境和内在的条件，可以看到他反对着资本主义而使自己多少包含着社会主义成份，在党的领导之下。“它的发展赶［趋］向将随着中国工农民主专政的走向社会主义而成为社会主义的经济”。

（洛甫）

因此，更必须清折［晰］了解合作运动的任务与其重要性。

（二）

斯大林同志在“列宁主义概论”中，将合作社列在职工会，苏维埃与青年团中间，认为是无产阶级专政的制度下，党的“指导力量”的“轮带”和“杠杆”。

在我们工农民主专政的政权下，合作社为我们党“指导力量”的“轮带”和“杠杆”亦并无不同。由党的领导，合作社发生下列的显着［著］的机能。

在城市中，我们组织各种性质的消费合作社，“经过了他，党不但可以接近职工会的会员，而且同时可以接近那些很少组织的劳苦群众的分子，如像独立的手工业者和家庭的女主人等（自然同时经过苏维埃也可和他们发生联系的）”（雅洛曼绥夫：列宁主义初步），这种合作社，他将以提高城市居民的利益，反对资本的中间剥削，同时和私人资本的投机，提高物价作斗争。

合作社更将以生产者的地位组织独立的手工业者及手工艺工人的集体化的小生产。特别是对于目前苏区的失业手艺工人。这对于反对国民党经济封锁与资本家怠工闭业，以及国民党军事的骚扰破坏有很大的意义。

在农村中，合作社运动有更重要的意义，他将组织商业的，借贷的以及供给农民工具的活动，更进而处在生产者资格，把散漫的生产组织起来，他供给农民以需要的货物和资金，提高土地的生产力，增加农民土地合作所得的利益。他反对和减少富农和中间人的剥削，这些剥削正是使农民无法超脱于穷困的境遇。

然而，因为我们国家的政治经济的殊异的性质，合作社只是农民小商品经济的集体化形式，在目前还无从倚靠于社会主义工业和信用机关，因此，就不能说，我们的合作社已经是社会主的义［义的］企业，经过了他们可以全然免除资本剥削，相反的，甚至合作社本身还免不了资本剥削，这并不是说苏区的合作社运动完全受资本主义的笼罩和统制，而是相反的说明，合作社运动在无产阶级领导下更加紧其将这种剥削关系的存在领导合作社的小生产经济和工农民主专政下资本主义倾向的斗争的任务。

因此，合作社〈对于〉负担广大群众的社会主义教育的任务。在目前我们苏区，经过合作社和中间人和富农的实际斗争中，使农民群众了解“在农村之中不进行巨大的集体经济，不但无产阶级的生活状况，不能在根本改善，即一般农民群众的生活状况，也是不能根本改善的”（国际路线五十一页）。使得农民在合作社运动中，“不得不按社会主义的道路走去，因为他们没有别的方法，可以从穷困与毁灭中得到逃脱，除非他们同无产阶级联合，同社会主义制造工业有共同的目标，而且籍［藉］着农民群众广播的合作社组织，使国民经济加入整个社会主义进展的潮流之中”。

（斯大林）

（未完）

2. 关于合作社（续完）①

寿昌

在土地革命后，苏区经济关系中，资本主义与社会主义两个倾向的斗争中，广泛发展着的合作社运动，对于争取社会主义倾向的胜利的斗争有颇大的意义。

（三）

明了在现阶段中合作社运动的性质与其任务，根据在闽粤赣省苏区的合作运动的经验和教训，我有下列的意见：

首先，必须加强党对合作社运动的领导。我们的县区乡各级党部对于合作［社］运动直到现在还没有给以多大的注意。对于合作社工作在许多地方，未曾摆在他们的议事日程上去。这样就不得不使合作社不能有广大的发展，而还存留着很多缺点和错误，在另方面，在许多地方对于合作社运动陷于最庸俗的空喊，特别是对于失业问题的解决，常常在组织合作社口号底下，取消具体的工作及细心考察组织合作社的可能条件。（例如因经济封销［锁］，河道断绝，木船工人失业，而提出“组织合作社，集股造船”口号，这是非常错误的）因此，［必须］我们的各级党部，［必须］纠正忽视和空喊，而具体的指导各地的合作社运动。

第二，必须领导合作社，使成为广大的群众运动，我们现在的合作社，还只是非常狭小的组织。例如才溪区是一个模范区，合作社工作亦比较好，全区有三十二个消费合作社，布匹合作社二个，粮食合作社一个，药材合作社三个，共有股金二千五百三十一元，每股五角以上至五元为止，照这样计算，合作社社员不能超过于四千人。这个数目当然比较其他各地是大的了，但比较全区的工人农民的总数仍然是小的数目。我们领导合作社必须使绝大多数的工人贫民农民加入于合作社组织之中。

第三，要使苏维埃能以很大力量帮助合作社。“合作社在一般上不仅要有某种免税的特权，并且这种免税非纯财产上的免税（银行利息的标准等）不可”（列宁）自从我们中央政府成立以来，我们确已给予合作社许多特权，如免税，资金的借与，没收土豪及怠工歇业资本家的房屋，生产工具的让给等，但我们还应在合作社运动急剧发展中给以更多的特权，同

① 中国井冈山干部学院编：《斗争》第一辑，中国发展出版社 2017 年版，第 363—367 页。

时加紧对合作社的监察与统制，禁止冒牌合作社。另一方面必须纠正下级政府不了解合作社的重要，违反着中央政府的意志，妨碍合作社的工作，例如白沙粮食合作社有股本三百元被政府借去二百元，南阳的罗坑的合作社，则被乡政府主席和秘书用去五十多元本钱。凡是这些都应立即纠正并归还借款的。

第四，要使合作社成为有机的集体的组织。在这方面，我们的合作社表现着两方面的缺点，一方面，我们的合作社还是个别的散漫的组织，没有建立白区以上的县的省的以及闽赣两省的或全中央苏区的合作社的总的组织，这样对于货物的调剂，资金的流通，整个计划的制定，以及整批卖买的便宜都有损失。在另一方面，我们各个合作社的业务有许多是单纯的。例如粮食合作社对于农民的种子工具就不闻不问的，但在列宁主义概论中，斯大林同志就指示出对于合作社的组织和业务的活泼的方式，“譬如‘植麻合作社’包括许多植麻农人的小团体在内，此合作社供给农民以种子和生产工具，随后就从这些农民购买一切麻的生产，趸批转售之于市场并保证农民得分沾利润”，所以我们目前应该建立全区全县全省的合作总社，联合各地各种的合作社的组织。另一方面，我们领导组织消费，生产，信用等各个合作社，同时应进行组织一种“农业合作社”的形式的包括比较复杂的业务，在这合作社中可以有零售的合作商店，农具借贷处，牲畜交尾所，犁牛站，种子选择所，贷借部，犁锄的制造作坊等等。这样使合作社应成为有机的集体的组织。

第四［五］，我们要使我们的合作社不限于消费者的地位，而要以生产者的地位组织生产。在我们农村中，因为今年受封锁的关系，纸业合作社有广泛的组织，证明我们工农群众在生产战线上的坚忍性和毅力，但除此以外，生产合作社还是非常稀少，在福建铸铁合作社只有三四个（宁化南城堡濯田等处），在汀州虽然失业工人很多，但生产合作社还没有一个。正因为我们的粮食合作社不曾组织好（而且是单纯贩运转买的性质），一方面，不能提高土地的生产力，增进农民的福利，一方面，在今年青黄不接的时候，就吃了粮食缺乏的大亏，所以我们目前应积极发展消费合作社，同时组织生产的合作社。为得组织生产，我们还应组织信用合作社，各种手艺工人手工业者生产合作。农民农业合作种植合作，同时亦应组织劳动合作，此种劳动合作，在才溪及汀州以“开荒合作社”形式，对于开辟荒地起了相当的作用。

第五［六］，我们要在“获利的原则”。上经营合作社的业务，一方面要使社员有利，一方面亦要使合作社有利，只有使社员和合作社获利而不赔本，才能使合作社社员有信仰，在吸收股金和除了红利以外有了基金的积蓄，以扩大合作社的组织和活动。但现在有许多合作社还不曾按照这原则进行。最有趣的，在我们询问合作社同志，他的合作社是否赚钱的时候，有许多农民同志都很嗫嚅似乎很惭愧的不肯说赚到了钱，但一查他们的报告，却赚了很多的钱（如濯田合作社本钱一万一千毛，净赚一万二千毛），还有一个同志，不直接的回答我们，只绕了一个湾［弯］，回答我们说“赚钱亦是赚大家的，蚀本亦是蚀大家的”。另同志则直捷［接］了当的说，合作社不是为赚钱的。这种孟夫子“何必言利”的态度，我想，或许是代表农民的“善良”的品性，或者是原始的“商业广告术”罢！

但在这种“讳言利”的态度下，实际上是助长了合作社中不合理的营业制度。因为不采取“做生意”的原则，所以有许多合作社，如像汀州的粮食合作社，列宁书局，大洋坝，旧县，涂坊的合作社的货价比私人商店的货价还要更贵，主要是他们办的货要倚靠商人，而不去想法开辟自己贩买货物的路线，其次在货价方面，则大多数的合作社，社员与非社员买物价钱平等，毫无差别，不能刺激一般群众在有利的条件下踊跃加入合作社的热情，其次则流行赊账制度，如四都合作社一万多毛本钱，欠账四千毛，白沙横江乡合作社二千多毛本钱，有一个人就欠了一百二十九毛半的账，而且欠了八九个月。才溪区的合作社红军家属挂欠不少。最后，则使这些合作社支持，困难有个别合作社因办事人的贪污腐化，如卢门区水井乡三百多元本钱都吃光了。或者因为办事人不负责的结果，旧县粮食合作社本钱本有一千四百六十元，现在只有三百七十多元了。

因此，必须使合作社在获利的原则上，使社员有利益，使合作社不亏本。这就需要规定适当的价格，使合作社员比非社员能购买更便宜的东西。合作社要以完善的商业化的经营，使自己获利。同时必须废除赊账制度，严格的审查账目，反对贪污腐化，与不负责的官僚化。

第六［七］，我们必须改造合作社使成为工农劳苦群众的群众组织。才溪区合作社工作的进步，就在乎［于］能经常召集社员大会，报名并决定合作社工作的方针。有许多合作社向来不举行社员大会，他们未曾以社员为合作社的主体。许多地方合作社同志都回答我们，认区委区苏是他们的上级机关，因此，像汀州市粮食合作社就根本忘记了自己的社员，合作社的监察委员会竟不由社员所选举，而由风马牛不相关的其他组织（当然在某种意义上），如工会，政府，列宁书局等委派代表来组织，这实在可以说是官僚主义的典型。

经常的定期的召集社员大会，报［告］合作社的工作，审核账目，决定业务的方针，由群众选举管理委员会与监察委员会，这是合作社的群众化的必要的前提。

第七［八］，我们在合作社中，非常缺乏文化教育及社会主义教育的工作。为保证合作社转向社会主义企业的将来的道路，与加强合作社中社会主义的成份，我们就必须以合作社的盈余积极参加文化教育工作，如俱乐部，墙报，识字班，晚会，报纸等等以进行对合作社员与非社员的社会主义的教育工作。列宁说道，“生产手段成为社会化的所有时，当无产阶级争取了阶级的胜利时，有教育着的合作社员的组织，即是社会主义的组织了！”

最后，我们必须和冒牌的合作社与富农混入合作社的企图作最坚强的斗争。我们知道，如像四都的合作社就有富农参加，对于这些富农分子，必须发动群众把他驱逐出去，并没收其股本。

我们看到许多冒牌的合作社，这有着很多的型［形］式，一种是手工业老板的合股组织，雇请工人，如像过去汀州市的做篓合作社，锡纸合作社等，一种是反对工人斗争的行会式的组织，如像有几个地方的理发合作社，缝衣合作社（汀州），以没收或得借老板的工具为条件，强并独立的理发缝衣工人或小店主，混编在合作社内，实现行会的垄断政策，禁止别人做工，这些企图有许多地方是由老板主动的。一种是工人或农民中间落后性的反映，不以反对剥削为目的，而以合作社参加剥削，如像过去一年以前，汀州的纸业合作社，由纸业店员组织，作为纸行与槽户的中间人抽收槽户的回佣。这种企图，资产阶级亦是赞助的（股金只一百多元，而由老板借款六七百元之多），结果，负责人将款卷去逃走了。

我们对于上述各种的冒牌合作社必须加以禁止，在此地需要国家权力的干涉。如果是工人组织的，更需要职工会努力的教育与实际的转变。

目前苏区的经济状况，给予合作社运动以极大活跃的地区。只有我们了解我们合作［社］运动的性质，任务与其前途，针对着目前存在着的缺点而加以强有力的领导，则合作社运动将必然广泛的开展起来。对于目前工人农民的福利，反对国民党以及富农资本家在经济战线上对我们的进攻，与将来社会主义前途的转变，有极大的战斗的意义。在目前中国苏维埃政权所统治的区域，比较私人的资本主义的经济，确实的，“小生产者私人的集体的合作经济，正在向前发展中间获得更为重要的意义。”

（洛甫）

因此，我们对合作社运动，不能有任何的忽视。

（完）

3. 合作社怎样工作——壬田区消费合作分社工作的检阅[①]

在合作运动中，瑞金的壬田区，是模范的一个区，虽然在他的工作中还有许多缺点和错误，但壬田区合作分社的工作，已能使我们得到许多经验与教训。王田区合作社并没有辜负中央国民经济人民委员部所给与他的模范区的任务。

壬田区合作分社发展的历史

壬田区合作社于一九三二年二月开始筹备，当时壬田区群众还不大了解合作社的任务与利益，所以在筹备会议上，全体负责人作了一个冲锋精神的竞赛，向群众作一个广大的宣传鼓动，指出奸商富农对于工农的剥削情形以及合作社对于劳苦群众的利益，于是迅速地就集股东二百五十元，同时借来三百元，共五百五十元，立即开始往�门岭与其他地点办货，并于三月间正式成立。当时并在价格问题上，由合作社负责人与区苏各部同志开会讨论，决定卖与群众的价格比市场较低，对于社员与红军家属，红军机关及红军各部队，更较卖与普通群众为低。在开始营业后，群众到处传说合作社货价比市价便宜，同时区乡负责人亦能尽量宣传，所以合作社的货物，有应接不暇之势。不久群众入股日渐增加。在营业五个月后，结算账目，除修理购置，及其他开销外，共得净余大洋二百五十元。此时即照章召集社员大会，报告工作，并改选管理委员会审查委员会，各社员进行竞赛，介绍新社员入社，并决定三个月结算一次账目。在十二月底总

① 中国井冈山干部学院编：《斗争》第二辑，中国发展出版社2017年版，第354—358页。

结，计社员已增加到五百余人，股金八百三十九元。九个月营业的结果，共得盈余大洋三百六十四元，在这社员大会上，很多社员提出：为加紧对非社员宣传，并吸收新社员起见，应该分配红利，结果除拨出一部分为奖励金外，依照社员股金，平均分配，每一股（一元）得红利小洋七毫。余大洋五十三元作为公积金。当分红利时，召集全体社员吃东西，情形非常热烈。在一九三三年上［半］年的六个月中，社员发展很少，只七十余人。据合作社负责人报告，是因为受了粮食困难的影响（自然这理由是不充分的），在今年七月八日结算时，除开支外，共得盈余五百三十九元。经社员代表大会决定不分，作为公积金，以充裕资本。在八月以后，特别在经济建设大会以后，新社员发展很快，在八九两月中，增加新社员八百另［零］三人（超过以前一年半发展的数目），共计现有社员一千三百九十二人，股金二千零七十三元。在今年并且洗刷了富农十一人，其股金二十七元，无利退还，此外又洗刷了地主土豪及"反动富农"十人，股金没收。这是区分社的发展情形。此外在王田区还有五个乡有了乡支社，正在开始营业中。

壬田区合作分社工作的状况

壬田区合作分社社员代表大会，产生了管理委员会九个人，审查委员会三个人，在管理委员会以下，分设营业，宣传，文化，调查统计等部，营业部下设立采办，发卖，保管，会计等股，现在设立了两个商店，一个商店买卖油，盐，布匹纸张文具以及其他一切日常用品。另一个商店，买卖药材。所卖货物，是用纸票，从黎川，江口，门岭，福建等处买来的，并不一定要现金。群众向合［作］社买货，此［比］市价稍低。社员买货，除得优先购买权外，价格还比普通群众便宜百分之五至百分之十五（例如布便宜百分之五，药材便宜百分之十五），而且在药店内聘请医生，免费给社员看病，红军家属买货，也得到差不多与社员相等的优待。现在不但社员，就是普通群众也很踊跃的向合作社买货。区分社每月营业约计有大洋二千八百元，至于营业部工作人员，则每月除伙食外，尚有五元以下的津贴。壬田区合作社，自开办以来，能够经常的以比较便宜的价格，供给社员以及群众以盐布等必需品。壬田区合作社社员，从来没有感觉买不到盐布的困难。所以合作社在群众中，起了很大的信仰，以致群众有的说，"宁愿卖了自己的衫衣来加入合作社"。

壬田区合作分社工作给予我们的经验与教训

壬田区之合作社，所以能够得到这样的成绩，是因为他们：

第一，能够以冲锋竞赛的精神，向工农群众作广大的深入的宣传，使群众了解怎样去抵制投机商人与富农剥削来踊跃地加入合作社。

第二，能够在实际工作中，证明合作社的好处（如经常供给必需品，价格比较便宜，分红利，免费看病等），更增加群众加入合作社的热情。对于红［军］家属的优待，更给群众以很好的影响。

第三，对于各种比较重要的问题，管理委员会能够经常详细的讨论，定出自己的工作方针与计划。

第四，能够发动社员群众，来经常监督合作社的工作。审查委员会经常开会，检查账目，三个月算一次总账，所以没有发生贪污的事情。

壬田区合作社工作，虽有上述的成绩，但是还有重大缺点甚至错误。

第一，壬田区合作社工作对于战争动员的联系，还是很少。例如抓住优待红军家属买货的事实，来加紧宣传扩大红军，动员合作社社员挑胜利品，发动社员慰劳红军等等的工作，壬田区合作社是做得很少的。甚至召集社员分红吃饭，兴高采烈的时候，也没有能够乘机把合作社的成绩与前方红军的胜利与战争动员的工作很好的联系起来，以进一步提高社员群众参战的积极性。这一合作社工作不能与战争动员密切相联［连］的错误，不但是千田区，而且是许多其他合作社的共同的错误，这一错误，是应用最大力量坚决的纠正过来的。

第二，壬田区合作社，对于文化教育工作，可说还没有着手去做，还没有能够利用文化基金，并发动社员群众，来建立俱乐部，夜校，识字班等等，对于社员的教育工作，是非常不够的。这也是我们许多合作社所共有的而应该努力纠正过来的缺点。

壬田区消费合作社，虽然还有这些错误和缺点，但它已经能够在自己的工作中，使壬田区广大群众，了解集体经济（现在大部分还只是流通方面）的好处。在合作社工作中，我们正能够切实的巩固工农联合，加强无产阶级的领导。随着革命战争的猛烈扩大，以及苏维埃政权的巩固与发展，合作运动的重要性，也日益增加。这种小生产者集体经济的发展，正是保证我们民主革命将来转变到社会主义革命的有力杠杆之一。

4. 上杭才溪乡的苏维埃工作（续）（节选）[①]

毛泽东

下才溪三个：

一个布匹合作社：原股本一二〇元，后增至二四〇元。每股一元。一九三〇年一月起的，一九三二年二月分红一次，每股分一元。常驻二人一个油盐肉合作社；原股本三五元，后增至一五七元，每股五角。一九二九年十月起的。一九三三年三月分红一次，每股分了五角。常驻两人，圩日帮助一人。

一个豆腐糖果猪子合作社：原股本一二五元，后增至一八〇元，每股五角，一九三一年一月起的。一九三三年二月分红，每股分了五角。办事常驻三人。

合作社每月查账两次（查毕回家吃饭），开社员大会一次（不吃饭），办事人每三个月于开社员大会时改选一次。调动到县社区社去工作的，年前当红军去了的（以较老的代），不胜任的，均即改换，但实际连任的多，换动的少，只红军家属困难的可赊账，赊一圩的，两圩的，最多三圩（每圩十天），还时米豆等等均可。圩期未收清的，每年七月十月两期收清。

加入消费合作社的人家上才溪百分之六十，下才溪百分之九十。货缺时红属先买，社员后买，非社员再后买。货价红属（有证章）照市减百分之五，社员不减。别乡甚至别区的红属来买亦然，

旧县南阳官庄等区的红属均有来买货的。“合作社第一好”——舆论。

卖外货的私人商店除一家江西人药店外，全区绝迹（逐渐削弱至此），只圩日有个把子私人卖盐的，但土产如豆腐等，私人的还有。

（丙）粮食合作社。

原名粮食调剂局，一九三〇年开始创设，由群众募集股金，此种募集不是普遍募集而是向生活比较好的人家募集，每股大洋元，每乡组织一个，全区八个，共有股金一千八百一十元。

调剂办法：每年向群众买谷进来，比私人买的少收二升，如私人每元一斗七升，调剂局只收一斗五升。卖出时先卖给红军家属，后卖给困难群众。但群众是否困难，要经过乡代表会调查通过。卖出时也不照当时市

---

① 中国井冈山干部学院编：《斗争》第三辑，中国发展出版社2017年版，第288—296页。

价，仅照买进价格略除耗失，如买进每元一斗五升，卖出则为一斗四升五合，除去耗失五合，红军家属无钱的，群众特别困难的，可以借给，割禾后照数归还，不取利息。每年收谷出谷工作完了，由乡苏通知群众举出代表向调剂局负责人算账，并公布出去。每年秋后收谷子量入谷仓，用乡苏长条标封，春夏出谷一次二次不定，群众需要了，即开仓出由群众决卖［定］。大概每年三月莳田时与五月青黄不接时约是出谷的时节。

今年二月改名粮食合作社，但组织还是一样。自今年经济建设运动发起后，各乡粮社都扩大了，如上才溪粮社原股二一五元，现增加二〇三元，共四一八元。下才溪原股一三七元。现增加二〇〇元，共三三七元。调剂局委员五人，主任一人常驻，支领伙食。

今年五月上村，章文，两乡（现划入通贤区），发生饥荒（两乡尽是竹山，每人仅分田一担，纸业又失败了），全区各乡粮食调剂局合力救济，当时谷价每元八升，而调剂局借给此两乡的仍照去秋谷价每元一斗八升，秋后照数归还。全区共借给三十六担，另又募集杂粮，番薯干等及钱去救济，结果无饭饿［饿饭］的。才溪区其余各乡今年均未患荒，调剂局调剂之力。

下才溪另有一个“贩米合作社”，股本一三〇元，每股五角。专为红军经过，行人来往，机关人员及被难群众而设。委员五人均不常驻，圩日有一人办事半天，平时托付消费合作社办理，除开支推米工人的工资，伙食外不分红利。普遍［通］群众来此买米的极少，百人中仅一二人。米价照市。自从群众集股办了这个合作社，“红军”“难民”等就不要向群众按［挨］家办米了。

（丁）犁牛合作社。

全区只上下才溪两乡组织了，各有三只牛。

两乡约百分之二十的人家无牛，还没有想出解决的办法。

5. 目前苏维埃合作运动的状况和我们的任务（节选）①

亮平

我们是在剧烈的持久的革命战争环境中，进行我们为战争所必需的经济建设工作。在这一经济建设工作中，合作运动是占着极重要的一环。

① 中国井冈山干部学院编：《斗争》第四辑，中国发展出版社2017年版，第50—57页。

斯大林同志在阐明无产阶级“指导力量”（指无产阶级的先锋队的共产党）与其重要的“轮带”的组织（苏维埃，工会，共产青年团，合作社）时，着重指导合作社的重大意义。

“合作社是一种群众的组织，以农民群众为主要成份，他是党与农民群众的连锁，特别在经济一方面。”

对于我们，合作社的组织，也无疑的是工农民主专政的一种巨大的群众力量。

虽然我们是处在残酷的战争环境中，但最近一年来，在党与苏维埃政府的领导之下，合作运动是获得了不可否认的成绩。

如果在去年四月国民经济人民委员部刚成立以后的时期，我们还只在几个先进的县份，（兴国，胜利，瑞金，上杭的才溪区等）看到一些零星的不相连属的区乡合作社，那末，在一年以来，特别在去年经济建设大会以后，我们在这上面，是路进了一大步！

首先，在绝对的数量方面，我们在中央苏区（其他苏区，如闽浙赣，有十余万社员都还不算在内）得到了下面的进展情形（见表附录 -3）：

表附录 -3　　合作进展社情形

	一九三三年八月以前		一九三四年二月	
消费合作社	社数	417	社数	1140
	社员	82940 人	社员	295993 人
	股金	91670 元	股金	322525 元
粮食合作社	社数	457	社数	10712
	社员	102182 人	社员	243904 人
	股金	94894 元	股金	242079 元
生产合作社	社数	76	社数	176
	社员	9276 人	社员	32761 人
	股金	29351 元	股金	58552 元

虽然这些统计，是不完备的，有参差的，甚至在粮食合作社的数字中，一部分是空虚的，但从这一统计上，我们已有可以明白看到在最近一年来我们合作社（特别是消费合作社）的迅速的发展。消费合作社在半年中发展了两倍以上，粮食合作社生产合作社各一倍以上。在短短的半年

中，我们在消费粮食生产三种合作社上面，发展到二千三百余的社数，五十七万余的社员，和六十万余的股金。在工作最好的兴国，已经实现了我们党所提出的每乡一个消费合作社一个粮食合作社的口号。此外我们还发展了千数的犁牛合作社，（兴国瑞金最多）调剂劳动力的劳动互助社，一些信用合作社。这样的迅速的发展，正是证明合作社对于群众生活的亲密的关系。和群众对于合作社的信仰及拥护。

其次，在合作社的组织与领导上面，也有了部分的改善。我们把零星的散漫的合作社，逐渐统一起来，联合起来，成立了从中央到区乡的各级领导系统。我们在消费合作社方面，现在有了十七个县的总社（江西之兴国，胜利，万太，公略，博生，龙岗，杨殷，长胜，乐安，洛口，赣县，福建之兆征，长汀，上杭，粤赣之西江，于都，会昌），二个省总社（江西，福建，此外闽浙赣，湘赣未算在内），在去年十二月更正式成立了中央苏区的消费合作总社。虽然我们各总社的领导还是不强，但这一组织的整顿，领导系统的建立，对于合作运动的进步的发展，是有了极大帮助。

可是使我们感到兴趣的，还不是一些表上的数字或组织的名目，而是合作社的实际的工作。这上面最活泼，最与群众密切的相连的，最得群众信仰的，是消费合作社的组织。我们固然不能说每个消费合作社工作做得很好，但是极大部分的消费合作社是已经在群众日用品的供给上面，起了积极的作用。譬如举工作最好的兴国的例子来看，全县合作社的营业（包括进出货）十一十二两月为十一万五千元，一二两月为十二万二千元，这就是说，每月平均有三万元以上的商品，是经过了消费合作社的系统，供给与群众的消费者，每年经过消费合作社供给的商品就达三十六万，以兴国十七万人口平均计算，消费合作社已能供给兴国的每一劳苦群众以二元以上的商品。在我们苏区现在的经济状况之下，这已经不能不算是一个令人注意的数目。其他，如瑞金胜利的消费合作社亦有极大的成绩。但粤赣福建及北线各县，则仍是我们合作运动的薄弱的环子，消费合作社在其物品的供给中，普遍实行了对于红军家属减价的优待，（兴国每月优待红军家［属］的减价数达六百元）并提出自己赢余的一部分来帮助红军家属，另一部分来进［行］文化教育工作。除消费合作社外，我们生产合作社（熬盐熬樟脑铁业刨烟锅炉纺织石灰造纸等）也有他的实际的工作。他们在提高苏区手工业生产上面，是起了一些作用。至于我们的粮食合作社，则实际开始营业，卖买粮食调剂粮食价格的还是很少。这上面需要有极大的转变。

我们的合作社，虽在一年中获得这些成绩，但明显的还包含着许多严重的缺点。

最主要的，是我们合作社还未能充分地执行与奸商富农作斗争的重大任务。许多地方的合作社，非但没有设法打破投机商人与富农的操纵，而且常时成为他们的尾巴。这些合作社的商品价格，常时随商人价格而高低，而且有些合作社，为着获利起见，竟把价格规定得与市上相差无几，甚至相等。因为这样的结果，所以合作社常时得到惊人的利润（如全总的合作社，以二角钱的股本在半年余得三倍的利润，瑞金县总社以一万元资本在三月内获利五千元，兴国合作社每月能获利五千元以上）。自然合作社需要赚钱，但是如果合作社追随商人的价格，以图厚利，那么合作社就失去他的应尽的作用。我们合作社对于自身内部所发生的这种资本主义倾向的斗争，非常的不够，甚至于没有注意。这是绝对不能允许的。

其次我们合作社还不能更有组织地采买并经常地供给群众以必需的日用品，我们合作社的工作多少带着零乱性。在合作社里面，常时发现为贪利而买卖工农群众所不急需的或甚至有害的物品，（如瑞金工农合作社所卖的每块一元余的香皂，或是于都等合作社的满架爆竹）合作社自身中间常时发生互相竞争（如在江口），在同一城市中合作社的价格，多不一致，（只在兴国瑞金二城市，最近才开始进行统一的调剂）因之就减弱自己的力量，减弱合作社对于投机商人及富农的斗争的力量。

第三，我们的粮食合作社，极大部分还没有起他应有的调剂粮食的作用。粮食合作社，一部分做了消费合作社的营业，一部分只是贮藏些谷子尽备荒仓的作用，其余一部分则简直只挂空名，没有实际的工作。真正买卖粮食调剂粮食的，还是非常的少。可是在解决粮食问题上面，粮食合作社应起基本组织的作用，他应该买卖粮食，调剂粮食价格，克服春夏间粮食的困难，廉价供给群众以必需的粮食。因之，整顿粮食合作社的组织，使他做起实际的买卖粮食的工作，切实地建立起粮食合作社的领导关系，是粮食战线上当前的重要工作。

第四，我们合作社还很少能够在自己工作的过程中，用各种办法，来向群众很好的进行文化教育的工作，甚至在合作社赢余中所提出来的文化教育基金，还不能很合理地有效地使用。这上面同样应该指出，我们苏维埃的教育机关，过去也未能充分利用这一群众组织的资材来更好地解决自己的经费问题。

最后在我们合作社中间，无疑的是存在着某些假的冒牌的“合作社”，在合作社人员中间也无疑的是潜藏了一些破坏合作社的坏蛋与反革命分子（如于都合作社负责人的贪污，西江赤鹅，会昌合作社的损蚀，乐安望仙太平等地合作社负责人之卷款投敌等）。合作社里面的反对贪污的斗争和检举运动，还没有应有的开展起来。

四、土地革命时期中央苏区推行股份制有关的文化史料

（一）歌谣及戏剧

1.《赣南游击词》（见图附录－83）[①]

陈毅

1936年夏

天将晓，队员醒来早。露侵衣被夏犹寒，树间唧唧鸣知了。满身沾野草。
天将午，饥肠响如鼓。粮食封锁已三月，囊中存米清可数。野菜和水煮。
日落西，集会议兵机。交通晨出无消息，屈指归来已误期。立即就迁居。
夜难行，淫雨苦兼旬。野营已自无篷帐，大树遮身待晓明。几番梦不成。
天放晴，对月设野营。拂拂清风催睡意，森森万树若云屯。梦中念敌情。
休玩笑，耳语声放低。林外难免无敌探，前回咳嗽泄军机。纠偏要心虚。
叹缺粮，三月肉不尝。夏吃杨梅冬剥笋，猎取野猪遍山忙。捉蛇二更长。
满山抄，草木变枯焦。敌人屠杀空前古，人民反抗气更高。再请把兵交。
讲战术，稳坐钓鱼台。敌人找我偏不打，他不防备我偏来。乖乖听安排。
靠人民，支援永不忘。他是重生亲父母，我是斗争好儿郎。革命强中强。
勤学习，落伍实堪悲。此日准备好身手，他年战场获锦归。前进心不灰。
莫怨嗟，稳脚度年华。贼子引狼输禹鼎，大军抗日渡金沙。铁树要开花。

① 陈毅：《陈毅同志诗词选》，湖北人民出版社1977年版，第7—10页。

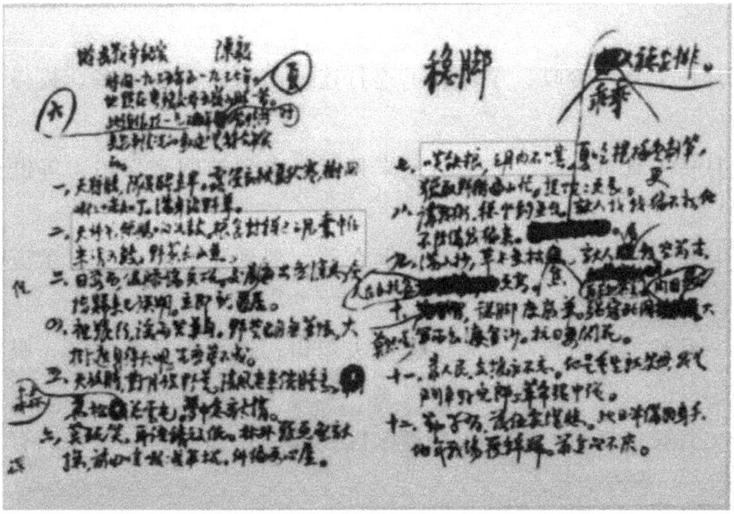

图附录 –83 《赣南游击词》修改稿

资料来源：拍摄于中国国家博物馆。

2. 《长工苦情歌》①

赣县 · 白鹭

哎呀嘞！正月就长工就真可怜哎，挑担葫笼就写长年，上村就写来下村就传哎，财户东道做一（哟）年。

哎呀嘞！二月就长工就真可怜哎，东道带俚就去睄田，上塅就睄得下塅就田哎，门口大丘做秧（哟）田。

哎呀嘞！三月就长工就真可怜哎，牵只牛仔就去犁田，牛绳就拦绊在牛背上哎，茧跟冇塞要下（哟）田。

四月长工真可怜哎，东道莳田俚在前，台上放着十二碗，臭风擦菜俚面前。

五月长工真可怜哎，东道耘田俚在前，耘得禾苗纠纠死，东道怨俚俚怨天。

六月长工真可怜哎，东道割禾俚在前，失脚倒了一担谷，东道就要扣工钱。

① 黄玉英：《江西客家民歌研究》，中国文联出版社2006年版，第275—276页。

七月长工真可怜哎，东道打耙割草镰，又怕黄蜂叮嘴角，又怕毒蛇窜到前。

八月长工真可怜哎，芋仔栽了连打连，雨水又密草又多，拔得手肿脚又软。

九月长工真可怜哎，九引坛上来拜年，求到神明来保佑，等俚长工更康健。

十月长工真可怜哎，东道打油俚在前，遇到年成冇油头，东道怪俚冇打敛。

十一月长工真可怜哎，东道催俚去犁田，逢到天气落大雪，眼泪滚到犁头边。

十二月长工真可怜哎，东道算账俚在前，左扣右扣一笔账，有个闲钱来过年。

注：1. 茧跟：脚跟干裂的上伤痕。2. 打敛：榨干。

3.《农民苦》[①]

一早起来做到晚，衣食都得不到饱暖，苦生活何日减少？哎哟哎哟，苦生活何日减少？哎哟哎哟。

六月割禾真辛苦，点点汗珠滴下土，地主们快活收租。哎哟哎哟，地主们快活收租。哎哟哎哟。

无钱买米来做饭，妻儿老少哭嚎嚎，亲爹娘被饿死了。哎哟哎哟，亲爹娘被饿死了。哎哟哎哟。

4.《工人苦》[②]

上工厂，做苦工，生活情况牛马同；厂主荷包满，工人永远穷。

在工厂，苦谁知？精疲力尽硬撑持；可怜工人苦，穷苦直到死。

出工厂，低头想，今晚饥寒明又忙；工人要解放，除了斗争别无方。

① 《中央苏区文艺丛书》编委会编：《中央苏区文艺丛书中央苏区歌曲集》，长江文艺出版社2017年版，第10页。

② 连城县民间文学集成编委会编：《中国歌谣集成 福建卷 连城县分卷》，连城县民间文学集成编委会1991年版，第29页。

5.《苏维埃农民耕田谣》①

易光炳

正月耕田是新年，农民耕田要提前，多生产经济发展，哎哟，哎哟，多生产经济发展。

二月耕田正花朝，田中犁耙要搞好，换好种早做秧田，哎哟，哎哟，换好种早做秧田。

三月耕田是清明，多加肥料铲草皮，勤耕种加倍收成，哎哟，哎哟，勤耕种加倍收成。

四月耕田正立夏，秧深莳田又割麦，犁好土多种棉花，哎哟，哎哟，犁好土多种棉花。

五月耕田端阳节，同志实行礼拜六，来优待红军家属，哎哟，哎哟，来优待红军家属。

六月耕田是割禾，哥载禾桶妹挑箩，好收成借给红军，哎哟，哎哟，好收成借给红军。

七月耕田正立秋，万般困难不必忧，工农兵解除痛苦，哎哟，哎哟，工农兵解除痛苦。

八月耕田中秋节，开垦荒田免租税，要准备多种杂粮，哎哟，哎哟，要准备多种杂粮。

九月耕田是重阳，田中秋收皆熟黄，大家来努力帮忙，哎哟，哎哟，大家来努力帮忙。

十月耕田正立冬，冬耕冬种来竞赛，苏维埃给奖励品，哎哟，哎哟，苏维埃给奖励品。

十一月耕田雪花飞，油盐柴米都齐备，来节省购买公债，哎哟，哎哟，来节省购买公债。

十二月耕田又一年，大家热闹来过年，苏维埃猛烈发展，哎哟，哎哟，苏维埃猛烈发展。

① 谢济堂编：《中央苏区革命歌谣选集》，鹭江出版社1990年版，第317—318页。

6.《新葡萄仙子》①

红四军方面军政治部编

我本是一工人，数千年痛苦都受尽。家里多么贫，工厂去谋生。时间延长、工资减少到如今，一天到晚真辛苦，满身的血汗都流尽。打倒帝国主义，推翻资产阶级，若不这样永远做奴隶！

我本是一农民，数千年痛苦都受尽。今日想起来，怎能不痛心？地主剥削、豪绅压迫到如今，还有团匪更凶狠，杀我农友不留情。铲除封建势力，推翻资产阶级，若不这样永远做奴隶！

我本是一士兵，数千年痛苦都受尽。家里多么贫，因此去投军，赊账吃饭、现钱送命到如今，各级官长心毒狠，尅扣军饷虐待士兵。打倒军阀，推翻资产阶级，若不这样永远做奴隶！

我本是一女人，数千年痛苦都受尽。深居闺阁好似犯罪人，经济无权、教育无份到如今，还有吃人旧礼教，一切自由剥夺尽。斩断礼教束缚，打碎封建枷锁，若不这样永远做奴隶！

7.《工农群众掌政权》②

日头格一出嘞圆又圆，穷苦啊人民乐无边，打倒土豪分田地，工农群众掌政权。

8.《幸福日子万年长》③

建宁

渔鼓（那个）咚咚响，听我（来）唱一一唱哎。自从红军到俺乡，俺乡处处在变样。翻身不忘共产党，幸福日子呀万年长哎。

9.《红色苏区万万年》④

闹洋洋来呃格子闹洋洋，红军天天打胜仗呃，工农同志都积极，大家

---

① 红安县革命史编写领导小组办公室编：《红安革命歌谣选》，武汉大学出版社1986年版，第125—126页。

② 《中央苏区文艺丛书》编委会编：《中央苏区文艺丛书中央苏区歌曲集》，长江文艺出版社2017年版，第57页。

③ 佚名：《赣南闽西红色歌曲集》，江西高校出版社2012年版，第340页。

④ 《中央苏区文艺丛书》编委会编：《中央苏区文艺丛书中央苏区歌曲集》，长江文艺出版社2017年版，第73页。

自动到前方呃。

今年一九呃格子三三年，大家一起来查田呃，打倒豪绅并地主，红色苏区万万年呃。

10. 独幕剧《揭破鬼脸》[①]

韩进

约 1932—1934 年

时间：革命战争中，某日。

地点：边区，某小吃店。

人物：店主（隐藏着的地主）。工人（共产党员）。食客甲。富农乙。雇农丙、戊。贫农丁。贫农丁之妻。堂倌[②]。

（幕启：店主坐在柜台边，洋洋自得地抽着水烟。富农乙、贫雇农丙、丁、戊围坐在一张桌子上，他们是刚刚从田里劳动后回来的，都带着疲倦与饥饿的神气。）

雇农丙：堂倌，堂倌，快给我们再弄碗面，快些！

富农乙：你还没吃饱么？省一点儿罢！今年粮食贵呢！

雇农丙：饿得慌，不吃饱不能劳动！喂，堂倌……

堂倌：好！就到！请等一会儿罢。（用托盘托一碗面上场）

店主：（骂堂倌）混账东西，连生意都不想招呼了！

堂倌：我……我昨天晚上收拾东西，睡得太晚了点。

店主：（站起来）你不应该收拾？

富农乙：老板，算了罢，他的确精神太坏了！

堂倌：（还轻轻咕噜着，拿托盘下场）嘿！

雇农丙：（狼吞虎咽的吃着）啊哟！（吃了一口梗［哽］住了他的喉咙）

富农乙：（假笑）我叫你少吃点你不信，这下子可好了。

雇农戊：不要紧，我会医这个毛病，（用手在丙身上施行了滑稽的手术）好点么？

雇农丙：（摇头）你拿我开心！

① 中国井冈山干部学院，中央档案馆编：《红色中华》第四册，江西人民出版社 2016 年版，第 1844—1848 页。

② 堂倌：旧时对饭馆、茶馆、酒店里的招待人员的称呼。

店主：（坐下吃烟，自言自语）世道真是越过越变了！

食客甲：（摇摇摆摆的上场）哦！老板！什么事发脾气？

店主：（立刻站起来，面部表情由怒气变做假笑）请坐！请坐！（微微鞠躬）堂倌！泡一碗茶来！快！

食客甲：（点头）我今天特地问问你的，听说现在又要发行……

店主：（向甲示意）好！我们慢慢谈罢！（低声细语）

雇农戊：（自语）鬼头鬼脑的，到底干什么呀？

富农乙：老丁，你到底怎么样？买不买公债？

贫农丁：这事情我不敢作主，我要去问过我的老婆！

雇农丙：你连买政府的公债也要问过老婆么？

贫农丁：唔！老婆厉害呢！

雇农戊：我是谁也管不了的，我硬是要买它十块花边①。

雇农丙：我打算把我们的猪当现款去买公债，不知道行不行。

富农乙：那他们不会要的，你把猪便宜点作价给我，我给你现款，好不？

雇农戊：不要听他的鬼话，不要上他的当，把猪卖给我们自己的合作社。要免去富农奸商的剥削，只有发展苏维埃经济建设，要踊跃买公债，办合作社。

贫农丁：好的，我回去走一走就来。

众人：（同时哄笑）还是要去问老婆吗？

（贫农丁匆匆走出）

店主：喂！老丁，慢走，有话对你说。

贫农丁：（站住）什么事？

店主：你答应我的东西没有带来么？价钱太低，我的老婆有点不愿意！

食客甲：不愿意，将来你吃了亏你就知道了。

贫农丁：吃亏？

食客甲：你这个人太糊涂。（四顾，低声）什么公债，什么合作社，将来都是靠不住的，你不知道……

贫农丁：哦，好的好的，就照你的价钱，我把公债和股票都给你罢！

① 花边：这里指银圆。

你为什么要这东西？

店主：因为我们是朋友哇！

贫农丁：那真对不起你。（下场，主和甲仍细谈）

工人：（上场）老乙，你就来了吗？（甲、乙、丙、戊，堂倌一窝蜂的跑近工人身边）

堂倌：今天该讲一个好听的故事。

工人：还是把五年计划的故事讲完罢！

雇农丙：今天我准备请你吃东西，讲一个好的罢！

工人：今天讲一个最好的——红军的新胜利。

店主：（站在一旁做鬼脸，摇头）哼！（骂堂倌）

工人：为什么？老板！

店主：我有点头痛！（装病）堂倌！弄点茶给我。

工人：那末，我就要讲了。（接下去讲了一个红军胜利的故事。为了发挥演剧者艺术的天才，让演者自由说罢）……所以，发展苏区经济，购买公债，加入合作社，也就是帮助红军，反对帝国主义国民党的压迫剥削和经济封锁，反对他们的白色恐怖——逮捕屠杀。

堂倌：（找出几毛钱）同志，（向工）我买四毛七分钱公债，你身上可有么？

工人：买公债请到乡政府去，不过起码要买五毛的。

堂倌：我省下一个月的工钱只剩得四毛七分，怎么办呢？老丙，借三分钱给我。

工人：你只有这点点工资吗？

店主：（急忙插嘴）他不是正式工人，他是我店里吃闲饭的，我并不强迫他做工，他要走就走。

堂倌：可是，我没有地方找事情做，只好这样！（丁匆匆跑上，撞店主身上，两个人滚做一堆。）

贫农丁妻：（随后追入）我辛辛苦苦积的几个钱都给你弄完了，还要把公债和股票卖掉。

贫农丁：（指主）是他要我卖的。

工人：什么事？讲出来大家评理。

贫农丁：店老板要买我的公债票和合作社的股票，说一头花边买一块半钱公债，我自己又要一点现钱用……

店主：我没有要他的，是他自己愿意！

贫农丁：不是你对我说白军打进苏区来时，公债和合作社股票都没有用吗？你这家伙，我差一点上了你的当了！

众人：混蛋，反动的东西！绑起来！送到政府去。

堂倌：我向各位报告，送老板经常收买现洋，也是一块五毛纸票换一块花边的。

店主：（颤栗）各位不要闹……有话……慢说……我也是贫苦小商人呀！

（食客甲，富农乙乘机逃脱）

堂倌：哼！贫苦小商人，怎么你那副地主的脸这样快就变过来了？

工人：同志们不要乱，我们先把这家伙送到政府去，再来检查他的东西。

堂倌：那么，各位同志把他那口小皮箱带到政府去罢！那是老板一天到晚不离身的宝贝！

店主：那是别人存在我这里的。

堂倌。（进去，把皮箱拿出来）各位请看！（顺手打开箱子，箱子里一大卷信件钞票）

店主：（奔向箱子，但被工人阻止）真要我的命吗？

工人：你不要忙，不过我们要看一看（拿出一封信）哈哈，国民党靖卫团的内应，收买现金，垄断合作社，破坏苏维埃经济。（拿出一大卷合作社股票）老板，这都是你的吗？

众人：不用问，送到乡苏维埃去。

贫农丁妻：（向丁）糊涂东西，相信他的话吗？

贫农丁：再不相信这些话了！再不受反动分子的欺骗了！

工人：是的，同志们加紧检举运动，揭破地主富农的鬼脸，是发展苏维埃经济的一个重要工作。

众人：是的！我们要消灭一切反动地主富农奸商，我们要踊跃加入合作社，踊跃购买经济建设公债来发展苏维埃经济，巩固苏维埃政权。

众人：走，买公债去！

——幕落

（二）漫画

1. 宣传加入消费合作社（见图附录-84）

图附录-84　漫画：宣传加入消费合作社

资料来源：拍摄于中央苏区革命根据地博物馆。

同志！我俩的社员证在此，我买些货。

好！坐坐口卖给你们。

我们也来加入消费合作社。

2. 活跃的合作社（见图附录-85）

图附录-85　连环画：活跃的合作社

资料来源：拍摄于中央苏区革命根据地博物馆。

3. 土地革命果实（见图附录 - 86）

图附录 - 86　漫画：土地革命果实

资料来源：拍摄于寻乌县革命历史博物馆。

4. 坚决执行优待红军家属条例（见图附录 - 87）

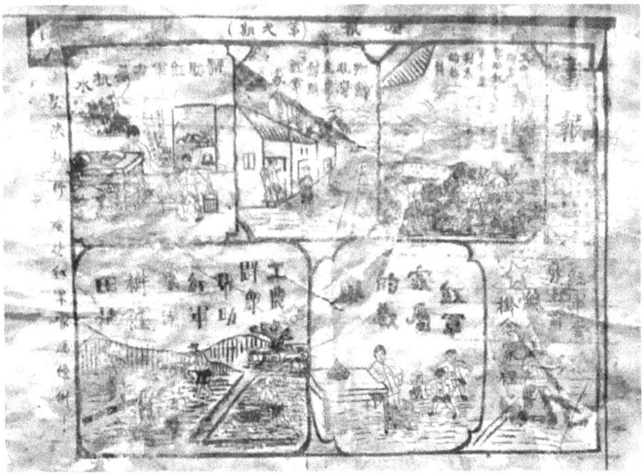

图附录 - 87　漫画：坚决执行优待红军家属条例

资料来源：拍摄于中央革命根据地历史博物馆。

5. 充分经济动员起来（见图附录－88）

图附录－88　漫画：充分经济动员起来

资料来源：拍摄于中央革命根据地历史博物馆，出自《红色中华》1933 年 3 月 3 日第 57 期。

妇女同志动员起来！提早春耕增加生产。

每个工农妇女做一双草鞋，节省三升谷供给红军！

每个妇女多种五样豆子，多种两种瓜！

6. 掮着挑着千担万担，卖给苏维埃政府，供给红军去吃！（见图附录－89）

图附录－89　漫画：掮着挑着千担万担，卖给苏维埃政府，供给红军去吃！

资料来源：《红色中华》1933 年 6 月 4 日第 83 期第 5 版。

粮食调剂局/掮着挑着千担万担，卖给苏维埃政府，供给红军去吃！

7. 苏维埃经济建设运动的胜利（见图附录 –90）

图附录 –90　漫画：苏维埃经济建设运动的胜利

资料来源：《红色中华》1933 年 8 月 19 日第 103 期第 1 版。

苏维埃经济建设运动的胜利/封锁经济

8. 优待红军家属的漫画（尚智）（见图附录 –91）

图附录 –91　漫画：优待红军家属的漫画

资料来源：出于江西会昌县。

①慰问红军家属/好同志进屋吃饭吧？/同志！我们来帮你们耕田不吃饭的

②红军家属/耕田队/哈——红军家属的田分得很好!

③红军家属/挑水/砍柴

④红军合作社/红军家属半价

出自《红色中华报》第143期第1版

9. 开展群众的合作社运动（见图附录－92）

图附录－92　漫画：开展群众的合作社运动

资料来源：《红色中华》1936年11月3日第309期第2版。

（三）回忆录

1. 中央苏区的土地斗争和经济情况[①]

王观澜[②]

1981年9月

从井冈山下来到赣南闽西，经过多次反“围剿”，革命力量由小到大，

① 王观澜，《王观澜文集》编辑组编：《王观澜文集》，人民出版社1994年版，第294—302页。

② 王观澜，1906年出生，浙江临海人。中央苏区时期曾任《红色中华》总编、中华苏维埃共和国临时中央政府土地部副部长、中央土地委员会副主任、查田运动指导委员会主任等职。

革命形势从低潮到高潮，主要靠的是毛泽东同志的正确领导、毛泽东同志革命路线的正确指引。

从井冈山下来，到赣南、闽西游击。那时敌我力量对比悬殊较大。由于毛泽东同志的英明领导，连接粉碎了国民党反动派三次“围剿”，我们站住了脚，革命力量迅速强大起来。为了解决红军的供给，打土豪是当时的主要来源。在井冈山，因地主不多，供给较困难，到了赣南，比较富庶，红军给养就好多了。

当时，封建势力较强，反动宣传厉害，宗族关系影响较深，红军困难不小。从井冈山时期起，毛泽东同志就主张打土豪分田地，土地政策是平分土地。由于土豪数量不多，百户中还不到一户，人数约占农村人口的百分之二左右；对工商业采取不动的政策，但对地主兼工商业者，则要罚款，要现金。中共六届四中全会后，王明“左”倾路线主张“地主不分田，富农分坏田”。临时中央进入苏区后，执行的主要是王明的“左”倾机会主义路线，在执行政策时，发生偏差，损害了中农利益。

打土豪，没收的粮食，一部分供给红军，一部分分给群众。农业税是在苏区逐步稳定后才开始征收的。

开创一个根据地有一个过程，从打土豪入手，发动群众，使群众逐步提高觉悟，敢于斗争。打土豪就是一个发动群众的过程，使群众从长期反动宣传欺骗和宗族观念束缚中解放出来。当时我们就是用这样的方法来宣传发动群众、组织群众，建立革命政权，发展革命武装。我们靠用这种办法，中央苏区很快就搞起来了，到一九三一年九月，粉碎了敌人三次“围剿”后，根据地已经扩大到赣南、闽西二十多个县，并且相对的稳定了。因此，得以在该年的十一月在瑞金的叶坪大祠堂里召开了第一次工农兵苏维埃代表大会，建立了工农兵苏维埃临时中央政府，并且有了自己的报纸，叫《红色中华》，即是《新中华》《新华》的前身。

在土地问题上的斗争从来就是非常激烈的。土地法的公布取得了广大农民群众的热烈拥护，并且取得了伟大的胜利。但并不是没有反复。地富的复辟活动，常同战争形势有关。比如一九三四年春夏之际，国民党反动派“围剿”我们很紧，地富利用这个时机进行反扑。最典型的是于都，一个县除逃跑的几十家地富外，其他都改成了中农。他们还要反攻倒算，向政府要回土地、房屋。没有，就打人、骂人，蛮横无理乱闹，甚至发展到打乡主席，打贫农团主任。当时，富春同志是省委书记，我亲自去处理这个问题，非常紧张地工作了一段时间，抓了五个区和乡，一星期中，每区、乡轮流检查布置一次，经过四个多星期，地富的反动气焰才被打下去，政权才稳定下来，恢复了正常工作。一个斗争总是有反复的，问题是领导要注意斗争发展趋势。在党内，在人民内部也是有争论的。比如在具体执行政策上，是按人口平分土地，还是按劳动力分配；是以乡为单位分，还是以村为单位分，在这些原则问题上，争论是很激烈的。在临时中央进苏区前，主要是同项英的争论。在临时中央迁入中央根据地后，贯彻执行的是王明左倾路线的“地主不分田，富农分坏田”。而毛泽东同志一贯主张按人口平分土地。

在苏区，打土豪，分田地，大土豪大地主已经打了，别的生产门路还未搞起来，经济很困难。那时毛泽东同志曾写过一篇文章，题为《必须注意经济工作》。“发展经济，保障供给”这个口号虽然是以后提出的，但当时在实际工作中已经是这样做了。同时还提出了深入土地斗争的问题。除土豪外，对一般地主、富农怎么办？对地主富农兼商人怎么办？那时，我曾写过一篇不要侵犯中农利益的文章，要注意打击面不要过大，要保证百分之九十至九十五的人站在我们一边，特别要注意正确执行联合中农的政策。一九三二年至一九三三年间深入土地斗争是按临时中央政府颁布的土地法搞的。那时，土地部主要有三个局：没收分配局、土地建设局、山林水利局。没收分配局，日常工作主要是管土地所有权方面的问题。基层单位（乡）还有雇农工会和贫农团，这是在党领导下的基层群众组织，是党在农村的基干力量。在打土豪分田地中，由于群众觉悟程度不同，有的地区群众充分发动起来了，土地分配比较彻底，有的地区群众还未充分发动，存在假分或不分的现象，这说明土地革命要取得胜利，一定要有共产党的领导。另外，土地改革后，农村仍有少量的临时的雇工，还存在变相的高利贷，不进一步解决，还会两极分化。同时还发现了地富隐瞒成分或隐瞒土地，所以，以后就搞查田运动。

毛泽东同志对政府工作抓得很细，很认真。以查田运动为例，毛泽东同志自始至终地狠抓了这一工作。当时苏区分配土地后，为解决红军给养和改善群众生活，就要抓经济建设、发展生产。但有些地区，工作比较落后，土地问题没有彻底解决，农民群众的积极性没有充分调动，封建势力没有被打倒，红色政权得不到巩固，战争动员、经济建设工作都没有搞好。正是如此，查田运动就成为这些区域的最中心、最重大的任务。

查田运动一开始，毛泽东同志要我在当时中央政府所在地叶坪乡搞试点。这个乡原来是个落后乡，什么工作都搞不起来。徐特立同志是当时中央苏区的教育部副部长，在叶坪试办一所学校，动员群众上学，但很少有人来。扩大红军及其它工作也一样，缺乏生气，死气沉沉。经过查田运动，群众充分发动起来了，把隐藏的地主、富农挖了出来，全乡劳苦群众每人大约平均多分了九分地。还健全了支部，组织了贫农团和雇农工会，各项工作都搞起来了。实践证明，土地问题的彻底解决是当时做好一切工作的中心环节。

在叶坪乡试点的基础上，查田运动接着又在云集区九个乡及壬田区全面铺开，进而在瑞金县全面展开。一九三三年四月，毛泽东同志亲自主持召开了八县查田运动大会。出席会议的有各省副主席和各省、县、区土地部、裁判部、保卫局主要的负责人，各乡主席也参加了会议。开会期间，还照了相。以后，江西、福建、粤赣各省都召开了自己所属县的查田运动大会，使查田运动在整个苏区逐步推广。江西省，由富春同志亲自主持召开了十二县查田大会，曾山同志参加了领导，我和高自立代表中央也到宁都参加了会议。福建省，由张鼎丞同志主持也召开了会。大约在七月（一九三三年），我们进行了检查，在每县开了三个会：县查田运动委员会、县主席团扩大会议（各区主席参加），全县乡主席会议，检查查田运动落实的情况，进一步推动运动的发展。经过查田运动，群众发动起来了，各项工作就好搞了，如扩大红军、筹款等都决定了具体任务。解决了当时在紧张的革命战争中要解决的许多问题。

查田运动在当时对消灭封建势力，彻底解决土地问题，支援革命战争起了很大的作用。对经济建设，充分调动群众的积极性和巩固工农民主政权，产生了不可估量的影响。当时战争是十分残酷的，但苏区的生产搞得很好，尤其是农业生产，一九三三年、一九三四年连续丰收，在人力缺乏的条件下，这是很不容易的。

一次运动，如果领导掌握不稳，就容易犯“左”或右的错误。在查田运动中，王明“左”倾路线实行地主不分田，不给予生活出路，扫地出门，肉体上消灭的政策。这样，有的地主就上山为匪；富农分坏田，在经济上消灭。这样，他们也很不满意。某些群众从狭隘的眼前利益出发，是高兴这样做的。为了多分，有的地方还侵犯富裕中农的利益，没收时，甚至晚上去没收，说是怕鸡子跑掉，有的还把耕牛没收后杀死吃掉。这种现象虽然是少数的、个别的，但影响不小。

土地斗争要取得完满胜利，关键在于有正确领导，充分发动群众，正确执行阶级路线，要把地主、富农的区别标准、界限划清楚。把富农与富裕中农标准界限划清楚。大地主好办，中、小地主就不好办，就容易扩大化。起初只从表面生活来看，从政治势力来看。随着斗争的深入，才开始从剥削关系、剥削数量来分析。有土地，不劳动，靠剥削为生的为地主。有多余土地、资本、工具，自己参加劳动，又剥削别人的为富农。问题是剥削多少，开始规定百分之十五以上，以后又规定百分之二十五以上。时间则规定革命前连续三年。这样打击面就可缩小，拥护的人就多了，可以团结百分之九十五以上的人。地主、富农则下降到百分之五左右。这是一个很重要的问题。

红军家属，如家里是地富，同样得到照顾，一样平分土地。对于被欺骗逃到白区去的或上了寨子（红区包围的白色据点）的所谓“反水群众”，也给分配土地。本人跑了，或全家跑了，给他们留田。

由于土地革命发动了群众，不但解决了红军供给问题，筹款问题，而且也解决了扩大红军问题。可见，深入土地斗争，不单单是土地问题，对革命力量壮大有直接关系。在查田运动报上有很多报道。那里土地斗争彻底，消灭封建势力彻底，当红军的人特别多。

地主不分田，富农分坏田，或按劳动力分配田，在临时中央进苏区前，主要是同项英同志争论。宁都会议后，毛泽东同志被排挤，在那前后，毛泽东同志主要抓政府工作，恩来同志主要管军事。临时中央到苏区后，军事顾问李德，实际当了红军总司令。敌人围攻我们，用堡垒政策困死我们，李德采取单纯防御的军事路线，完全是王明的那一套。

那时，苏区大体上有三百万人口，与福建苏区已打成一片（福建有80万人口），局势比较稳定，生产发展了，建设也开始搞了，红军可以在战壕里养猪（当然这是不应该的）。当时，主力红军、地方武装，加上机关工作人员，约十万多。不发展生产不行。所以，我们自己有弹药厂、修配厂，对外贸易也有了。由于敌人封锁，当时盐、布、药品、烟等供应都很困难，不能不自力更生，自己种棉花，织土布。虽然当时未提自力更生的口号，实际上是这样做的。这样，苏区经济得到了发展。

生产如何发展？与战争如何结合？战争第一，生产、生活如何办？毛泽东同志提出，这些问题不解决，革命战争能不能维持，就成为大问题。分配土地后，地主打倒了，富农削弱了，生产如何发展？壮丁大量参军，劳力如何解决？粮食供应很困难，为了保障红军供给，后方工作人员一天只有十二两、十三两粮食（十六两为一斤），其它没有。不少本地同志自带粮食干革命，没有零用钱，一天五分钱菜金，连鞋袜都在内。盐更困难，一块银洋只能买三五两，甚至更少。当时在后方的机关工作人员，也开始搞些生产，解决吃菜的问题。

当时，苏区西部粮食较多，东部缺粮，而部队集中在东北部一带。我记得在五次反“围剿”时，有一次领导要我给前线部队供粮食七千五百担，而且就地筹粮，正是六、七月，处于青黄不接的时候，在边界又有大量的地主反动武装、反动会道门、反革命分子的骚扰、袭击，但在群众大力支持下，总算完成了任务。衣服一年一套，不发别的用布，没有蚊帐，有的同志为了防蚊就用纸做蚊帐。在当时，受敌人经济封锁，布的进口很困难，我们就提倡种棉、种麻，自己生产布，这样冬天还能发一套棉衣。

一九三三年、一九三四年就有了种植计划。宁都会议后，毛泽东同志基本上被架空了，名义是中华苏维埃执行委员会主席，以后派到于都搞扩大红军工作，政府工作实际上由当时担任人民委员会主席的张闻天同志负责。

毛泽东同志抓政府工作时，抓的很紧。农业生产当时主要是劳力问题，雇零工平时一天要三至四毛，到割禾时，一天两三元也雇不到。红军家属虽有耕田队帮忙，但也时常发生不能及时解决耕种的问题。地方工作越先进，参军的人越多，壮劳力就越少，生产就越困难。所以，毛泽东同志重点抓了创办劳动互助社、犁牛合作社，常亲自讲演，予以提倡、推广。换工本来在民间早有习惯，犁牛合作社是以查出多余的牛为基础发展起来的。有一个章程，对使用管理和喂养耕牛都有具体规定。但农忙时，劳力还感不足，以后就发动妇女参加劳动，抓典型，奖励推广，江西妇女原没有下田的习惯，通过动员，妇女的生产积极性调动起来了，成了一支生力军，就这样，解决了农业生产中劳力不足的问题。一九三三年，全苏区农业生产平均增产一成半，红军给养有了保证，一九三四年那一年，农业生产也是大丰收。

我们的政权由小到大，由农村到城市，由中小城市到大城市有丰富的经验。建国以后，敌人说我们没有管理国家的经验，管不好，那是瞎说。我们没有这个问题，我们从中央苏区起，已经积了二十多年的经验。

江西建设就是一个例子，粮、棉、烟自己种，自己解决。合作社发展了，农民养鸡生蛋换盐吃，当时群众生活比工作人员好。农业税负担很轻。农业生产在个体经济基础上初步地组织起来，劳动力少的农户，由于有耕田队、互助组（社）帮助，生产照样搞得很好。所以，在苏区两极分化不明显。

经过四次反“围剿”后，中央苏区从经济上说，是朝着保证供给自力更生方向走的。民主革命时期，在这方面我们取得了一些经验，在艰苦环境中如何发展革命力量，做了一系列艰苦工作。毛泽东思想是一贯的，阶级路线、群众路线很明确。在查田运动中就是这样，决定一个地主、富农成份，党支部和乡查田委员会讨论，整理材料，贫农团大会证实通过，然后召开群众大会通过，报上一级查田委员会审核，并经县查田委员会批准。没收也是一样，是经过支部和贫农团讨论决定，再经全村、全乡大会讨论同意，报上级批准才能搞。

三百万人口的苏区，能同国民党反动派打这么长的时间，我们的政权从无到有，从小到大，从没有枪到有枪，靠的是毛泽东同志的正确领导，靠的是毛泽东同志的路线、政策的正确。

当时在苏区，为了发展农业生产，在各县都有国家办的农业试验场，研究如何夺丰收，如何培育良种，还与当时各种不定时的短期训练班相结合，进行农业知识方面的培训工作。

中央苏区下辖三个省：江西省、福建省、粤赣省。毛泽东同志在创建中央苏区过程中取得了不少经验。当时中央苏区已初具国家规模，有“红大”、“党校”，有党刊、党报。当时为了便于部队行动，还修建马路，并搞了一个小飞机场。机关干部生活比群众苦，真正是为人民服务。

2. 苏维埃时期几种合作社的组织情况介绍[①]

晓禄生[②]

1985 年 2 月

1931 年起在苏区陆续组织消费合作社、生产合作社、信用合作社、肥料合作社、耕牛合作社等。

星村区消费合作社，有四百多股，合作社设五个部：营业部、文化部、宣传部、组织部、调查统计部；五个股即买股、卖股、保管股、出纳股、会议股。

营业部：负责办货及营业事宜。

文化部：负责管帐。

宣传部：宣传动员社员入股。

组织部：负责入股社员的组织管理工作。

调查统计部：负责监察工作。

社员凭股份购买盐、布等苏区难得的物货。如规定每股可买四两盐、五尺布等。凭入股证购买并严格登记。干部一点也不能特殊，营业员也不能走后门，如卖盐每百斤卖九十七斤为合理，如仅卖九十六斤半营业员要受批评，差额甚多者要受处分，但对较宽裕的物资可以自由买。当时物资是来自白区，有时是由香菰客带来。那时物资有盐、油、布球鞋、电池、手电、威鱼、化装品、牙膏、冰糖、桔饼等。

星村区社有工作人员七人，二个采办员，五个人分管五个部，我兼主任。我们专顾十二个广丰人给合作社运送货物。乡的消费合作社又约有五个工作人员，我们七个人既是营业员、货物保管员，也是运输工人，在情况比较紧张的情况下，我们全社的家当就是七担用竹箩装的货，一有情况马上把货挑走上山。我们对保护货物比保护自己的生命还重要，在任何紧急的情况下，首先要保护杜里的财产。有一次敌人来了，我们急着将几担货挑上山，半路上，发现七两金子（每两五多元钱），八十多块花边，一百多白票放在床板上没有拿出来，我马上急回，冒着生命危险将这些钱拿

① 江西财经学院经济研究所等编：《闽浙赣革命根据地财政经济史料选编》，厦门大学出版社 1988 年版，第 453—454 页。

② 晓禄生，1931 年担任崇安县星村区消费合作社主任。

回来，要知道，这是社员的血汗钱呀！

我们的消费社是专为贫雇农服务的。当时入股的绝大多数是贫雇农，中农也有几个，但比起来总是很少数。入股的社员不分红，我们的利润也很低，一毛钱的东西买进来，只卖一毛零五厘，更重要的是在敌人层层封锁，布、盐极困难的情况下，保证了广大农民的生活需要。

生产合作社：是将打铁的、编竹箩的、造纸的组织起来，进行生产。

耕牛合作社：牛是由游击队打地主、土豪牵来的，有时是红军打进白区将牛牵来，当时黄墩区耕牛合作社有三十九头牛，耕牛合作社的牛专供没有耕牛的贫雇农耕田，借耕牛不要什么代价，只要给耕牛社一些米糠等饲料，因当时苏区很富裕，粮很多，所以给耕牛社饲养料多少是无所谓的。

肥料合作社：是专搞猪、牛粪和草木灰等肥料的，因后来情况变化，肥料社只起了名，没有实现。

信用合作社：由外边筹来的款存在信用社，贷给社员生产上的急需，但后来也由于情况的变化，也仅是个空名。

变工组：贫雇农自愿结合的互助组织，它在农忙时组织的，有时就以变工组名义向耕牛合作社借牛来耕。

3. 采购食盐[①]

练金科[②]

1931年4月，我由横峰县消费合作杜调到省消费合作社工作，任常务委员。这时敌人对苏区已加紧实行经济封锁，禁止食盐和其它重要物品输入苏区。敌人在白区成立食盐公卖处，限制人民买盐的数量；如果抓住将盐运往苏区的人，就要重重办罪。

由于食盐供应日益紧张，军用、民用都很困难，省委、省苏维埃政府和方志敏同志，交给省社一个光荣而艰巨的任务：打破经济封锁，开辟贸易路线，广找食盐来源。省社为此在葛源召集有横锋、弋阳、贵溪、乐平、德兴等县社和葛源区社主任参加的紧急会议，省苏国民经济部、财政部都派有代表参加。会上，各地汇报了缺盐的严重情况：由于我们没有盐

① 方志敏：《回忆闽浙皖赣苏区》，江西人民出版社1983年版，第381—385页。

② 原赣东北省苏区供销合作社总采办员。

卖，群众只得熬硝盐吃；有些人冒险到白区买盐，在途中被敌人打死了。听到这些，大家的心里真是又难过、又愤怒。会上，大家提了许多办法，反映了不少情况；其中，德兴县社负责人反映的情况引起大家的注意。据他反映，敌人运往乐平县白区的淮盐，是在婺源县装船，顺流而下的，途中要经过我方控制的铜埠，可以在铜埠动员船户把盐卖一部分给我们。根据这一情况，省社主任宁春生同志，决定我作为省社的特派员，去铜埠看看，如果可行，马上就地收购。

第二天，我赶到德兴县杜所在地的重溪。翌日县社派李双庆带路，直奔铜埠。这里有上百户人家，经济部在此设有船舶处和对外贸易局，并且有一个连的红军保护机关和人员的安全，防止敌人骚扰。我同这些机关取得了联系，问明了情况，便开始工作。正好河口经过几只盐船，船舶检查处去检查和收税时，我便趁机动员船户卖盐给我们，效果不错，买到一千多斤。如此数月，收获不少。

敌人终于发觉了，不久就停止从水路往乐平县城运盐，而改由陆路武装押送。我们在铜埠开辟的路线被掐断了。1931 年 10 月间，省社又召开紧急会议，研究开辟新路线。

省军委主席邵式平同志参加了我们的会议。他针对一些同志的畏难情绪，很严肃地说："同志们，根据地比过去扩大了，红军也有了洋枪洋炮了，这些难道是从天上掉下来的吗？不是，是靠我们革命者的勇敢和不怕死的精神打出来的。同志们，打破敌人的经济封锁，也应该有这样的精神！我看你们当中有的人就怕死。同志们，你们不但要有努力性、积极性、创造性，还要有勇敢不怕死的精神！"接着他又说："全苏区有两三百个采办员吧，即使每人每天搞到一两斤盐，也是个不小的数目呀。怎么搞呢？譬如我们去到边境对白区过来砍柴的人说：'朋友，帮帮忙，你们把盐买来，再转卖我们，价钱嘛，假如你一元一斤，我就算二元一斤给你。你们上山砍柴，藏个一两斤盐不成问题。'你们还可以同白区的商人交朋友，敌人封锁我们，我们就请商人朋友开锁。"邵式平还特别交待说："你们到边境或白区去办货，一不准赌，二不准嫖，三不准抽大烟，但可以同商人结交，在这方面花点钱有价值。"他又提议我们搞采办的同志在边境和白区拜干娘，这是有好处的，必要时可以得到她们的掩护。就在这次会议上，省社决定派出一批采办员，开辟两条主要路线，一条由上饶到玉山，由宁春生负责；一条深入化婺德，由我负责。

1931 年 10 月中旬的一天，吃过早饭，我同省社杂务员方志牛同志动身到化婺德去。第二天到达李宅。德兴县第十区消费合作社设在这里。区社主任陈炳友同志告诉我，浙江省开化县华埠的盐，比别的地方好买一些。但去华埠的大路都被敌人封锁了。敌人在白沙关、豪岭关、银岭关都筑有炮台，只有去鹅公岭。那里很偏僻，有小路通到华埠，敌人不大注意。我根据老陈提供的情况，决定上鹅公岭。

第二天中午，我们去到一个叫土地坑的地方，四周都是原始森林，路口有个茅棚，德兴县第四对外贸易分局派了一位姓占的同志在此收棺材税。因为有些人在此伐木做棺材卖，做好的棺材，每副都要交税。我向老占询问华埠的情况。他告诉我，在那里每人准买八斤盐，合一元钱，多了不行。

在鹅公岭找到埂头村苏维埃的干部罗章业。他看过我的介绍信，见信上盖有方志敏的印章，对我很尊重。他告诉我，华埠的盐比较好买，只是路途遥远，从鹅公岭去要走六十里小路。我说先发动鹅公岭的老百姓到华埠买盐，而后我们再向他们收购，可不可以。老罗同意这样做，我就请他帮忙找个房子。设立收购机关。老罗满口答应了。后来，我们又到距鹅公岭三里多路的小村子粪箕担，拜会了一个叫黄金红的小商人。老黄反映说，华埠有家商号，招牌是“万康源”，经营南北杂货；老板王老三在当地颇有势力，他曾说过，食盐不是枪炮子弹，不论红区、白区，老百姓不能不吃盐呀。要买盐的，大胆到敝店来。我想：“好呀，有这家店老板，到华埠去买盐，就可以少担些风险。”老黄问我：“你们打算用什么价格收购?”我说：“既然华埠卖一块钱八斤，我们就以一块钱四斤收购，来回一百二十里山路，又辛苦，又要担惊受怕，价钱就出高点吧。”老罗和老黄都表示同意。

鹅公岭虽然是个灰不灰、白不白的地区，但这里的穷苦人都是心向共产党，拥护苏维埃的。经过动员，大家都愿意帮助红军和苏区人民克服困难，粉碎敌人经济封锁。大家听我宣布，收购食盐的货币既不是共产党的“苏币”，也不是国民党的钞票，而是“花边”（银元），都很高兴。就这样，我们在鹅公岭把工作开展了起来，建立了一条秘密的贸易路线。我马上向省委和省社领导写了鸡毛信，汇报情况，请求指示，交给老罗由埂头村苏维埃政府负责传送。几天后，回信就来了。信中表扬了我，同时指示我对于送盐来卖的老百姓也好，商人也好，都要热情招待，每人免费供应半斤猪肉，半把粉丝。经过一段时间的工作，送盐来卖的人越来越多，地区越来越广，除鹅公岭外，方圆上百里内的岭头山、茶壶口、方塘、塘底、马岭头、马岭脚、大板、源头、徐家村、王坂等穷乡僻壤的大小村庄，都动起来了，日收购量猛增到千斤以上，来卖盐的不但有大人，也有小孩。对于小孩，我们除了照给猪肉、粉丝外，每人还发两块寿饼。

一天，黄金红跑来告诉我："老练，你要小心呀，听说国民党侦探到你们在鹅公岭设了机关，说不定那天会来捉你。"自从老黄报信后，晚上我们就不在机关里睡，分别隐蔽到山上的苞粟蓬和岩洞里过夜。过了一些时候的一天夜里，一股敌人果然前来偷袭。幸好我们都转移了，没有遭到损失，可是却打死了六名从葛源来的挑夫。

我们在鹅公岭一共工作了三个月左右，收购了二十多万斤盐。每天从苏区来运盐的人，不绝于途。1932 年 1 月。我调回省社，休息了几天，又接受了新的任务。

4. 我国首个工人消费合作社于1922年在安源诞生[①]

曾勤生　熊瑛

在萍乡安源镇的十字街口，有一栋 450 平方米、砖瓦结构的两层红色综合商品楼。在商品楼里面，摆放着一个长约 3 米的柜头、一个 2 米多高的大货架和一些昔日使用过的方角米桶等。这栋综合商品楼就是在中国共产党领导下创办的全国第一个工人消费合作社，也被称为中国第一家"红色店铺"。

创办工人消费合作社向工友低价销售货物

1922 年 5 月，安源路矿工人俱乐部成立。根据中共"二大"提出"工人消费者合作社是工人利益自卫的组织，共产党须注意和加强此种组织"的精神，安源路矿工人俱乐部 1922 年 7 月创办了工人消费合作社，而这也成为当时全国仅有的一个工人消费合作社。

据了解，安源路矿工人俱乐部成立初始，因对外宣传的仅是"联络成情、交换知识"等空话，这让工人加入俱乐部的积极性不高。而当安源路

① 曾勤生和熊瑛：《江西晨报》，2015 年 3 月 31 日第 7 版。

矿工人俱乐部集资百元（银元，下同）创办了工人消费合作社，并以“可买便宜货”为口号向群众宣传时，加入俱乐部的工友逐渐增多。

当时工人消费合作社附设在安源工人补习学校内，由安源党支部书记、工人俱乐部主任李立三兼任总经理，社员共30余人，主要贩卖为数不多的布匹和日用品。这些货物都由株萍铁路工人顺便捎回，物价比市价更为便宜和稳定，受到工人的青睐。有史料记载：“此时规模虽不甚大，而合作社的意义与利益，却已深深印入工友的脑中了。”

为解决资金不足难题首次发行红色股票

1922年9月，安源路矿工人大罢工胜利后，工人对俱乐部更为信任，俱乐部也得到发展壮大。俱乐部为了改善工人的物质生活，增强工人的聚力，决定改组和扩充工人消费合作社。据研究安源工运史的文献记载，为筹措扩充工人请费合作社所需资金，经工人俱乐部最高代表会议决定，工人消费合作社发行股票以筹措合作社所需资金，这也成为中国共产党领导下的第一个股份制经济实体。

根据《合作社招股简章》规定，合作社股本资金合计银元2万元，其中8000元为社员认购股票资金，1.2万元为俱乐部基金。股值为每股0.5元，年息八分四，根据实际经济能力，社员每人至少认购1股，最多认购14股。每年红利平均分为10份，以4份摊分于各股。3份留为扩充社务之基金，2份为俱乐部基金，1份为社内办事员酬劳金。消息一传出，工人不仅捐助一部分薪金，还认购入股，很快就集资了1万多元。同时，1922年11月中共湘区委员会还派委员易礼容、毛泽东、唐升超、毛福轩等来安源协办社，这不仅让社员增加到1.3万人，资金也增加到1.8万元。

据了解，到1923年初，工人共认购1560余股，股金7845元。股票的发行，解决了资金不足的难题，这时工人消费合作社开始在老后街中段租借“刘协记”南货店独自设立门市营业，而销售的生活必需品也逐渐齐全，并代售《向导》《新青年》《先锋》《工人周刊》等革命书刊。

曾向俱乐部成员发放木质购物证打击套购

工人消费合作社创办之初，由于货价低廉，奸商和矿局工人职员乘机抢购倒卖，从中渔利。俱乐部发现这一问题后，立即向俱乐部成员发放木质购物证，规定持证可在工人消费合作社购买低价物品，否则按市场价购买，保证了俱乐部成员们的利益。

1923年7月底，改组半年的工人消费合作社进行了营业结算，其中销售总额为76980余元，获纯利385元。

1923年8月，安源路矿工人俱乐部改组，工人消费合作社也进行了整顿，这期间工人消费合作社所辖的商店增加到3个，管理人员和营业员增加到40余人。然而到1924年12月底，工人消费合作社对近一年的经营情况进行第二次结算时，除房租、工资伙食费等费用和贪污、拖欠款外，实际亏损在4400元以上。

据当时工人消费合作社高层人士分析，工人消费合作社这一次亏损，主要是管理不善，制度不严，对贪污挪用经费竟“毫未发觉和注意”；其次是1924年下半年以来，安源矿局不发工资，仅每月发给工人“矿票”一二元，每元矿票比银元价值低一二百文，也影响了工人消费合作社的经营。之后工人消费合作社又经过多次改革和调整，营业情况有所好转，并实现盈利。

共开办三年时间，为我党领导金融事业最初尝试

据史料记载，1925年9月16日，安源工人和学生万余人举行声援“五卅”斗争群众大会，17日汉冶萍公司总经理盛恩颐宣布解散工人俱乐部，开除1200多名工人。21日，工人宣布罢工。汉冶萍公司总经理盛恩颐勾结军阀，武装包围工人消费俱乐部，发生冲突，3名工人被枪杀。至此，工人消费合作社被迫“关门”。中国共产党早期的领导人和杰出的工人运动领袖邓中夏在他1930年所著的《中国职工运动简史》一书中记述“二七”惨案后“硕果仅存的安源工会”时，把工人消费合作社看作是这一阶段最大的成就之一。

同时，它的创办与发展也成为我党领导金融事业的最初尝试。据了解，在工人消费合作社开办期间，它除了尝试股票融资模式外，还开办免费为社员兑换银元的业务，扮演着“工人的银行”的角色。当时工人用银元换铜元常受商人盘剥，一块银元本来可换280枚铜元，但每次在发工资时一块银元却只能换260枚铜元。此外，商人还想了很多办法剥削工人，如工人发工资时银元跌价，物价暴涨，工人的工资快用完时银元又涨价，工人很吃亏。为此，工人消费合作社设立银元兑换股，并拨给兑换股资金8506.62元，让工人持购物证办理兑换银元业务。这样，既对市场货币面值进行了有效调节，又减少了资本家对路矿工人的剥削。

另外，工人消费合作社还在1923年时通过印发铜元票数千元及在兑换

股下设储蓄部发行纸币10000元，用来扩充工人消费合作社所需的股本。这些经营模式都为我党开展经济工作、提高管理经济的能力积累了经验，也培养了金融人才。

5. 在中央苏区（节选）[①]

李维汉

中央苏区的生活是很艰苦的，现在年轻人不太清楚。当时中央苏区提出的口号是："一切为了前线"。其实，前线战士的生活也不好，只比后方人员多给些盐，饭能吃饱。那时还不知道自己搞生产，粮食运到瑞金，是用肩膀挑来的。因为粮食不够，后方人员每天只能吃两餐饭还吃不饱。吃饭前，每人把分给自己的米放在蒲包内拿到厨房去蒸，上面写着自己的名字。如果当时不是分饭吃，那么，吃得快的就多吃了，吃得慢的就少吃了。在饭不够吃的情况下，吃大锅饭是不行的。那时实行军事共产主义，搞供给制。每餐的菜都很少，菜是没有油的，盛菜的容器是铁制的小盆，菜连盆底都盖不住。每天上午十时到十二时，我们就饿得发慌。晚上也是如此。心中发慌，就在床上躺一躺，休息一下又起来工作。从其他地方来瑞金开会的同志，吃饭用饭票。从瑞金到外地出差，沿途有兵站，在兵站吃饭、睡觉，地上铺些草就睡了。当年红军的生活与现在解放军相比，真是一个天上，一个地下。当时盐运不进苏区，就自己熬硝盐。由于敌人封锁，中央苏区不但吃饭困难，穿衣也困难。衣服是蓝色的，用白布染成，很易掉色。不管到哪里，晚上都不脱衣服，和衣而睡，随时准备行军打仗。子弹更困难，打仗要留弹壳，用旧弹壳再去装火药。那时政治思想工作做得好，那样艰苦的条件，毫无怨言，一心为革命。老百姓分到革命胜利果实，得到了利益，也积极拥护革命。我亲眼看到扩大红军的情景，参加红军的，大多是基干民兵。到处出现父母送子、妻子送郎当红军的盛况。参加红军的人，背上还背着布单子和草鞋。那时党和红军与群众关系十分亲密，在群众中威信很高。

艰苦奋斗是无产阶级的政治本色，是我们党和红军的光荣传统。继承和发扬这一光荣传统，对于培养青年一代，振奋革命精神，坚定正确的政治方向，保证社会主义现代化建设胜利前进，是很有意义的。

---

① 李维汉：《回忆与研究　上》，中共党史资料出版社1986年版，第341—342页。

五、土地革命时期中央苏区推行股份制的其他资料

（一）方针政策

1. 安源路矿工人消费合作社办事公约[①]

1923 年 7 月，代理总经理毛泽民主持制定了《安源路矿工人消费合作社办事公约》。条约对总经理和各股经理的权限与职责、营业员的聘任和辞退、财经制度和作息时间等，都做了详细的规定，使消费合作社日常事务管理进一步条理化和制度化（见图附录 –93）。

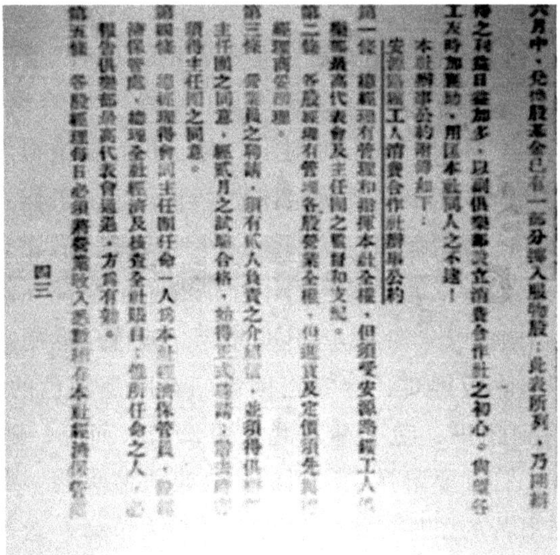

六月中，兑换股基金已有一部分转入服物股，此表所列，乃囤积
得之利益日益加多，以副供給部設立消費合作社之初心。尚望各
工友時加贊助，用匡本社同人之不逮！
本社辦事公約附錄如下：
安源路礦工人消費合作社辦事公約
第一條 總經理有管理和指揮本社全權，但須受安源路礦工人[illegible]
樂部最高代表會及主任團之監督和支配。
第二條 各股經理有管理各股營業全權，但進貨及定價須先與[illegible]
經理商妥辦理。
第三條 營業員之聘請，須有負人負責之介紹信，並須得俱樂[illegible]
主任團之同意，經試用之試驗合格，始得正式聘請，營業時[illegible]
須得主任團之同意。
第四條 總經理得會同主任團任命一人為本社經濟保管員，[illegible]
律保管處，總理全社經濟及檢查全社賬目，惟所任命之人，必
經俱樂部最高代表會通過，方為有效。
第五條 各股經理每日必須將營業收入款數報告本社經濟保管[illegible]
四三

图附录 –93 安源路矿工人消费合作社办事公约

2. 安源工人消费合作社计划工作[②]

一、增加股本，但增加股本暂不向工人加招股份，抵清买上次股票有未入股者加招，再在兑换股加增储蓄部，提倡工人储蓄；二、营业机会，不再填充；三、服物股屯货宜变为流动资本（见图附录 –94）。

①② 拍摄于安源路矿工人运动纪念馆。

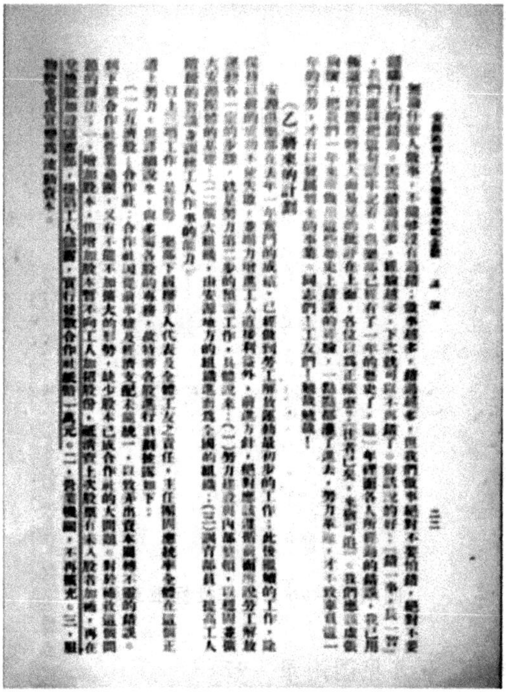

图附录 –94　安源工人消费合作社计划工作

3. 关于耕牛农具合作社的决议①

1933 年 5 月 20 日，湘赣省耕牛委员会作出的决议见图附录 –95。

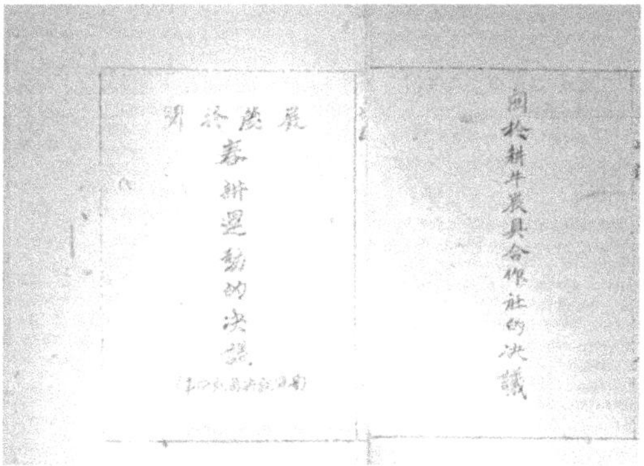

關於春耕運動的決議

關於耕牛農具合作社的決議

图附录 –95　关于耕牛农具合作社的决议

① 拍摄于瑞金中央革命根据地历史博物馆。

4. 合作社标准章程①

1932 年 4 月颁布的《合作社标准章程》，章程分生产合作社、消费合作社、信用合作社 3 个部分（见图附录 -96）。

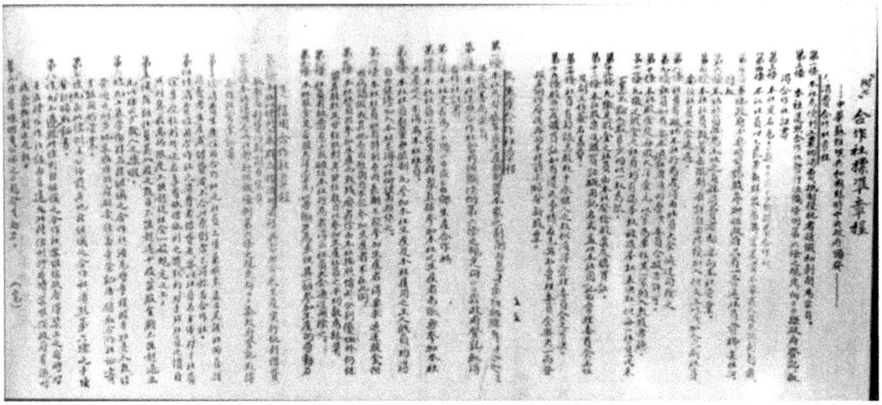
合作社标准章程

图附录 -96　合作社标准章程

5. 生产合作社简章（见图附录 -97）②

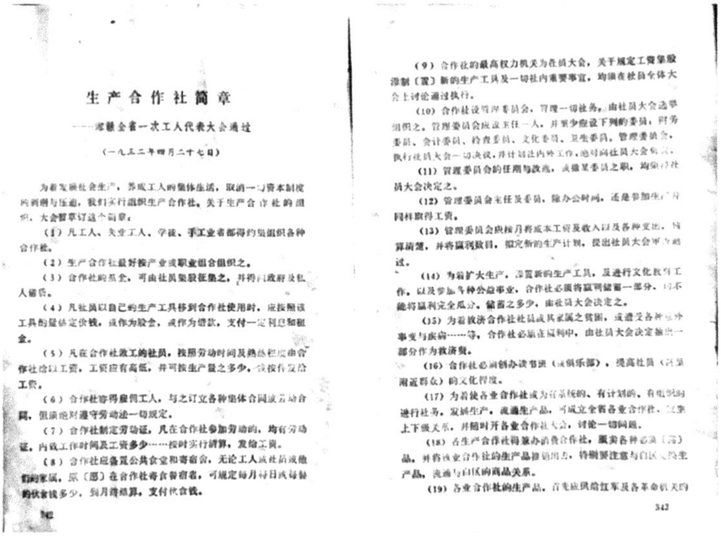
生产合作社简章

——湘赣全省一次工人代表大会通过

（一九三二年四月二十七日）

为着发展社会生产，养成工人的集体生活，取消一切资本制度的剥削与压迫，我们实行组织生产合作社。关于生产合作社的组织，大会暂草订这个简章。

（1）凡工人、失业工人、学徒、手工业者都得约集组织各种合作社。

（2）生产合作社最好按产业或职业组合组织之。

（3）合作社的基金，可由社员集股征集之，并得向政府及私人借贷。

（4）凡社员以自己的生产工具移到合作社使用时，应按照该工具的价值定价钱，或作为股金，或作为借款，支付一定利息和租金。

（5）凡在合作社做工的社员，按照劳动时间及熟练程度由合作社给以工资，工资应有高低，并可按生产量之多少，计按件发给工资。

（6）合作社亦得雇佣工人，与之订立各种集体合同或劳动合同，但须绝对遵守劳动法一切规定。

（7）合作社制定劳动证，凡在合作社参加劳动的，均有劳动证，内载工作时间及工资多少……按时实行清算，发给工资。

（8）合作社应备置公共食堂和寄宿舍，无论工人或社员或他们的家属，原〔愿〕在合作社寄食寄宿者，可规定每月每日或每餐的伙食钱多少，到月终结算，支付伙食钱。

342

（9）合作社的最高权力机关为社员大会，关于规定工资等级添制〔置〕新的生产工具及一切社内重要事宜，均须在社员全体大会上讨论通过执行。

（10）合作社设管理委员会，管理一切社务，由社员大会选举组织之。管理委员会应设主任一人，并至少应设下列的委员：财务委员、会计委员、检查委员、文化委员、卫生委员。管理委员会，执行社员大会一切决议，并计划社内外工作，绝对向社员大会负责。

（11）管理委员会的任期与改选，或撤某委员之职，均须经社员大会决定之。

（12）管理委员会主任及委员，除办公时间，还是参加生产并同样取得工资。

（13）管理委员会应按月将成本工资及收入以及各种支出，结算清楚，并将赢利数目，拟定新的生产计划，提出社员大会审查通过。

（14）为着扩大生产，添置新的生产工具，及进行文化教育工作，以及参加各种公益事业，合作社必须将赢利储蓄一部分，而不能将赢利完全瓜分，储蓄之多少，由社员大会决定之。

（15）为着救济合作社社员或其家属之贫困，或遭受各种意外事变与疾病……等，合作社必须在赢利中，由社员大会决定抽出一部分作为救济费。

（16）合作社必须创办读书班（或俱乐部），提高社员（以至附近群众）的文化程度。

（17）为着使各业合作社成为有系统的、有计划的、有组织的进行社务，发展生产，流通生产品，可成立全省各业合作社，以确定上下级关系，并随时开各业合作社大会，讨论一切问题。

（18）各生产合作社得兼办消费合作社，购买各种必须〔需〕品，并将该业合作社的生产品推销出去，特别要注意与白区交换生产品，流通与白区的商品关系。

（19）各业合作社的生产品，首先应供给红军及各革命机关的

343

图附录 -97　生产合作社简章

①② 拍摄于中央苏区革命根据地博物馆。

6. 中华苏维埃共和国中央政府国民经济、财政人民委员部布告[①]

中华苏维埃共和国中央政府国民经济、财政人民委员部布告，1935 年 5 月 1 日发布（见图附录 –98）。

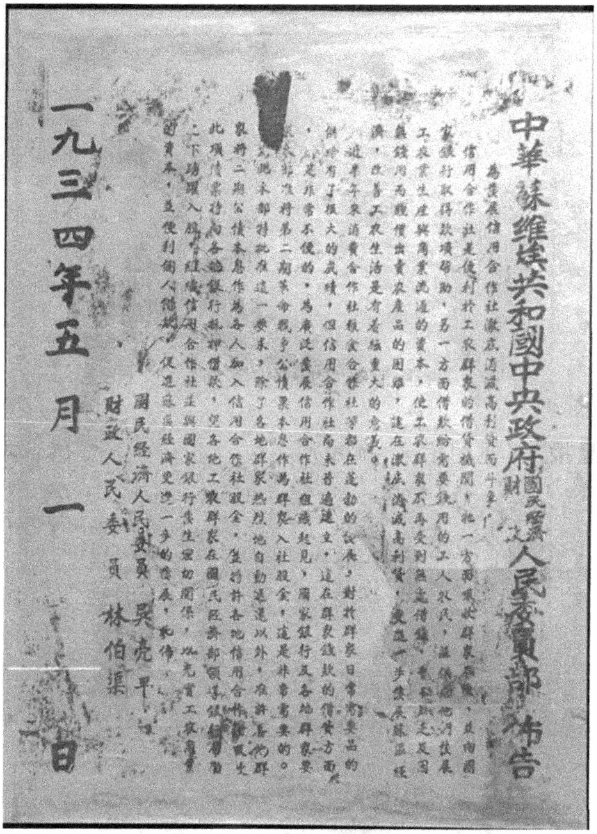

图附录 –98　中华苏维埃共和国中央政府国民经济、财政人民委员部布告

（二）新闻刊物

1.《安源旬刊》[②]

《安源旬刊》，是 20 世纪 20 年代党领导下的安源路矿工人俱乐部开展

① 拍摄于上饶市博物馆。

② 拍摄于安源路矿工人运动纪念馆。

对外宣传的机关革命刊物，它的创办，犹如把世界照得透亮的一扇窗，将引导工人走上革命的路照得更明亮、更宽广（见图附录－99）。

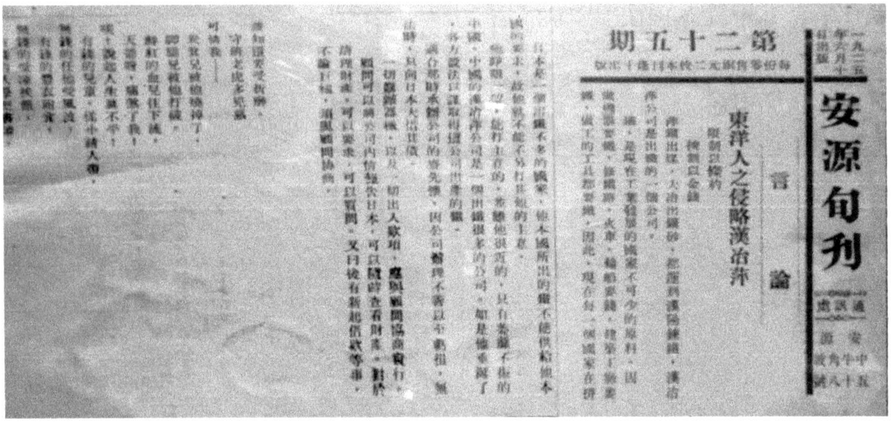
安源旬刊
第二十五期
言論
東洋人之侵略漢冶萍

图附录－99 安源旬刊

2.《红星报》（见图附录－100）①

图附录－100 红星报

① 拍摄于瑞金中央革命根据地历史博物馆。

3.《青年实话》（见图附录－101）①

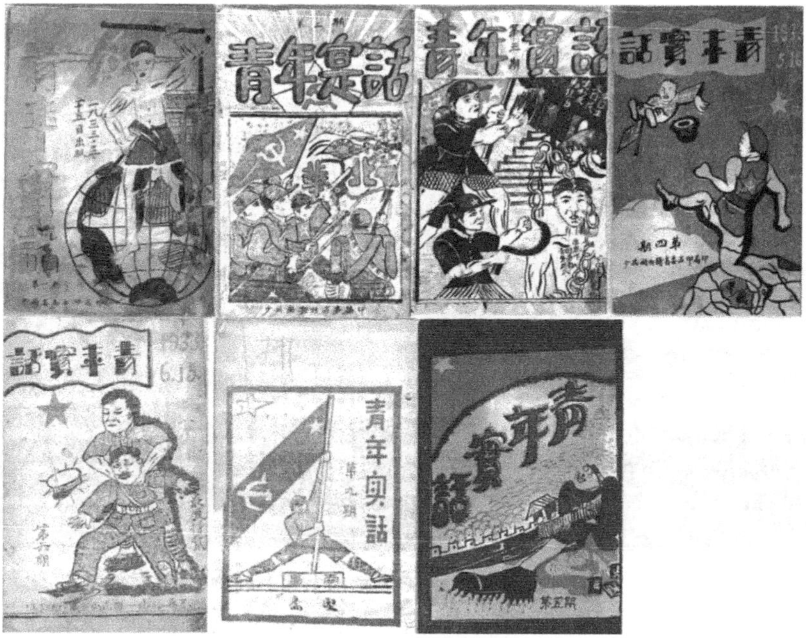

图附录－101　青年实话

（三）文化教育

1. 闽西列宁书局出版的书刊、歌集（见图附录－102）②

图附录－102　闽西列宁书局出版的书刊、歌集

---

① 拍摄于上饶市博物馆。

② 拍摄于福建省革命历史纪念馆。

2. 共产儿童的书籍、刊物（见图附录 –103）①

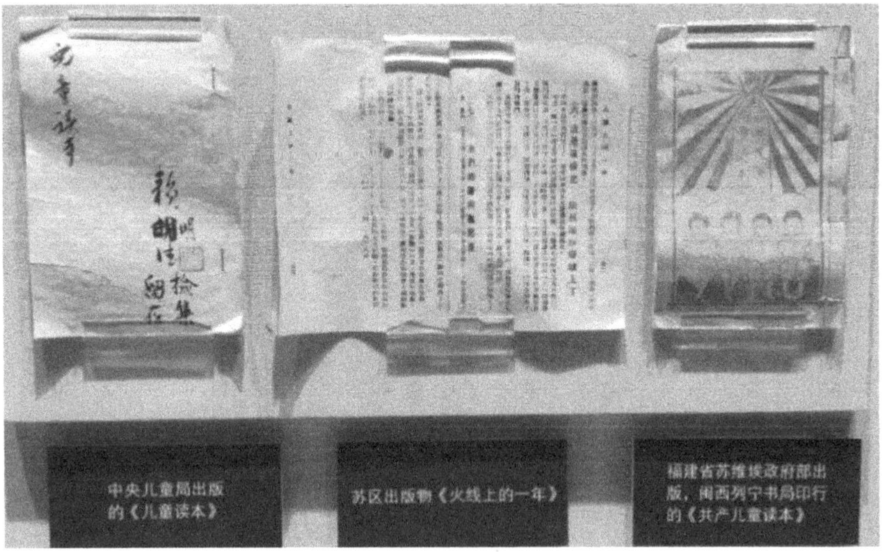

图附录 –103　共产儿童的书籍、刊物

3. 中央苏区教育使用的课本、材料（见图附录 –104）②

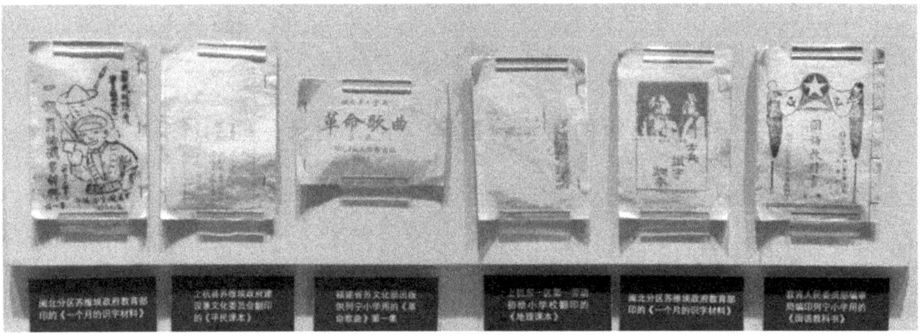

图附录 –104　中央苏区教育使用的课本、材料

①② 拍摄于福建省革命历史纪念馆。

参考文献

[1] 陈麟辉．中央革命根据地 [M]．北京：新华出版社，1991.

[2] 陈毅．陈毅同志诗词选 [M]．武汉：湖北人民出版社，1977.

[3] 陈毅．回忆中央苏区 [M]．南昌：江西人民出版社，1981.

[4] 陈元晖等．老解放区教育资料——土地革命战争时期 [M]．北京：教育科学出版社，1981.

[5] 迟学宇．林伯渠在中央苏区时期的经济工作方法探究 [J]．党史博采（下），2018 (8)：16－17＋50.

[6] 崔鹏飞．清政府发行“昭信股票”始末 [J]．金融教学与研究，1999 (5)：3－5.

[7] 戴向青等．中央革命根据地史稿 [M]．上海人民出版社，1986.

[8] 邓子恢．邓子恢文集 [M]．北京：人民出版社，1996.

[9] 董振华．斗争 [M]．北京：中共中央党校出版社，2019.

[10] 方志敏．方志敏文集 [M]．江西：江西人民出版社，1999.

[11] 方志敏．回忆闽浙皖赣苏区 [M]．南昌：江西人民出版社，1983.

[12] 冯硕．“红色股票”见证苏区金融 [N]．中国文物报，2013－03－13 (008).

[13] 符维健．共和国金融的摇篮：闽西工农银行 [J]．福建党史月刊，2020 (3)：58－59.

[14] 福建省地方志编纂委员会．福建省志供销合作社志 [M]．北京：中华书局，1995.

[15] 福建省教育科学研究所，中共龙岩地委党史资料征集研究委员会．闽西苏区教育资料选编 [M]．福建省教育科学研究所，中共龙岩地委

党史资料征集研究委员会，1986.

[16] 傅立民，贺名仑．中国商业文化大辞典［M］．北京：中国发展出版社，1994.

[17] 赣南师范学院，江西省教育科学研究所．江西苏区教育资料汇编 1927—1937［M］．赣南师范学院；江西省教育科学研究所，1985.

[18] 赣州市财政局；瑞金市财政局．中华苏维埃共和国财政史料选编［M］．2001.

[19] 龚格格．浅析毛泽东中央苏区时期经济思想——以《必须注意经济工作》为切入点［C］．中共中央文献研究室个人课题成果集 2013 年（上）：中共中央文献研究室科研管理部，2014：92－102.

[20]《供销合作社经济概论》编写组．供销合作社经济概论［M］．北京：中国财政经济出版社，1986.

[21] 郭艳艳．中央苏区金融工作研究（1931—1934）［D］．上海：上海师范大学，2018.

[22] 贺全胜．刘少奇苏区经济思想探微［J］．毛泽东思想研究，2017（3）：86－93.

[23] 红安县革命史编写领导小组办公室．红安革命歌谣选［M］．武汉：武汉大学出版社，1986.

[24] 洪荣昌．苏区股票研究［J］．中国钱币，2019（5）：65－71.

[25] 洪荣昌．苏区经济合作社浅说［J］．福建党史月刊，2019（5）：56－60.

[26] 洪荣华，谢济堂，朱宗玉．《红色号角》编委会．红色号角中央苏区新闻出版印刷发行工作［M］．福州：福建人民出版社，1993.

[27] 胡国铤．共和国之根 中华苏维埃共和国中央领导机构概览 上［M］．北京：中共党史出版社，2009.

[28] 胡龙生．光辉的井冈山［M］．南昌：二十一世纪出版社，1997.

[29] 黄惠运．中央苏区时期邓子恢的粮食工作思想与实践活动［J］．龙岩学院学报，2016（4）：10－16.

[30] 黄玉英．江西客家民歌研究［M］．北京：中国文联出版社，2006.

[31] 江西财经学院经济研究所等．闽浙赣革命根据地财政经济史料选编［M］．厦门：厦门大学出版社，1988.

[32]《江西革命根据地史话》编写组．江西革命根据地史话［M］．南昌：江西教育出版社，1990.

[33] 江西瑞金文联．中央苏区文艺丛书中央苏区散文诗歌集［M］．武汉：长江文艺出版社，2017.

[34]《江西社会科学》编辑部．中华苏维埃共和国中央政府文件选编［M］．南昌：《江西社会科学》发行科，1981.

[35] 江西省安福县委党史办．安福人民革命斗争史（初稿）［M］．北京：中国文史出版社，2008.

[36] 江西省档案馆，中共江西省委党校党史教研室．中央革命根据地史料选编　下册［M］．南昌：江西人民出版社，1982.

[37] 江西省教育学会．苏区教育资料选编 1929—1934［M］．南昌：江西人民出版社，1981.

[38] 江西省税务局，福建省税务局，江西省档案馆，福建省档案馆．中央革命根据地工商税收史料选编 1929.1—1934.2［M］．福州：福建人民出版社，1985.

[39] 江西省税务局等．中央革命根据地工商税收史料选编 1929.1—1934.2［M］．福州：福建人民出版社，1985.

[40]《江西省苏区志》编纂组．江西省苏区志［M］．北京：方志出版社，2004.

[41] 江西省文化厅革命文化史料征集工作委员会，福建省文化厅革命文化史料征集工作委员会．中央苏区革命文化史料汇编［M］．南昌：江西省人民出版社，1994.

[42] 蒋伯英，邓淮生，张雪迎．邓子恢闽西文稿 1916—1956［M］．北京：中共党史出版社，2016.

[43] 蒋九如．福建革命根据地货币史［M］．北京：中国金融出版社，1994.

[44] 蒋玉珉．合作经济思想史论［M］．太原：山西经济出版社，1999.

[45] 井冈山湘赣革命根据地党史资料征集编研协作领导小组办公室．

井冈山、湘赣革命根据地党史资料专题汇编［M］. 南昌：江西人民出版社，1985.

［46］九江市教育志编纂委员会. 九江市教育志［M］. 北京：中华书局，1996.

［47］柯华. 中央苏区财政金融史料选编［M］. 北京：中国发展出版社，2016.

［48］孔永松，邱松庆. 闽粤赣边区财政经济简史［M］. 厦门：厦门大学出版社，1988.

［49］孔永松等. 中央革命根据地史要［M］. 江西：江西人民出版社，1985.

［50］李树生，岳志. 合作金融概论［M］. 长春：吉林人民出版社，1989.

［51］李维汉. 回忆与研究 上［M］. 北京：中共党史资料出版社，2013.

［52］连城县民间文学集成编委会. 中国歌谣集成 福建卷 连城县分卷［M］. 连城县民间文学集成编委会，1991.

［53］廖雅珍，林妹珍，张雪英. 闽西苏区时期邓子恢山林思想探析［J］. 苏区研究，2019（1）：89－97.

［54］廖雅珍，张雪英，林妹珍. 中央苏区时期陈云在汀州纠正劳动合同探析［J］. 中国劳动关系学院学报，2018（4）：119－124.

［55］林星. 中央苏区文艺丛书中央苏区文艺研究论集［M］. 武汉：长江文艺出版社，2017.

［56］林志友. 论中央革命根据地斗争时期毛泽东的经济建设思想［J］. 中州学刊，2008（6）：180－182.

［57］刘维菱. 中央苏区合作制经济研究［J］. 江西社会科学，2001（6）：100－104.

［58］罗惠兰. 江西革命史研究丛书第 2 辑［M］. 北京：中共党史出版社，2007.

［59］马克思，恩格斯. 马克思恩格斯全集 第 3 卷［M］. 中共中央马克思恩格斯列宁斯大林著作编译局译. 北京：人民出版社，1965.

［60］马克思，恩格斯. 马克思恩格斯全集 第 46 卷［M］. 中共中央

马克思恩格斯列宁斯大林著作编译局译．北京：人民出版社，1979.

[61] 马克思．资本论 [M]．北京：人民出版社，1975.

[62] 毛泽东．毛泽东选集 第1卷 [M]．北京：人民出版社，2007.

[63] 毛泽东．毛泽东选集 第2卷 [M]．北京：人民出版社，2007.

[64] 毛泽东．毛泽东选集（合订本） [M]．北京：人民出版社，2017.

[65] 毛泽东．毛泽东选集 [M]．北京：人民出版社，1991.

[66] 毛泽东．毛泽东选集 [M]．北京：人民出版社，1993.

[67] 闽西工农银行曾正式发行股票 [J]．马克思主义与现实，1992(2)：32.

[68]《闽浙赣革命根据地史稿》编写组．闽浙赣革命根据地史稿 [M]．南昌：江西人民出版社，1984.

[69] 庞振宇．苏区时期陈云领导工会工作的思想与实践 [J]．工会论坛（山东省工会管理干部学院学报），2013 (4)：22-25.

[70] 彭光华，杨木生，宁群．中央苏区法制建设 [M]．北京：中央文献出版社，2009.

[71] 钱保生，江西省金融志编纂委员会．江西省金融志 [M]．合肥：黄山书社，1999.

[72] 彤新春．管窥晚清"昭信股票"发行 [J]．中国金融，2018(12)：99-100.

[73] 厦门大学法律系，福建省档案馆．中华苏维埃共和国法律文件选编 [M]．南昌：江西人民出版社，1984.

[74] 史志娜．论陈云经济思想及其当代价值 [D]．北京：外交学院，2016.

[75] 舒龙，谢一彪．中央苏区贸易史 [M]．北京：中国社会科学出版社，2009.

[76] 舒龙．毛泽民 [M]．北京：军事科学出版社，1996.

[77] 苏俊才．红土溯源 [M]．北京：北京广播学院出版社，1999.

[78] 孙悦．中央苏区统一会计制度的实践及历史影响 [J]．赣南师范大学学报，2019 (3)：116-121.

[79] 汤家庆，龙岩地区老区建设委员会，闽西革命历史博物馆．中

央苏区文化建设史［M］. 厦门：鹭江出版社，1996.

［80］汤家玉．刘少奇在中央苏区的三大创举［J］. 党史博览，2018（2）：20－23＋25.

［81］陶耘．林伯渠经济思想的实践与作用［J］. 文教资料，2016（24）：80－81.

［82］万立明．土地革命时期中国共产党对股票发行的探索［J］. 苏区研究，2018（2）：34－45.

［83］王观澜，《王观澜文集》编辑组．王观澜文集［M］. 北京：人民出版社，1994.

［84］王建华．中央革命根据地的财政动员［J］. 东南学术，2017（5）：62－72.

［85］王金山等．中华苏维埃共和国消费合作社史料选编［M］. 南昌：江西省供销合作社，2001.

［86］王美涵．税收大辞典［M］. 沈阳：辽宁人民出版社，1991.

［87］王明前．中央革命根据地财政体系演变新探［J］. 中国经济史研究，2011（2）：88－96.

［88］王卫斌．红色股票［J］. 中国老区建设，2009（11）：62.

［89］王卫斌．苏区消费合作社与红色股票［J］. 党史文苑，2009（21）：47－48.

［90］王卫斌．中共最早的红色股票［J］. 文史博览，2009（11）：20－21.

［91］王小梅．中国最早的工农银行——闽西工农银行［J］. 云南档案，2018（12）：41－42.

［92］王信，王晓春．江西红色金融记忆［M］. 南昌：江西人民出版社，2015.

［93］吴红英，朱红英．论中央苏区农村合作社运动对红军优抚的历史贡献［J］. 农业考古，2009（3）：56－58.

［94］吴晓荣．中央苏区时期的经济封锁与反封锁［J］. 中国井冈山干部学院学报，2014（2）：62－69.

［95］肖文燕．中央苏区合作社经济的策略、绩效与启示［J］. 江西财经大学学报，2018（6）：104－113.

[96] 谢济堂. 中央苏区革命歌谣选集 [M]. 厦门: 鹭江出版社, 1990.

[97] 熊吉陵, 黄诚. 论中央苏区时期的农村合作制经济建设 [J]. 江西社会科学, 2006 (10): 120-125.

[98] 熊彤. 井冈山的红色标语 [M]. 南昌: 江西人民出版社, 2016.

[99] 熊凌云. 土地革命时期中央苏区股份制史料选编 [M]. 北京: 中国财政经济出版社, 2020.

[100] 熊凌云. 苏区股票: 中国共产党早期金融创新的生动实践 [N]. 中国社会科学报, 2021-06-08 (006).

[101] 徐浩然. 改造我们的世界 [M]. 北京: 中共党史出版社, 2018.

[102] 徐学初. 中华苏维埃经济建设研究 [M]. 成都: 巴蜀书社, 2008.

[103] 徐祝申. 中央苏区消费合作社的创办、发展及历史意义 [J]. 兰台世界, 2018 (5): 116-119.

[104] 许斌. 红色根据地银行股票的"始祖"——闽西工农银行股票 [J]. 中国城市金融, 2011 (4): 74-75.

[105] 许毅. 中央革命根据地财政经济史长编 [M]. 北京: 人民出版社, 1982.

[106] 杨德寿. 中国供销合作社发展史 [M]. 北京: 中国财政经济出版社, 1998.

[107] 杨德寿. 中国供销合作社史料选编 第2辑 [M]. 北京: 中国财政经济出版社, 1990.

[108] 杨木生. 中央苏区法制建设 [M]. 北京: 中共党史出版社, 2000.

[109] 杨天亮. 鲜为人知的闽西工农银行股票 [J]. 档案春秋, 2016 (10): 60-62.

[110] 佚名. 赣南闽西红色歌曲集 [M]. 南昌: 江西高校出版社, 2012.

[111] 尹静. 中央苏区合作社股票考述 [J]. 福建党史月刊, 2012

(16): 37-39.

[112] 应晓燕. 封锁与反封锁 [D]. 南昌: 南昌大学, 2019.

[113] 余伯流, 凌步机. 中央苏区史 下 [M]. 南昌: 江西人民出版社, 2017.

[114] 余伯流. 中央苏区经济建设的历史经验及其启示 [J]. 江西财经大学学报, 2008 (3): 67-73.

[115] 余伯流. 中央苏区经济建设 [M]. 北京: 中央文献出版社, 2009.

[116] 俞兆鹏, 张美琴. 中央苏区货币流通的经验与教训 [J]. 南昌大学学报 (人文社会科学版), 2003 (2): 61-66.

[117] 岳志. 合作金融思想学说史 [M]. 上海: 上海远东出版社, 2017.

[118] 张红春, 王超奇. 论张闻天对中央苏区党建的贡献 [J]. 赣南师范大学学报, 2017 (1): 9-12.

[119] 张侃, 徐长春. 中央苏区财政经济史 [M]. 厦门: 厦门大学出版社, 1999.

[120] 章咸, 张援. 中国近现代艺术教育法规汇编 1840—1949 [M]. 北京: 教育科学出版社, 1997.

[121] 赵国平. 浅谈毛泽东经济思想 [J]. 经济研究导刊, 2019 (28): 1-2.

[122] 赵松如. 江西金融志资料 1990~1993 (合订本) [M]. 南昌: 江西人民出版社, 1991.

[123] 中共福建省龙岩市委党史研究室. 闽西人民革命史 [M]. 北京: 中央文献出版社, 2001.

[124] 中共江西省委党史研究室, 中共赣州市委党史工作办公室, 中共龙岩市委党史研究室. 中央革命根据地历史资料文库政权系统 7 [M]. 南昌: 江西人民出版社; 北京: 中央文献出版社, 2013.

[125] 中共江西省委党史研究室; 沈谦芳, 梅黎明. 东固·赣西南革命根据地史料选编 第 2 册 [M]. 北京: 中央文献出版社, 2007.

[126] 中共龙岩地委党史资料征集领导小组, 龙岩地区行政公署文物管理委员会. 闽西革命史文献资料 第 2 辑 [M]. 1982.

[127] 中共龙岩地委党史资料征集领导小组，龙岩地区行政公署文物管理委员会．闽西革命史文献资料 第3辑 [M]．1982.

[128] 中共龙岩地委党史资料征集研究委员会．闽西革命根据地史 [M]．北京：华夏出版社，1987.

[129] 中共中央文献研究室．朱德年谱 [M]．北京：人民出版社，1986.

[130]《中国共产党江西省地方组织志》编纂委员会．江西省志55 中国共产党江西省地方组织志 [M]．2005

[131] 中国井冈山干部学院，中央档案馆．《红色中华》全编整理本1 [M]．南昌：江西人民出版社，2016.

[132] 中国井冈山干部学院，中央档案馆．《红色中华》全编整理本2 [M]．南昌：江西人民出版社，2016.

[133] 中国井冈山干部学院，中央档案馆．《红色中华》全编整理本3 [M]．南昌：江西人民出版社，2016.

[134] 中国井冈山干部学院，中央档案馆．《红色中华》全编整理本4 [M]．南昌：江西人民出版社，2016.

[135] 中国井冈山干部学院，中央档案馆．《红色中华》全编整理本5 [M]．南昌：江西人民出版社，2016.

[136] 中国井冈山干部学院，中央档案馆．《红色中华》全编整理本6 [M]．南昌：江西人民出版社，2016.

[137] 中国井冈山干部学院，中央档案馆．《红色中华》全编整理本7 [M]．南昌：江西人民出版社，2016.

[138] 中国井冈山干部学院，中央档案馆．《红色中华》全编整理本8 [M]．南昌：江西人民出版社，2016.

[139] 中国井冈山干部学院．斗争苏区版第1辑 [M]．北京：中国发展出版社，2017.

[140] 中国井冈山干部学院．斗争苏区版第2辑 [M]．北京：中国发展出版社，2017.

[141] 中国井冈山干部学院．斗争苏区版第3辑 [M]．北京：中国发展出版社，2017.

[142] 中国井冈山干部学院．斗争苏区版第4辑 [M]．北京：中国

发展出版社，2017.

[143] 中国民间文学集成全国编辑委员会，中国歌谣集成江西卷编辑委员会. 中国歌谣集成 江西卷 [M]. 北京：中国ISBN中心，2003.

[144] 中国人民银行. 红色中华 金融史料摘编 [M]. 北京：中国金融出版社，2016.

[145] 中国人民银行江西省分行金融研究所. 闽浙赣革命根据地金融史资料摘编 初稿 [M]. 中国人民银行江西省分行金融研究所出版社，1979.

[146] 中国人民银行江西省分行金融研究所. 闽浙赣省苏维埃银行 [M]. 中国人民银行江西省分行金融研究所出版社，1985.

[147] 中国人民银行江西省分行金融研究所. 土地革命时期闽浙赣革命根据地金融史资料摘编 [M]. 1981.

[148] 中国人民银行江西省分行金融研究所. 湘鄂赣革命根据地银行简史 [M]. 1987.

[149] 中国人民银行江西省分行金融研究所. 中华苏维埃共和国国家银行湘赣省分行简史 [M]. 1986.

[150] 中国人民银行金融研究所：曹菊如文稿 [M]. 北京：中国金融出版社，1983.

[151] 中国人民银行南昌中心支行金融研究处，中国人民银行赣州市中心支行联合课题组，杨晖. 中央苏区时期货币供需初探 [J]. 金融与经济，2014 (10)：42-46.

[152] 中国人民银行南昌中心支行金融研究处，中国人民银行赣州市中心支行联合课题组. 红色金融事业的历程、使命与启示——苏区时期赣南等原中央苏区金融发展概述 [J]. 金融与经济，2012 (9)：86-90.

[153] 中国社会科学院经济研究所中国现代经济史组. 革命根据地经济史料选编 [M]. 南昌：江西人民出版社，1986.

[154] 中央档案馆. 中共中央文件选集 [M]. 北京：中共中央党校出版社，1989.

[155] 中央档案馆. 中共中央文件选集 [M]. 北京：中共中央党校出版社，1990.

[156] 中央苏区革命传统主题展览组委会. 中央苏区红色印记（上）

重要文献 [M]. 2011.

[157] 中央苏区时期的消费合作社与红色股票 [J]. 兵团建设, 2010 (4): 43.

[158]《中央苏区文艺丛书》编委会. 中央苏区文艺丛书中央苏区歌曲集 [M]. 武汉: 长江文艺出版社, 2017.

[159]《中央苏区文艺丛书》编委会. 中央苏区文艺史料集 [M]. 武汉: 长江文艺出版社, 2017.

[160] 中央文献研究室, 中国井冈山干部学院. 毛泽东在中央革命根据地斗争时期的调查文集 [M]. 北京: 中央文献出版社, 2010.

[161] 中央文献研究室. 周恩来年谱 (修订本) [M]. 北京: 中央文献出版社, 1998.

[162] 中央文献研究室. 朱德年谱 (新编本) [M]. 北京: 中央文献出版社, 2006.

[163] 钟建红. 共和国金融摇篮——记闽西工农银行 [J]. 炎黄春秋, 2017 (5): 1-8.

[164] 周恩来. 周恩来选集 [M]. 北京: 人民出版社, 1980.

[165] 周金堂. 井冈山斗争与中央苏区时期党的经济工作研究 [M]. 北京: 社会科学文献出版社, 2018.

[166] 周重礼. 闽浙赣省苏区的红色股票 [J]. 党史纵览, 2004 (4): 52-53.

[167] 诸山. 土地革命时期中央苏区的新闻出版事业 [J]. 兰台世界, 2009 (11): 46-47.

[168] 邹永红. 中央苏区的财政体制及方针政策 [J]. 财会通讯, 1995 (4): 64-65.